5

Découvertes

Lehrerausgabe

Série jaune
Passerelle

für den schulischen
Französischunterricht

von
Birgit Bruckmayer
Marie Gauvillé
Laurent Jouvet
Ulrike C. Lange
Andreas Nieweler
Marceline Putnai

Ernst Klett Verlag
Stuttgart · Leipzig

Inhalt

Stratégies – Révisions (Lern- und Arbeitstechniken mit Beispielen)

Grammaire

Zusätzliche Informationen in der Lehrerausgabe:

Empfohlene Lernwörter

neue Grammatik

CD 1, 1   Tracknummern der Audio-CDs für herkömmliche CD-Spieler (Klett-Nr. 622171)

Texte der Hörverstehensübungen (S. 241–246)

Übersicht über die Online-Codes (S. 247)

Redemittel und Wortfelder (S. 248)

Vocabulaire

Anhang

Mehr dazu
em36mv

Auf einigen Seiten im Buch finden Sie Découvertes-Codes. Diese führen Sie zu weiterführen Informationen, Materialien oder Übungen im Internet. Geben Sie den Code einfach in das Suchfeld auf www.klett.de ein.

In der Lehrerausgabe verweisen die roten Zahlen auf die Tracknummern der gesonderten Audio-CD.

32	CD mit Hörtexten (Die Tracknummer verweist auf die MP3-CD im Cahier d'activités.)
	Schriftliche Übung
	Partnerarbeit
	Gruppenarbeit
	Übungen, die auf die DELF-Prüfung hinführen.
6, 1	Dazu finden Sie eine Übung im **Cahier d'activités:** Seite 6, Übung 1.
	Filmausschnitt (die Filme befinden sich auf der DVD, die dem Cahier d'activités, Lehrerausgabe beiliegt sowie auf der DVD «Ça tourne»)

→ **En plus 101, 3**   Verweis auf Seite 101, Übung 3 im „En plus"-Teil dieses Buchs

△	einfachere Zusatzübung
▲	schwierigere Zusatzübung
ohne Symbol	ergänzende Übung
(G 9)	Die Nummern nach den Übungstiteln verweisen auf den Grammatischen Anhang im Buch und auf das Grammatische Beiheft.

So lernen Sie mit Découvertes Passerelle

Die **4 thematischen Module** und die **2 Plateau-Einheiten** sind voneinander unabhängig und können **in beliebiger Reihenfolge** bearbeitet werden. Auch die Arbeit mit einem **Modul** lässt sich flexibel gestalten.

Ausschnitt aus der **Seitenabfolge eines Moduls** im Inhaltsverzeichnis:

Beginn eines Moduls

Die **Découvertes**-Seite führt in das **Thema** ein.

Auf einigen Seiten im Buch finden Sie **Découvertes-Codes.** Diese führen Sie zu weiteren Informationen, Materialien oder Übungen im Internet. Geben Sie den Code einfach in das Suchfeld auf www.klett.de ein.

Die Lernziele des Moduls werden am Anfang immer aufgeführt.

Zoom sur …

Diese Trainingsseiten üben **Arbeitsmethoden** und **sprachliche Mittel** mit Bezug auf die zentrale Aufgabenstellung ein. Sie können in beliebiger Reihenfolge und zu einem beliebigen Zeitpunkt eingesetzt werden.

… les stratégies

Die **Stratégie**-Seiten leiten die zentrale Aufgabenstellung **methodisch** an.

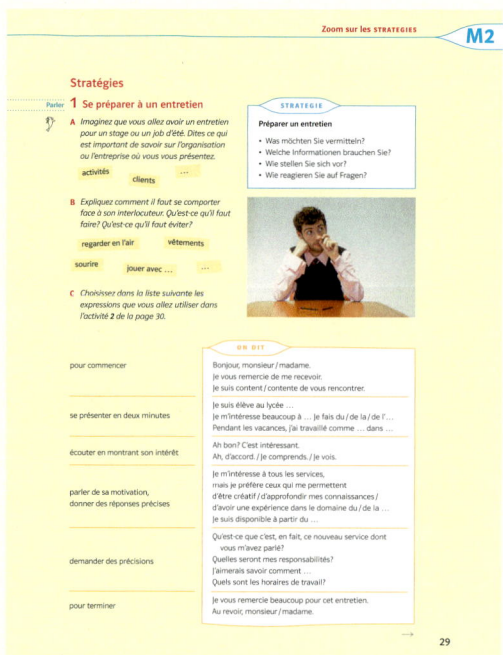

… le vocabulaire

Wortschatz zum Thema wird wiederholt und erweitert.

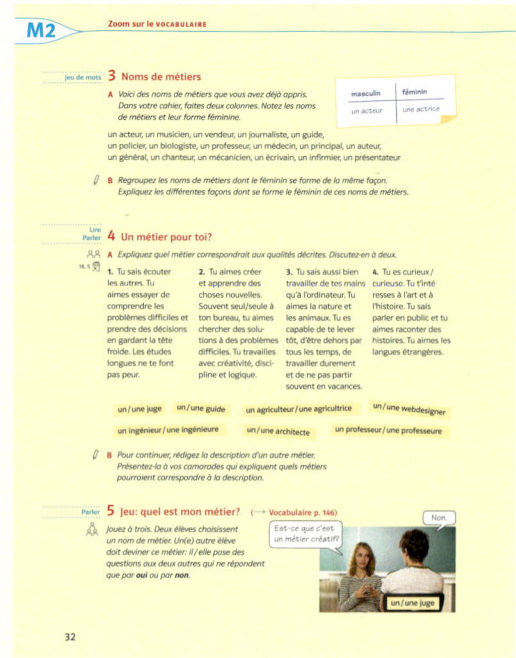

Pratique: Texte erschließen

In **Pratique A/B** TEXTES werden **Texte** inhaltlich erschlossen.
Die Textaufgaben führen auf die Anforderungen in der Oberstufe hin.

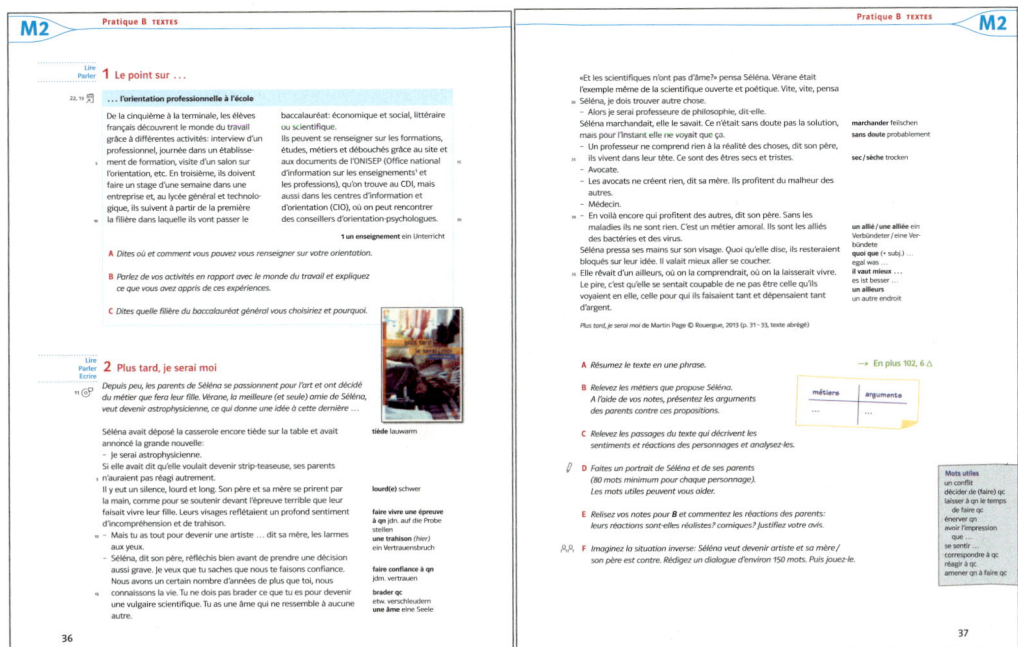

… la grammaire

Bekannte **Strukturen** werden wiederholt, neue werden eingeführt und mit Bezug zum Thema eingeübt.

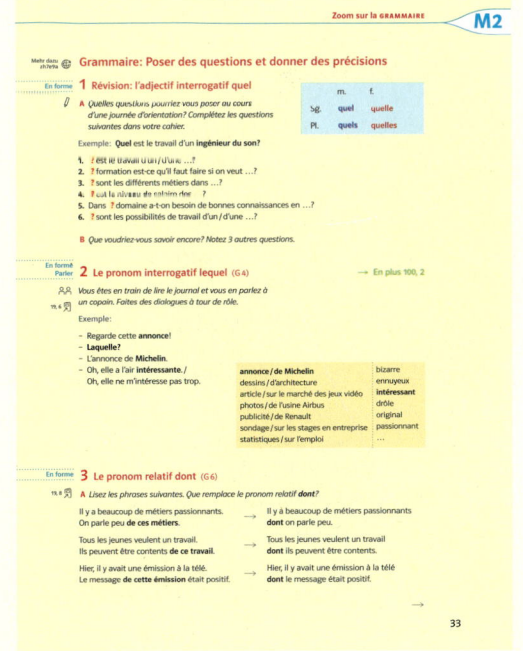

Abschluss eines Moduls

Die wichtigsten Lernziele können Sie am Ende eines Moduls auf der **Bilan**-Seite **selbstständig überprüfen**.

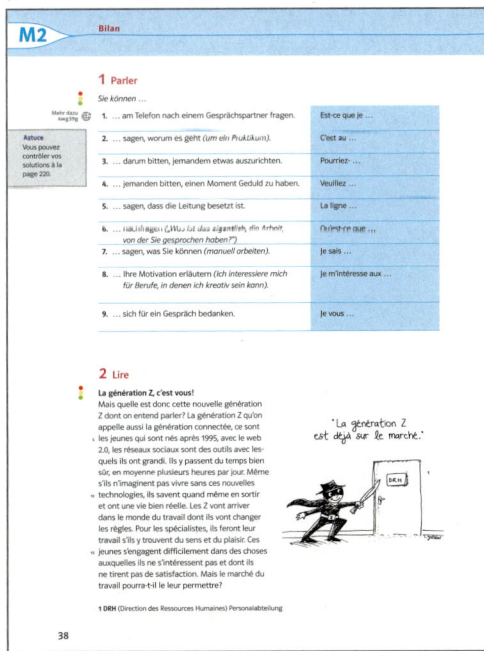

Module 1
Des jeunes en France

Mehr dazu
em36mv

Unter dem
Online-Link
Informationen
zu Schule und
Ausbildung

Prénom	Pierre
Age	18 ans
Domicile	Nantes
Origines de la famille	France
Etudes	classe préparatoire MPSI (mathématiques, physique et sciences de l'ingénieur)
Projets	école d'ingénieur
Loisirs	musculation, voile

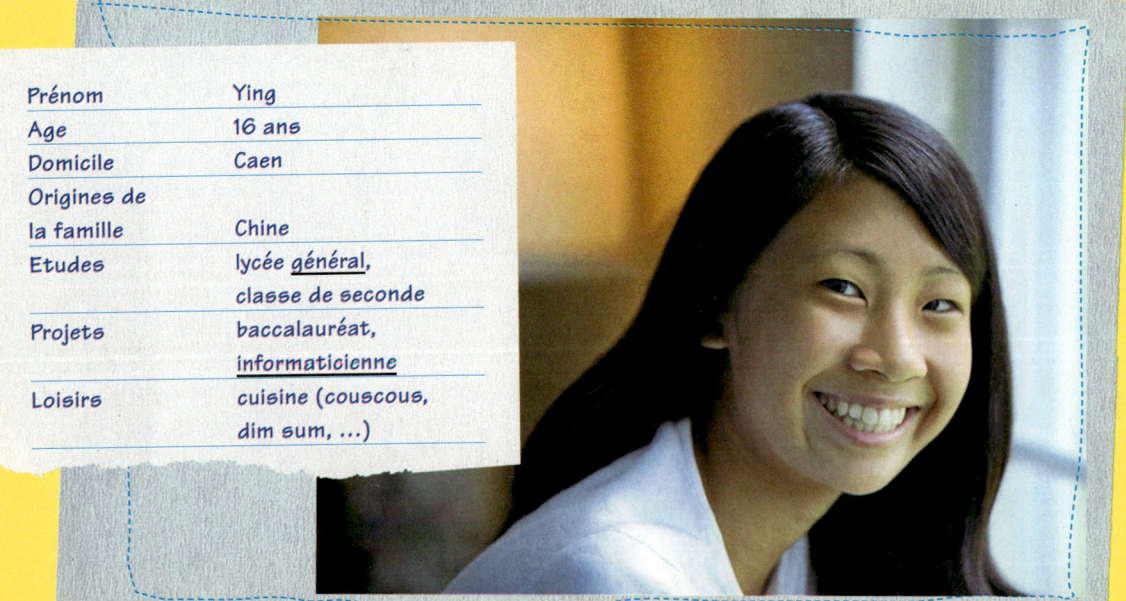

Prénom	Ying
Age	16 ans
Domicile	Caen
Origines de la famille	Chine
Etudes	lycée général, classe de seconde
Projets	baccalauréat, informaticienne
Loisirs	cuisine (couscous, dim sum, …)

1. *Lequel de ces jeunes aimeriez-vous rencontrer?*
   Pourquoi? Notez les questions que vous voudriez
   lui poser sur sa famille, ses projets, ses loisirs …

OBJECTIFS

• Parler d'un film / d'un texte littéraire
• Ecrire le portrait d'un personnage

Prénom	Camille
Age	18 ans
Domicile	Colmar
Origines de la famille	Pologne / France
Etudes	C.A.P.
Travail	ébéniste
Projets	travailler en Allemagne
Loisirs	graffiti

Schulsystem vgl. S. 135

Le saviez-vous?
Le C.A.P. (certificat d'aptitude professionnelle) est un diplôme d'ouvrier ou d'employé qualifié. On le prépare en deux ans après le collège.

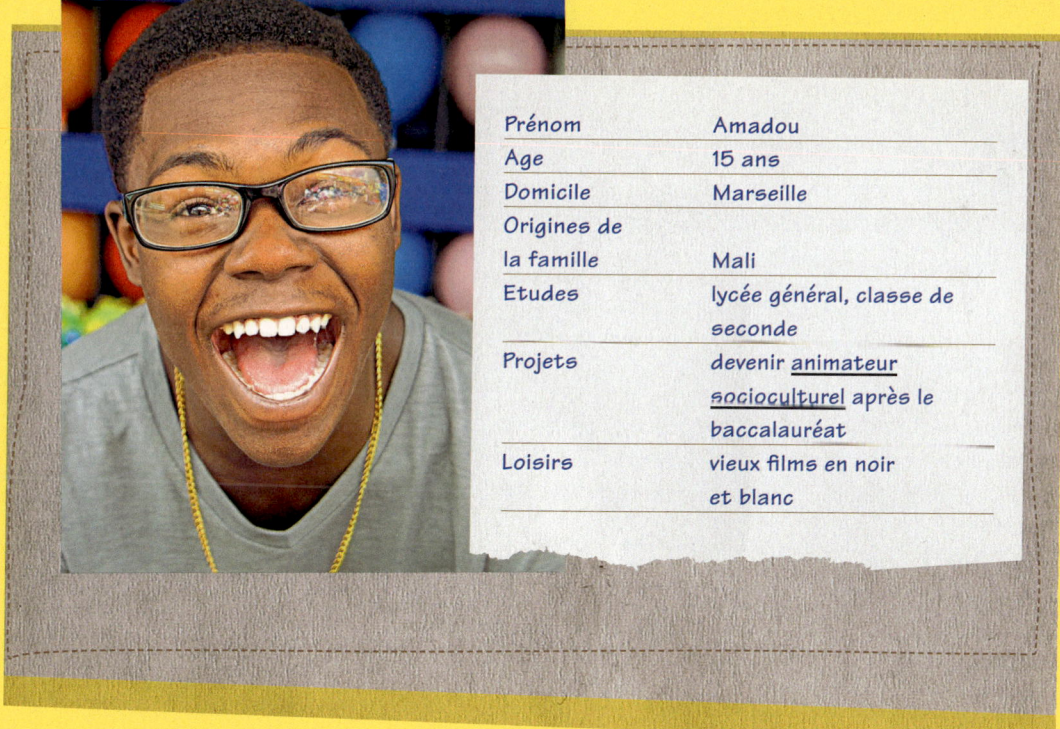

Prénom	Amadou
Age	15 ans
Domicile	Marseille
Origines de la famille	Mali
Etudes	lycée général, classe de seconde
Projets	devenir animateur socioculturel après le baccalauréat
Loisirs	vieux films en noir et blanc

2. *Imaginez les réponses de votre personnage.*

3. *Préparez un dialogue en notant des mots-clés et présentez-le.*

Ecouter
Regarder

1 Extrait de film: Bande de filles

4, 1–2

Marieme, 16 ans, vit dans une cité en banlieue parisienne. Elle est au collège, en troisième.

Der Filmausschnitt befindet sich auf der DVD, die der Lehrer- ausgabe des CdA beiliegt sowie auf der DVD „Ca tourne" 4 + 5.

Scène 1: Chez Marieme

Avant le visionnage

1. *Quand vous rentrez chez vous après l'école, que faites-vous à la maison? Racontez.*

2. *Regardez l'affiche et faites des hypothèses sur la vie des personnages.*

Pendant le visionnage
Regardez l'extrait et notez les informations sur Marieme et sa vie.

> son quartier / sa maison
> sa famille
> ses activités à la maison
> ses relations avec les autres

UN FILM DE CÉLINE SCIAMMA
BANDE DE FILLES

Faire des hypothèses:
Voc. p. 136.

Parler ### *Après le visionnage*

1. *Résumez la scène en une phrase.*

2. *Comparez les notes que vous avez prises pendant le visionnage et complétez-les. Puis présentez Marieme à l'aide de vos notes.*

3. *Comparez la situation de Marieme avec votre situation.*

→ En plus 96, 1 △

In En plus Hilfe zum Kurzresümee

Le saviez-vous?
Après la troisième, selon leurs notes, les élèves prépa- rent le bac général, technologique ou professionnel, ou bien ils s'orientent vers un C.A.P. pour entrer tout de suite dans la vie profes- sionnelle.
→ Vocabulaire p. 135

Scène 2: Au collège

Avant le visionnage
Pour mieux comprendre la deuxième scène, regardez d'abord les mots ci-contre.
A votre avis, de quoi sera-t-il question dans cette scène?

Pendant le visionnage
Qui est-ce qu'on voit et qui parle? Quelle est la situation?

Après le visionnage

Parler **1.** *Expliquez ce que Marieme aimerait faire et le problème qui se pose.*

Ecrire **2.** *Imaginez comment Marieme se sent et ce qu'elle pense. Ecrivez un texte pour son journal intime à la première personne (environ 150 mots).*

un dossier eine Akte
redoubler
sitzen bleiben

l'alternance (f.) (hier)
die duale Ausbildung

passer en seconde
in die Oberstufe
versetzt werden
un établissement
(hier) eine
Ausbildungsstätte

Stratégie Ecrire S. 120

Lire
Parler

CD 1, 1
1

2 Apollinaire Mayembé

*Apollinaire a quitté l'Afrique pour la France
et il raconte comment il se sent dans son pays
d'accueil.*

Avant la lecture

*A quoi pensez-vous quand vous rêvez en cours?
Echangez vos idées avec un(e) partenaire.*

– Apollinaire
Je sursaute.
J'ai fini par m'habituer à la vie de banlieue, aux transports en
commun, au froid, aux gens pressés … mais je n'ai pas encore
5 tout à fait repris l'habitude de mon prénom. Mon prénom, ici, au
centre de formation des métiers du bois, on le prononce matin et
après-midi. Ils appellent ça «l'appel».
Pour moi, l'appel, au campement, c'était différent.
– Apollinaire!
10 La professeure de mathématiques s'énerve.
– Vous rêviez encore! Vous n'aurez jamais votre C.A.P … Il serait
temps que vous atterrissiez de votre planète!
Rires autour de moi.
– Bon, si monsieur Apollinaire Mayembé daigne écouter, je
15 reprends …
C'est plus fort que moi, mon esprit n'accroche pas. Je fais tout,
pourtant, pour m'intéresser.
Je regarde les autres élèves penchés sur leur manuel.
Oui, je suis d'une autre planète. Je viens d'ailleurs.

20 … Ces héros nous faisaient rêver. Nous rêvions de devenir des héros …
Et nous savions à peine que la guerre envahissait notre pays. À onze
ans, on pense à autre chose.
Un soir …

Sonnerie de fin de cours. Je suis interrompu dans mes pensées.

Une arme dans la tête de Claire Mazard © Flammarion, 2014 (p. 19 – 20)
→ Suite du texte à la page 18

Après la lecture

A *Résumez le texte en une phrase.*

B *Expliquez à quoi pense Apollinaire
pendant le cours.*

C *Donnez votre impression du personnage
principal et justifiez-la.*

sursauter aufschrecken

tout à fait complètement

l'appel On appelle les
personnes par leur nom
pour voir si elles sont
présentes.

un campement ein Lager

atterrir landen

daigner faire qc
geruhen etw. zu tun

accrocher *(hier)*
Interesse finden

penché(e) sur qc
über etw. gebeugt
un manuel ein Schulbuch
ailleurs woanders
un héros ein Held
à peine
kaum, noch nicht einmal
envahir qc
etw. heimsuchen
interrompre qn
jdn. unterbrechen

Le saviez-vous?
Apollinaire est le
nom d'un grand
poète français. Vous
trouvez un poème
d'Apollinaire à la
page 228.

In En plus Zuordnungsübung

Lire
Parler
3 A la découverte d'un personnage

→ En plus 96, 2 △

A *Relisez le texte. Relevez puis analysez les informations qu'il donne sur le personnage d'Apollinaire: notez les informations et dites comment on peut les comprendre.*

Exemple:

Astuce
On peut apprendre des choses sur un personnage par ses paroles ou la voix du <u>narrateur</u>, mais aussi par les <u>actions</u> et paroles des autres personnages.

> ***Relever: ce qu'on lit***
> • Je sursaute. (ligne 2)
>
> • J'ai fini par m'habituer … pressés … (ligne 3)
> …
>
> *Continuez.*

→

→

> ***Analyser: ce qu'on peut comprendre***
> • Apollinaire est surpris quand il est appelé par son prénom.
> • En Afrique, tout était différent. Au début, la vie d'Apollinaire en France était dure.
> …

 B *Choisissez une des deux tâches et travaillez en groupe.*

1. *Faites un dessin ou un collage sur Apollinaire à l'aide de vos résultats en **A**. Vous pouvez aussi faire un calligramme[1]. Ensuite, présentez et expliquez-le aux autres.*

ou

2. *Composez un tableau figé[2] de la situation d'Apollinaire à l'aide de vos résultats en **A**. Positionnez Apollinaire et les autres personnages selon leurs relations. Présentez votre tableau figé et expliquez-le aux autres.*

C *Imaginez pourquoi Apollinaire a vécu dans un «campement» (ligne 8) et comment il y vivait. Echangez vos idées, puis mettez-vous à la place d'Apollinaire et racontez à la première personne.*

Ecrire
4 Présenter un texte

Présentez le texte «Apollinaire Mayembé» de la page 11.

Pour présenter un texte, …	**ON DIT**
… nommez le texte et l'auteur,	Il s'agit d'un extrait du roman … (titre) de … (nom de l'auteur), paru en … (année)
… résumez la situation ou le sujet du texte,	Le texte parle de … (personnage principal), un(e) … qui … (situation ou action).
… dites qui parle dans le texte,	… (nom), le personnage principal du texte, parle de … (situation) à la première personne.
… dites de quoi il est question.	Il voudrait …, mais il réalise que … Il a l'impression de … / Il se sent … On comprend que le personnage principal est …

1 un calligramme ein Bildgedicht (→ p. 228) **2 un tableau figé** ein Standbild; ein Szenenbild

Stratégies

Faire le portrait d'un personnage

5, 3 *Un texte de fiction raconte une situation ou une histoire inventées et peut prendre diverses formes: un texte narratif (par exemple un roman), un texte poétique, un film, une bande dessinée, etc.*

Comment faire le portrait d'un personnage?

*Dans un **film**, il faut analyser les images et les dialogues.*

*Dans un **roman**, il faut analyser les informations*
- *directes (par la voix du narrateur)*
- *indirectes (par les actions, gestes et commentaires des autres personnages).*

A *Faites le portrait du personnage de Marieme dans le film **Bande de filles** (p. 10) sur la base de vos observations.*

B *Lisez les deux extraits du roman **Une arme dans la tête** (p. 11 et 18–19), puis faites le portrait d'Apollinaire.*

> **STRATEGIE**

Relever et analyser les informations sur un personnage

Was erfährt man über die Figur?
- Was macht sie?
- Was sagt der Erzähler über sie?
- Was denkt sie, was sagt sie über sich selbst?
- Was sagen andere Figuren über sie?
- Wie reagieren andere Figuren auf sie?
- Wie reagiert die Figur auf andere?

Faire le portrait d'un personnage
- Name, Geschlecht, Alter der Figur
- Ihre Situation (Familie, Beruf …)
- Ihr Äußeres
- Ihr Charakter / Ihr Verhalten
- Ihre Gefühle

> **ON DIT**

Son nom, son sexe, son âge	Dans le roman / film …, le personnage de … est un garçon âgé de … ans / une fille âgée de … ans.
Sa situation (familiale, professionnelle, matérielle)	Il / Elle vit seul(e) / en famille, a des frères et sœurs, est enfant unique. Il / Elle fait des études, est collégien(ne), fait une formation. Il / Elle (n') a (pas) beaucoup d'argent.
Son aspect physique	Il / Elle est grand(e) / petit(e) / de taille moyenne. Il / Elle a le teint pâle / mat. les yeux bleus / marron / verts. les cheveux noirs / blonds / roux / longs / courts / frisés. Il / Elle porte des vêtements cool / à la mode / originaux / sportifs.
Son caractère / Son comportement	Il / Elle est gentil / gentille, attentif / attentive, rêveur / rêveuse, timide, courageux / courageuse, responsable, motivé(e), …
Ses sentiments	Il / Elle est triste, content(e), énervé(e), heureux / heureuse, malheureux / malheureuse.

⟶ Zoom sur le vocabulaire, p. 14 – 15.

Vocabulaire

👥 **1 Les mots pour parler d'un personnage**   → En plus 97, 3 △

5, 4 🔲 *L'image qu'on a d'un personnage se compose de plusieurs aspects.*

In En plus kürzere und einfachere Übung zu Antonymen und Definitionen.

A *Recopiez le filet à mots sur une feuille au format A3 puis complétez-le: associez les mots de la liste aux différents aspects du filet à mots.*

Corps + visage vgl. S. 137

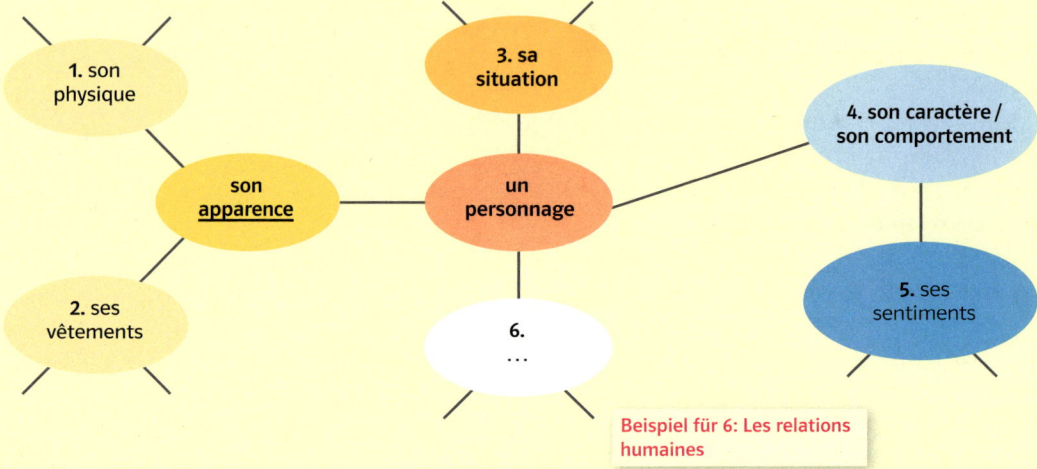

Beispiel für 6: Les relations humaines

Astuce
Si vous n'êtes pas d'accord pour associer un mot à un aspect, utilisez ce mot dans des exemples et discutez-en.

une casquette	avoir l'air *(+ adj.)*	réagir à qc
être pauvre	regretter qc / qn	un compromis
se plaindre de qc / qn auprès de qn	en cuir	être responsable de qc / qn
	être content(e) que *(+ subj.)*	se moquer de qc / qn
ressembler à qc / qn	faire confiance à qn	espérer faire qc
un conflit	oser faire qc	être chaleureux / chaleureuse
faire des études (de droit)	être obligé(e) de faire qc	des lunettes *(f.)*
se sentir bien / mal	craindre qc / qn	être honnête
porter qc	être mince	être méchant(e) (avec qn)
être grand(e), petit(e), de taille moyenne	avoir les yeux bleus / …	être sociable
les amis	être sûr(e) de soi	être attentif / attentive (à qc)
	une veste	avoir le droit de faire qc
faire une formation (d'ébéniste)	se disputer avec qn	un bandeau
	être autoritaire	être en colère (contre qn)
être intelligent(e)	souffrir de qc	les autres

B *Quels autres aspects pourriez-vous rajouter à ce filet à mots?*

C *Trouvez d'autres mots que vous pouvez associer (4 mots par aspect).*

.... **Parler** **D** *Décrivez une personne / un personnage que vous connaissez.*
Les autres devinent de qui il s'agit.

2 Les relations humaines

A *Trouvez les compléments qui vont avec les expressions françaises*
pour traduire les expressions allemandes.

- sich bei jdm. beklagen
- jdm. vertrauen
- sich an etw. / jdn. erinnern
- nett zu jdm. sein
- etw. mit jdm. teilen
- etw. für jdn. empfinden
- jdn. vermissen
- etw. dank etw. / jdm. tun können

se souvenir
être gentil / gentille
se plaindre
faire confiance
regretter
partager qc
éprouver qc
pouvoir faire qc

pour qn   **à** qn
de qc / qn
qn   **avec** qn
auprès de qn
grâce à qc / qn

B *Complétez les phrases suivantes avec les expressions*
et les prépositions de **A**.

1. Ying ne **?** pas **?** ses premières années en Chine car elle était trop petite.
2. Elle aime bien Pierre mais elle n' **?** pas d'amour **?** lui.
3. Elle **?** son ancien copain qu'elle aimait très fort et qui l'a quittée.
4. Pierre n'est pas du tout content. Il **?** un professeur **?** l'ambiance qu'il y a dans sa classe.
5. Dans son quartier, Amadou a beaucoup d'amis car il est **?** tout le monde.
6. Il **?** sa passion[1] pour les vieux films **?** son père, qui adore aussi le cinéma.
7. Un professeur a aidé Camille dans son orientation et elle **?** un C.A.P. **?** ses conseils.
8. A l'atelier, le chef **?** Camille car elle est très responsable et travaille sérieusement.

3 Des personnages et des histoires

Ecrire

Choisissez un personnage sur la photo suivante et décrivez-le.

Puis imaginez
- *sa situation,*
- *son caractère,*
- *ce qu'il aime,*
- *ses relations avec les autres,*
- *ses sentiments et ses espoirs (environ 200 mots).*

Choisissez les mots des pages 14 – 15 qui peuvent vous aider.

Falls ganzes Bild beschrieben werden soll:
Stratégie Bildbeschreibung S. 109

1 une passion pour qc eine Leidenschaft für etwas

Grammaire: Parler de projets, donner des conseils

En forme
Parler

1 Révision: le conditionnel présent

→ En plus 97, 4 △

In En plus Wh. der
Bildung + Lückentext

A *Pierre parle de son rêve à ses amis.
Complétez le texte avec les verbes qui
manquent. Utilisez le conditionnel présent.*

1. Avant de commencer mes études,
   je **?** faire un grand tour en bateau.
2. Ying, tu **?** partir avec moi?
3. On **?** l'Atlantique.
4. On **?** en Martinique et en Guadeloupe!
5. Tu crois que tes parents **?** d'accord?
6. Camille et Amadou, vous **?** venir avec nous!
7. Nous **?** ensemble le tour des Antilles.
8. Vous **?** envie de partir avec nous?

vouloir   traverser

aimer   avoir

être   pouvoir

faire   aller

B *Surprise? Les parents de Ying ne veulent pas qu'elle parte.
Donnez-lui des conseils pour les convaincre.*

→ En plus 98, 5 △

In En plus
freier Dialog

A ta place, je …   Comme ça, ils …
Tu (pouvoir, devoir) …   Ça leur permettrait de …
Si j'étais toi, je …   Tu ferais mieux de …

En forme
Parler

2 Révision: la phrase conditionnelle (I)

→ En plus 98, 6 △

*Trouvez à deux des situations où il faut avoir
les bons réflexes. Posez au moins 6 questions
et faites des dialogues.*

Nebensatz	Hauptsatz
si + imparfait	conditionnel présent

Exemple: – Si ton frère t'obligeait à ranger l'appartement, qu'est-ce que tu ferais?
            – Je ne l'accepterais pas. Je lui dirais …

In En plus vorgege-
bene Situationen

Situations:

tes parents	inviter à faire qc	aller à …
un(e) journaliste	interdire de faire qc	faire tout le travail
un inconnu / une inconnue	**obliger qn à faire qc**	aider qn
ton frère / ta sœur	promettre de faire qc	acheter qc
ton meilleur ami / ta meilleure	essayer de faire qc	partir en vacances
amie	refuser de faire qc	voir tes amis
un enfant	proposer de faire qc	dénoncer qn
…	avoir besoin de (faire) qc	**ranger**

Réactions possibles:

parler de qc à qn	accepter qc / qn
expliquer qc à qn	dire à qn de faire qc
faire qc	croire qc …

Faire des <u>reproches</u>[1], exprimer des <u>regrets</u>[2], se plaindre

In En plus produktive Übung
→ En plus 98, 7 △

En forme **3 Le conditionnel passé** (G1)

6, 5–6

A *Trouvez la phrase que vous pouvez dire dans les situations suivantes.*

1. Dans un club hip-hop, quelqu'un s'énerve parce que le style de la musique ne lui plaît pas.
2. Vous avez raté une interrogation écrite.
3. Vous avez froid.
4. Vous avez refusé de prêter de l'argent à un copain.
5. Quelqu'un a refusé un emploi qu'on lui a offert.
6. Ton copain a fait une grosse faute.

> Tu aurais pu faire attention!

> Vous auriez dû accepter!

> Tu aurais pu demander poliment.

> J'aurais dû mettre un pull.

> Avec un peu plus de travail, j'aurais pu réussir!

> A ta place, je me serais un peu renseignée avant de venir!

B *Expliquez comment on forme le conditionnel passé.*
L'une des phrases à droite s'adresse à une fille.
Laquelle? Justifiez votre réponse.

In En plus Zuordnung
vorgegeben

En forme **4 La phrase conditionnelle (II)** (G2)

→ En plus 99, 8 △

7, 7

Voici l'histoire de Walid. Racontez-la en reliant les éléments des deux colonnes.
*Commencez vos phrases par **si**.*

Nebensatz	Hauptsatz
si + plus-que-parfait	conditionnel passé

1. la guerre / ne pas éclater en Syrie
2. mon oncle / ne pas déjà venir en France
3. on / ne pas recevoir d'aide à notre arrivée
4. mes parents / ne pas pouvoir venir avec moi
5. je / ne pas vite apprendre le français
6. je / ne pas réussir mes études

a je / ne jamais partir seul
b je / ne pas devenir médecin
c nous / rentrer dans notre pays
d je / ne jamais pouvoir aller au lycée
e ma famille / ne pas quitter son pays
f nous / ne jamais réussir à remplir les papiers pour rester ici

En forme **5 Les verbes en -indre** (G3)

7, 8

Complétez les phrases avec le bon verbe.

1. Si vous **?** de rencontrer des <u>réfugiés</u>[3], n'allez plus en Méditerranée.
2. A l'hôtel, un touriste s'est **?** de tous les gens pauvres qu'il a vus.
3. C'est étrange. Les uns **?** pour leurs vacances, les autres pour leur vie.
4. Est-ce que vous vous **?** de quelqu'un qui a dû quitter son pays?
5. Ne nous **?** pas, nous n'avons rien à **?** d'aussi dangereux.

plaint
craindre
plaindriez
plaignons
craignent
craignez

1 un reproche ein Vorwurf   **2 le regret** das Bedauern   **3 un(e) réfugié(e)** ein Flüchtling

Lire
Parler

CD 1, 2
2

1 Un passé douloureux

*Suite de la page 11: A la fin du cours, Apollinaire
regarde les gens autour de lui …*

Les élèves sont aussitôt debout. Ils ne laissent même pas la prof
terminer sa phrase … ils consultent leur portable.
Moi je n'ai pas de portable. Pour appeler qui? Être appelé par qui? Je
n'ai aucun ami, aucune connaissance ici, en France. Les quelques co-
5 pains que je me suis faits dans ce centre de formation me semblent
si loin de moi … Je suis si loin d'eux. Les cours finis, ils n'existent
plus pour moi. Être appelé par les éducateurs? Par l'assistante
sociale? Etre joignable, contrôlé à tout moment? Merci bien. Certes,
je pourrais, avec les 45 euros d'argent de poche qu'on me donne
10 tous les mois me payer l'abonnement d'un portable. Je préfère les
économiser. Des habits non plus, je n'en achète pas. Je me moque
des vêtements de marque. Et même si je m'habillais comme eux
tous, je n'arriverais jamais à m'intégrer dans un groupe.
Je regarde les silhouettes se diriger vers la sortie, aimantées par
15 leur micro-écran. Je regarde la prof aussi.

«Vous rêviez encore!»
Je ne rêve pas, Madame: je me rappelle. Je me «douloureuse».
Je me «souffrance».
Ça m'amuse d'inventer des mots. Le prof de français, M. Orsérot,
20 nous a dit que certains auteurs le faisaient. Pourquoi pas moi?
Ça m'arrange car je ne parle pas parfaitement le français. Dans mon
village, on utilisait plutôt la langue de la région. De toute façon, les
cours de français, c'est pas mon truc. Les seuls cours que j'aime, ce
sont ceux en atelier. Scier le bois, le polir … Ça, ça me plaît. Même
25 si le maniement des machines est difficile, même si j'ai du mal avec
l'informatique. Rester assis en classe, à prendre des notes, m'est
insupportable. Je ne peux pas tenir en place.

aussitôt
tout de suite
consulter qc *(hier)*
auf etw. schauen

joignable erreichbar

économiser qc
etw. sparen
se moquer de qc ne
pas s'intéresser à qc
aimanté(e)
wie von einem
Magnet angezogen
un écran
ein Bildschirm
se rappeler qc
se souvenir de qc
la douleur
der Schmerz
la souffrance
das Leid

scier qc
etw. sägen
polir qc
etw. glatt schleifen
le maniement
die Bedienung
insupportable
unerträglich

Dès le premier bulletin: «Elève qui <u>a du mal</u> à se concentrer.»

C'est vrai mais vous tous, professeurs, conseiller d'orientation, direc-

30 teur … vous ne savez rien de moi!

Dans mon dossier d'inscription au centre, la DDASS[1] a <u>mentionné</u>:

«Adolescent en grande <u>difficulté</u>. Passé douloureux.»

Cette mention m'a permis d'être accepté, même si je ne suis pas

beaucoup allé à l'école.

35 «Adolescent en grande difficulté. Passé douloureux.» Dans le dossier

scolaire, il n'y a rien d'autre d'inscrit.

Dans le vrai dossier, celui de la Protection de l'enfance, <u>confidentiel</u>,

lui, <u>épais</u>, il est inscrit en gros et en rouge: «Top secret».

C'est Marie, l'assistante sociale, qui me l'a dit. C'est très bien ainsi.

40 Personne ne doit savoir la vérité vraie. Ni au centre de formation, ni

ailleurs. Top secret pour tout le monde.

«En grande difficulté.»

Ils ne savent pas ce que c'est que d'être en grande difficulté.

Et que j'ai été un crack, un surhomme, ça non plus ils ne le savent

45 pas.

Il est 17 heures. J'<u>attrape</u> mon sac. Dehors, il fait sombre. Je marche

vers le RER. Je rentre au foyer.

Une arme dans la tête de Claire Mazard © Flammarion, 2014 (p. 20 – 23)

avoir du mal à faire qc ne pas arriver facilement à faire qc

mentionner qc etw. vermerken

la protection
→ protéger qn
confidentiel / confiden-tielle vertraulich
épais / épaisse dick

attraper qc *(hier)* etw. nehmen
un foyer ein Wohnheim

8, 9 **A** *Vrai ou faux? Si c'est vrai, indiquez le passage et les lignes du texte qui justifient votre réponse. Si c'est faux, corrigez la phrase.*

1. Apollinaire n'a pas de vrais amis, juste quelques copains de classe.
2. Il n'a pas l'argent pour un portable et trouve dommage de ne pas pouvoir en acheter un.
3. Il s'intéresse aux vêtements de marque.
4. Il a l'impression de ne pas pouvoir faire partie d'un groupe.
5. Il aime jouer avec la langue parce qu'il la parle très bien.
6. Il préfère les cours théoriques aux cours pratiques en ateliers.
7. Il a le droit d'aller à l'école car il a eu un passé difficile et douloureux.
8. Apollinaire voudrait bien que les gens connaissent son passé.

B *Expliquez le sens des mots suivants.*

le centre de formation   les cours en atelier

la mention   le foyer

le dossier

C *Trouvez dans le texte les deux expressions qu'Apollinaire invente et expliquez ce qu'il veut dire par ces expressions.*

1 la DDASS la Direction départementale des affaires sanitaires et sociales (Behörde für Gesundheit und Soziales auf Département-Ebene)

Lire
Parler

2 Apollinaire et les autres

A *Relisez le texte pages 18 – 19. Dites qui sont «ils», «nous» et «on».*

B *Complétez le filet à mots: avec quelles autres personnes Apollinaire est-il en contact au centre de formation et au foyer?*

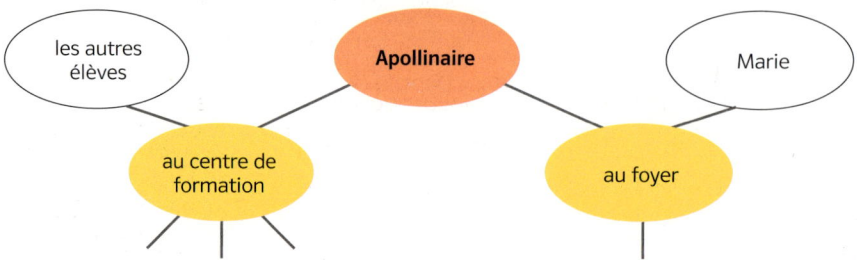

C *Expliquez la relation de ces personnes avec Apollinaire.*

Lire
Ecrire

3 Tâche: le portrait d'Apollinaire

A *Relevez les informations que le texte donne sur la situation scolaire d'Apollinaire.*

B *Décrivez les sentiments du personnage principal.*

C *Analysez la relation entre ces sentiments et le comportement d'Apollinaire vis-à-vis des autres.*

D *A l'aide de vos résultats, faites le portrait d'Apollinaire.*
La stratégie page 13 peut vous aider.
Puis travaillez à deux: échangez vos textes, lisez-les et corrigez votre texte si vous le jugez nécessaire. (⟶ Stratégies p. 122)

> **Mots utiles**
> l'amitié
> avoir des contacts
>   avec qn
> s'intégrer dans qc
> aller vers les autres
> se concentrer (sur
>   qc)
> avoir des souvenirs

Lire
Ecrire

4 Une arme dans la tête

*Choisissez **A** ou **B**.*
Formulez des hypothèses pour expliquer …

> Faire des hypothèses:
> Voc. p. 136.

A *… le «passé douloureux» du personnage:*
pourquoi Apollinaire a-t-il été un «surhomme»?
Quel est le sens de ce mot?

B *… la mention «Top secret» dans le dossier de la Protection de l'enfance:*
pourquoi n'y a-t-il pas les mêmes informations dans le dossier scolaire?

Si le centre de formation connaissait …   Si tout le monde savait …

Si Apollinaire avait des ennemis …

Lire
Médiation

Mehr dazu
33w27v

8, 10

Online-Link:
weitere
Informa-
tionen zur
Einwande-
rung

5 Le point sur . . .

. . . la France, pays d'accueil

La France est le deuxième pays d'immigration européen derrière l'Allemagne. Au 19e et au 20e siècle, la France a accueilli des étrangers pour ses besoins de main-d'œuvre. Aujourd'hui, la plupart des immigrés viennent d'abord d'Afrique: des anciennes colonies où on parle encore le français et surtout du Maghreb. Ils viennent ensuite d'Europe (surtout du Portugal, d'Italie et d'Espagne) et enfin d'Asie. Quand on regarde les trois dernières générations, on voit qu'un Français sur quatre compte dans sa famille au moins un ancêtre d'origine étrangère.

De plus, la France accueille des personnes persécutées. Elle accorde l'asile aux étrangers qui ne peuvent pas vivre librement dans leur pays et craignent pour leur vie. Parmi ces personnes se trouvent entre autres des mineurs qui arrivent seuls en France. Le droit d'asile est inscrit dans la Constitution française. Les valeurs fondamentales de la Constitution sont «Liberté, Egalité, Fraternité». Elles remontent à la Déclaration des Droits de l'Homme et du Citoyen qui a été votée en 1789, pendant la Révolution.

Im Anschluss möglich:
Droits de l'homme, p. 230.

A *Relevez les deux raisons de l'immigration en France.*

B *Expliquez pourquoi la France accorde l'asile.*

C *Dans une discussion avec des amis allemands, vous résumez ce que vous avez appris sur l'immigration en France.*

In En plus Hilfen + Lückentext

Ecouter
Ecrire

CD 1, 3
3

6 Mali – Bretagne

→ **En plus 99, 9** △

Avant l'écoute
Imaginez de quoi il sera question dans ce document (⟶ titre, mots-clés, photo).

Nach dem HV-Text kann das Chanson "Où aller?" (CD 1, Track 4) eingesetzt werden, vgl. S. 229.

Pendant l'écoute
Prenez des notes sur les aspects suivants.

- Age? Origine?
- Raison du départ?
- Situation à l'arrivée en France?
- Qui a aidé Bourama?
- Problème actuel?

Après l'écoute
Ecrivez un article où vous résumez l'expérience de Bourama à l'aide de vos notes (environ 150 mots).

Stratégie HV S. 110

Mots-clés
tuer qn jdn. töten
un passeur
ein Schlepper
un entraîneur
ein Trainer
une association
ein Verein
la Grèce
Griechenland
expulser qn
jdn. ausweisen

1 Parler

Online-Link: Förder-übungen zu Bilan

Sie können …

Astuce
Vous pouvez
contrôler vos solu-
tions à la page 220.

1. … einen Text und seinen Autor / seine Autorin vorstellen (*Auszug aus „Une arme dans la tête" von Claire Mazard*).	Il s'agit …
2. … sagen, wovon der Text handelt (*junger Mann, Ausbildung*).	Le texte …
3. … sagen, wer erzählt und was er erzählt (*die Hauptfigur, ihre Situation in der Klasse*).	Le personnage …
4. … sagen, worin jemand Schwierigkeiten hat (*Konzentration*).	Il a du …
5. … sagen, dass jemand jemandem vertraut (*Marieme, Schwester*).	Marieme fait …
6. … sagen, dass sich jemand nicht beklagt.	Elle ne se …
7. … einen Ratschlag geben, was Sie an jemandes Stelle tun würden (*Nein sagen*).	A ta place, je …
8. … sagen, was Sie hätten tun können (*gewinnen*).	… gagner.
9. … sagen, woher in Frankreich die meisten Immigranten kommen.	En France, la …

2 Lire

*Lisez cet extrait du roman «Une arme dans la tête»,
puis complétez les phrases à la page 23.*

M. Orsérot est devant moi.
– Tiens, c'est pour toi.
Il me tend une pochette en papier. Dedans, un livre. Je déchiffre le titre: *Alcools*. Et le nom de
5 l'auteur: Apollinaire. Le fameux Apollinaire. *Et notre amour saignait comme des groseilliers.*
Je feuillette: des poèmes! Que des poèmes! Lire des poèmes? Moi?
– Je ne te dis pas de lire ces poèmes en leur
10 entier, Apollinaire. Picore de-ci de-là. Isole chaque vers, lis-le seul, comme s'il était lui-même un poème. Plus tard, peut-être, tu auras envie de lire les poèmes dans leur totalité. Tu essaieras de les comprendre.
15 Si tu ne les comprends pas, cela n'a aucune importance. Laisse-toi bercer par leur

musique … Et de nouveaux vers que tu n'avais pas remarqués à la première lecture t'enchanteront. Et à la deuxième,
20 à la troisième lecture, parce que peut-être entre-temps, tu auras changé, tu seras sensible à une autre musique, à d'autres images, à d'autres idées. Chaque nouvelle lecture t'apportera quelque chose de
25 différent.
Il veut que je lise et que je relise et que je rerelise!!! Il est vraiment pas bien, totalement à la masse. Il ne m'a pas regardé!
– Quand on aime un livre, il peut nous
30 accompagner toute la vie.
– Heu … Je dois vous le rendre après?
– Mais non, je l'ai acheté pour toi. Je te l'offre.

Je suis touché: depuis mon arrivée en France, c'est le premier cadeau que l'on me fait. Même ₄₀
₃₅ si c'est un livre …
Je marmonne «merci».
Certes, j'ai été ému par *Et notre amour saignait comme des groseilliers.* Mais cela ne signifie pas que je suis capable, que j'ai envie surtout, de lire tout un recueil. Moi qui déteste les cours de français! Il a dû le remarquer quand même. Soupir. Je glisse le paquet dans ma poche.
– Au revoir, monsieur.

Une arme dans la tête de Claire Mazard © Flammarion, 2014 (p. 68 – 69)

A *Complétez les phrases. Justifiez votre choix en indiquant les lignes du texte.*

1. M. Orsérot
   a donne un livre à Apollinaire.
   b promet un livre à Apollinaire.
   c demande un livre à Apollinaire.

2. Il parle à Apollinaire pour
   a exprimer un regret.
   b lui faire un reproche.
   c lui donner des conseils.

3. M. Orsérot dit qu'en lisant des poèmes,
   a on s'informe.
   b on devient courageux.
   c on découvre des aspects inconnus.

4. Il est important qu' Apollinaire
   a comprenne tout ce qu'il lit.
   b lise les textes plusieurs fois.
   c apprenne les textes par cœur.

5. A la fin, Apollinaire
   a promet de lire le livre.
   b éprouve une forte émotion.
   c fait une proposition à M. Orsérot.

6. M. Orsérot a remarqué qu' Apollinaire
   a détestait les poèmes.
   b comprenait bien les poèmes.
   c avait été impressionné par un poème.

3 Ecouter et regarder, écrire

Nathanaëlle vit à la Réunion[1]. Dans le film, elle parle des origines de sa famille.

A *Vrai ou faux? Si c'est faux, corrigez la phrase.*

1. Au début, on voit des cartes postales.
2. Nathanaëlle est née à la Réunion.
3. Sa mère a des origines africaines.
4. Son père a des origines indiennes.
5. Dans le film, on voit deux bijoux différents.
6. Parmi les parents de ses grands-parents, il y avait des Français.
7. On ne sait pas si on peut croire les papiers de mariage et de naissance.

 B *Regardez le film encore une fois et prenez des notes. Puis faites un petit portrait de la jeune femme (environ 100 mots).*

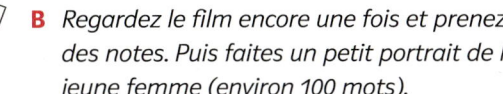

1 la Réunion île de l'océan indien, département et région d'outre-mer français (DROM)

Module 2

Online-Link: Informationen
zu Wirtschaft und Arbeit

CD 1, 6
5

L'orientation professionnelle

Mehr dazu
6c24bb

> Les voyages, les rencontres … c'est la vie <u>dont</u> je rêve. Je suis fort en langues et en histoire et je voudrais faire un travail en <u>rapport</u> avec mes matières préférées. <u>Lequel?</u> Je ne sais pas encore.

> Je suis assez <u>bricoleuse</u> et je sais bien <u>travailler de mes mains</u>. Trouver des solutions à des problèmes pratiques, c'est ce qui me plaît.

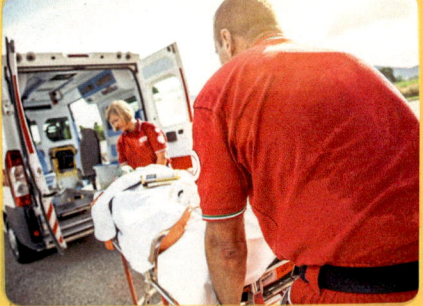

1. *Notez en une minute les mots et expressions autour du mot «travail» qui vous viennent à l'esprit. Complétez votre filet à mots au cours de ce module.*

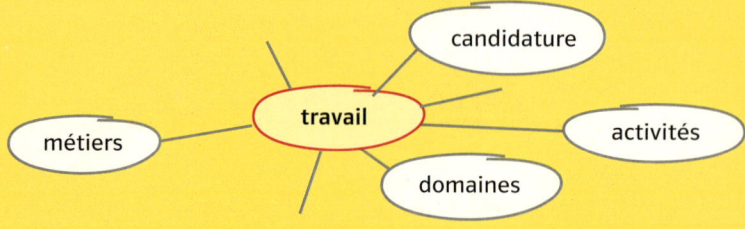

candidature · travail · métiers · activités · domaines

OBJECTIFS

- Présenter un métier
- Parler de son orientation professionnelle
- Téléphoner pour prendre rendez-vous
- Se présenter dans un entretien de stage

De plus ist förmlicher als **en plus**.

Mon <u>avenir</u>? Ben, je ne me vois pas travailler dans un bureau, ça, c'est sûr! Je m'intéresse aux sciences naturelles et surtout à la <u>biologie</u>. <u>De plus</u>, j'aimerais être utile aux autres.

J'aime bien travailler à l'ordinateur et je m'intéresse beaucoup à tout ce qui est <u>son</u> ou image. L'<u>audiovisuel</u>, c'est mon truc.

2. *Imaginez des métiers que ces jeunes pourraient faire ou des domaines dans lesquels ils pourraient travailler. Justifiez vos propositions.*

3. *Dites quels métiers vous intéressent et pourquoi.*

Expressions utiles
travailler dans l'industrie, le commerce, …
travailler comme dessinateur, infirmière, …
choisir un métier qui permet de …

⟶ Vocabulaire p. 146

Lire
Parler

1 Textes au choix: Trois métiers, trois portraits

Avant la lecture
Décrivez les photos, puis choisissez et lisez l'un des trois textes.

16, 1

Pendant la lecture
Notez pour chaque paragraphe de votre texte de quels
<u>*aspects*</u> *il est question.*

CD 1, 7
6

Florian, webdesigner

> **Le saviez-vous?**
> Dans certains lycées, on peut préparer un B.T.S. (Brevet de technicien supérieur) en deux ans après le bac (bac + 2).

«Webdesigner, c'est un des métiers d'aujourd'hui <u>dont</u> on parle beaucoup et qui est très à la mode, car on travaille sur l'image grâce à l'informatique. C'est la <u>conception graphique</u> d'un site Internet, donc c'est une des étapes

de la <u>création</u> d'un site. Le webdesigner s'occupe des maquettes graphiques. Ensuite, il y a tout le codage, <u>pour lequel</u> les web développeurs entrent en jeu.

Pour ce métier, il faut avoir le sens de l'<u>esthétique</u>: l'aspect graphique

15 et fonctionnel du site est très important. Moi, j'ai un B.T.S. en design graphique. Dans une <u>agence de communication</u>, <u>en général</u>, l'ambiance est détendue: il faut être <u>créatif</u> et donc pouvoir se lâcher. Alors on écoute de la musique, on discute, on rigole … Il <u>n'y</u> a <u>aucun</u> problème à ce niveau-là, on est libre et ça me plaît beaucoup. Mais on doit aussi

20 travailler très vite et souvent, c'est stressant.
Moi, je n'ai que 21 ans, donc j'espère évoluer au sein de l'agence et un jour, peut-être, avoir ma propre boîte, qui sait?»

une maquette
(hier) ein Layout
un codage eine Kodierung

détendu(e) sans stress
se lâcher seiner Fantasie freien Lauf lassen

évoluer
sich weiterentwickeln
au sein de dans
une boîte *(ici)* une entreprise

CD 1, 8
7

Stéphane, ingénieur dans l'<u>agroalimentaire</u>

> **Le saviez-vous?**
> La France est le 4ᵉ exportateur mondial de produits agroalimentaires. L'agroalimentaire est le premier secteur de l'industrie française, avec des entreprises mondiales comme Danone.

«Je suis responsable recherche et <u>développement</u> dans une entreprise agroalimentaire. Dans mon métier, je <u>teste</u> des formules de <u>pâtisserie</u>, par exemple pour des croissants ou des pains au chocolat. C'est-à-dire que je goûte et j'<u>améliore</u> les formules

un(e) responsable recherche et développement
ein(e) Forschungs- und Entwicklungsleiter(in)

améliorer qc
etw. verbessern

avant de les envoyer aux clients. Ensuite, ceux-ci peuvent nous com-
35 mander d'autres tests. Quand on nous le demande, il faut adapter le
produit à la qualité souhaitée.

Notre plus grand marché, ce sont les boulangeries artisanales. Mais
l'industrie et les grandes et moyennes surfaces qui font leur propre
pain ou leurs propres pâtisseries comptent aussi parmi nos clients.
40 J'ai choisi ce métier parce que je trouve ça passionnant de combiner
des ingrédients. Quand j'étais petit, je regardais toujours ce qu'on avait
dans le frigo, ce que je pouvais en faire … Et puis naturellement, j'ai
fait une école d'ingénieur en agronomie parce que je trouvais intéressant d'allier la biologie et la chimie à l'alimentation. Il faut avoir cette
45 curiosité pour faire ce métier. Et être bon en sciences!

Ce que j'aime le plus dans mon métier, c'est le travail en équipe et
le contact avec les gens, car en agroalimentaire, on ne travaille ni
seul dans un bureau, ni devant un ordinateur toute la journée. On
est souvent dans un laboratoire avec des équipes pour élaborer des
50 produits, on est tout le temps en relation avec les clients, le monde de
l'entreprise et ses différents services.»

artisanal(e) Handwerks-
**les grandes et
moyennes surfaces**
les supermarchés

un frigo ein Kühlschrank
l'agronomie (f.)
die Agrarwissenschaft

la curiosité ⟶
curieux / curieuse

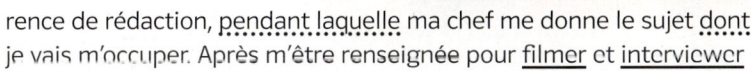

Aurélie, journaliste reporter d'images

CD 1, 9
8

«Je travaille pour une
agence de presse qui
transmet des reportages
55 télé aux télévisions qui
sont abonnées. Après
mon bac, j'ai passé un
an aux Etats-Unis, puis
j'ai intégré une école de
60 journalisme en France.
Mes journées com-
mencent avec la confé-
rence de rédaction, pendant laquelle ma chef me donne le sujet dont
je vais m'occuper. Après m'être renseignée pour filmer et interviewer
65 les bonnes personnes, je vais sur le terrain. Là, on analyse l'environnement pour savoir ce qu'on filme et ensuite, on se bat un peu avec les
confrères pour avoir les meilleures images: il y en a toujours un qui
arrive à avoir la meilleure place, c'est normal!

Quand tout ça est terminé, je rentre rapidement à l'agence et je sélec-
70 tionne les meilleures images et les meilleures interviews. Ensuite, j'écris
un petit commentaire pour expliquer le sujet d'actualité, je pose la voix
et je fais le montage final. Après, on envoie le reportage aux télés.
Pour faire ce métier, il faut savoir écouter et regarder. Ce qui me plaît,
c'est d'informer à travers les images: il faut toujours se demander
75 quelle information celles-ci peuvent apporter. Et puis on bouge tous les
jours, on découvre des nouveaux sujets.»

sur le terrain vor Ort

un confrère / une consœur
qn qui a le même métier

sélectionner qc choisir qc

⟶

A **Réfléchir:** *Travaillez d'abord seul. Notez des mots-clés pour faire une fiche métier.*

 B **Echanger:** *Faites des groupes avec 2 ou 3 élèves qui ont choisi le même texte. Dans chaque groupe, comparez les notes que vous avez prises dans la partie **A** et complétez-les si nécessaire.*

> **Fiche métier**
> - Nom de la personne et de son métier?
> - Qu'est-ce qu'il / elle fait?
> - Qualités / compétences?
> - Formation?
> - Qu'est-ce qui lui plaît dans ce métier?

> **Astuce**
> Regardez vos notes, puis regardez votre public et parlez librement.
> → Stratégies, p. 116

C **Partager / Présenter:** *Présentez le métier que vous avez choisi aux élèves qui ont lu un autre texte. Expliquez les mots nouveaux. Pour ceux qui écoutent: notez des mots-clés pour faire une fiche métier. Vous pouvez aussi poser des questions.*

D *Relevez les mots et expressions qui concernent le monde du travail et complétez votre filet à mots de la page 24.*

Ecouter Parler

2 Un coup de téléphone

CD 1, 10
9

A **Première écoute:** *complétez les phrases suivantes.*

16, 2

1. Manuel cherche un …
  a emploi.
  b stage.
  c job d'été.

2. Au téléphone, il parle à …
  a M. Lanier.
  b M. Renard.
  c M. Grivel.

3. A la fin, Manuel va …
  a mettre une annonce.
  b envoyer un courriel.
  c avoir un rendez-vous.

B **Deuxième écoute:** *lisez les phrases suivantes, puis corrigez-les.*

1. Manuel a posé sa candidature pour le service clients.

2. On lui dit qu'on n'a pas reçu sa candidature.

3. On lui dit de rappeler mercredi à 19 heures.

C *Imaginez: vous voulez prendre rendez-vous pour faire un stage. Travaillez à deux et jouez le coup de téléphone. Utilisez les expressions suivantes.*

> **Astuce**
> Pour jouer le coup de téléphone, mettez-vous dos à dos.

> **ON DIT**
>
> **Le candidat / La candidate**
> Est-ce que je pourrais parler à Mme / M. …, s'il vous plaît?
> C'est au sujet de …
> Excusez-moi, je me suis trompé(e) de numéro.
> Pourriez-vous transmettre un message à …?
> Je vous laisse mes coordonnées.
>
> **L'interlocuteur / L'interlocutrice**
> Oui, je vous la / le passe.
> Je suis désolé(e), il n'y a personne de ce nom ici.
> Un petit instant, s'il vous plaît, ne quittez pas.
> Je vais voir s'il / si elle est disponible.
> Personne ne répond.
> La ligne est occupée, veuillez patienter, s'il vous plaît.

Hier Schwerpunkt Sprechen;
Bewerbungsschreiben vgl. S. 121–122

Stratégies

Parler

1 Se préparer à un entretien

A *Imaginez que vous allez avoir un entretien pour un stage ou un job d'été. Dites ce qui est important de savoir sur l'organisation ou l'entreprise où vous vous présentez.*

activités

clients

…

> **STRATEGIE**
>
> **Préparer un entretien**
>
> • Was möchten Sie vermitteln?
> • Welche Informationen brauchen Sie?
> • Wie stellen Sie sich vor?
> • Wie reagieren Sie auf Fragen?

B *Expliquez comment il faut se comporter face à son interlocuteur. Qu'est-ce qu'il faut faire? Qu'est-ce qu'il faut éviter?*

regarder en l'air

vêtements

sourire

jouer avec …

…

C *Choisissez dans la liste suivante les expressions que vous allez utiliser dans l'activité **2** de la page 30.*

> **ON DIT**
>
> | | |
> |---|---|
> | pour commencer | Bonjour, monsieur / madame.
Je vous remercie de me recevoir.
Je suis content / contente de vous rencontrer. |
> | se présenter en deux minutes | Je suis élève au lycée …
Je m'intéresse beaucoup à … Je fais du / de la / de l'…
Pendant les vacances, j'ai travaillé comme … dans … |
> | écouter en montrant son intérêt | Ah bon? C'est intéressant.
Ah, d'accord. / Je comprends. / Je vois. |
> | parler de sa motivation,
donner des réponses précises | Je m'intéresse à tous les services,
mais je préfère ceux qui me permettent
d'être créatif / d'approfondir mes connaissances /
d'avoir une expérience dans le domaine du / de la …
Je suis disponible à partir du … |
> | demander des précisions | Qu'est-ce que c'est, en fait, ce nouveau service dont
  vous m'avez parlé?
Quelles seront mes responsabilités?
J'aimerais savoir comment …
Quels sont les horaires de travail? |
> | pour terminer | Je vous remercie beaucoup pour cet entretien.
Au revoir, monsieur / madame. |

Weitere Zeitangaben
vgl. S. 150

$\rightarrow$

Parler

2 Tâche: un entretien de stage

A *Vous cherchez un job d'été ou un stage sur Internet. Lisez les annonces et choisissez-en une.*

17, 3–4

Les Vieilles Charrues
La Route du Rock
Rock en Seine

Universal Music France et la Société Générale cherchent **8 reporters de festivals**. La mission de ceux qui seront sélectionnés: poster vos impressions à propos des festivals sur les réseaux sociaux et faire vivre le blog *So Music* en y postant articles, reportages photos et vidéos des concerts.

S'inscrire sur le site Internet de l'évènement

Journal bilingue cherche **stagiaire** maîtrisant le français et l'allemand ainsi que les outils informatiques pour diverses activités rédactionnelles dont recherche images.
Tél.: 03831 / 872047-0

Société de production de films cherche **acteurs 15 – 16** ans non professionnels parlant le français pour tournage première quinzaine de juin.
Tél.: 089 / 6597-0

Paris, juillet-août:
Vendeurs / Vendeuses de glaces
Profil: Personnes souriantes, patientes et dynamiques
Formation: langues étrangères
Glacier Amorino
mail@amorino.com

Vous aimez le contact avec les gens?
Entreprise belge secteur alimentation cherche ados 16 – 18 ans pour **promotion produits bio** dans les grandes surfaces.
info@promoconso.be

B *Les élèves qui ont choisi la même annonce font deux petits groupes: les employeurs et les candidats / candidates.*
Selon votre rôle, préparez des questions à poser et ce que vous voulez dire à votre entretien. Les idées suivantes peuvent vous aider.

Le futur <u>employeur</u>

- veut savoir pourquoi le candidat s'intéresse à ce travail,
- pose des questions sur son expérience dans ce domaine,
- veut connaître sa personnalité et sa motivation,
- parle des conditions de travail (horaires, <u>salaire</u>).

Le candidat / La candidate à l'embauche

- se présente,
- explique sa motivation,
- parle de ce qu'il a déjà fait et de ce qu'il connaît et sait faire dans ce domaine,
- parle de son caractère et de ses hobbys,
- dit qu'il accepte les conditions ou essaie de faire une autre proposition.

C *Jouez les entretiens.*
Pour ceux qui écoutent: donnez votre avis sur la façon dont s'est déroulé l'entretien. Le candidat aura-t-il le poste? Justifiez votre avis.

CD 1, 11
10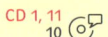

Alternative:
Ecoutez les questions. Associez les questions à l'une des annonces, puis essayez de répondre.

Vocabulaire

Lire
Ecrire

1 Les mots pour parler de l'orientation professionnelle

Voici huit questions pour réfléchir à votre avenir professionnel:
- Quels sont mes centres d'intérêt? (technique, nature, questions sociales, …)
- Quelles sont mes <u>compétences</u>? (je sais travailler de mes mains,
  je sais parler en public, je sais travailler en équipe, …)
- Quels sont mes <u>points forts</u> et mes <u>qualifications</u>? (langues étrangères,
  sport, <u>diplôme</u> de <u>secourisme</u>, …)
- Quelles connaissances est-ce que j'aimerais approfondir?
  (connaissances en informatique, en …)
- Quelles sont mes expériences? (stages, petits boulots, activités <u>extrascolaires</u>, …)
- Dans quel domaine / Dans quelle <u>branche</u> est-ce que je voudrais travailler?
  (médecine, industrie, spectacle, recherche scientifique, …)
- Le salaire est-il la chose la plus importante pour moi? Si non, qu'est-ce qui est
  le plus important pour moi? (la nature de la <u>mission</u>, l'ambiance au travail, …)
- Où est-ce que je peux me renseigner sur les formations et les <u>débouchés</u>?

A *Cherchez dans les questions les mots correspondant aux définitions suivantes.*

1. l'argent que l'on gagne quand on travaille
2. ce qu'on sait faire
3. un papier officiel qui montre les
   compétences qu'on a
4. ce qu'on doit faire au travail
5. la perspective de trouver un emploi

6. travailler avec d'autres personnes à
   un même projet
7. apprendre plus de choses sur ce qu'on
   connaît déjà
8. ce qu'on fait quand on essaie d'aider
   quelqu'un qui a eu un accident

B *Complétez votre filet à mots de la page 24.*

Ecrire

C *Répondez aux questions à l'aide de votre filet à mots.*
   Rédigez un petit texte d'au moins huit phrases.

In En plus Hilfen für
Strukturierung

Parler

2 Une question de motivation

→ En plus 100, 1 △

Trouver un stage ou un emploi n'est pas toujours facile. Ce jeune est à Pôle emploi[1].
Préparez un petit monologue pour décrire et commenter ce dessin.
Parlez de la situation, des personnes et du message de ce dessin.

Mots utiles
avoir l'air motivé
manquer de qc
   (d'expérience, de
   compétences)
s'adapter à qc
être au chômage

---

1 **Pôle emploi** Name des französischen Arbeitsamtes   2 **décourager** ≠ encourager

Jeu de mots **3** Noms de métiers

A *Voici des noms de métiers que vous avez déjà appris. Dans votre cahier, faites deux colonnes. Notez les noms de métiers et leur forme féminine.*

masculin	féminin
un acteur	une actrice

un acteur, un musicien, un vendeur, un journaliste, un guide, un policier, un biologiste, un professeur, un médecin, un principal, un auteur, un général, un chanteur, un mécanicien, un écrivain, un infirmier, un présentateur

B *Regroupez les noms de métiers dont le féminin se forme de la même façon. Expliquez les différentes façons dont se forme le féminin de ces noms de métiers.*

Lire
Parler **4** Un métier pour toi?

18, 5

A *Expliquez quel métier correspondrait aux qualités décrites. Discutez-en à deux.*

1. Tu sais écouter les autres. Tu aimes essayer de comprendre les problèmes difficiles et prendre des décisions en gardant la tête froide. Les études longues ne te font pas peur.

2. Tu aimes créer et apprendre des choses nouvelles. Souvent seul/seule à ton bureau, tu aimes chercher des solutions à des problèmes difficiles. Tu travailles avec créativité, discipline et logique.

3. Tu sais aussi bien travailler de tes mains qu'à l'ordinateur. Tu aimes la nature et les animaux. Tu es capable de te lever tôt, d'être dehors par tous les temps, de travailler durement et de ne pas partir souvent en vacances.

4. Tu es curieux / curieuse. Tu t'intéresses à l'art et à l'histoire. Tu sais parler en public et tu aimes raconter des histoires. Tu aimes les langues étrangères.

un / une juge   un / une guide   un agriculteur / une agricultrice   un / une webdesigner

un ingénieur / une ingénieure   un / une architecte   un professeur / une professeure

B *Pour continuer, rédigez la description d'un autre métier. Présentez-la à vos camarades qui expliquent quels métiers pourraient correspondre à la description.*

Parler **5** Jeu: quel est mon métier?   (⟶ **Vocabulaire p. 146**)

*Jouez à trois. Deux élèves choisissent un nom de métier. Un(e) autre élève doit deviner ce métier: il / elle pose des questions aux deux autres qui ne répondent que par **oui** ou par **non**.*

Est-ce que c'est un métier créatif?

Non.

un / une juge

Online-Link: Vertiefung,
absolute Fragestellung

Mehr dazu
zh7e9a

Grammaire: Poser des questions et donner des précisions

En forme

1 Révision: l'adjectif interrogatif quel

A *Quelles questions pourriez-vous poser au cours d'une journée d'orientation? Complétez les questions suivantes dans votre cahier.*

	m.	f.
Sg.	**quel**	**quelle**
Pl.	**quels**	**quelles**

Exemple: **Quel** est le travail d'un **ingénieur du son?**

1. **?** est le travail d'un / d'une …?
2. **?** formation est-ce qu'il faut faire si on veut …?
3. **?** sont les différents métiers dans …?
4. **?** est le niveau de salaire des …?
5. Dans **?** domaine a-t-on besoin de bonnes connaissances en …?
6. **?** sont les possibilités de travail d'un / d'une …?

B *Que voudriez-vous savoir encore? Notez 3 autres questions.*

En forme
Parler

2 Le pronom interrogatif lequel (G4)

→ **En plus 100, 2**

Vous êtes en train de lire le journal et vous en parlez à un copain. Faites des dialogues à tour de rôle.

19, 6

In En plus Übung zum
Relativpronomen lequel

Exemple:

– Regarde cette **annonce**!
– **Laquelle?**
– L'annonce de **Michelin**.
– Oh, elle a l'air **intéressante**. /
Oh, elle ne m'intéresse pas trop.

annonce / de Michelin	bizarre
dessins / d'architecture	ennuyeux
article / sur le marché des jeux vidéo	**intéressant**
photos / de l'usine Airbus	drôle
publicité / de Renault	original
sondage / sur les stages en entreprise	passionnant
statistiques / sur l'emploi	…

En forme

3 Le pronom relatif dont (G6)

19, 8

A *Lisez les phrases suivantes. Que remplace le pronom relatif **dont**?*

Il y a beaucoup de métiers passionnants.
On parle peu **de ces métiers**.
→
Il y a beaucoup de métiers passionnants **dont** on parle peu.

Tous les jeunes veulent un travail.
Ils peuvent être contents **de ce travail**.
→
Tous les jeunes veulent un travail **dont** ils peuvent être contents.

Hier, il y avait une émission à la télé.
Le message **de cette émission** était positif.
→
Hier, il y avait une émission à la télé **dont** le message était positif.

→

In En plus Verständnishilfe
zur de-Ergänzung

→ En plus 101, 3 △

B *Reliez les phrases en utilisant le pronom relatif **dont**.*

1. J'ai d'abord fait un stage dans un centre social.
   J'étais très content **de ce stage**.

2. J'aimais bien l'équipe.
   Je faisais partie **de cette équipe**.

3. Nous nous sommes occupés d'enfants.
   Les parents **de ces enfants** avaient disparu.

4. Il y avait un programme de soutien scolaire.
   J'étais responsable **de ce programme**.

5. A l'école, les enfants avaient des problèmes.
   Je discutais souvent de ces problèmes avec eux.

6. Après mes études, j'ai trouvé un emploi.
   Je rêvais de cet emploi depuis longtemps.

7. C'est un travail difficile.
   Le succès de ce travail n'est jamais garanti.

8. Mais c'est un travail intéressant. Les objectifs de
   ce travail sont très clairs: aider les gens à organiser leur vie.

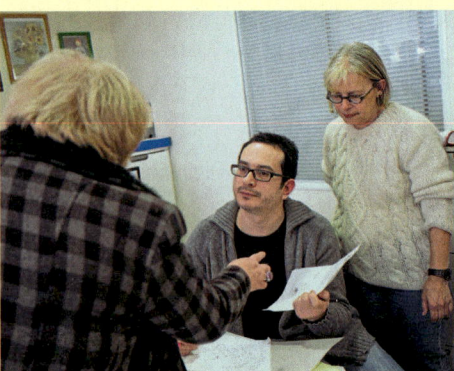
Un centre social

En forme
Parler

20, 9

4 Les pronoms démonstratifs (G 7)

A *Trouvez les bonnes réponses pour faire le dialogue.*
Puis dites ce que remplacent les pronoms démonstratifs.

	m.	f.
Sg.	**celui**	**celle**
Pl.	**ceux**	**celles**

Questions

1. Quels métiers t'intéressent le plus?
2. A quelles entreprises as-tu téléphoné?
3. A quelle annonce est-ce que tu réponds?
4. Tu mets ta chemise blanche?
5. C'est ton chef, ce monsieur?
6. C'est ton bureau?

Réponses

– Non, c'est **celui** de mon chef.
– A **celles** dont tu m'as parlé samedi.
– Non, c'est **celui** qui a les cheveux noirs.
– **Ceux** qui me permettent de voyager.
– A **celle**-ci, celle d'Yves Rocher.
– Non, je mets **celle** que j'ai achetée hier.

B *Posez des questions et répondez.*

Exemple: – Quel **portable** est-ce que tu achètes?
   – Celui-ci.

1. **portable** / acheter?
2. réseau / utiliser?
3. offres / rechercher?
4. renseignements / être utiles / pour toi?
5. dans / équipe / vouloir / travailler?
6. publicité / plaire le plus?

Celui	qui
Ceux	de
Celle	**-ci.**
Celles	….

France Télécom.
Renault.
aider à prendre une décision.
madame Rybou.
s'adresser aux élèves.
…

In En plus aktive Übung
zu doppelten Pronomen

→ En plus 101, 4 △

En forme
Parler

5 Les pronoms objets (G 8)

20, 10

A *Trouvez les phrases qui vont ensemble et complétez les réponses pour faire le dialogue. Quelle est la place des pronoms objets dans la phrase?*

le	la	l'
	les	

1. Tu me donnes ton numéro?   – Attends, je **te** **?** explique.
2. Nicolas nous prête ses DVD?   – Oui, je **te** **?** donne tout de suite.
3. Je ne comprends pas cette question!   – Non, il **me** **?** rendra après-demain.
4. Est-ce que Léo t'a rendu ta clé USB?   – Celles de mon stage? Je **vous** **?** envoie.
5. Nous pouvons voir tes photos?   – Non, il ne **nous** **?** prête pas.

B *Répondez en utilisant les pronoms objets.*

1. Alors, tu es pris chez Michelin?   – Ils me diront demain si je suis pris(e).
2. Tu nous racontes ce qu'ils ont dit?   – Je vous raconte tout de suite ce qu'ils ont dit.
3. Ils te paient ton stage?   – Non, ils ne me paient pas mon stage.
4. J'ai trouvé des offres de stage sur Internet.   – Ah, bon? Tu nous montres les offres?
5. Vous nous envoyez votre CV?   – Oui, je vous envoie mon CV aujourd'hui.

Astuce
En utilisant les pronoms objets, on peut éviter les répétitions.

En forme

6 La négation (G 9)

21, 11

In En plus Subjektfunktion von
ni ... ni ... und **aucun ...**

→ En plus 102, 5 △

A *Ce garçon n'a pas la pêche.*
Complétez le texte.

1. Je **?**'aime **?** les maths **?** la lecture.
2. Je trouve que les sciences naturelles **?** sont **?** drôles **?** intéressantes.
3. Il **?**'y a **?** métier et **?** formation qui m'intéresse.
4. Je **?** suis **?** curieux **?** motivé.
5. J'ai posé ma candidature, mais je **?**'ai eu **?** stage.
6. Pourquoi? Je **?**'en ai **?** idée!

```
ne ... ni ... ni
ne ... aucun / aucune
```

B *Zoé veut être musicienne. Mais ce n'est pas facile et parfois, elle s'énerve. Expliquez pourquoi en utilisant* **rien ne ...** *ou* **personne ne ...**

Exemple: Ce n'est pas facile parce que **personne ne** l'aide à réaliser son projet.

```
rien ne ...
personne ne ...
```

- l'aider à réaliser son projet
- l'encourager
- l'intéresser autant que la musique
- croire qu'elle peut gagner sa vie
- lui donner des conseils
- être aussi important que la musique
- accepter son choix
- se passer comme elle veut

1 des tas de beaucoup de

Lire
Parler

1 Le point sur …

Frz. Schulsystem vgl. S. 135

22, 13

… l'orientation professionnelle à l'école

De la cinquième à la <u>terminale</u>, les élèves français découvrent le monde du travail grâce à différentes activités: interview d'un professionnel, journée dans un établissement de formation, visite d'un <u>salon</u> sur l'orientation, etc. En troisième, ils doivent faire un stage d'une semaine dans une entreprise et, au <u>lycée général</u> et technologique, ils suivent à partir de la <u>première</u> la <u>filière</u> dans <u>laquelle</u> ils vont passer le

5

10

baccalauréat: <u>économique</u> et social, <u>littéraire</u> ou <u>scientifique</u>.
Ils peuvent se renseigner sur les formations, études, métiers et débouchés grâce au site et aux documents de l'ONISEP (Office national d'information sur les enseignements[1] et les professions), qu'on trouve au CDI, mais aussi dans les centres d'information et d'orientation (CIO), où on peut rencontrer des conseillers d'orientation-psychologues.

15

20

1 un enseignement ein Unterricht

A *Dites où et comment vous pouvez vous renseigner sur votre orientation.*

B *Parlez de vos activités en rapport avec le monde du travail et expliquez ce que vous avez appris de ces expériences.*

C *Dites quelle filière du baccalauréat général vous choisiriez et pourquoi.*

Lire
Parler
Ecrire

2 Plus tard, je serai moi

CD 1, 12
11

Depuis peu, les parents de Séléna <u>se passionnent pour</u> l'art et ont décidé du métier que fera leur fille. Vérane, la meilleure (et seule) amie de Séléna, veut devenir astrophysicienne, ce qui donne une idée à cette dernière …

Séléna avait déposé la casserole encore tiède sur la table et avait annoncé la grande nouvelle:
– Je serai astrophysicienne.
Si elle avait dit qu'elle voulait devenir strip-teaseuse, ses parents n'auraient pas réagi autrement.
Il y eut un silence, <u>lourd</u> et long. Son père et sa mère se prirent par la main, comme pour se <u>soutenir</u> devant l'épreuve terrible que leur faisait vivre leur fille. Leurs <u>visages</u> reflétaient un profond sentiment d'<u>incompréhension</u> et de <u>trahison</u>.
– Mais tu as tout pour devenir une artiste … dit sa mère, les larmes aux yeux.
– Séléna, dit son père, réfléchis bien avant de prendre une décision aussi grave. Je veux que tu saches que nous te <u>faisons confiance</u>. Nous avons un certain nombre d'années de plus que toi, nous connaissons la vie. Tu ne dois pas brader ce que tu es pour devenir une vulgaire scientifique. Tu as une <u>âme</u> qui ne ressemble à aucune autre.

5

10

15

tiède lauwarm

lourd(e) schwer

faire vivre une épreuve à qn jdn. auf die Probe stellen
une trahison (hier) ein Vertrauensbruch

faire confiance à qn jdm. vertrauen

brader qc etw. verschleudern
une âme eine Seele

«Et les scientifiques n'ont pas d'âme?» pensa Séléna. Vérane était
l'exemple même de la scientifique ouverte et poétique. Vite, vite, pensa
20 Séléna, je dois trouver autre chose.
– Alors je serai professeure de philosophie, dit-elle.
Séléna marchandait, elle le savait. Ce n'était sans doute pas la solution,
mais pour l'instant elle ne voyait que ça.
– Un professeur ne comprend rien à la réalité des choses, dit son père,
25 ils vivent dans leur tête. Ce sont des êtres secs et tristes.
– Avocate.
– Les avocats ne créent rien, dit sa mère. Ils profitent du malheur des
autres.
– Médecin.
30 – En voilà encore qui profitent des autres, dit son père. Sans les
maladies ils ne sont rien. C'est un métier amoral. Ils sont les alliés
des bactéries et des virus.
Séléna pressa ses mains sur son visage. Quoi qu'elle dise, ils resteraient
bloqués sur leur idée. Il valait mieux aller se coucher.
35 Elle rêvait d'un ailleurs, où on la comprendrait, où on la laisserait vivre.
Le pire, c'est qu'elle se sentait coupable de ne pas être celle qu'ils
voyaient en elle, celle pour qui ils faisaient tant et dépensaient tant
d'argent.

Plus tard, je serai moi de Martin Page © Rouergue, 2013 (p. 31–33, texte abrégé)

marchander feilschen

sans doute probablement

sec / sèche trocken

un allié / une alliée ein
Verbündeter / eine Ver-
bündete
quoi que (+ subj.) …
egal was …
il vaut mieux …
es ist besser …
un ailleurs
un autre endroit

A *Résumez le texte en une phrase.*

In En plus Hilfen zu **A** und **D**

→ **En plus 102, 6** △

B *Relevez les métiers que propose Séléna.*
A l'aide de vos notes, présentez les arguments
des parents contre ces propositions.

métiers	arguments
...	...

C *Relevez les passages du texte qui décrivent les*
sentiments et réactions des personnages et analysez-les.

✎ **D** *Faites un portrait de Séléna et de ses parents*
(80 mots minimum pour chaque personnage).
Les mots utiles peuvent vous aider.

Mots utiles
un conflit
décider de (faire) qc
laisser à qn le temps
de faire qc
énerver qn
avoir l'impression
que …
se sentir …
correspondre à qc
réagir à qc
amener qn à faire qc

E *Relisez vos notes pour **B** et commentez les réactions des parents:*
leurs réactions sont-elles réalistes? comiques? Justifiez votre avis.

👥 **F** *Imaginez la situation inverse: Séléna veut devenir artiste et sa mère /*
son père est contre. Rédigez un dialogue d'environ 150 mots. Puis jouez-le.

Im CdA p. 22
Markierungstechnik

Online-Link: Förder-
übungen zu Bilan

Mehr dazu
4wg39g

Astuce
Vous pouvez
contrôler vos
solutions à la
page 220.

1 Parler

Sie können …

1.	… am Telefon nach einem Gesprächspartner fragen.	Est-ce que je …
2.	… sagen, worum es geht *(um ein Praktikum)*.	C'est au …
3.	… darum bitten, jemandem etwas auszurichten.	Pourriez- …
4.	… jemanden bitten, einen Moment Geduld zu haben.	Veuillez …
5.	… sagen, dass die Leitung besetzt ist.	La ligne …
6.	… nachfragen („*Was ist das eigentlich, die Arbeit, von der Sie gesprochen haben?*")	Qu'est-ce que …
7.	… sagen, was Sie können *(manuell arbeiten)*.	Je sais …
8.	… Ihre Motivation erläutern *(Ich interessiere mich für Berufe, in denen ich kreativ sein kann)*.	Je m'intéresse aux …
9.	… sich für ein Gespräch bedanken.	Je vous …

2 Lire

La génération Z, c'est vous!

Mais quelle est donc cette nouvelle génération
Z dont on entend parler? La génération Z qu'on
appelle aussi la génération connectée, ce sont
5 les jeunes qui sont nés après 1995, avec le web
2.0, les réseaux sociaux sont des outils avec lesquels ils ont grandi. Ils y passent du temps bien
sûr, en moyenne plusieurs heures par jour. Même
s'ils n'imaginent pas vivre sans ces nouvelles
10 technologies, ils savent quand même en sortir
et ont une vie bien réelle. Les Z vont arriver
dans le monde du travail dont ils vont changer
les règles. Pour les spécialistes, ils feront leur
travail s'ils y trouvent du sens et du plaisir. Ces
15 jeunes s'engagent difficilement dans des choses
auxquelles ils ne s'intéressent pas et dont ils
ne tirent pas de satisfaction. Mais le marché du
travail pourra-t-il le leur permettre?

"La génération Z
est déjà sur le marché."

1 **DRH** (Direction des Ressources Humaines) Personalabteilung

A *Trouvez le bon résumé.*

1. La vie des jeunes de la «génération Z» se déroule surtout dans les réseaux sociaux.
Ils voudraient changer le marché du travail mais ils ne trouveront pas d'emploi.

2. Les jeunes de la «génération Z» ont l'habitude des nouvelles technologies.
Ils n'accepteront pas un travail qu'ils jugent ennuyeux. Mais tous n'auront peut-être
pas une mission intéressante.

3. Les jeunes de la «génération Z» ne s'intéressent qu'à Internet et n'ont pas envie de
travailler sérieusement. C'est pourquoi ils auront des problèmes sur le marché du travail.

B *Complétez les phrases suivantes.*

1. La «génération Z» a grandi avec …
2. Ce sont des jeunes qui ne veulent pas …
3. Pourtant, ils ont …

4. Ils vont changer …
5. Au travail, ils cherchent …
6. Est-ce qu'ils …? Ce n'est pas sûr.

3 Ecouter

CD 1, 13
12  **A** *Vrai ou faux? Corrigez les phrases si elles sont fausses.*

1. Elle est forte en maths.
2. Elle voudrait bien faire un travail en rapport avec ses matières préférées.
3. Elle se renseigne sur la médecine et les métiers voisins.
4. Elle est sûre d'avoir trouvé le bon métier et de réussir.

B *Ecoutez une deuxième fois le texte, puis choisissez le métier qui
correspondrait le mieux à cette jeune femme et justifiez votre choix.*

ingénieur bioinformatique

médecin

technicien d'analyses biomédicales

4 Parler

*Pendant un entretien de stage, on vous demande de vous présenter et de parler de
vos projets et de votre motivation. Faites un petit monologue à l'aide des notes suivantes.*

élève	lycée …
centres d'intérêt	…
activités	…
expériences	travailler pendant les vacances
	faire un stage …
projets	faire des études de …
	faire une formation de …
	être … / travailler comme …
motivation	s'intéresser à …
	permettre de faire qc
	avoir une expérience …

Plateau Révisions
La France au quotidien

Ateliers au choix

- *Choisissez quels ateliers vous allez faire.*
- *Comparez vos solutions avec les exemples pages 220 – 224, puis corrigez-les.*
- *Vous pouvez aussi enregistrer vos dialogues pour contrôler vos solutions.*

Einsatz der Ateliers punktuell oder im Rahmen eines „Halbjahresplans", vgl. Lehrerbuch

Atelier 1

On va à Lyon?

Oh oui, je n'y suis jamais allée. On ira quand?

Préparer son voyage

Révisions Parler de l'avenir: le futur simple
Parler de lieux: les pronoms y et en

Page 42

Atelier 2

Le magasin est au centre-ville.

On met combien de temps pour y aller?

Se déplacer

Révisions Poser des questions
Parler de lieux: les prépositions

Page 44

Atelier 3

Les chaussures rouges sont beaucoup plus chères que les autres ... Et il me faut des chaussures qui vont avec tout.

Faire des <u>achats</u>

Révisions Décrire et comparer des choses: la phrase relative, les degrés de l'adjectif

Page 46

Atelier 4

Ça t'a plu, le cours?

Oui, mais le prof a parlé très vite. Il n'a pas remarqué que personne ne comprenait.

Se faire des amis

Révisions Se présenter, raconter sa vie: les temps du passé, le discours indirect

Page 48

Atelier 5

«J'ai vu une fille qui avait l'air sympa. En regardant mon plan, elle m'a montré que je n'étais pas du tout dans le bon quartier!»

Raconter son séjour

Révisions Raconter: les temps du passé, le gérondif

Page 50

Atelier 6

On pourrait acheter des fruits, du fromage, de la limonade et un peu de <u>charcuterie</u>.

J'ai faim, qu'est-ce qu'on mange?

Manger et boire

Révisions Parler de quantités: l'article partitif, les expressions de quantité

Page 52

<u>OBJECTIFS</u>

- se débrouiller dans des situations de tous les jours
- savoir <u>faire des révisions</u> individuelles

Atelier 1: Préparer son voyage

Approche

1 Je n'y suis jamais allé(e).

CD 1, 15
14

> OBJECTIFS
>
> **Vous parlez d'un projet de voyage.**
> **Il vous faut entre autres …**
>
> • les pronoms y et en pour parler de lieux
> • le futur simple pour parler de l'avenir

– On va à Lyon?
– Oh oui, je n'y suis jamais allée.
  On ira quand?
– Regarde: du 5 au 8 décembre, il y a la Fête
  des lumières. Mon père m'en a parlé,
  il paraît que c'est super.
– Alors on y va le 5 décembre?
– On a encore le temps d'y réfléchir …
– Non, il faut organiser ça maintenant.
  Sinon, on ne trouvera plus de chambre.

La Fête des lumières à Lyon

A *Notez ce que remplacent les pronoms* **y** *et* **en** *dans ce dialogue*
et décrivez leur place dans la phrase.

B *Notez l'infinitif des verbes qui sont au futur simple. Comparez et contrôlez vos résultats.*

En forme
Parler

2 On y va?

| lieux, compléments avec **à** (choses) | → | **y** |
| compléments avec **de** | → | **en** |

A *Vous parlez d'un projet de voyage.*

29, 3 – 4

Faites le dialogue. Dans les réponses, utilisez les pronoms **y** *ou* **en**.

Exemple: – Tu as parlé **de notre voyage** à tes parents?
       – Oui, nous **en** avons parlé hier.

1. – Tu as parlé **de** … parents?   – Oui, nous … hier.
2. – Alors, quand est-ce qu'on va **à** …?   – On pourrait …
3. – Qui s'occupe **de** …?   – Je … demain.
4. – On restera combien de jours **à** …?   – On pourrait …
5. – On peut louer[1] **des** …?   – Oui, on … louer partout.
6. – Tu t'intéresses **à** …?   – Euh, mon père … beaucoup.
7. – Il a déjà été **à** …?   – Oui, … habité.
8. – Il a **des** livres sur …?   – … plusieurs.
9. – Tu penseras **à** …?   – Mais oui, …!

> histoire
> voyage
> billet
> Lyon
> vélo
> …

B *Traduisez les phrases en utilisant* **y** *ou* **en**.

1. Ich überlege es mir.
2. Wir sprechen morgen darüber.
3. Da muss man hin!
4. Ich brauche es.
5. Ich denke oft daran.

> avoir besoin **de** qc
> réfléchir **à** qc
> aller **à**
> penser **à** qc
> parler **de** qc

1 louer qc etw. mieten

En forme
Ecrire

3 Le programme de visite

*Ecrivez un courriel à un(e) ami(e) pour lui décrire le programme
de votre week-end à Lyon. Utilisez le futur simple.*

28, 1–2

je	réserver … / te montrer …
tu	voir / prendre des photos de …
on	aller à … / se promener / …
	manger du / de la … / découvrir / …
nous	faire les magasins / visiter …
les visites	te plaire / aimer / …

> **Le futur simple** (verbes réguliers)
>
> j'arriver**ai**   nous arriver**ons**
>
> tu arriver**as**   vous arriver**ez**
>
> il / elle / on arriver**a**   ils / elles arriver**ont**

Astuce
Ecrire un courriel
→ p. 121
Conjugaisons des
verbes irréguliers
→ p. 234

Un nouveau musée des sciences et des sociétés: le musée des Confluences

Un <u>mur peint</u> de Lyon, dans le quartier de la Croix-Rousse

AUBERGE DE JEUNESSE DU VIEUX-LYON

41–45 montée du Chemin Neuf
Tél. +33 (0)4 78 15 05 50
lyon@hifrance.org
www.hifrance.org
Nuitée / night : 19,50 à /
to 24,40 €

Où passer la nuit?

Les quais de la Saône

De la <u>brioche</u> pour tous les <u>goûts</u>: le saucisson brioché et
la brioche pralinée

Le festival Acordanse

Atelier 2: Se déplacer

1 Où est le magasin?

– La batterie de mon portable ne se recharge
plus. Il faut que j'en achète une nouvelle.
Tu sais où il y a un magasin d'électronique?
– Je n'en ai aucune idée. On peut demander
à ce monsieur…
– Excusez-moi, monsieur …

– *Ecoutez ce que dit le monsieur.*
– *Cherchez le magasin sur la carte.*
– *Le soir, à l'auberge, vous décrivez
à un autre jeune où ce magasin
se trouve.*

> **OBJECTIFS**
>
> **Vous vous déplacez.**
>
> Il vous faut entre autres …
>
> - **poser des questions** pour demander des
>   renseignements,
> - utiliser des **adverbes et prépositions de lieu.**

b boulanger
ELECTROMENAGER & MULTIMEDIA
Vivons la Happy-Technologie!

Le saviez-vous?
Lyon est située
au confluent du[1]
Rhône[2] et de la
Saône[3], au cœur de
la région Rhône-
Alpes.

un pont   en face de[4]   au bord de   tout près de   à côté de

[map of Lyon]

© Cartagène cartographies, Lyon

1 au confluent de am Zusammenfluss von   **2 le Rhône** [lɔʀɔn] un fleuve   **3 la Saône** [lason] une rivière
4 en face de gegenüber von

Ortsangaben vgl. S. 149

Parler

2 Excusez-moi, …

30, 1

Vous êtes rue Bombarde, devant le jardin archéologique.
Vous demandez à un monsieur / une dame le chemin pour aller au
magasin d'électronique. Regardez la carte, puis faites le dialogue.

De rien. · loin · tout droit · à pied · avec plaisir · environ · en métro · tourner · à gauche / à droite · à 1 km d'ici · traverser · …

ON DIT

S'adresser à qn	Excusez-moi, monsieur / madame, …
Où?	Pourriez-vous … ?
A quelle distance?	C'est à combien de kilomètres d'ici?
Combien de temps?	On met combien de temps pour …?
Remercier	Merci beaucoup, monsieur / madame.
	Au revoir et bonne journée.

Lire
Parler

3 Comment est-ce qu'on y va?

30, 2

TCL Le second réseau national offre des solutions de mobilité variées et performantes. TCL met à votre disposition 4 lignes de métro, 5 lignes de tramway, plus de 120 lignes de bus, 100 lignes scolaires et 2 funiculaires.

Rhônexpress Navette[1] express qui relie en 29 minutes le centre de Lyon (gare de Lyon-Part-Dieu) à l'aéroport international de Lyon-Saint-Exupéry.

Vélo'v Premier service de vélos en libre-service en France (350 stations et 22000 locations par jour), il propose 4000 vélos disponibles 24h / 24.

*L'un d'entre vous choisit l'exercice **A**, l'autre **B**.*
*Si vous ne pouvez pas aller sur Internet, faites ensemble l'exercice **C**.*

A *Vous voulez faire le <u>trajet</u>[2] de l'exercice 2 **en métro**. Allez sur Internet et renseignez-vous sur le métro lyonnais. Expliquez à votre partenaire comment aller à la prochaine station et quelle ligne prendre.*

B *Vous voulez faire le trajet de l'exercice 2 **à vélo**. Allez sur Internet et renseignez-vous sur la possibilité la plus proche de louer des vélos. Expliquez à votre partenaire comment y aller.*

C *Un ami français de Lille arrive à Lyon **en avion**. Il vous appelle et vous demande de venir le chercher à l'aéroport. Vous ne pouvez pas venir et lui expliquez comment il peut aller au centre-ville. Il vous pose des questions (combien de temps, prix, …). Faites le dialogue.*

Ecouter

4 A la gare de la Part-Dieu

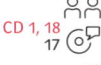
CD 1, 18
17
31, 3

*Il est 8 heures 25. Vous êtes à la gare de Lyon-Part-Dieu, <u>voie</u>[3] B, et vous attendez le train pour **Paris**. Votre partenaire veut prendre le train pour **Lille**. Ecoutez l'annonce puis expliquez chacun ce que vous avez compris et ce que vous devez faire.*

1 une navette ein Pendelzug   **2 un trajet** eine Wegstrecke   **3 une voie** ein Gleis

Atelier 3: Faire des achats

Approche

1 **Des chaussures qui vont avec tout**

CD 1, 19
18

OBJECTIFS

Vous voulez **parler de ce qui vous plaît** et **faire des achats**. Il vous faut entre autres …

• les **adjectifs** et les **propositions relatives** pour décrire les choses,
• les **degrés de l'adjectif** pour les comparer.

Waouh, les chaussures rouges sont super. Ce sont vraiment les plus cool. Mais elles sont beaucoup plus chères que les autres! Les noires ne sont pas mal… <u>En tout cas</u>, il me faut des chaussures qui vont avec tout et que je peux porter tous les jours. Tiens, je pourrais essayer les bleues en bas. Elles ne sont pas chères. Voyons voir …

Trouvez dans le texte les propositions relatives, la forme du comparatif et la forme du superlatif de l'adjectif.

En forme
Parler

2 **Des chaussures de sport**

Dans un magasin, vous essayez des chaussures de sport et les comparez. Faites le dialogue. Les expressions suivantes et la publicité à la page 47 peuvent vous aider.

32, 1

+ plus … qu(e)	+ + le / la / les plus …
– moins … qu(e)	
= aussi … qu(e)	– – le / la / les moins …

ON DIT

– Bonjour. Je peux …?

– Quelle est votre <u>pointure</u>?
– Voilà, essayez-les. Alors, …?

– Attendez, je vous apporte des chaussures plus / moins …

– Je vais regarder… Tenez. Est-ce que / qu' …?
– Essayez …
Ce sera peut-être … Voilà.

– Je voudrais … qui sont dans la <u>vitrine</u>.
– … (42, 43, 46,…)
– Elles sont trop … / Elles ne sont pas …
– Ah non, elles … Elles sont plus / moins … que les autres. Vous les avez aussi en …?
– Non, elles ne sont pas aussi … que …
– Ah oui. C'est …! Et elles sont beaucoup plus / moins … que … Ce sont les …

plaire à qn

joli

en bleu

moche

confortable

aider

original

coloré

sympa

parfait   essayer

…

Découvrez nos baskets ultra-légères et flexibles faisant de chaque pas un vrai plaisir.

C'est le pied! La chaussure la plus légère au monde!

En forme
Parler

33, 3

3 Des souvenirs de Lyon

A *Après votre séjour, vous donnez des renseignements à un(e) ami(e) français(e) qui ne connaît pas Lyon. Parlez des photos suivantes en utilisant des propositions relatives.*

qui	Subjekt
que	Objekt
où	Ort

un quartier
se trouver au
 centre-ville
pouvoir faire les
 magasins
les gens préférer
 pour se promener

la Croix-Rousse

un produit
venir de la région
il faut goûter
pouvoir acheter
 partout à Lyon

le saucisson lyonnais

une marionnette
être typique
trouver seulement
 à Lyon
plaire peut-être à …

Guignol

**un salon de thé et
 un magasin**
pouvoir acheter des
 spécialités
avoir une jolie
 terrasse
pouvoir manger

l'Epicerie Pop

B *Votre ami(e) vous répond. Complétez les phrases. Utilisez **ce qui** ou **ce que**.*

ce qui	was (Subjekt)
ce que	was (Objekt)

1. **?** me plairait à Lyon, c'est / ce sont …
2. **?** je voudrais voir, c'est / ce sont …
3. **?** m'intéresse beaucoup, c'est / ce sont …
4. Je sais déjà **?** je pourrais offrir à …
5. Je crois qu'à …, je trouverai tout **?** je veux.
6. **?** doit être super bon, c'est / ce sont …

Atelier 4: Se faire des amis

Approche

CD 1, 20
19

1 Si on allait boire un coup?

*Après le premier cours de langue, niveau B2,
à Montpellier …*

– Ça t'a plu, le cours?
– Oui, mais le prof a parlé très vite. Il n'a pas
  remarqué que personne ne comprenait.
  Et toi, tu as tout compris?
– Euh, presque. Bon, si on allait boire un coup?
– Oui, ça me dirait bien.
– Tu t'appelles comment?
– Liva, et toi?
– Fernando …

*Relevez les formes des verbes que les jeunes
utilisent pour*
  • *raconter au passé,*
  • *faire des propositions.*

> **OBJECTIFS**
>
> **Vous rencontrez d'autres jeunes.**
> Il vous faut entre autres …
>
> • **faire des propositions** et vous mettre
>   d'accord,
> • les **temps du passé** et **le discours indirect**
>   pour raconter.

Parler

2 Faire la connaissance de quelqu'un

*C'est le premier jour de votre cours de langue, à Montpellier. Après le cours,
vous allez au café avec un(e) jeune que vous trouvez sympa. Vous vous posez
des questions pour mieux vous connaître et vous parlez de vous.*

34, 1

A *Préparez le dialogue. Notez des mots-clés pour parler des sujets suivants.
Complétez la liste avec d'autres sujets dont vous voudriez parler.*

Astuce
Gardez vos notes,
vous en aurez
besoin pour l'exer-
cice 4. Il s'agit d'un
jeu de rôle, vous
pouvez inventer
des informations.

• pays et ville d'origine (c'est où?)
• ce que vous faites dans la vie (école, études, projets …)
• comment vous avez eu l'idée de venir ici
• les voyages que vous avez faits
• …

jeune A	jeune B

B *Faites le dialogue en vous servant de vos notes et
des expressions suivantes.*

origine	Je viens de … Je suis né(e) à … J'ai grandi à … C'est en …
activités	Je suis élève … / Je travaille dans … Je fais des études de … à …
pourquoi ici?	Je voulais … / Je me suis dit … / J'ai eu l'idée de …
voyages	En juin / L'année dernière, je suis allé(e) à … J'ai fait du / de la / de l'… Il y avait … / C'était …
pour terminer	Bon alors, il faut que je … C'était très sympa. On se reverra à …? A bientôt / demain / samedi! Bonne journée.

**Zeitangaben
vgl. S. 150**

Parler

3 Donner rendez-vous à qn

Le lendemain, vous vous mettez d'accord pour une sortie à Montpellier ou dans la région.
Faites le dialogue.

34, 2

	ON DIT
proposer qc	Ça te dit d'aller … mercredi soir? Si on allait … / faisait …
refuser	Ça ne me dit rien. Ça ne m'intéresse pas trop.
proposer qc d'autre	On pourrait … Qu'est-ce que tu en penses?
accepter	Je veux bien. / Bonne idée. / Ça me dirait bien.
<u>fixer</u> un lieu / une date	On se retrouve où? / à quelle heure?

faire de l'accrobranche

Parc zoologique naturel

Le saviez-vous?
Montpellier est connue pour son université et attire beaucoup de jeunes. Dans sa région, le Languedoc, la plage n'est jamais loin.

En forme
Ecrire

4 Raconte!

A *Liva raconte à une amie ce que Fernando a dit. Lisez les exemples pour vous rappeler les règles, puis mettez les phrases au discours indirect.*

35, 3

Exemple:

Fernando dit → **Fernando a dit**
Ce n'est pas difficile. … que ce n'était pas difficile.
Je t'aiderai. … qu'il m'aiderait.
Tu as fait des progrès. … que j'avais fait des progrès.

1. Je viens de Colombie.
2. Ma famille est allée vivre en Espagne.
3. Je fais des études de médecine à Tolède.
4. En août, j'irai à Paris avec un copain.
5. Nous y retrouverons un ami de Bogota.
6. Tu es déjà allée à Paris?

B *Liva dit:... Ecrivez six phrases que Liva pourrait dire puis mettez-vous à la place de Fernando et racontez. Commencez par «Elle a dit …».*

C *Ecrivez un courriel à un(e) ami(e). Racontez ce que vous avez fait à Montpellier, qui vous avez rencontré et ce que votre nouvelle connaissance a dit (environ 180 mots). Utilisez les notes que vous avez prises dans l'exercice 2 et les propositions de l'exercice 3.*

Atelier 5: Parler de son expérience, raconter son séjour

Approche

CD 1, 21
20

1 Une rencontre

> **OBJECTIFS**
>
> Vous **racontez comment vous vous débrouillez et ce qui s'est passé.**
> Il vous faut entre autres …
> – le **gérondif** pour dire comment vous faites quelque chose,
> – les **temps du passé** pour raconter ce que vous avez fait.

Szymon raconte:
«J'étais en vacances à Montpellier pour un cours de français. En me promenant dans la ville, je me suis perdu. Pourtant, j'avais pris un plan. J'ai vu une fille qui avait l'air sympa. En regardant mon plan, elle m'a montré que je n'étais pas du tout dans le bon quartier! Elle m'a accompagné au magasin où je voulais aller. Voilà comment je l'ai rencontrée…»

A *Relevez dans le texte les verbes conjugués qui décrivent une situation ou une personne et les verbes qui décrivent une action. Dites à quel temps ils sont.*

Online-Link:
Grammatik-
Vertiefung
Gérondif

B *Trouvez les phrases avec un verbe au gérondif et reformulez-les sans gérondif.*

En forme
Parler

2 Apprendre en parlant?

36, 2

Mehr dazu
a5q85z

Parlez des expériences que vous faites en apprenant le français.
Posez des questions et répondez à tour de rôle en utilisant le gérondif.

Exemple: – Comment est-ce que je peux faire pour **comprendre les textes audio**?
  – **En** les **écoutant plusieurs fois**. Et toi, comment est-ce que tu fais pour …?

Astuce
Partagez vos expériences d'apprentissage. Notez les conseils qui vous semblent être les plus utiles.

comprendre les textes audio	noter + prononcer qc
suivre son interlocuteur	oser parler
comprendre des textes écrits	relire + contrôler qc
apprendre du vocabulaire	**écouter qc plusieurs fois**
apprendre à parler librement	lire des textes + réutiliser qc
bien écrire	demander à qn de faire qc
éviter les fautes à l'écrit …	utiliser qc …

Posez d'autres questions et répondez.

En forme
Parler

3 Qu'est-ce que tu as fait hier?

Préparez un petit monologue pour raconter votre journée d'hier à un copain / une copine. Faites d'abord la liste de ce qui s'est passé, puis écrivez le texte.

Mettez les verbes à l'imparfait, au passé composé ou au plus-que-parfait.

Comparez et corrigez vos monologues.

Voici quelques idées:

- aller boire un verre + jeunes du cours de langue
- Max – proposer – aller au café
- bonne ambiance – beaucoup rigoler – super sympa
- Carla ne pas venir – fatiguée – trop peu dormir
- quand – partir - Carla appeler
- être de mauvaise humeur
- parler de – problèmes – Max
- se disputer – jaloux / jalouse de
- aller la voir – discuter jusqu'à …
- …

En forme
Ecrire

4 Mon séjour à Montpellier

Dans votre blog de voyage, vous racontez ce que vous avez fait, qui vous avez rencontré et comment c'était. Ecrivez le blog au passé (environ 150 mots). Utilisez aussi le gérondif.

37, 3

Moi à Montpellier

arriver – descendre – rencontrer – filles – parler – même auberge – soirée …

hier – un tour – campagne + Matteo et Chiara (Italiens) – soleil – chaud

> **Mots utiles**
> malheureusement
> tout à coup
> tout de suite

tourner – tomber – <u>casque</u>[1] – avoir mal – les <u>urgences</u>[2] – inquiet – pas de réseau

grave – retourner – plus avoir mal – préparer – programme d'activités – surfer

> **Le saviez-vous?**
> Le **112** est le numéro d'urgence européen.

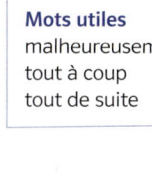

---

1 un casque ein Helm   **2 les urgences** *(hier)* der Notfalldienst

Atelier 6: Manger et boire

Parler

38, 1

CD 1, 22
21

1 Une pause dans le parc

> **OBJECTIFS**
>
> **Vous voulez parler de ce qu'il y a à manger et à boire.** Il vous faut entre autres ...
> - l'**article partitif** (du, de la, de l'),
> - les **expressions de quantité**.

– J'ai faim, qu'est-ce qu'on mange?
– On pourrait acheter des fruits, du fromage, de la limonade et un peu de charcuterie pour manger dans le parc.
– D'accord. Là-bas, il y a un supermarché. On y va?

A *Relevez dans le texte les expressions avec l'article partitif. Traduisez-les et expliquez la différence entre le français et l'allemand.*

B *Et vous, que voudriez-vous acheter pour manger dans le parc? Regardez les photos, puis dites ce qu'il vous faut en plus. Faites votre liste de courses dans votre cahier. Notez les produits avec l'article partitif ou les expressions de quantité.*

du	de la	de l'	des

un peu de	une boîte de	ne ... pas de

un <u>paquet</u> de	100 grammes de	...

le coca

le jambon

les fruits *(m.)*

l'eau *(f.)*

le taboulé

le chocolat

les chips *(f.)*

le thon / la salade de thon

C *Mettez-vous d'accord. Utilisez votre liste.*

Exemple:
– On achète du fromage?
– D'accord. Combien?
– 100 grammes.
– 100 grammes de fromage, ça ne suffira pas.
– Alors on en prend 200 grammes.
– On achète aussi ...?

Oui, je veux bien.

Je n'aime pas le / la / les ...

Si on achetait...?

Je ne mange pas de ...

On en prend ...

> J'arrive.

LES ASSIETTES REPAS

Carpaccio de bœuf charolais, basilic,
parmesan, salade et frites maison • 13,50

Tartare de bœuf charolais coupé au
couteau, salade et frites maison • 14,50

Cuisses de grenouilles en persillade,
salade et frites maison • 17,50

Assiette végétarienne
(selon légumes du marché) • 12,00

Assiette charcuterie et
salade verte • 14,50

Assiette fromage et salade verte • 14,50

Assiette de frites «maison» • 5,50

LES BURGERS GRILLÉS AU FEU

Burger classique
(fromage, steak haché, cheddar, salade,
tomate, oignon) • 16,00

Burger chèvre
(fromage, steak haché, fromage de
chèvre, salade, tomate, oignon) • 18,00

Burger foie gras
(fromage, steak haché, foie gras, salade,
tomate, oignon) • 21,00

Accompagnement salade et frites «maison»

MENU ENFANT (-12 ANS)

Nuggets ou steak haché /
frites ou légumes • 10,90

Parler

2 Passer une <u>commande</u>

Jouez le dialogue entre le serveur / la serveuse et le client / la cliente.

39, 3

ON DIT

– Bonjour. Vous avez choisi?

– Je suis désolé(e). Je peux …

– Et à boire?
– De l'eau <u>plate</u> ou <u>gazeuse</u>?

– Ce sera tout?

– Moi, je prends …
– Moi, je ne sais pas encore.
  Avez-vous …?
– Bon, alors je prends …
– Est-ce que je peux … ?
– De l'eau, s'il vous plaît.
– …, s'il vous plaît.
– Pour moi, ce sera …
– Oui, c'est tout, merci.

salade de chèvre chaud

orangina

jus de …   pain

pizza

plat <u>végétarien</u>

un verre de …

…

Ecouter

3 L'<u>addition</u>, s'il vous plaît.

Vous avez mangé dans une crêperie avec votre correspondant
et un de ses copains. Maintenant, vous voulez payer.

Vous avez mangé
• une crêpe caramel,
• une crêpe chocolat glace vanille,
• une crêpe noix de coco.

Vous avez bu
• un coca,
• un jus d'orange,
• un diabolo menthe.

CD 1, 23
22  **A** *Ecoutez le dialogue 1 et réagissez.*

CD 1, 24
23  **B** *Ecoutez le dialogue 2 et réagissez.*

C *Dites quelle est la somme à payer.*

1 un pourboire ein Trinkgeld

Réactions possibles:

Oui, c'est ça.

Non, il y a une erreur: …

Vous avez oublié …

Le saviez-vous?
En France, il y a
toujours une seule
addition par table.
Souvent, quelqu'un
paie pour tout le
monde et on le
rembourse après.
Si on veut donner
un <u>pourboire</u>[1], on
laisse de l'argent
sur la table.

Online-Link: Informationen zum Film

Mehr dazu z6z8b9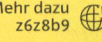

Module 3

Des forêts et des hommes

Un film de Luc Jacquet, sur une idée originale de Francis Hallé

Un «véritable thriller végétal»   L'OBS

Un «voyage fascinant, magnifique»   RTL

Un «film captivant et poétique»   la Croix

Décrivez les deux images.
A votre avis, quel est leur message?

la destruction, la beauté, protéger,
la lumière, couper, consommer, un chariot ...

Stratégie Bildbeschreibung
S. 109

OBJECTIFS

• Parler d'écologie
• Présenter un texte
• Ecrire un commentaire

Ecouter
Regarder
Parler

1 Il était une forêt.

Avant le visionnage

*Pour mieux comprendre
les extraits du film,
apprenez d'abord les
mots qui décrivent les arbres.*

> Der Filmausschnitt
> befindet sich auf der
> DVD, die der Lehrer-
> ausgabe des CdA
> beiliegt sowie auf der
> DVD „Ça tourne" 4 + 5.

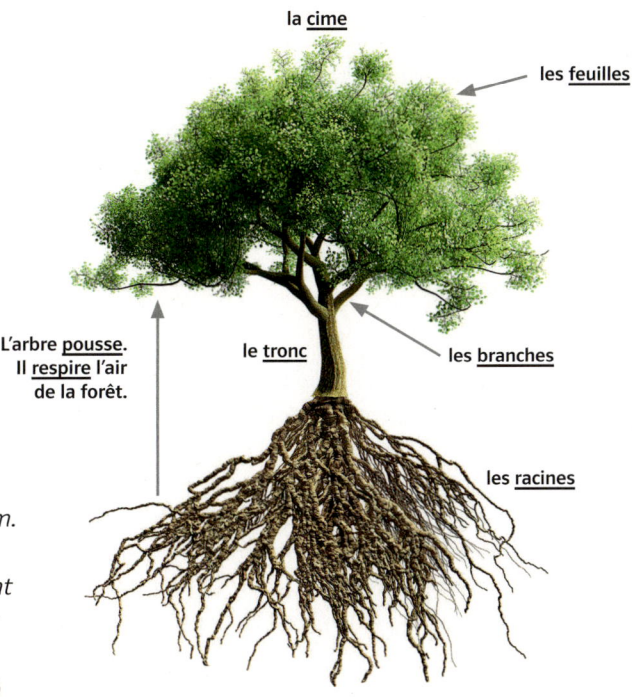

la <u>cime</u>

les <u>feuilles</u>

L'arbre <u>pousse</u>.
Il <u>respire</u> l'air
de la forêt.

le <u>tronc</u>

les <u>branches</u>

les <u>racines</u>

42, 1

A *Regardez les deux extraits du film.
Etes-vous d'accord avec les avis
des journalistes (p. 54)? Comment
trouvez-vous ce film? Pensez aux
images, à la musique et au ton
de la voix. (⟶ Stratégies p. 109)*

B *Est-ce que ce film s'adresse plutôt aux sentiments
ou plutôt à l'esprit? Justifiez votre réponse.*

C *Regardez encore une fois les extraits du film,
puis complétez les phrases suivantes.*

> **Mots utiles**
> romantique
> passionnant
> ennuyeux
> peu intéressant
> donner envie
> … de rêver
> … d'en savoir plus
> …

Premier extrait

1. L'arbre que Francis Hallé nous présente a
  a 70 ans.
  b 500 ans.
  c 700 ans.

2. Pour ce scientifique, les arbres sont une image
  a du temps.
  b de la paix.
  c de la beauté.

3. Un arbre s'arrête de pousser quand
  a il a une certaine hauteur.
  b l'eau ne peut plus monter dans
    ses branches.
  c il a un certain âge.

4. A la cime des arbres de cette forêt
  a vivent peu d'animaux.
  b vivent beaucoup d'animaux.
  c il n'y a pas d'animaux.

Deuxième extrait

5. Francis Hallé se demande comment
ces arbres qui vivent si longtemps
  a sentent notre monde.
  b font pour devenir aussi vieux.
  c résistent à leurs ennemis.

6. Francis Hallé dit qu'il
  a espère pouvoir protéger cette forêt.
  b espère avoir convaincu les
    spectateurs.
  c entre en contact avec les forces de la
    vie quand il se trouve dans cette forêt.

D *Quel est le message du film? Discutez.*

⟶ **En plus 103, 1** △

> **In En plus Hilfen zur
> Argumentation.
> Vgl. außerdem
> Stratégies S. 118**

Lire
Médiation

CD 2, 1 – 4
26 – 29

2 «Les arbres sont nos meilleurs alliés.»

**Francis Hallé,
un biologiste engagé
contre la déforestation**

Avant la lecture: *Prenez des notes. A votre avis, …*

- … qu'est-ce qui est plus important pour les hommes:
  les plantes ou les animaux?
- … les arbres sont-ils capables de se défendre?
- … les arbres peuvent-ils échanger des informations?
- … où se trouve la plus grande biodiversité dans le monde?
- … que se passe-t-il si les forêts disparaissent?

1. Francis Hallé, ancien professeur à l'université de Montpellier, lutte
contre l'image fausse qu'on se fait du rôle des plantes: *«Quand Noé a
embarqué les êtres vivants dans l'arche de Noé, qu'est-ce qu'il a pris? Les
animaux! Je ne crois pas qu'il ait emmené les plantes! Expliquez-moi:*
5 *que vont manger ces animaux une fois que le déluge sera parti?»* dit-il
dans le magazine *L'âge de faire.* Selon Hallé, les humains s'intéressent
moins aux plantes qu'aux animaux, car elles ne leur ressemblent pas.
C'est pourquoi le scientifique nous engage à découvrir leur vie secrète.

embarquer qn
jdn. an Bord bringen

le déluge die Sintflut

2. Hallé aime montrer que les arbres arrivent à se nourrir, à se dé-
10 fendre et à se reproduire sans bouger, ce qui pour un être humain est
impensable! Pour se défendre, par exemple, il y a quatre stratégies qui
peuvent jouer un rôle en même temps. Tout d'abord, les plantes ne sont
pas des individus comme les animaux. On ne peut pas diviser un animal
sans le tuer. Pour certaines plantes, c'est différent: *«vous divisez une*
15 *plante, et vous faites avec chaque morceau une plante parfaitement entière».* Ensuite, les plantes peuvent être de très grande taille. Certaines
lianes peuvent faire jusqu'à un kilomètre, ce qui complique la tâche de
l'animal qui veut les manger. De plus, les fruits des arbres peuvent aussi
devenir tout à coup toxiques pour que les bêtes n'en mangent pas trop.
20 Et puis, les arbres peuvent communiquer entre eux en envoyant des
messages gazeux qui voyagent grâce au vent.

se nourrir sich ernähren
se reproduire
sich vermehren

tuer töten
un morceau ein Stück

gazeux gasförmig

3. Pour Francis Hallé, les plantes, et surtout les arbres, sont nos
meilleurs alliés face au réchauffement climatique: *«Un arbre moyen
représente 200 hectares de feuillages qui se nourrissent de l'éner-*
25 *gie solaire, absorbent le CO_2 et restituent de l'oxygène. Les hommes
émettent du CO_2, les arbres l'absorbent. On est faits pour s'entendre.»*
a-t-il expliqué dans une interview avec le magazine *L'Express.*

le réchauffement
die Erwärmung

restituer qc
etw. zurückgeben

La déforestation

Le Moabi, un arbre géant.

4. Mais le botaniste n'est pas optimiste, car ces forêts primaires où se trouvent 75 % de la biodiversité mondiale sont en grand danger. Notre
30 planète a perdu une grande partie de sa forêt primaire qui a été remplacée par des palmiers à huile, de l'eucalyptus et du soja. «*Il suffit d'un instant pour détruire, pour prendre, pour abattre, mais combien faut-il de siècles pour reconstruire? Ce sentiment d'impuissance m'inspire de la colère et de la tristesse.*»

abattre *(hier)* fällen

L'âge de faire n° 86, mai 2014; *L'Express.fr* 13/11/2013

CdA p. 43 Auswertungs-raster zum Text

A *Relisez vos réponses aux questions «**Avant la lecture**»
de la page 56 et corrigez si nécessaire.
Justifiez vos nouvelles réponses par une citation du texte.*

42, 2

B *Trouvez les titres qui vont avec les 4 parties de ce texte.
Justifiez votre choix.*

Vive les palmiers

Avant le déluge

Les quatre chemins du succès

Amis du soleil

Corrigeons certaines idées

Un point de vue pessimiste

Une question de taille

Une alliance nécessaire

Astuce
Pour formuler **les idées principales** d'un texte, vous pouvez essayer de donner des titres à ses différentes parties.

C *Dites quels mots nouveaux de ce texte vous pouvez comprendre facilement.*

feuillage   reconstruire   …

D *Résumez les idées principales du texte à votre
professeur de biologie. Demandez-lui son avis.*

→ **En plus 103, 2** △

In En plus weitere Hilfen für die dt. Zusammenfassung

Stratégies

Lire
Parler

1 Parler d'un texte et de l'intention de l'auteur

44, 4 **A** *Dites de quoi il faut parler pour présenter
un texte à quelqu'un qui ne le connaît pas.*

titre   …   …

B *Il existe différents genres de textes.
Quelle phrase est typique de quel genre?*

Achetez le chocolat Cétoi!
Je voudrais répondre franchement
  à cette question.
Les toits brillaient sous le soleil dans
  l'air du soir.
A mon avis, cela n'est pas exact.
J'espère que tu vas bien.

un roman   une lettre   une publicité

un commentaire   une interview

C *Quels autres genres de textes
connaissez-vous? Qu'est-ce qui est typique
de ces genres?*

 D *Travaillez à deux. Choisissez un texte dans
le module 3 et présentez-le à la classe.
Regardez la liste suivante et décidez quelles
expressions vous allez utiliser.*

STRATEGIE

Erzähltext und Sachtext unterscheiden

In einem **Erzähltext** *(un texte narratif)*
gibt es einen Erzähler *(un narrateur / une
narratrice)*, der eine erfundene Geschichte
erzählt. Oft wird in der Vergangenheit
erzählt, manchmal aber auch im Präsens.
Es kann Dialoge zwischen Figuren *(un
personnage)* geben.

Ein **Sachtext** *(un texte documentaire)*
informiert über ein Thema *(un sujet)*, ein
Ereignis *(un évènement)* oder reale Personen. Wenn ein Text vor allem argumentiert
und die Meinung des Schreibers wieder-
gibt, spricht man von einem Kommentar
(un commentaire).

ON DIT

le genre du texte	Il s'agit d'un extrait d'un roman, d'un (texte, film) documentaire, …

le sujet et les idées principales du texte	Le texte parle de … / traite de …
	Le sujet de ce texte est …
	Dans la première partie, il est question de …
	L'auteur raconte …, décrit …, évoque …
	  affirme que …
	  donne son point de vue sur …
	  remet en question …, refuse de … (faire qc)
	  ne pense pas que / ne croit pas que (+ subjonctif)

l'intention de l'auteur	L'auteur veut donner des informations précises sur …
	  veut critiquer …
	  fait appel aux émotions …
	  est d'avis que … / veut dire que …
	Selon l'auteur, …

Ecrire

2 Ecrire un commentaire

Un commentaire permet de donner son <u>opinion</u> par exemple sur un texte, un film ou une idée.

45, 5

Dans le film «Il était une forêt» (page 55) et dans le texte «Les arbres sont nos meilleurs alliés» (page 56), on trouve l'idée suivante:

Il y a longtemps, nous vivions en paix avec les forêts; aujourd'hui, il suffit d'un instant pour les détruire, mais il faut des siècles pour les reconstruire.

Ecrivez un commentaire personnel sur ce sujet (environ 100 mots). Les expressions suivantes peuvent vous aider.

Stratégie Schreiben allgemein S. 119 ff.

STRATEGIE

Ecrire un commentaire

1. Machen Sie sich zunächst **Notizen** zu Ihrer Meinung:
   • Was hat Ihnen gefallen, was nicht?
   • Mit welchen Argumenten sind Sie einverstanden, mit welchen nicht?
   • Welche Vergleiche können Sie ziehen?

2. **Planen** Sie folgende Sinnabschnitte Ihres Kommentars und machen Sie Notizen dazu:
   • Einleitung: Stellen Sie das Thema vor (⟶ S. 58).
   • Hauptteil: Nennen Sie die Argumente des Autors und mögliche Gegenargumente.
   • Schlussteil: Fassen Sie Ihre Meinung zusammen.

3. **Schreiben** Sie Ihren Kommentar. Benutzen Sie *mots-charnières*, um Ihre Aussagen zu strukturieren.

4. Lesen Sie Ihren Text aufmerksam durch und **korrigieren Sie Fehler** (⟶ Fehler-Checkliste S. 122).

ON DIT

L'argument principal de … est que …
<u>En ce qui concerne</u> …, je trouve que …
Je suis absolument d'accord parce que …
<u>Contrairement à</u> …, je pense que …
Moi, par contre, je suis convaincu(e) que …
D'un côté, …, de l'autre, …
Il est vrai que …, mais …
Je ne pense / trouve/crois pas que *(+ subjonctif)*

commenter, donner des arguments, faire des objections

Si on compare … / <u>Par rapport à</u> …
Pour donner un exemple, … / …, par exemple, …

faire des <u>comparaisons</u>, donner des exemples

Tout d'abord, …
<u>Par la suite</u>, …
Donc …
<u>Par conséquent</u>, …
De plus, …
C'est pourquoi …

structurer le texte

<u>En conclusion</u>, je dirais que …
Je (ne) suis (pas) d'accord avec l'auteur quand il dit que …
De mon point de vue, …

pour terminer

Vocabulaire

Lire **1 Les mots pour parler de l'écologie**

La pollution touche tout ce qui nous est absolument nécessaire pour vivre: l'eau, les sols, l'air … Le changement climatique des dernières années est la cause d'un grand
5 nombre de problèmes dont les effets sont de plus en plus graves. Il trouve son origine dans une trop forte production de dioxyde de carbone (CO_2).
Ce CO_2 provient des énergies fossiles qu'on
10 utilise pour produire ou pour faire marcher toutes ces choses jugées nécessaires dans nos sociétés de consommation. Quand de plus on abat des forêts, les arbres ne sont plus là pour nous aider à lutter contre le CO_2.

L'homme continue donc à polluer et à détruire 15 l'environnement alors qu'il y aurait des solutions: on pourrait par exemple utiliser plus souvent des énergies renouvelables, préférer l'agriculture durable ou plus généralement changer sa façon de vivre. Pour préserver la 20 nature, il faudrait que nous réduisions notre consommation et que nous produisions moins de déchets. Nous faisons partie de la nature. Si nous la détruisons, nous disparaîtrons nous aussi. Ce qui compte pour l'être humain 25 aujourd'hui, ce n'est plus de consommer sans fin, mais de réduire son empreinte écologique pour préserver son environnement.

Notre empreinte écologique décrit la quantité d'eau et de terre nécessaire pour produire tout ce que nous consommons. L'empreinte de notre société est énorme!

forêts

terres cultivées

terrains bâtis

empreinte carbone

pâturages

surfaces de pêche

A *Trouvez dans le texte des expressions de la même famille que les mots suivants et notez-les.*

Exemple: la pollution ⟶ polluer l'environnement

1. changer
2. battre
3. venir
4. consommer
5. la pollution
6. nouveau
7. la réduction
8. la production
9. la destruction

B *Relisez le texte.*
Notez les problèmes écologiques et les solutions possibles.

les problèmes	les solutions
changement climatique	réduire le CO_2
…	…

Ecrire 2 **A mon avis, . . .**

A *Trouvez et notez les mots qui vont ensemble.*
Il y a plusieurs possibilités.

1. utiliser
2. préférer
3. préserver
4. détruire
5. réduire
6. abattre
7. consommer
8. changer
9. produire

la consommation d'énergie
les déchets
des arbres
la forêt primaire
notre façon de vivre
l'agriculture durable

moins d'huile de palme
des énergies renouvelables
la nature
de l'énergie fossile
l'environnement
…

B *Que faire pour préserver l'environnement?*
Dans une discussion sur Internet,
vous donnez votre avis. Ecrivez un petit texte
de 8 à 10 phrases.
Voilà ce qui peut vous aider:
* *les mots de la partie **A**,*
* *vos notes de l'exercice **1B**,*
* *les expressions de **On dit**.*

ON DIT

pour faire qc
il est important de faire qc
de plus, …
à cause de …
il y a de plus en plus de / d' …
il y a de moins en moins de / d' …
plus on …, plus on …
c'est pourquoi …

3 **Les adjectifs en -able**

A *Quel nom va avec quel adjectif?*

1. un vêtement
2. une pile
3. une énergie
4. une solution
5. un monde
6. un téléphone

renouvelable
portable
rechargeable
vivable
lavable
préférable

Viele **Adjektive** auf *-able* und *-ible* sind aus Verben abgeleitet. Ihre Bedeutung lässt sich leicht erschließen.
laver ⟶ lavable
(= que l'on **peut** laver)

B *Trouvez les adjectifs et donnez des exemples de leur utilisation.*

Exemple: une agriculture **durable**

durer comparer remarquer justifier jeter

C *Utilisez chaque adjectif dans une expression.*

Exemple: une histoire **incroyable**

incroyable inacceptable inoubliable inévitable indestructible
inexplicable inutilisable irrésistible interminable illisible

Grammaire: Exprimer une opinion: indicatif ou subjonctif?

→ En plus 103, 3 △

En forme
Ecrire

1 Révision: il est important que ...

> In En plus Bildung des Subj.

Dire qu'on croit quelque chose,
exprimer qu'on est sûr d'une chose:

Je crois / pense / trouve que	
Je suis d'avis que	
J'espère que	**+ indicatif**
Je suis convaincu(e) que	
Je suis sûr(e) que	

Exprimer un jugement, une volonté,
une nécessité, un sentiment:

Je trouve bien que	
Il est important que	
Je voudrais que	**+ subjonctif**
Il faut que	
J'ai peur que	

Ecrivez des phrases complètes au mode qui convient.

Il faut		nous		réfléchir sur …
Je pense		tout le monde		utiliser …
Je ne voudrais pas	que /	je		avoir le droit de …
Il est important	qu'	les responsables		protéger …
Je suis d'avis		on		respecter …
Ce n'est pas normal		vous		faire de la publicité pour …

En forme
Parler

2 Je ne crois pas que ... (G10)

→ En plus 104, 4 △

46, 6–7

A *Lisez les exemples et expliquez l'utilisation de l'indicatif et du subjonctif.*

> In En plus vorgegebene Argumente zu **B** und freie Weiterführung

Exemple:	Je crois qu'on peut le faire.
	Je **ne** crois **pas** qu'on **puisse** le faire.

Peut-on essayer d'utiliser moins de plastique?	Je pense que c'est possible.
	Je **ne** pense **pas** que ce **soit** possible.

	Je trouve qu'on doit essayer.
	Je **ne** trouve **pas** qu'on **doive** essayer.

B *Discutez de ce que vous trouvez utile ou pas pour préserver l'environnement.*
Pensez aux déchets, aux transports, aux produits qu'on achète, …

Je (ne) dis (pas)		devoir	acheter moins de …
Je (ne) trouve (pas) bien	qu'on	pouvoir	partager qc
Je (ne) pense / crois (pas)	que les gens	être capable de	jeter qc
Je (ne) suis (pas) sûr(e)	…	avoir besoin de	se renseigner sur qc
		vouloir	vivre sans qc
		…	éviter (de faire) qc
			…

Exemple:
  – Je trouve que les gens doivent moins utiliser la voiture.
  – Moi, je ne crois pas qu'on puisse vivre sans voiture. Je pense que …
  – C'est vrai, mais …

In En plus Übung zu
Indikativ oder Subjonctif,
nach **B**

 En forme · **3 Les conjonctions** (G 11)

→ En plus 105, 5 ▲

47, 8

parce que		pour que	
alors que		bien que	
après que	**+ indicatif**	sans que	**+ subjonctif**
pendant que		avant que	
depuis que		jusqu'à ce que	

A *Dans les phrases suivantes, mettez les verbes au subjonctif.*
Que veulent dire les conjonctions en gras?

Je me bats contre la production de déchets **avant qu'il** y en (avoir) trop.
Je le fais **pour que** mes enfants (pouvoir) vivre dans un monde acceptable.
On peut faire beaucoup de choses **sans que** la vie (devenir) triste.
Je continue **bien que** certains amis ne me (comprendre) pas.
J'essaie de leur parler **jusqu'à ce qu'ils** (être) convaincus.

Lilou

B *Complétez ce que dit Lilou: traduisez la conjonction et accordez le verbe.*

1. **?** les états (prendre) les bonnes décisions, on peut déjà faire beaucoup.
2. Moi, par exemple, je garde des objets **?** on ne (pouvoir) plus les utiliser.
3. J'en échange d'autres **?** on ne les (mettre) pas à la poubelle.
4. **?** je n'(avoir) pas beaucoup d'argent, j'ai toujours tout ce qu'il me faut.
5. Je peux même avoir un tas de choses cool **?** ce (être) cher.

bevor
bis
damit
obwohl
ohne dass

 En forme · **4 Avant qu'il soit trop tard** (G 10, 11)

Voici le commentaire d'un jeune sur le forum «Ecologie et entreprises».
Complétez les phrases en utilisant l'indicatif ou le subjonctif.

Certaines entreprises disent qu'elles (protéger) la nature, mais le
public ne (croire) pas qu'elles le (faire) réellement. Bien que ces
entreprises (vouloir) donner une bonne image, les gens ne (penser)
pas qu'elles (avoir) vraiment la possibilité de le faire sans que leurs
activités (aller) moins bien. Mais depuis que le climat (créer) beaucoup
de problèmes, les choses (changer). Parfois aussi, les gens (descendre)
dans la rue jusqu'à ce que l'industrie (prendre) les bonnes décisions
Pour que les choses (aller) dans le bon sens, il faut (agir).

 En forme · **5 Réduire pour ne pas détruire** (G 12)

47, 9  *Complétez les phrases pour donner votre avis. Utilisez*
les verbes donnés aux temps et modes qui conviennent.

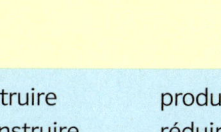

détruire   produire
construire   réduire

Hinweis auf Verb
nuire, S. 156

1. Dans ma vie de tous les jours, je …
2. Un jour, je …
3. J'ai peur que notre société …
4. Il faudrait que les gens …

5. Il est temps que nous …
6. Je trouve bien qu'on …
7. Une partie de la forêt primaire est déjà …
8. Mon conseil: …

Lire
Parler

1 Le point sur . . .

A . . . la déforestation

Après la Seconde Guerre mondiale,
on pensait que la forêt tropicale était
<u>inépuisable</u>. Aujourd'hui, elle est en grande
partie détruite, ce qui met en danger la vie
5 sur notre planète.
Mais on peut encore agir, car les causes
de cette déforestation massive sont bien
connues. On les retrouve en effet dans nos
maisons et nos assiettes.
10 On détruit les forêts pour <u>exploiter</u> leur bois,
pour faire du papier et pour transformer ces
surfaces en terres agricoles, principalement
pour l'huile de palme et le soja.

La déforestation détruit les poumons[1] de la Terre.

Stratégie Discuter
S. 118

1. *Précisez les causes de la déforestation présentées dans ce texte.*

2. *Discutez de ce qu'on peut faire pour la réduire.*

1 un poumon eine Lunge

B . . . l'huile de palme

Eviter l'huile de palme est difficile, car elle
<u>apparaît</u> sur les étiquettes sous différents
noms. On la trouve dans un très grand
nombre de produits, comme par exemple
5 les chips, les soupes, le lait pour bébé, les
sardines en boîte, la mayonnaise,
le chocolat, les glaces, le fromage, les produits cosmétiques et les <u>carburants</u>. Cette
huile est le plus souvent <u>liée à</u> la déforestation, mais aujourd'hui, on essaie de la
produire sans détruire massivement la forêt. 10

1. *Dites ce qu'on peut faire pour éviter les produits qui sont à l'origine de la déforestation.*

2. *Regardez à la maison les produits que vous utilisez ou que vous consommez.*
Lesquels contiennent de l'huile de palme?

C On arrête tout et on réfléchit.

1. *Décrivez ce dessin en présentant d'abord son sujet général, puis la situation.*

2. *Précisez de quels objets il s'agit et expliquez pourquoi le dessinateur les a choisis.*

3. *Commentez l'intention du dessinateur en donnant aussi votre opinion personnelle.*

Stratégie
Bildbeschreibung
S. 109

© Casseurs de pub

Lire
Parler
CD 2, 5
30

2 Un procès

Dans cet extrait de nouvelle, le père de la narratrice témoigne au cours d'un procès. Il s'agit du procès de l'entreprise Rollo International contre un journaliste qui a fait un reportage sur les activités de cette entreprise au Cameroun.

Avant la lecture
Cherchez le Cameroun sur la carte à la fin de ce livre.

Pendant la lecture
1. *A quoi est-ce qu'on reconnaît qu'il s'agit d'un texte narratif?*
2. *Donnez un titre à chaque partie du texte.*
   Notez des mots-clés qui justifient votre choix.

Quand papa m'a demandé de l'accompagner au procès de Pierre Régnier, j'ai refusé d'emblée. Je ne voulais pas assister au procès d'un journaliste que je ne connaissais pas, même si j'avais, bien sûr, compris qu'il était question du Cameroun et d'un reportage qu'il
5 avait réalisé précisément là où toute la famille de papa habite, dans une plantation de palmiers à huile. Malgré tout, je ne me sentais pas très concernée. Papa a dû insister.

Le tribunal a diffusé le reportage radio du journaliste et j'ai senti mon cœur s'élancer dans ma poitrine. Tout à coup, sans que je m'y
10 sois préparée, nous étions, sans nous déplacer, sous les palmiers à huile du Cameroun, quelque part au nord de Yaoundé.
Je ne sais plus combien de temps le reportage a duré. J'ai reconnu le froissement des herbes, quelques voix, des accents, le silence entre les mots. Ma tête a légèrement tourné quand quelqu'un a
15 raconté combien la société Rollo avait mangé la forêt pour ériger des plantations quadrillant toute une partie du pays de lignes horizontales et verticales de palmiers badigeonnés d'insecticides. J'ai fermé les yeux pour écouter la suite: les rivières empoisonnées, les peuples pygmées Bagyeli privés de leurs terres …

malgré trotz

diffuser qc (*hier*) etw. abspielen
la poitrine die Brust

quelque part irgendwo

le froissement das Rascheln

ériger qc etw. errichten
quadriller qc etw. aufteilen in
badigeonné de (*hier:*) voll mit
priver qn de qc jdm. etw. wegnehmen

Une plantation de palmiers à huile

20 J'ai ouvert les yeux et je ne les ai plus bougés jusqu'à ce que papa
apparaisse là, devant le tribunal. Je m'enroule dans mon écharpe.
J'écoute papa, sa voix douce ne tremble pas. Il affirme que le
journaliste n'a rien inventé, que son reportage est même en
dessous de la réalité, qu'ici, on n'imagine même pas ce que les
25 gens endurent.
L'avocat de Rollo International tape nerveusement contre son pupitre
et se penche sur l'épaule de papa. Il prétend qu'il a vu tout le contraire,
que les hélicoptères de Rollo International l'ont déposé partout et que
ce qu'il a observé ne ressemble pas du tout à ce que papa raconte.
30 Papa ne recule pas. L'agitation de l'avocat ne l'intimide pas ni les
regards que les dirigeants de Rollo braquent à présent sur lui comme
des armes.
– Tu risques quoi, papa? je lui glisse dans l'oreille. Il me prend
par le bras.
35 – Un jour ou l'autre, il faut que les choses changent.

Partir. Nouvelles d'Isabelle Collombat © Thierry Magnier, 2014 (p. 163 – 176, texte abrégé)

apparaître
≠ disparaître
une écharpe
ein Schal

endurer qc etw. ertragen

reculer zurückweichen
braquer qc sur qn etw.
auf jdn. richten

une oreille ein Ohr

A *Relevez les mots nouveaux que vous pouvez comprendre.*

48, 10 – 11 **B** *Terminez les phrases.*

1. La famille du père de la narratrice …
2. Au Cameroun, la société Rollo International a …
3. Le reportage du journaliste montre …
4. Selon le père de la narratrice, ce reportage …
5. L'avocat de Rollo raconte …
6. La narratrice a peur, mais son père …

C *Choisissez un personnage: la narratrice, son père, l'avocat ou Rollo
International. Relisez le texte et analysez ce qu'on apprend sur ce
personnage.*

Exemple: La narratrice

→ En plus 105, 6 △

In En plus Zuordnung
+ Weiterführung

Relever: ce qu'on lit	**Analyser: ce qu'on peut comprendre**
• j'ai refusé d'emblée (l. 2) je ne me sentais pas très concernée (l. 6 –7) →	• Au début, elle ne s'intéressait pas à ce procès.
• j'ai senti mon cœur … (l. 8 – 9) →	• Le reportage l'a touchée.
…	…

> **Astuce**
> Pour **analyser
> l'attitude d'un
> personnage**, notez
> les informations
> que vous trouvez
> dans le texte.
> Ensuite dites avec
> vos propres mots
> ce que cela vous
> apprend sur ce
> personnage.

 D *Travaillez en groupe avec les élèves qui ont choisi le même
personnage.*
*Comparez vos résultats de la partie **C**, mettez-vous d'accord
et présentez-les aux autres groupes.*

Vok. Umweltschutz
vgl. S. 155+156

Ecrire

3 Tâche: quels gestes pour la planète?

Dans un réseau social, vous suivez une discussion et
vous postez un commentaire.

A *Réfléchir:* *Travaillez d'abord seul. Lisez les posts des jeunes et
choisissez un post pour y réagir.
Prenez des notes, puis écrivez un commentaire d'environ 80 mots.*

B *Echanger:* *Faites des groupes de 3 ou 4 élèves qui ont choisi le même
post. Comparez vos commentaires, discutez-en et faites si nécessaire
des changements dans vos textes (⟶ Stratégies p. 122).*

C *Présenter:* *Chaque groupe présente ses arguments devant la classe.
Discutez des différents arguments (⟶ Stratégies p. 118)*

Sarah
7 janvier, 20:58

J'ai vérifié les ingrédients des produits cosmétiques que j'ai utilisés et j'ai jeté
tout ce qui contient de l'huile de palme. Consommer, oui, mais pas n'importe
comment. Je ne veux pas être responsable de la déforestation …
Afficher la suite

| J'aime | Commenter | Partager |

Joël
7 janvier, 21:16

Je ne pense pas qu'on puisse éviter la déforestation en achetant ceci ou cela.
Si ce n'est pas toi qui achètes, ce sera une autre. De plus, une forêt, ça se
reconstruit. … Afficher la suite

| J'aime | Commenter | Partager |

Angelo
7 janvier, 21:32

Moi, personnellement, je trouve plus important de ne pas empoisonner
notre environnement, par exemple de ne pas jeter de piles à la poubelle …
Afficher la suite

| J'aime | Commenter | Partager |

Online-Link:
Förderübungen
zu Bilan

Mehr dazu
2q88fx

Astuce
Vous pouvez
contrôler vos
solutions à la
page 224.

1 Parler

Sie können …

1. … sagen, wovon ein Text handelt *(von der Artenvielfalt).*	Ce texte … / …
2. … sagen, dass in einem Text die Rede von etwas ist *(von dem ökologischen Fußabdruck der Menschen).*	Dans ce texte, il est …
3. … Ihren eigenen Standpunkt ausdrücken.	De mon point …
4. … sagen, dass der Autor seine Meinung darstellt.	L'auteur …
5. … sagen, dass der Autor etwas behauptet *(dass man die Umwelt erhalten muss, obwohl es schwer ist).*	L'auteur …
6. … ausdrücken, dass ein Autor etwas in Frage stellt *(die Konsumgesellschaft).*	L'auteur remet …
7. … sagen, dass der Autor an die Gefühle appelliert.	L'auteur fait …
8. … sich auf einen bestimmten Aspekt beziehen *(Was diese Ansicht betrifft, bin ich überzeugt, dass der Autor recht hat).*	En ce …
9. … einen Vergleich ziehen *(Im Vergleich zu den vergangenen Jahren hat sich schon vieles geändert).*	Par rapport … / Si on …
10. … einen Schluss ziehen *(Folglich muss man eine nachhaltige Landwirtschaft vorziehen).*	Par …

2 Ecouter et regarder

*L'ingénieur Corentin de Chatelperron a tourné
le film «Nomade des mers» au sujet de son
aventure. Regardez la bande-annonce de
ce film et choisissez la bonne solution.
Plusieurs choix sont parfois possibles.*

**Der Filmausschnitt
befindet sich auf der
DVD, die der Lehrer-
ausgabe des CdA
beiliegt sowie auf der
DVD „Ca tourne" 4+5.**

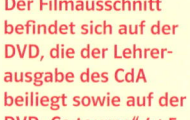

1. Corentin part pour …
   a 6 mois.
   b 10 mois.
   c un an.

2. Son bateau s'appelle …
   a «Nomade des mers».
   b «Gold of Bengal».
   c «Le Bangladesh».

3. Corentin a …
   a emporté assez à manger et à boire pour
      une partie du voyage seulement.
   b emporté assez d'eau pour tout le voyage.
   c beaucoup d'idées.

4. Sur son bateau, il veut …
   a utiliser la technologie moderne.
   b se débrouiller tout seul.
   c fabriquer ses propres instruments de travail.

5. Il dit qu'il est comme …
   a le pirate des Caraïbes.
   b Robinson Crusoe.
   c Mac Gyver.

6. Son bateau est …
   a moderne.
   b pratique.
   c un écosystème.

7. Il fait ce voyage surtout pour …
   a faire du tourisme.
   b vivre sans technologies modernes.
   c faire une expérience.

8. A la fin, il est triste parce que / qu'
   a il est arrivé ce qui était prévu.
   b poule blanche est morte.
   c poule blanche a disparu.

3 Lire et écrire

A *Lisez le texte. Indiquez d'abord le genre du texte, puis relevez*
les expressions qui vous ont permis de le définir.

Dans son film «Nomade des mers», Corentin raconte son expérience.
L'argument principal de ce film est que l'être humain est capable de vivre
avec très peu de choses et surtout avec peu de technologie moderne.
En ce qui me concerne, je trouve que l'idée est belle, mais je ne suis pas
5 d'accord avec Corentin. Il est vrai qu'on n'a pas besoin de tous les objets
qu'on peut acheter, mais ce serait dommage de refuser tout le confort de
la vie moderne. Pour vous donner un exemple, je pense qu'on peut acheter
des bons légumes, mais ce n'est pas nécessaire de faire le travail des
agriculteurs! De mon point de vue, on ne peut pas travailler pour gagner
10 sa vie et à côté de cela faire pousser des légumes, s'occuper d'animaux et
apprendre à fabriquer ses objets … De plus, l'exemple de Corentin peut
marcher pour une seule personne, mais je ne pense pas que ce soit possible pour toute une ville. En conclusion, je dirais qu'il a eu raison d'essayer,
c'est une expérience intéressante. Mais cela me paraît difficile de faire
15 comme lui pour des gens qui ont une vie normale.

B *Résumez ce que pense l'auteur de ce texte.*

C *Analysez les arguments de l'auteur, puis notez des arguments contraires.*

D *Rédigez votre propre commentaire sur le sujet du texte.*

Module 4
Des régions et des gens

Mots utiles

un zèbre
ein Zebra
les fruits de mer
die Meeresfrüchte
une montgolfière
ein Heißluftballon
un parapluie
ein Regenschirm
un oiseau
ein Vogel

Online-Link:
Informationen zur
Regionalreform

Mehr dazu
qy7u9p

1. *Choisissez un des trois documents. Dites de quel type de document il s'agit, décrivez-le et dites pourquoi il vous plaît ou ne vous plaît pas.*

2. *Expliquez comment la région / le département se présente dans le document que vous avez choisi: que veut-on montrer? Quelle impression veut-on donner?*

OBJECTIFS

• Présenter les différents aspects d'une région
• Résumer un texte allemand en français

CD 2, 7–10
32–35

Un dolmen

D'abord, il faut savoir qu'il ne pleut pas tout le temps en Bretagne: on a les quatre saisons en une journée, alors il fait beau plusieurs fois par jour! Nous, les Bretons, nous sommes fiers de notre culture celtique et aimons partager nos légendes, notre musique traditionnelle …

Comme mes grands-parents s'intéressent beaucoup à notre histoire et parlent alsacien, ils m'ont transmis leur amour du patrimoine. J'aime notre gastronomie, l'ambiance des Winstub, la convivialité … Je me sens bien en Alsace et je ne voudrais pas vivre ailleurs.

En Alsace

Un char à voile

Je viens de Boulogne-sur-mer, c'est dans la région Hauts-de-France. Je travaille à Paris depuis 10 ans, mais je commence à en avoir marre du métro-boulot-dodo et de la qualité de vie ici … Dans le Nord, les gens sont plus ouverts et accueillants, ce n'est pas la même mentalité. De plus, la vie est plus tranquille. Mais le problème là-bas, c'est l'emploi.

Ce que j'apprécie beaucoup à Arles, ce sont les fêtes comme la fête du costume ou la Féria. Je suis très attachée aux traditions qui sont les nôtres en Provence. Et la plus belle région de France, à mon avis, c'est la mienne: les paysages sont variés, parfois sauvages comme en Camargue. J'aime cette diversité.

Un costume arlésien

3. *Dites ce qui plaît à ces personnes dans leur région.*

4. *Relevez dans les textes les mots qui*
  • *définissent la relation des gens à leur région*
  • *définissent la mentalité*
  • *décrivent le paysage.*

5. *Donnez votre avis: Qu'est-ce que vous aimez/n'aimez pas là où vous habitez? Pourquoi? Qu'est-ce que cela veut dire, «être fier de sa culture»?*

6. *Faites des recherches sur Internet. Associez les mots suivants à la région correspondante et expliquez leur signification.*

la piperade	le maroilles	la Bretagne
le baeckeofe	la tapenade	la Provence
ch'ti	la pelote	l'Alsace
la pétanque	le fest-noz	le Nord-Pas-de-Calais
le triskèle	une mauricette	le Pays basque

In en plus Hilfen
zu **A, B, C**

Lire
Parler

1 **Etes-vous fier de votre région?** (→ Vocabulaire p. 159)

→ En plus 106, 1 △

Question: Etes–vous fier d'être né en région /___ /

TOTAL FIERTE

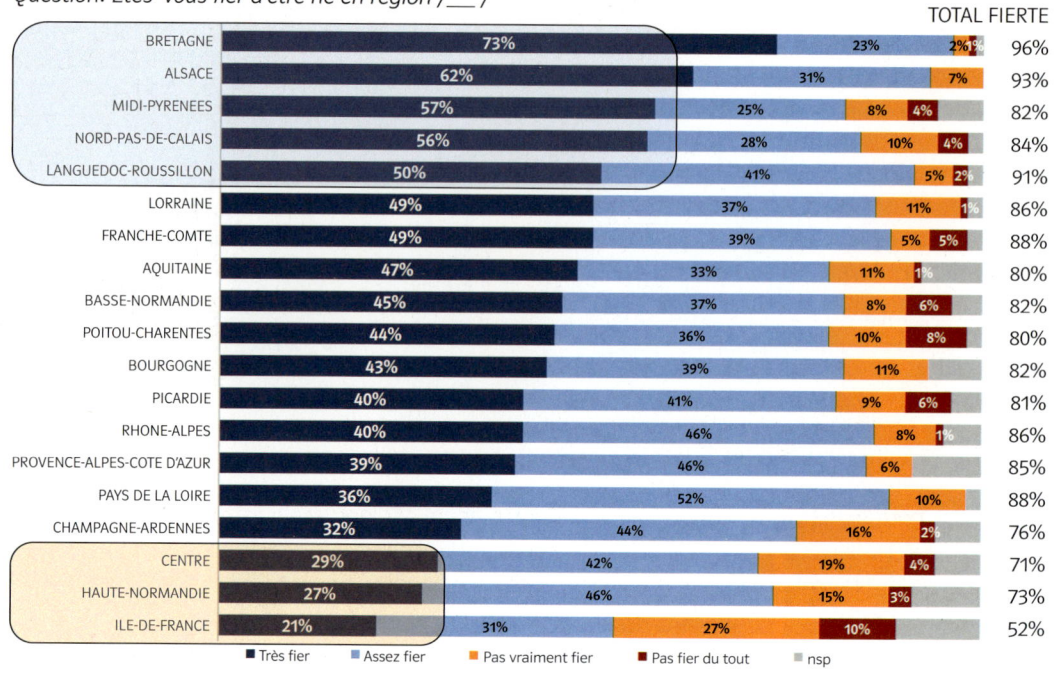

		TOTAL FIERTE
BRETAGNE	73% / 23% / 2%	96%
ALSACE	62% / 31% / 7%	93%
MIDI-PYRENEES	57% / 25% / 8% / 4%	82%
NORD-PAS-DE-CALAIS	56% / 28% / 10% / 4%	84%
LANGUEDOC-ROUSSILLON	50% / 41% / 5% / 2%	91%
LORRAINE	49% / 37% / 11% / 1%	86%
FRANCHE-COMTE	49% / 39% / 5% / 5%	88%
AQUITAINE	47% / 33% / 11% / 1%	80%
BASSE-NORMANDIE	45% / 37% / 8% / 6%	82%
POITOU-CHARENTES	44% / 36% / 10% / 8%	80%
BOURGOGNE	43% / 39% / 11%	82%
PICARDIE	40% / 41% / 9% / 6%	81%
RHONE-ALPES	40% / 46% / 8% / 1%	86%
PROVENCE-ALPES-COTE D'AZUR	39% / 46% / 6%	85%
PAYS DE LA LOIRE	36% / 52% / 10%	88%
CHAMPAGNE-ARDENNES	32% / 44% / 16% / 2%	76%
CENTRE	29% / 42% / 19% / 4%	71%
HAUTE-NORMANDIE	27% / 46% / 15% / 3%	73%
ILE-DE-FRANCE	21% / 31% / 27% / 10%	52%

■ Très fier   ■ Assez fier   ■ Pas vraiment fier   ■ Pas fier du tout   ■ nsp

Seules les Régions aux bases de répondants suffisantes sont présentées. © Newcorp Conseil, 2014

Expressions utiles
Selon cette
  statistique, …
une différence
le plus fier
par contre
le moins fier
une <u>particularité</u>

A *Décrivez les résultats les plus importants de cette statistique.*
B *Formulez des hypothèses pour les expliquer.*
C *Donnez votre avis: être fier de sa région, est-ce plutôt positif ou négatif?*

Faire des hypothèses
vgl. S. 136

Lire
Ecrire

2 **Le point sur …** (→ Stratégies p. 74)

Online-Link:
Informationen zum
politischen System

56, 2

Mehr dazu
n6as7a

… la France et ses régions

La France est un pays <u>centralisé</u>: les régions <u>dépendent</u> beaucoup de la capitale, qui est le centre <u>politique</u> et administratif. Un grand nombre de décisions sont prises par le <u>gouvernement</u> à Paris, où le <u>pouvoir</u> est concentré, avec à sa tête le président de la République, chef de l'Etat.
Cette situation <u>remonte à</u> l'époque de Louis XIV (1643 – 1715) et à l'absolutisme, une période où le pouvoir était concentré en la personne du roi.

Avant la Révolution de 1789, le pays <u>regroupait</u> une trentaine de provinces <u>ayant</u> chacune leur histoire, leur culture, leurs langues et des <u>privilèges</u> différents. Pour <u>supprimer</u> ces privilèges et <u>instaurer</u> <u>l'égalité</u> entre ces provinces, la Révolution les <u>remplace</u> par 83 départements. En 1800, le pouvoir central est <u>renforcé</u> par Napoléon. <u>Voulant</u> contrôler les départements, il y instaure les <u>préfets</u> qui représentent l'Etat et sont «l'œil du gouvernement».

Astuce
Pour comprendre
certains mots,
pensez aux mots de
la même famille ou
aux mots d'autres
langues:
dépendre de
→ indépendant(e)
→ anglais: to
  depend on

25 Au cours de l'histoire, l'administration centralisée s'est montrée trop <u>lente</u> <u>face au</u> monde moderne et aux problèmes <u>régionaux</u>. C'est pourquoi, de 1941 à 1960, les gouvernements ont créé des régions administratives <u>regroupant</u> différents départements. Aujourd'hui, le territoire est <u>divisé</u> en régions, départements et <u>communes</u>. Ayant un budget propre et des compétences que l'Etat leur a <u>transférées</u>, les régions sont aujourd'hui plus indépendantes
30 du gouvernement à Paris. Les <u>conseils régionaux</u> sont responsables de l'équipement des lycées, par exemple. Mais comme l'Etat décide des programmes scolaires, les lycéens français <u>passent</u> tous le même baccalauréat, qui
35 est centralisé au niveau national.

Etat
Régions
Départements
Communes

A *Qu'est-ce qu'un pays centralisé? Donnez une définition et expliquez l'exemple français.*

→ **En plus 106, 2** △
In En plus Hilfe zu A

B *Dites pourquoi la Révolution a créé les départements et Napoléon a instauré les préfets.*

C *Faites une recherche sur Internet. Donnez les noms actuels des régions et les noms de leurs chefs-lieux.*

Im Anschluss möglich:
La Révolution, p. 231f.

Ecouter
Parler

CD 2, 11
36

3 Une initiative régionale

A **Première écoute:** *Ecoutez le texte, puis complétez les phrases suivantes.*

1. Il s'agit …
   a d'une publicité de la région.
   b d'une interview à la radio.
   c d'une discussion entre des élèves.

2. La région a offert des ordinateurs …
   a à tous les élèves de seconde.
   b aux jeunes professeurs de lycée.
   c aux lycéens qui n'en avaient pas encore.

3. Plusieurs personnes ont …
   a perdu l'ordinateur offert.
   b vendu l'ordinateur offert.
   c rendu l'ordinateur offert.

4. Cette initiative …
   a a été appréciée par tout le monde.
   b n'a été appréciée par personne.
   c a été appréciée par beaucoup de gens.

B **Deuxième écoute:** *Vrai ou faux? Justifiez votre réponse.*

1. Les jeunes qui parlent utilisent tous l'ordinateur qu'ils ont reçu.
2. Les parents de Camille ne sont pas riches.
3. Grâce à cette initiative, Camille a les mêmes chances que les autres.
4. Maxime est riche.
5. Nawel trouve normal de faire de cet ordinateur ce qu'elle veut.
6. Cette initiative a coûté environ 500 000 euros.

C *Que pensez-vous de cette initiative de la région? Discutez le pour et le contre.*

→ **En plus 107, 3** △

In En plus Hilfen zur Argumentation. Vgl. auch Stratégie Discuter, S. 118.

Stratégies

Lire   **1** **Comprendre des phrases difficiles**

*En lisant un texte, on tombe parfois sur des phrases qu'il
faut lire plusieurs fois avant de les comprendre.
Analysez les phrases suivantes du texte de la page 72.*

Avant la Révolution de 1789, le pays regroupait une trentaine de provinces
ayant chacune leur histoire, leur culture, leurs langues et des privilèges
différents. Pour supprimer ces privilèges et instaurer l'égalité entre ces
provinces, la Révolution les remplace par 83 départements. En 1800,
le pouvoir central est renforcé par Napoléon. Voulant contrôler les
départements, il y instaure les préfets qui représentent l'Etat et sont
«l'œil du gouvernement».

A *Cherchez les phrases principales et notez-
les. Si vous travaillez avec votre propre livre
ou avec une photocopie, vous pouvez souligner les parties importantes pour baliser
le texte.*

B *Posez des questions pour analyser les
déterminants et les pronoms.*

   Exemple:

   leur histoire:
   L'histoire de qui ou de quoi?

C *Trouvez la partie qui*

– dit que les provinces étaient très
  différentes les unes des autres,
– dit que la Révolution voulait que
  chaque province ait les mêmes droits,
– dit que Napoléon souhaite surveiller
  les départements,
– explique le rôle des préfets.

> **STRATEGIE**
>
> **Lire: Analyser une phrase complexe**
> Beim Verständnis komplexer Sätze können
> Ihnen die folgenden Fragen helfen.
>
> **1. Was ist die Aussage des Hauptsatzes?**
> Die Bestandteile des Hauptsatzes
> (Subjekt – Verb – Ergänzung) können
> manchmal durch eingeschobene Satzteile
> voneinander getrennt sein.
> Subjekt: Wer oder was tut etwas?
> Verb + Ergänzung: Was geschieht?
>
> **2. Worauf beziehen sich Begleiter und
> Pronomen?** Machen Sie sich bei Pronomen
> bewusst, welche Nomen dadurch vertreten
> werden.
>
> **3.** Welche Satzteile geben **erläuternde
> Zusatzinformationen?**
> (Wie, wann, warum …?)
> Worauf beziehen sich Partizipien und
> eingeschobene Relativsätze? Welche
> Satzteile geben Begründungen an?

Lire   **2** **De la phrase au texte**

*Utilisez la stratégie de cette page pour lire
le texte «De la métropole à Mayotte» pages 82–83.*

*Notez les mots-clés de chaque paragraphe,
puis résumez le texte.*

Qui? _____
Quoi? _____
Quand? _____
Comment? _____
Pourquoi? _____
…

Vgl. auch Stratégie S. 124

Médiation
Ecrire

3 S'exprimer avec des phrases simples

→ En plus 107, 4 △

In En plus kleinschrittige Hilfe

✎ *Les parents de votre correspondant(e) s'intéressent à l'histoire et à la nature et ils aiment bien manger. Pendant le repas, ils ont parlé de la Thuringe et ils vous ont demandé des informations. Vous leur avez promis de vous renseigner et de leur écrire après votre retour.*

Vous avez trouvé le texte suivant. Ecrivez un courriel informatif en vous servant des informations de l'auteur. La stratégie peut vous aider.

> **STRATEGIE**
>
> **Médiation**
>
> **1. Adressatenbezug:** Für welche Aspekte interessiert sich der andere? Notieren Sie sich Stichworte zu diesen Aspekten, konzentrieren Sie sich bei der Wiedergabe darauf und lassen Sie alles andere weg.
>
> **2. Vereinfachen und umschreiben:** Drücken Sie die Inhalte einfach und mit Ihren eigenen Worten aus. Sie müssen nicht jedes Wort nachschlagen und wiedergeben. Wichtige Wörter oder auch Abkürzungen können Sie erläutern, z. B. die DDR → La DDR, c'était l'Etat de l'Allemagne de l'Est avant la réunification.
>
> **3. Kulturelle Unterschiede erklären:** Wichtige Dinge, die es im anderen Land nicht gibt, können Sie erklären, z. B. ein Kloß → une boulette (de pommes de terre)

Das „grüne Herz" Deutschlands

Thüringen liegt im Herzen Deutschlands. Dies aber erst wieder seit der deutschen Wiedervereinigung 1990. Zuvor lag Thüringen im Süd-Westen der damaligen DDR. 1989 öffnete sich die Grenze und die Region wurde 1990 zum Bundesland. Thüringen kehrte zurück in die Mitte Deutschlands. Heute hat es etwa 2,5 Millionen Einwohner und ist 16172 km² groß. Einen großen Teil des Landes nimmt der Thüringer Wald ein. Man nennt Thüringen deshalb auch das „grüne Herz" Deutschlands. Aber auch andere Orte haben die Region über ihre Grenzen hinaus bekannt gemacht: z. B. Lauscha und seine Glasbläser (Glasaugen und Christbaumschmuck) oder Sonneberg (Spielzeuge, Puppen, Teddybären). Nordöstlich vor dem Waldgebirge liegt das Thüringer Becken. Hier wird auf großen Flächen Landwirtschaft betrieben. Aber nicht überall ist der Boden sehr fruchtbar. Erfurt ist die größte Stadt im thüringischen Becken und eine der ältesten Städte Deutschlands.

Heute ist sie Regierungszentrum des Landes. Sie hat einen berühmten Dom in historischer Altstadt, ist Universitätsstadt und Stadt mit vielseitiger Industrie. Weimar war die Hochburg des deutschen Geisteslebens im 18. und 19. Jahrhundert. Johann Wolfgang von Goethe und Friedrich von Schiller, neben anderen Dichtern und Denkern, gaben der Stadt ihr geistiges Profil. Jena ist bekannt durch den Sieg Napoleons über die Preußen (1806), durch seine Universität und vor allem durch die optische Industrie der Firma Zeiss, die heute wieder Weltgeltung hat. Wer kann, sollte das grüne Herz Deutschlands besuchen, auch, um seine berühmten Klöße und seine Thüringer Rostbratwurst einmal zu probieren.

© Der Weg, Portal für Deutschlernende, 2015

Vocabulaire

Ecrire **1 Les mots pour parler d'une région**

Quand il est question d'une région, <u>la plupart des</u> gens pensent d'abord à ses particularités géographiques et à son patrimoine culturel: à ses paysages, ses <u>sites</u> touristiques, ses traditions, sa gastronomie. Mais l'image d'une région est aussi marquée par ses habitants: par l'<u>attachement</u> des gens à leur territoire, leur <u>dialecte</u>, parfois, et leur mentalité. Ont-ils la <u>réputation</u> d'être ouverts, accueillants, chaleureux et conviviaux? Ou plutôt froids et <u>renfermés</u>? Existe-t-il vraiment des «caractères régionaux» ou est-ce que ce sont des clichés? Sur ces questions, les avis sont <u>partagés</u>.

Mais la région est aussi une <u>entité administrative</u> qui regroupe plusieurs départements, qui a un <u>chef-lieu</u>, et qui a des responsabilités bien <u>précises</u>.

A *Le texte présente quatre aspects d'une région. Précisez-les.*
Comparez vos résultats avec les résultats d'autres groupes.

aspect 1	aspect 2	aspect 3	aspect 4

4 Aspekte: géographie, patrimoine, habitants, administration; Mehrfachzuordnungen möglich

B *Trouvez dans le texte des mots que vous pouvez associer à ces quatre aspects et notez-les dans un tableau.*

C *Continuez. Associez les mots et expressions suivants à l'un des quatre aspects.*

les forêts *(f.)*   le conseil régional   les montagnes *(f.)*   l'histoire *(f.)*
les gens *(m.)*   être situé(e)   le collège   être fier/fière de
les monuments *(m.)*   l'<u>hospitalité</u> *(f.)*   les spécialités *(f.)*   le préfet de région
le nord-est   être responsable de   une église   les fêtes *(f.)*
être attaché(e) à   tout près de   les rivières *(f.)*   la vie culturelle
l'agriculture *(f.)*   vivre   <u>la superficie</u>   être au centre de

D **Tâche:** *faites un prospectus pour présenter une région française qui vous intéresse (environ 180 mots). L'exercice **A** peut vous aider pour structurer votre texte.*
Accrochez vos textes au mur et informez-vous sur les régions que vos camarades ont présentées.

Parler **2 On part en Alsace ou dans le Nord-Pas-de-Calais?**

Avec un(e) amie(e), vous discutez de vos prochaines vacances en France.
Préparez d'abord des arguments, puis discutez et mettez-vous d'accord.

> **Astuce**
> Avant les noms féminins de région: **en**
> Avant les noms masculins de région: **dans le**

– Moi, j'aimerais aller **en / dans ?**
  Là-bas, …
– Ah non, c'est … Moi, je je préfèrerais partir **en / dans ?** parce que là-bas, …
– Le / la … ça ne ne me dit rien. C'est …
– Et si on allait **en / dans ?**

les régions	pourquoi?
la Provence	faire beau
la Normandie	il y a …
le Languedoc	on peut …
…	les gens …

Dem Spielleiter die Lösungen an die Hand geben (LB)

Jeu de mots

3 Le quiz des régions

Faites deux groupes et désignez un animateur qui pose des questions. Les groupes répondent à tour de rôle. Pour chaque réponse correcte, le groupe reçoit un point.

le nord

le nord-ouest   le nord-est

l'ouest   le centre   l'est

le sud-ouest   le sud-est

le sud

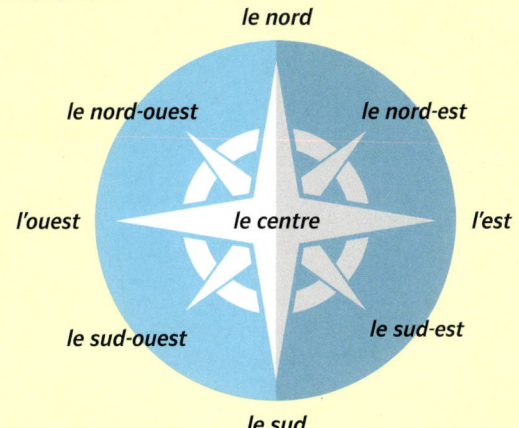

A *Dites où se trouvent en France …*

1. la Lorraine,
2. les Pyrénées,
3. les Pays-de-la-Loire,
4. le Limousin,
5. le Languedoc,
6. la Picardie.

B *Regardez les photos suivantes et dites*

- ce que l'on voit,
- dans quelle région la photo a été prise,
- dans quelle partie de la France cette région se trouve.

Bild 1+2 vgl. S. 71
Bild 3–6 vgl. Bände 1–4

C *Dites de quelle région il s'agit.*

1. On y parle français et basque.
2. On y parle français et un dialecte allemand.
3. On y parle français et une langue celtique.
4. On y parle français et créole.
5. On y parle français et une autre langue qui ressemble un peu à l'italien.
6. On y parle français et un dialecte qu'on appelle le ch'ti.

Grammaire: Lire et comprendre

En forme **1 Comprendre le participe présent** (G 13)

57, 3   **A**   *Regardez les exemples, puis expliquez la forme et l'emploi du participe présent.*

> La conseillère régionale s'est adressée au préfet de la région, souhaitant attirer son attention sur la situation grave des employés de l'entreprise CTF.

La conseillère régionale s'est adressée au préfet de la région parce qu'elle souhaitait attirer son attention sur la situation grave des employés de l'entreprise CTF.

> Le préfet, s'exprimant devant le conseil régional, a promis de s'occuper de la question.

Le préfet, qui s'exprimait devant le conseil régional, a promis de s'occuper de la question.

Astuce
Il faut éviter de commencer une phrase par *parce que*. On commence par la phrase principale ou on utilise *comme* au début de la phrase.

B   *Remplacez les participes présents par **parce que** ou **qui**.*

1. L'entreprise CTF, faisant partie du groupe CT international, est l'un des employeurs[1] les plus importants de la région.
2. Les employés de CTF, voulant discuter de leur situation, ont invité le chef de l'entreprise.
3. Etant malade, le chef du personnel n'est pas venu à la discussion.
4. Ne pouvant plus payer ses employés, CTF a finalement fermé ses usines.
5. Ayant perdu leur travail, beaucoup d'habitants seront obligés de quitter la région.

En forme **2 Révision: Voix passive et voix active** (G 14)   → **En plus 108, 5** △

In En plus produktive Übung zum Passiv

Lisez ces phrases, puis mettez-les à la voix active.

Exemple: **1.**   Le conseil régional a organisé une rencontre.

Astuce
A la voix active, si on ne connaît pas l'auteur d'une action, on utilise le pronom *on*.

1. Une rencontre a été organisée par le conseil régional.
2. Des questions importantes ont été posées par les employés de l'entreprise CTF.
3. Une solution a été trouvée.
4. Un projet de formation est proposé par le conseil régional.
5. Les questions de détail seront discutées la semaine prochaine.
6. La décision sur ce projet sera prise en octobre.
7. On espère que ce projet sera accepté par tous.

En forme **3 On compare.** (G14)

57, 4   *Traduisez, puis comparez les phrases françaises et allemandes.*

1. Cela se prononce comment, en ch'ti[2]?
2. Cela ne se dit pas, chez nous.
3. Le basque se parle aussi dans une région d'Espagne.
4. Les noms de régions s'écrivent avec une majuscule.
5. L'huile d'olive s'utilise beaucoup dans la cuisine provençale.

1 un employeur ein Arbeitgeber   **2 le ch'ti** dialecte du nord de la France

Bien écrire

En forme **4** Révision: l'accord du participe passé

A *Regardez les exemples et expliquez quand on fait l'accord du **participe passé**.*

1. Lucie est **rentrée** du Languedoc avec plein de souvenirs inoubliables.
2. Elle et son ami ont beaucoup **aimé** cette région.
3. Avant leur voyage, ils s'étaient **renseignés** sur les sites touristiques.
4. Ils étaient **fascinés** par la diversité des paysages.

B *Ecrivez ce texte en faisant l'accord du participe passé si nécessaire.*

1. En 2016, la carte de la France a été changé **?**.
2. De nouvelles régions administratives ont été créé **?**.
3. Certaines régions ont fusionné **?**[1], d'autres sont resté **?** les mêmes.
4. Avant, les politiques[2] ont beaucoup discuté **?** de cette réforme.
5. Les habitants aussi étaient invité **?** à participer aux discussions.
6. Dans certaines régions, les gens ne se sont pas beaucoup intéressé **?** à la question.
7. Ils ne sont pas allé **?** aux rendez-vous et ont pensé: «Je suis Provençal et je le resterai!»
8. Mais dans d'autres régions, les gens n'étaient pas d'accord et ont même lutté **?** contre la réforme.

En forme **5** L'accord du participe passé après «avoir» (G 15) → En plus 108, 6 △

58, 5 **A** *Regardez les exemples suivants et expliquez en allemand la règle de l'accord.*

1. Tu connais la Bretagne? C'est une jolie région. Nous l'avons visit**ée** en juillet.
   Regarde ces souvenirs. Je **les** ai trouv**és** là-bas.
   J'ai aussi acheté des cartes postales. Je **les** ai écrit**es** à mes parents.
   Ça, c'est le village de Trégastel. Malheureusement, nous ne l'avons pas visité.

2. Tu veux voir les photos **que** mon copain a pris**es** au marché?
   Regarde, ce sont des gâteaux **que** nous avons achet**és**.
   Et là, c'est une vieille dame **que** nous avons rencontr**ée** au marché.
   Tiens, c'est un livre de légendes bretonnes **que** j'ai lu.

1 fusionner sich vereinigen   **2 un politique/une politique** ein Politiker/eine Politikerin
3 un con/une conne *(fam.)* ein Vollidiot/eine Vollidiotin

→

B *Remplacez les **objets directs** en gras par les pronoms objets **le**, **la**, **l'** ou **les**.
Attention à l'accord du participe passé.*

1. Mon copain a acheté des assiettes, mais il a oublié **ces assiettes** dans notre gîte.
2. Regarde cette tasse. Mon copain m'a offert **cette tasse**.
3. Voilà des coquillages[1]. J'ai trouvé **ces coquillages** tellement beaux que
   j'ai emporté **ces coquillages**.
4. Regarde ces photos. J'ai pris **ces photos** en Bretagne.
5. Là, c'est une petite plage. Nous avons découvert **cette plage** juste avant notre départ.
6. Tiens, c'est notre gîte. Nous avons réservé **ce gîte** sur Internet.

> **Astuce**
> En utilisant les pronoms objets, on peut éviter les répétitions et améliorer le style de son texte.

C *Reliez les phrases par le pronom relatif*
que/qu'. Attention à l'accord du participe passé.

1. Voilà des photos de tous les voyages.
   J'ai fait ces voyages en Corse.
2. C'est pendant une promenade. Nous avons fait
   cette promenade au cap Corse.
3. C'est un Corse très sympa. Nous avons rencontré
   ce Corse pendant notre promenade.
4. Il nous a donné des conseils. Nous avons suivi
   ses conseils.
5. C'est une tour gênoise. Il nous a montré cette tour.
6. C'est un sentier caché. Nous avons pris
   ce sentier pour descendre à la plage.

Une tour gênoise, en Corse

> **Astuce**
> En utilisant une phrase relative, on peut préciser quelque chose dont il était déjà question.

En forme   **6 Les pronoms possessifs** (G 16)

58, 6   **A** *Un groupe d'amis passe ses vacances en Bretagne.*
Complétez les phrases avec les mots à droite (un mot par phrase).

1. Le **?** de monsieur Prigent était le plus grand et le mieux situé,
   alors on a pris son **?** .
2. Je n'ai pas les chemins de randonnée sur ma **?** . Et toi, tu les as sur ta **?** ?
3. On a préparé nos **?** de plage et de plongée pour aller à Bénodet.
   Mais vos **?** , elles sont où?
4. Monsieur Prigent nous a donné ce **?** des fêtes. Notre **?** ne donne pas
   beaucoup d'informations à ce sujet.
5. Tes **?** sont vraiment réussies. Regarde mes **?** : tu vois les menhirs, là?
   Ils sont impressionnants, non?
6. Ce serait sympa d'aller à la pointe du Raz à **?** .
   On pourrait demander aux voisins de nous prêter leurs **?** .

photo
guide
affaire
gîte
vélo
carte

B *Remplacez les mots encadrés par des pronoms possessifs.*

le mien / la mienne / les miens / les miennes   le nôtre / la nôtre / les nôtres
le tien / la tienne / les tiens / les tiennes   le vôtre / la vôtre / les vôtres
le sien / la sienne / les siens / les siennes   le leur / la leur / les leurs

1 un coquillage eine Muschel

Lire
Parler

1 Le point sur . . .

. . . <u>Mayotte</u> et l'histoire des colonies françaises

L'empire colonial français, qui s'est <u>constitué</u> du 16e au 20e siècle, est le résultat de la <u>colonisation</u> sur tous les continents. La France voulait <u>assurer</u> sa <u>présence</u> politique dans le monde, <u>propager</u> sa culture et sa <u>religion</u>, devenir une grande puissance commerciale et <u>développer</u> son économie. Pour <u>exploiter</u> les <u>ressources</u> des pays colonisés, elle <u>employait</u> des <u>esclaves</u> venus d'Afrique.
5

A Mayotte, par exemple, les esclaves travaillaient dans les champs de <u>cannes à sucre</u>.
10

Ce qui reste aujourd'hui de ce large empire colonial, ce sont les départements et régions d'outre-mer, où le français est langue officielle. Mayotte est un département et une région d'outre-mer (DROM) de <u>l'océan Indien</u>.
15
Situé dans <u>l'archipel</u> des Comores, il est constitué de plusieurs îles. En 1841, le sultan local <u>les a vendues</u> à la France. En 1974, les Mahorais ont <u>voté</u> contre l'indépendance de
20
la France.

A *Expliquez l'origine des DROM et le rôle des esclaves.*

B *Regardez les cartes à la fin de votre livre et donnez la liste des quatre autres DROM. Indiquez leur situation géographique.*

C *Nommez les deux aspects présentés sur les photos de Mayotte, choisissez-en un et faites des recherches sur cet aspect. Puis préparez un monologue minute.*

Stratégie Präsentation
S. 116 – 117

1

2

6 prix littéraires
1 film

Stratégie LV mit
Bsp. aus diesem Text
S. 112 – 115

Lire
Ecrire

CD 2, 12
37

2 De la métropole à Mayotte

*Les parents d'Hugo ont quitté la métropole et sont
partis travailler à Mayotte pour quatre ans.
Dans l'extrait suivant, Hugo raconte ses impressions.*

Le saviez-vous?
La métropole,
c'est la France
sans les territoires
d'outre-mer.

C'était une <u>sensation</u> troublante que de se retrouver soudain dans
la <u>minorité</u>. Depuis mon enfance, dans le Nord, il y avait toujours eu
dans mes classes un ou deux élèves <u>issus de l'immigration</u>, comme
ils disent à la télé. A Mayotte, j'étais l'un d'eux, et je découvrais que
5 cela n'avait rien d'anodin.

Pourtant, être noir en France n'est pas la même chose que blanc
à Mayotte. Comme sans doute dans les autres départements et
territoires d'outre-mer, même s'ils <u>affirment</u> le contraire, les Blancs
n'ont pas l'impression de faire partie d'une minorité, mais plutôt
10 d'une élite. Mes parents, mes professeurs, les clients du Barfly …
chacun arrivant à Mayotte «missionné» par la métropole, l'un pour
«<u>éduquer</u>» les jeunes Mahorais, leur apprendre non seulement
le français mais la culture française, les livres d'auteurs français,
l'histoire de France, l'autre pour tracer des routes françaises bordées
15 des mêmes panneaux de circulation que dans le Pas-de-Calais,
pour <u>bâtir</u> des Postes, diriger des administrations, faire <u>appliquer</u>
les lois françaises … Je ne crois pas avoir croisé de Métropolitains
fondamentalement <u>racistes</u> durant mon séjour sur l'île, mais je
suis certain que tous, s'ils faisaient honnêtement leur examen de
20 <u>conscience</u>, <u>se rendraient compte</u> qu'ils se sentent <u>supérieurs</u> aux
îliens, d'une manière ou d'une autre.

Alors oui, dans ce contexte, <u>même si</u> l'<u>avouer</u> me fait horreur, les
années que j'allais passer à Mayotte me l'ont <u>prouvé</u> ensuite: seul
Blanc dans ma classe, je me sentais inconsciemment le meilleur.

25 Et j'ai <u>d'ailleurs</u> été premier dans presque toutes les <u>matières</u>
au long de l'année de sixième, ce qui ne m'était jamais <u>arrivé</u>
auparavant, loin s'en faut. Je n'avais pas un grand mérite quand
l'on sait que le français n'est pas la langue maternelle des Mahorais,
que les collégiens ne le parlent qu'à l'école, que la plupart n'ont
30 aucun soutien scolaire de la part de leurs parents alors que <u>les</u>
<u>miens</u> m'avaient entouré et guidé depuis la maternelle!

troublant(e)
verwirrend

**issu(e) de
l'immigration**
mit Migrations-
hintergrund
anodin(e) harmlos

le Barfly un bar de
l'île où se rencontrent
les Blancs
missionné(e)
beauftragt
tracer qc
etw. zeichnen
**un panneau de
circulation**
ein Verkehrsschild
bâtir qc etw. bauen
faire appliquer qc
für die Einhaltung
einer Sache sorgen
**faire son examen
de conscience** sein
Gewissen erforschen
se rendre compte
bemerken
avouer qc
etw. zugeben

arriver à qn
jdm. passieren
auparavant zuvor
le mérite
der Verdienst
la plupart die
meisten
la maternelle
die Vorschule

Le roman a été
adapté au cinéma
sous le titre de
«Paradis amers».

Et ce parcours de la petite enfance creusait un autre fossé entre moi et mes camarades de classe. J'avais toujours été protégé, choyé, épaulé, et je ne connaissais rien de la vie.

35 Jusqu'à ce qu'ils sachent marcher, les enfants, à Mayotte, ne touchent pas le sol et ne quittent pas les bras de leur mère. Mais ensuite, brusquement, ils sont livrés à eux-mêmes et doivent se débrouiller seuls. A un âge où, en métropole, l'on met des casques aux enfants pour leur apprendre à faire du vélo, ou des sécurités pour
40 les empêcher d'ouvrir le tiroir de la cuisine dans lequel on range les couteaux, j'ai vu des petits Mahorais aller seuls dans la forêt avec des machettes plus grandes qu'eux pour couper les feuilles de bananier qui manquaient sur le toit de la case familiale.

Tout doit disparaître de Mikaël Ollivier © Thierry Magnier, 2007 (p. 40 – 42), (texte légèrement adapté)

creuser un fossé
(*hier:*) eine Kluft graben

épauler qn
jdn. unterstützen

le sol der Boden
être livré(e) à soi-même
sich selbst überlassen sein
un casque ein Helm

empêcher qn de faire qc
jdn. an etw. hindern

une machette
ein Buschmesser

A *Complétez les phrases.* (—→ *Stratégies, p. 112 – 115*)

59, 7 – 8

1. Hugo a déménagé
 a à l'étranger.
 b en France métropolitaine.
 c dans un territoire d'outre-mer.

2. A Mayotte, les Blancs travaillent par exemple
 a dans l'éducation.
 b dans la forêt.
 c à la poste.

3. Les Métropolitains se sentent
 a plus importants …
 b aussi importants …
 c moins importants …
 que les Mahorais.

4. Dans sa classe, Hugo est
 a un Noir parmi d'autres.
 b un Blanc parmi les Noirs.
 c un Blanc parmi d'autres.

5. A Mayotte, Hugo est
 a un bon élève.
 b un élève moyen.
 c un mauvais élève.

6. Quand les enfants mahorais savent marcher, ils doivent
 a faire du vélo.
 b ranger la cuisine.
 c être indépendants de leurs parents.

B *Relevez dans le texte les phrases ou expressions qui caractérisent la relation entre, d'un côté, les Métropolitains et Hugo, et, de l'autre, les Mahorais.*

C *Analysez la différence entre la situation d'Hugo en métropole et sa situation à Mayotte: où est-ce qu'Hugo se sent étranger? Pourquoi?*

D *Imaginez les impressions d'un adolescent mahorais qui arrive en métropole. Rédigez une lettre qu'il adresse à sa famille à Mayotte. Dans cette lettre, il compare sa vie en métropole et à Mayotte (environ 180 mots).*

Online-Link:
Förderübungen
zu Bilan

Mehr dazu
26xs9f

1 Parler

Sie können …

1. … wiedergeben, was in einer Statistik steht *(Es gibt einen sehr großen Unterschied zwischen den Antworten).*	Selon …
2. … über die Mentalität von Einwohnern sprechen *(sie sind sehr gastfreundlich).*	Les habitants …
3. … sagen, dass jemand sehr mit etwas verbunden ist *(die Einwohner mit ihrer Region).*	…
4. … Landschaften beschreiben *(Sie sind abwechslungsreich).*	Les paysages …
5. … sagen, wo sich eine Region befindet *(Lothringen/Nordosten Frankreichs).*	La Lorraine …
6. … sagen, in welche Regionen Sie gerne fahren möchten *(Auvergne, Languedoc).*	J'aimerais …
7. … einen deutschen Passivsatz im Französischen aktivisch ausdrücken *(Dort wird Französisch und Baskisch gesprochen).*	…

Astuce
Vous pouvez
contrôler vos solu-
tions à la page 225.

2 Lire et écrire (→ Stratégies p. 122–123)

*Trouvez les **13 fautes** dans le texte suivant et corrigez les phrases.*

La Bretagne: un portrait

Géographie La Bretagne est la région française qui a les côtes plus longues: 1100 km et le double si on compte les 797 îles. La plus grand de ces îles est Belle-Ile-en-mer. Sur les
5 côtes, le paysage est marqué par les plages, les dunes et les falaises[1]. Ailleurs, on trouve des paysages variés, par exemple des forêts.

Patrimoine De nombreuses légendes ont été transmis à travers les siècles, par exemple la
10 légende de Merlin. Ce sont les Celtes qui l'ont créé. Aujourd'hui encore, la culture celte est très importante, particulier dans la musique, quand le montrent les nombreux festivals. Aux fêtes bretonnes, les fest-noz, on danse
15 la danse traditionnelle. De plus, on peut voir beaucoup menhirs et dolmens dans la région. Dans le domaine de la gastronomie, la Bretagne est connue pour ses crêpes, galettes[2] et gâteaux.

20 **Habitants: langue et mentalité** Les Bretons sont très attaché à leur région. On dit souvent que ils sont froids et que le climat est mauvais dans le Bretagne, mais pour les Bretons, ce sont des clichés. La culture bretonne,
25 c'est aussi la langue celtique, une langue qu'on a redécouvert dans les années 60. Parce que les Bretons sont très fiers de leur langue, les communes affichent leur nom aussi en breton. On peut même apprendre le
30 breton à l'école.

1 une falaise eine Klippe
2 une galette (*hier:*) ein Buchweizenpfannkuchen

beaucoup de:
zählt als 1 Fehler

Administration La région, dont le chef-lieu est Rennes, est divisé en quatre départements: Finistère, Côtes-d'Armor, Morbihan, Ille-et-Vilaine.

3 Médiation vgl. Stratégie S. 124

Votre correspondant(e) français(e) doit faire un exposé sur les régions de l'Allemagne du Nord. Il/Elle vous demande des renseignements à propos des clichés qui existent sur la mentalité des Allemands du Nord. Sur Internet, vous trouvez ce texte humoristique. Ecrivez un courriel dans lequel vous en résumez les points principaux (environ 100 mots).

Astuce
Il est inutile de traduire l'humour. Par contre, il faut souligner que ce n'est pas très sérieux et qu'il s'agit de clichés, non pas de la réalité.

Die Norddeutschen – Sprache und Sozialverhalten

Im Norden gehen die Menschen nicht „ans Meer", „an die See", oder „an die Ostsee", sondern „ans Wasser". Dort vergnügen sie sich bei jedweden Temperaturen und
5 Wetterverhältnissen. Wind bis Stärke 4 empfinden Norddeutsche als leichte Brise. An Süddeutsche in Windbreakern, Fleecejacken und Jeans hat sich die norddeutsche Urbevölkerung gewöhnt und übersieht deren
10 Verweichlichung großmütig. Sollte es ausnahmsweise einmal nicht windig sein, beklagt sich der Norddeutsche ausgiebig über „die drückende Luft".

Um im Wind nicht zu viel Wärme zu verlieren,
15 hat der Norddeutsche eine besonders ökonomische Form des Deutschen entwickelt. Diese Variante des Deutschen ist durch enorme Sprechgeschwindigkeit gekennzeichnet und wird ohne hörbare Unterbrechungen zwischen
20 den einzelnen Wörtern artikuliert, um Süddeutsche zu verwirren.

Als Gruß genügt dem Norddeutschen ein angedeutetes Nicken. Besonders gut gelaunte Exemplare lassen sich zu einem „Moin"
25 hinreißen, falls man sich schon länger kennt. Verwandte, selbst entfernte Verwandte, fallen sich jedoch freudig um den Hals, wenn sie sich treffen.

Einen Plausch mit wildfremden Menschen
30 zu halten, kommt dem Norddeutschen nicht in den Sinn. Gesprächige Süddeutsche betrachtet er mit Misstrauen und sucht schnell das Weite. Der Austausch von kürzeren Sätzen ist nach etwa 3-4 Monaten
35 Bekanntschaft denkbar, wenn man miteinander warm geworden ist.
Kumpelhaftes, geselliges Gebaren ist dem Norddeutschen zutiefst fremd. Und insofern empfindet er offenherzige, zutrauliche Süd-
40 deutsche als nicht artverwandte Wesen. Hat man jedoch durch Blutsverwandtschaft oder Einheiraten Zugang zu einer norddeutschen Sippe gefunden, zeigt sie ihre warmherzige Seite: Da wird gelacht, getrunken und
45 getanzt. Freundschaften mit Norddeutschen sind eine Sache fürs Leben, wenn man sie erst einmal geschlossen hat. Schnelllebigkeit und Oberflächlichkeit sind hier kein kulturelles Allgemeingut.

Plateau DELF
DELF B1: prêts pour l'Europe

> Je travaille dans une entreprise en <u>Suisse romande</u> et je voulais pouvoir mieux communiquer avec mes collègues. Après avoir préparé et <u>obtenu</u> le DELF, je les comprends mieux et je parle plus facilement au téléphone.

Leonie, 24 ans

Mon conseil:
A l'oral, n'aie pas peur de parler et garde le sourire.
Montre que tu aimes la langue et que tu sais t'exprimer.

> Pour travailler dans une entreprise internationale, il est utile d'avoir plusieurs diplômes de langues sur son CV. Le DELF va me permettre d'améliorer mes chances sur le marché du travail.

Mon conseil:
Quand on te donne un texte pour la production orale ou écrite, demande-toi quel est son thème et note d'abord toutes les idées qui te viennent sur ce thème.

William, 19 ans

A *Trouvez la / les bonne(s) personne(s) et répondez aux questions.*
Puis comparez vos résultats avec votre partenaire.

1. Qui a déjà le DELF?
2. Pour qui est-ce que le DELF est utile au niveau professionnel?
3. Qui communique mieux en français grâce au DELF?
4. Qui veut se préparer à un séjour en France?
5. Qui veut savoir quel est son niveau?
6. Qui donne des conseils pour les épreuves orales?
7. Qui travaille dans un pays francophone?

> J'adore apprendre des langues et j'aime bien <u>savoir où j'en suis</u>, si je peux encore progresser. Bientôt, je vais me présenter au DELF B1. Les résultats me donneront une <u>preuve</u> exacte de mon niveau.

Mon conseil:

Pour moi, c'est la <u>compréhension</u> orale la plus difficile. Les personnes parlent tellement vite! Pour t'<u>habituer</u>, écoute la radio française sur Internet, par exemple NRJ, France Inter, Europe 1 … En plus, il y a de la bonne musique!

Ivanna, 18 ans

> Je veux être plus sûr de moi avant de passer deux mois en France. Avec le DELF B1, je saurai que je peux me débrouiller en français. Je suis déjà plus <u>à l'aise</u> pour communiquer.

Mon conseil:

Sur Internet, on trouve des exemples d'<u>épreuves</u>. <u>Entraîne-toi</u> à les faire dans les mêmes <u>conditions</u> qu'à l'<u>examen</u>, en surveillant le temps que tu passes pour chaque épreuve. Comme ça, tu seras moins stressé(e) le jour de l'examen.

Astuce

Pour travailler sur les épreuves dans les conditions de l'examen, vous pouvez utiliser votre cahier d'activités.

Paco, 15 ans

B *Dites à quoi sert le DELF.*

 C *Travaillez à quatre. Chacun dit quel conseil lui paraît le plus utile et explique pourquoi.*
Réfléchissez en écoutant les autres élèves de votre groupe, puis dites si vous avez changé d'idée et pourquoi.

OBJECTIFS

Préparer le DELF scolaire B1 (Niveau <u>seuil</u>, utilisateur qui devient indépendant):
• comprendre et poursuivre une discussion,
• donner son avis,
• <u>faire face aux</u> situations de la vie quotidienne.

87

Ecouter | ## Compréhension de l'oral

> Pour **les documents sonores**, vous aurez à l'examen:
> - 30 secondes pour lire les questions;
> - une première écoute, puis 30 secondes de pause pour commencer à répondre aux questions;
> - une deuxième écoute, puis 1 minute de pause pour compléter vos réponses.

CD 2, 14
39

1 Il faut préserver les océans!

Le document que vous allez écouter est un message de la navigatrice Maud Fontenoy lors de la Journée mondiale des océans.
Lisez l'exercice, puis écoutez le document deux fois. Choisissez la bonne solution et écrivez-la dans votre cahier.

Astuce
Pour bien comprendre les questions, pensez aux stratégies pour comprendre les mots inconnus (⟶ *page 112*). Pendant l'écoute, concentrez-vous sur les mots-clés qui vous permettent de répondre aux questions.

1. Le sujet principal de ce message est
   a la pollution des océans.
   b l'effet du tourisme sur les océans.
   c l'importance économique des océans.

2. Nommez un objet que Maud Fontenoy a vu dans un océan.

3. D'après Maud Fontenoy, trop de gens passent leurs vacances à la mer.
   a Vrai.
   b Faux.

4. Elle s'inquiète parce que
   a 50 % de notre oxygène …
   b plus de 50 % de notre oxygène …
   c 80 % de notre oxygène vient des océans.

5. Maud Fontenoy recommande
   a d'utiliser de la crème solaire.
   b de ne pas manger d'animaux.
   c de jeter ses déchets dans les poubelles.

6. Quelle est la quantité de pollution océanique qui vient de nos déchets?

Maud Fontenoy, porte-parole de l'UNESCO et du réseau Océan mondial pour les océans

Marché à Brazzaville, capitale de la République du Congo

2 Le saka de Dominique

Lisez l'exercice, puis écoutez le document deux fois.
Choisissez la bonne solution et écrivez-la dans votre cahier.

1. Dans cette émission, on parle
  a d'une fête africaine.
  b d'un plat africain.
  c d'un vêtement traditionnel africain.

2. Dominique fait ses courses
  a à Brazzaville.
  b sur Internet.
  c dans un quartier de Paris.

3. Dominique aime le saka parce que cela lui rappelle
  a ses jeux d'enfant.
  b ses dimanches en famille.
  c la musique africaine.

4. Qui lui a appris à faire le saka?
  a La mère de Dominique.
  b La tante de Dominique.
  c Les cousines de Dominique.

5. Pour le saka, il faut
  a des produits africains.
  b être à plusieurs.
  c avoir de l'humour.

6. Dominique est surprise de trouver
  a tout ce qu'il lui faut pour le saka.
  b peu de choses pour le saka.
  c autant de choses pour le saka.

Château-Rouge, un quartier dans le 18e arrondissement de Paris

Lire **Compréhension des écrits**

1 Vacances utiles

Astuce
Lisez attentivement la consigne pour être sûr d'avoir compris les critères de votre choix.

L'été prochain, vous aimeriez passer trois semaines en France avec votre meilleur(e) ami(e). Vous voulez faire un cours de langue, mais aussi vous rendre utile. Vous devez choisir entre les séjours suivants. Attention: votre ami(e) n'a pas encore 16 ans et vos parents ne veulent pas dépenser plus de 500 euros!

SUR LA CÔTE BRETONNE

Tu as 15 ans ou plus et tu veux améliorer ton français? Tu as envie d'aider gratuitement à préserver le littoral? Alors inscris-toi au programme «Littoral propre» en coopération avec l'association Attention Mer Fragile. Tu aideras au nettoyage des plages et bénéficieras d'un cours de langue gratuit (3h/jour, pour tous les niveaux). Un séjour inoubliable, du 17 au 31 juillet ou du 1er au 15 août en Bretagne! **Prix: 399 € hébergement et repas inclus**

-------------- **LES TRACES DE L'HISTOIRE** ---------------
Apprendre le français tout en se mettant au service du patrimoine, c'est possible grâce au réseau Rempart: travail bénévole sur le chantier, vie collective et découverte de la région pendant 3 semaines cet été. Vous avez entre 14 et 18 ans, alors participez à la rénovation d'un château médiéval, en Aquitaine par exemple. En plus, vous pourrez suivre des cours de français. **Tarif: 499 € *(hébergement, repas et cours).***

LE PARIS DES ARTS | Amoureux de l'art, cette mission est pour toi! Tu parles plusieurs langues, tu es serviable et ouvert? Alors rejoins nos équipes internationales! Ta mission: accueillir et renseigner les visiteurs étrangers dans un musée de Paris (2h/jour). Au programme aussi, des ateliers artistiques en collaboration avec Paris Musées, la découverte du Paris insolite, nocturne, etc.

Durée: 2 semaines minimum. A partir de 17 ans. Tenue correcte exigée!
Tout compris (sauf repas): 380 €/semaine

PARIS MUSÉES
LES MUSÉES DE LA VILLE DE PARIS

Adorables compagnons

Pas besoin de diplôme pour vous occuper d'animaux en tant que bénévole! Grâce à notre coopération avec la S.P.A, vous passerez, après votre cours de langue (optionnel), la journée dans un refuge de votre choix (voir liste). Vous y apprendrez des choses étonnantes sur nos amis! Vous devez avoir au moins 16 ans et disposer au minimum de deux semaines en juillet ou en août.

Un séjour de deux semaines coûte 295€ (repas compris; cours de langue: + 195€)

A *Vérifiez si les séjours correspondent à vos critères. Faites un tableau dans votre cahier et mettez pour chacun des séjours et des critères une croix dans la case «oui» ou «non».*

B *Dites quel séjour vous proposez à votre ami(e) et expliquez pourquoi.*

	texte 1		texte 2		te
	oui	non	oui	non	ou
durée					
cours de langue					
se rendre utile					
moins de 16 ans					
budget					

2 Un métier: dessinateur de BD

Lisez le texte suivant, puis faites l'exercice en choisissant la bonne solution ou en écrivant l'information demandée dans votre cahier.
Pour justifier votre réponse, vous devez citer le texte.

Hugues Barthe est dessinateur de BD et scénariste à la fois. C'est-à-dire qu'il imagine des histoires, les écrit et les illustre. Sa spécialité: les romans graphiques, «des BD au format
5 poche qui s'adressent à un public ado-adulte», nous explique-t-il. Son dernier roman, *L'été 79*, est autobiographique et raconte un épisode poignant et douloureux de sa vie. Pas toutes autobiographiques, ses œuvres sont néan-
10 moins «toujours inspirées d'histoires vraies»: «j'aime que mes histoires et mes personnages soient crédibles», nous dit-il.
Pour cela, des talents d'écrivain sont
15 nécessaires: «il faut savoir construire une histoire, écrire des dialogues naturels et avoir un sens de la mise en scène». Savoir dessiner également, même si «on peut faire des BD sans être un virtuose du dessin», explique
20 Hugues: «nul besoin d'être un dessinateur exceptionnel, tel Picasso ou Michel-Ange, pour dire des choses intéressantes: c'est un travail d'écriture avant tout. Un dessin est juste quand l'expression des personnages est
25 juste et quand l'idée qu'on veut transmettre est juste. Il faut simplement se trouver un style».

> **Astuce**
> Lisez ce texte (pages 91–92) une première fois pour vous en faire une idée générale.

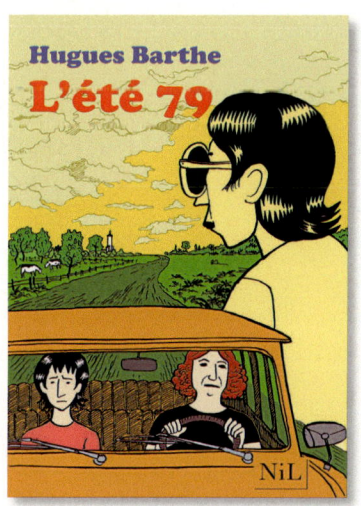

Hugues Barthe
L'été 79

$\rightarrow$

Objectif: être publié!

Beaucoup d'auteurs de BD n'ont pas la chance d'avoir un éditeur à leurs côtés. Ils doivent alors batailler pour se faire publier.

5 Après l'obtention de son diplôme à l'école européenne supérieure de l'image d'Angoulême, Hugues «n'a pas été publié tout de suite». Mais il s'est par contre constitué 10 un carnet d'adresses.

Il a également réalisé un book avec lequel il a démarché les éditeurs. Pour être publié, il faut en effet se faire connaître, créer 15 un blog, faire le tour des festivals … Une tâche ardue, au point que certains choisissent de s'autoéditer.

Mais même en ayant convaincu 20 un éditeur, le succès n'est pas garanti: «en France, on publie beaucoup de livres, ce qui fait qu'en tant qu'auteur, on est parfois perdu dans la masse.

25 C'est gênant aussi pour les lecteurs qui peinent à s'y retrouver». Hugues ajoute: «pour un livre qui se vend, 100 passent à la trappe». Une réalité difficile qui rend le 30 métier de dessinateur de BD souvent précaire.

Se diversifier pour survivre

Une solution existe néanmoins pour pouvoir vivre de la BD. Hugues Barthe est ainsi illustrateur pour la presse et anime des ateliers dans des collèges, des écoles, des bibliothèques, voire des prisons. Il est également «coloriste pour d'autres 35 dessinateurs». D'après lui, «il faut se diversifier car c'est très difficile de vivre de la BD.» D'autant plus avec l'arrivée sur le marché des livres numériques: «le métier évolue rapidement, il faut s'adapter, rebondir», affirme Hugues. Autre conseil: «les projets doivent s'enchaîner parce que 40 quand on est absent des librairies trop longtemps, on vous oublie rapidement. Il y a tellement d'auteurs et de livres!» s'exclame Hugues. Mais quand on consacre sa vie à la BD, c'est généralement par passion, donc les dessinateurs de BD restent rarement inactifs. Pour Hugues d'ailleurs, plus qu'une 45 passion, «c'est un moyen d'expression».

Plus qu'un métier, la BD est donc un mode de vie, un état d'esprit, une vocation.

Source: ONISEP (texte abrégé)

1. Hugues Barthe
  a illustre des BD.
  b écrit et dessine des BD.
  c met en scène des BD pour le théâtre.

2. Son public, ce sont surtout des jeunes.
  a Vrai.
  b Faux.
Justifiez votre réponse.

3. Il trouve ses idées dans la vie réelle.
  a Vrai.
  b Faux.
Justifiez votre réponse.

4. Dans son travail, le plus important est de
  a dessiner comme un grand artiste.
  b savoir choisir les couleurs.
  c savoir raconter une histoire.

5. Pour se faire connaître, il a
  a obtenu un diplôme.
  b publié des textes sur Internet.
  c fondé une maison d'édition.

6. Pour Hugues Barthe, «se diversifier», cela veut dire
  a se concentrer sur son métier.
  b apprendre un autre métier.
  c faire encore d'autres activités.

7. Hugues Barthe
  a donne des cours à l'école supérieure de l'image d'Angoulême.
  b travaille pour la presse et d'autres dessinateurs.
  c est vendeur dans différentes librairies.

8. Hugues Barthe ne peut pas vivre sans faire de BD.
  a Vrai.
  b Faux.
Justifiez votre réponse.

Ecrire
Production écrite

Vous lisez les deux messages suivants sur un forum réservé aux adolescents.

> Salut!
> Je m'appelle Julie et j'ai quinze ans. Je suis en troisième et mes parents me stressent: ils sont tous les deux profs et ils veulent que je devienne prof aussi! Je ne sais pas encore ce que je veux faire plus tard, mais je ne veux pas être prof! J'ai déjà fait un stage dans une école primaire et je n'ai pas aimé! Pourtant, j'adore les langues et l'histoire!
> Comment est-ce que ça se passe pour vous? Vous savez déjà quel métier vous voulez faire plus tard? Qu'est-ce que je dois dire à mes parents? Aidez-moi, s.v.p!
> Julie

> Bonjour,
> Les grandes vacances approchent et j'aimerais bien passer une ou deux semaines avec des copains dans le sud de la France. J'ai 16 ans mais mes parents refusent en disant que je suis encore trop jeune et qu'on ne fera que des bêtises (alcool / fêtes etc.)!!! Pire encore: ils m'obligent à partir avec eux en Bretagne – trois semaines dans un trou perdu … la mort! C'est nul, la Bretagne, non? Que faire??
> Je suis désespéré!
> Jérémie

Expressions utiles
A mon avis, …
A ta place, je …
  (+ conditionnel)
Tu pourrais …
Si … *(imparfait)*, …
(conditionnel)
C'est … *(adjectif)*
que … *(+ subjonctif)*
Dis à … de /
  Essaie de …

Vous décidez de répondre à Julie ou Jérémie. Vous lui donnez votre avis et des conseils.
Vous parlez de vos expériences personnelles en les illustrant d'exemples concrets (170 mots environ). La stratégie p. 119 peut vous aider.

Parler **Production orale**

1 Exercice en interaction

Choisissez un sujet. Puis faites un dialogue de 3 à 4 minutes avec votre partenaire. Dans les conditions de l'examen, vous n'avez pas de temps de préparation et l'examinateur joue le rôle de votre partenaire.

> **Astuce**
> Pour faire le dialogue, inventez des informations, par exemple:
> **Sujet 1:** quel est le thème du concours?
> **Sujet 2:** vous êtes dans quelle région? Qu'est-ce que vous aimeriez voir? La stratégie page 118 peut vous aider.

Sujet 1

Avec un(e) ami(e) français(e), vous voulez participer à un concours de photo. Le premier prix: un séjour en Corse! Malheureusement, votre ami(e) n'est pas très intéressé(e). Vous essayez de le / la convaincre.

Votre partenaire joue le rôle de l'ami(e) français(e).

Sujet 2

Vous êtes en France dans une famille d'accueil. Vous aimeriez découvrir la région, la plage et la nature, mais la famille préfère vous amener dans des musées et au théâtre. Vous parlez avec la mère / le père et vous essayez de trouver une solution ensemble.
Votre partenaire joue le rôle de la mère / du père.

2 Expression d'un point de vue

Choisissez un sujet. Puis dégagez le thème soulevé[1] par le document et présentez votre point de vue dans un exposé de 3 minutes environ. Les stratégies pages 112 (Comprendre des mots nouveaux) et 117 (Parler) peuvent vous aider.

> **Astuce**
> Résumez le document avec vos propres mots. La dernière phrase du texte peut vous donner une base pour présenter votre point de vue.

Document 1

Quand la punition[2] rend service

Distribuer des repas, aider des personnes handicapées. Ce sont des alternatives proposées aux élèves des collèges et lycées de Côte-d'Or (Bourgogne).
A cause du comportement inacceptable qu'ils [5] ont eu dans leur école, ces élèves risquent d'être renvoyés[3] plusieurs jours.
Mais le département, en lien avec des associations caritatives, a décidé d'essayer de rendre ces punitions «utiles». Utiles pour [10] les associations qui reçoivent une aide supplémentaire durant quelques jours. Utiles aussi pour les élèves, confrontés à des personnes dont la vie est très difficile ou la santé très affaiblie. L'élève a le choix [15] d'accepter ou non cette autre solution. S'il est d'accord, il travaille au maximum 20 heures. Ces rencontres peuvent alors l'amener à changer son comportement, à faire plus attention aux autres, à les respecter. La punition n'est [20] pas toujours la solution!

Journal des enfants, N° 1471, jeudi 23 octobre 2014, page 5, texte abrégé

1 le thème soulevé par le document das Thema, das das Dokument aufwirft **2 une punition** eine Strafarbeit
3 renvoyer qn *(hier)* jdn. von der Schule verweisen

Document 2

25 ### Super-connectés de la tête aux pieds

Il y a la fourchette qui vibre quand on mange trop vite, le porte-monnaie qui s'ouvre difficilement pour nous empêcher de dépenser ou le manche de parapluie qui
30 scintille[1] lorsqu'il va pleuvoir.

Des tas de gadgets connectés envahissent[2] nos vies! Un objet connecté est un objet relié à Internet: il peut communiquer avec d'autres systèmes pour obtenir ou fournir de
35 l'information. Le premier de tous, c'est bien sûr le téléphone portable, suivi de la tablette et de l'ordinateur. Ils nous permettent de communiquer, mais aussi de suivre notre santé[3] en se connectant avec nos balance, brosse à dents
40 et thermomètre par exemple ou de surveiller notre maison à distance …

Ce sont de vrais assistants personnels. Sont-ils devenus si indispensables[4] qu'on va toujours les porter sur soi?

Journal des enfants, N° 1481, jeudi 8 janvier 2015, p. 8–9, texte légèrement adapté

LE PARAPLUIE CONNECTE

N'oubliez plus jamais votre parapluie

Appuyer sur le pommeau pour qu'il s'illumine et indique s'il va pleuvoir dans la journée

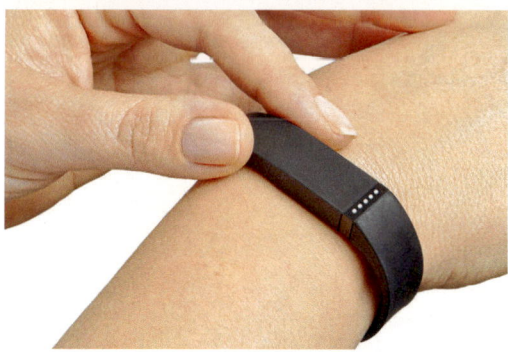

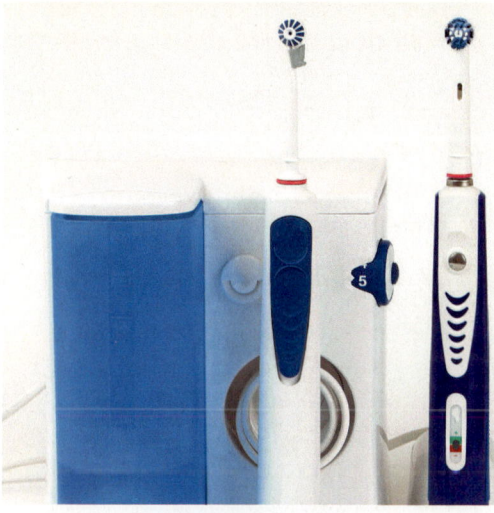

1 scintiller funkeln   **2 envahir qc** in etw. drängen, etw. überfluten   **3 la santé** die Gesundheit
4 indispensable unverzichtbar

Mehr dazu
x4mz2e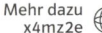

Module 1

Regarder
Parler

1 Bande de filles

zu M1 A1

Online-Link:
Lösungen zu
En plus

△

Scène 1: Après le visionnage

A *Trouvez dans le tableau suivant les informations les plus importantes pour résumer la scène.*

Astuce
Concentrez-vous sur le personnage principal et ses actions. Ne vous arrêtez pas sur les détails.

Qui? (personnages)	Quoi? (actions)	Où? (endroit)	Quand? (temps)
ses sœurs Marieme son frère	parler rentrer rigoler s'occuper de	à la maison dans la cour dans la chambre	plus tard d'abord le soir

B *Résumez la scène en une phrase: «Dans cette scène, …»*

*S'il y a deux actions importantes, reliez-les avec la conjonction **et**.*
Vous pouvez utiliser cette méthode pour résumer le texte à la page 11.

Lire

2 **A la découverte d'un personnage**

zu M1 A3

 A *Associez les phrases suivantes et notez-les dans votre cahier.*

Relever: ce qu'on lit ⟶

1. «… mais je n'ai pas encore tout à fait repris l'habitude de mon prénom.»
2. « … ici, au centre de formation des métiers du bois, …»
3. «C'est plus fort que moi, mon esprit n'accroche pas.»
4. «Oui, je suis d'une autre planète.»
5. « Nous rêvions de devenir des héros …»
6. «Et nous savions à peine que la guerre envahissait notre pays.»
7. «À onze ans, on pense à autre chose.»

Analyser: ce qu'on peut comprendre

Il n'arrive pas à se concentrer.

Il se sent étranger parmi les autres élèves.

Quand il était plus jeune, il voulait être courageux.

Il prépare une qualification d'ouvrier.

Il était enfant quand la guerre a commencé.

A l'endroit d'où il vient, on ne l'appelait pas Apollinaire.

Dans son pays d'origine, on ne vivait pas en paix.

B *Relevez dans le texte de la page 11 les phrases qui donnent les informations suivantes.*

1. Apollinaire a vécu dans un campement.
2. Il ne répond pas à l'appel car il pense à autre chose.
3. Il risque de rater son C.A.P.
4. Il essaie de s'intéresser au cours.

Jeu de mots **3 Les mots pour parler d'un personnage**   zu M1 V1

 A *Trouvez les antonymes et notez-les dans votre cahier.*

être timide / timide		être gentil / gentille
être bête / bête		être libre de faire qc
être méchant / méchante	⟷	être attentif / attentive
être froid / froide		être sûr / sûre de soi
être rêveur / rêveuse		être chaleureux / chaleureuse
être obligé / obligée de faire qc		être intelligent / intelligente

> **Le saviez-vous?**
> L'antonyme d'un mot est son contraire, par exemple
> heureux ⟷ malheureux.

B *Trouvez les définitions et notez-les dans votre cahier.*

se moquer de qc / qn		éprouver des douleurs
se plaindre de qc / qn		avoir peur de qc / qn
regretter qc / qn		trouver dommage (que qc / qn manque)
souffrir	=	ne pas s'intéresser à qc / qn
faire confiance à qn		dire qu'on n'est pas content(e) de qc / qn
craindre qc / qn		croire qn

En forme **4 Révision: le conditionnel présent**   zu M1 G1

 A *Rappelez-vous les **formes régulières** du conditionnel présent.*

radical (Stamm):   j'**aimer**ai = futur simple
terminaison (Endung):   j'aim**ais** = imparfait   →

> **conditionnel présent**
> j'aimerais   nous aimerions
> tu aimerais   vous aimeriez
> il/elle/on aimerait   ils/elles aimeraient

B *Rappelez-vous les **formes irrégulières** du conditionnel présent.*

infinitif	futur simple	→	conditionnel				
acheter	j'achèterai	→	**j'achèterais**	**vouloir**	je voudrai	→	**je voudrais**
avoir	j'aurai	→	**j'aurais**	**devoir**	je devrai	→	**je devrais**
être	je serai	→	**je serais**	**savoir**	je saurai	→	**je saurais**
aller	j'irai	→	**j'irais**	**venir**	je viendrai	→	**je viendrais**
faire	je ferai	→	**je ferais**	**voir**	je verrai	→	**je verrais**
pouvoir	je pourrai	→	**je pourrais**	**envoyer**	j'enverrai	→	**j'enverrais**

C *Complétez le texte en exprimant les intentions[1] entre parenthèses[2].*
Utilisez le conditionnel présent.

1. Je **?** faire du camping.   (Wunsch)
2. On **?** partir en juin.   (Vorschlag: Möglichkeit)
3. Mais en juillet, il **?** plus chaud.   (Vermutung)
4. A votre place, je **?** des vêtements de pluie.   (Ratschlag)
5. Tu **?** arrêter de nous énerver?   (Bitte)

1 une intention eine Absicht   **2 une parenthèse** eine Klammer

En forme
Parler

5 Révision: le conditionnel présent

zu M1 G1B

Comment est-ce que Ying peut convaincre ses parents?
Votre partenaire joue le rôle de Ying.
Vous êtes son ami(e) et vous lui donnez des conseils.
Notez vos idées, puis faites un dialogue.

C'est non! Nous t'interdisons de partir avec Pierre.

En forme

6 Révision: la phrase conditionnelle (I)

zu M1 G2

Faites des dialogues.

Nebensatz	Hauptsatz
si + imparfait	conditionnel présent

Exemple:
- **Si** ton frère t'oblig**eait** à ranger l'appartement, qu'est-ce que tu **ferais**?
- Je ne l'accepte**rais** pas. Je lui propose**rais** de le faire ensemble.

Situations:
1. Ton frère t'oblige à ranger l'appartement.
2. Un inconnu t'invite à faire un tour en voiture.
3. Un enfant essaie de traverser la route pour chercher son ballon.
4. Ta meilleure amie te propose d'acheter de la drogue.
5. Tes parents t'interdisent de voir tes amis.
6. Un photographe promet de publier de belles photos de toi dans un magazine connu.
7. Un voisin te demande de dénoncer ton ami à la police.

Réactions possibles:

accepter qc / qn

parler de qc à qn

faire attention à qc

croire qc

proposer qc à qn

expliquer qc à qn

refuser qc

…

tenir qn par la main

En forme

7 Le conditionnel passé (G1)

nach M1 G3

Qu'est-ce que vous pouvez dire dans les situations suivantes? Qu'est-ce que les autres peuvent dire?
Faites des dialogues en utilisant le conditionnel passé.

conditionnel présent être / avoir	+	participe passé
conditionnel passé		

Exemple:
1. Vous: «J'aurais dû **prendre le bus**.»
   Votre ami(e): «A ta place, je **me serais levé(e) plus tôt ce matin**.»

1. Vous arrivez en retard. Votre ami(e) vous attend depuis longtemps.
2. A l'entrée du cinéma, vous remarquez que vous n'avez pas assez d'argent.
3. Vous êtes à la piscine avec vos amis. Vous vous sentez très malade.
4. Il n'y a plus de place au cours de danse.
5. Au cinéma, vous avez vu un film nul.

aller au cinéma
prendre le bus
rester au lit
s'inscrire plus tôt
regarder dans son porte-monnaie avant
se lever plus tôt ce matin
demander de l'argent à ses parents
prendre un médicament avant de venir
choisir un autre film
se décider plus vite

En forme   **8 La phrase conditionnelle (II)** (G 2)   zu M1 G4

Nebensatz: **si** + plus-que-parfait	*Hauptsatz:* conditionnel passé
Si je n'**avais** pas **quitté** la Syrie,	je **serais** peut-être **mort**.

Voici l'histoire de Walid. Racontez-la en formant des phrases conditionnelles.

1. la guerre / ne pas éclater en Syrie   ma famille / ne pas quitter son pays

2. mon oncle / ne pas déjà venir en France   nous / aller dans un autre pays

3. on / ne pas recevoir d'aide à notre arrivée   nous / ne jamais réussir à remplir les papiers pour rester ici

4. mes parents / ne pas pouvoir venir avec moi   je / ne jamais partir seul

5. je / ne pas vite apprendre le français   je / ne jamais pouvoir aller au lycée

6. je / ne pas réussir mes études   je / ne pas devenir médecin

Ecouter Ecrire   **9 Mali – Bretagne**   zu M1 B6

CD 1, 3 / 3

Mots-clés:
tuer qn jdn. töten
un passeur ein Schlepper
un entraîneur ein Trainer
une association ein Verein
la Grèce Griechenland
expulser qn jdn. ausweisen

Avant l'écoute

Regardez les mots-clés et le titre de cet exercice, puis terminez les phrases.

1. Le texte que nous allons écouter est …
   a un poème.
   b un reportage.
   c un bulletin météo.

2. Le texte pourrait parler …
   a de tourisme.
   b d'un immigré.
   c d'un évènement culturel.

Pendant l'écoute

Ecoutez deux fois le texte et prenez des notes sur les aspects suivants.

- Age? Origine? Famille?
- Raison du départ?
- Situation à l'arrivée en France?
- Qui a aidé Bourama?
- Problème actuel?

Après l'écoute

Complétez le texte suivant pour résumer l'expérience de Bourama.

1. Bourama a **?** ans et vient du **?**.

2. Il a **?** pays parce que des islamistes ont **?** son père et voulaient **?** tous les jeunes.

3. Sa mère a donné de l'argent à un **?** et Bourama a fait un **?** dangereux jusqu'en France.

4. Il avait **?**, **?** et **?**.

5. Dans la ville où il est arrivé, il a rencontré une **?** et a habité chez leur **?**.

6. Puis l' **?** a contacté une association en Bretagne qui **?** des mineurs **?**.

7. Grâce à cette association, il est allé à **?** pour faire un **?** dans une **?** et préparer un **?**.

8. Maintenant, il joue aussi dans **?**.

9. Mais il va bientôt avoir **?**.

10. Il va peut-être devoir quitter **?** parce qu'il n'est plus **?**.

Module 2

Parler

1 Une question de motivation

zu M2 V2

A *Ce jeune est à Pôle emploi[1]. Pour décrire la scène, faites un filet à mots sur:*
- *les personnes,*
- *le lieu où elles se trouvent,*
- *ce qu'elles disent,*
- *les objets / documents.*

Mots utiles
un employé
avoir l'air motivé
un entretien
poser sa
  candidature
manquer de qc
(d'expérience, de
  compétences)
s'adapter à qc
être au chômage
un débouché
réaliste
ironique
préoccupant(e)

B *Pour analyser la situation, prenez des notes sur*
- *la fonction des personnes,*
- *ce qu'elles pensent,*
- *le rôle des objets / documents.*

C *Pour commenter ce dessin, notez des mots-clés sur le message qu'il donne.*
- *Pourquoi est-ce que les jeunes sont dans cette situation?*
- *Comment est-ce que la situation est présentée?*
- *Que veut montrer le dessinateur?*

D *Décrivez, analysez et commentez le dessin en vous servant de vos notes.*

En forme

2 Le pronom relatif lequel (G 4)

nach M2 G2

A *Donnez des conseils à un(e) ami(e) qui veut s'orienter.*

19, 7

Exemple: 1. Il faut trouver un domaine dans lequel tu peux faire un métier intéressant.

1. trouver un domaine	pour laquelle	vouloir s'informer
2. comparer des filières[2]	avec lesquels	hésiter
3. noter des entreprises	**dans lequel**	pouvoir travailler dans des entreprises internationales
4. trouver une formation	entre lesquelles	
5. s'informer sur les diplômes	sur lesquelles	**pouvoir faire un métier intéressant** être motivé(e)

B *Reliez les phrases.*

Exemple: 1. Avocat est un métier. Je pense à ce métier.
→ Avocat est un métier **auquel** je pense.

1. Avocat est un métier. Je pense à ce métier.
2. Voilà des CV. L'offre d'emploi correspond à ces CV.
3. C'est une formation dans le domaine du journalisme.
  Il a participé à cette formation.
4. La physique et la chimie sont des matières. Elle s'intéresse à ces matières.
5. Le chômage des jeunes est un problème. Il faut répondre à ce problème.

à + lequel	=	auquel
à + lesquels	=	auxquels
à + laquelle	=	à laquelle
à + lesquelles	=	auxquelles

1 Pôle emploi *Name des französischen Arbeitsamtes* **2 une filière** *ein Studiengang*

C *Complétez.*

1. – Je voudrais discuter avec toi des offres de stage.
    Il y en a une sur le journal et une sur Internet.
    – Tu veux discuter **?** ?
2. Les entreprises auprès **?** j'ai posé ma candidature
    recherchent des lycéens.
3. J'ai trouvé deux exemples de CV.
    A ton avis, j'ai besoin **?** pour ma candidature?
4. J'ai eu plusieurs entretiens au cours **?** on m'a demandé
    quelles études je voulais faire.

de + lequel	= duquel
de + laquelle	= de laquelle
de + lesquels	= desquels
de + lesquelles	= desquelles

En forme

3 Le pronom dont vous avez besoin (G 6)

zu M2 G3 B

A *Pour bien comprendre le pronom **dont**, notez dans votre cahier les **verbes**
et les expressions avec **de** qui se cachent dans les phrases suivantes.*

Exemple: 1. La femme dont nous parlons est chef d'entreprise. ⟶ **parler de qn**

1. Monsieur Lapointe va vous montrer le projet dont il s'occupe.
2. Le vol dont on soupçonne cet employé est grave.
3. Madame Chambert s'entend bien avec sa collègue dont
    elle est pourtant très différente.
4. Elle a bien réussi le projet dont elle était responsable.
5. Nous avons embauché un jeune dont le CV était impressionnant.

B *Reliez les phrases en utilisant le pronom relatif **dont**.*

1. Nous avons pris une décision. Nous sommes sûrs de cette décision.
2. C'est un ancien collègue. On se souvient bien de lui.
3. Les professionnels donnent des conseils. Les jeunes ont besoin de ces conseils.
4. Les jeunes arrivent sur le marché du travail. Ils vont changer les règles du marché.

En forme
Parler

4 Les pronoms objets (G 8)

nach M2 G5

A *Trouvez les phrases qui vont ensemble et complétez les réponses.*

1. Tu peux me montrer tes exercices?
2. Tu ne nous a pas parlé de la fin de l'histoire.
3. Je t'écrirai tous les jours, tu verras.
4. C'est ma voisine. Léo, Max, vous ne la
    connaissez pas?

– Tu **?** le promets, mais tu ne le feras pas!
– Non, tu **?** la présentes?
– Oui, je **?** les apporterai demain.
– Je ne **?** la raconte pas. Vous devez lire le livre!

B *Trouvez ce que les **pronoms objets directs** et **indirects** remplacent
dans les phrases suivantes et comparez leur place avec celle des pronoms de **A**.*

1. La secrétaire a préparé un test pour les candidats. Elle ne **le leur** donne pas tout de suite.
2. On va faire une proposition au personnel. On **la lui** présentera lundi.
3. L'entreprise a acheté des cadeaux de Noël à ses employés. Elle va **les leur** offrir demain.
4. Le chef parle de ses objectifs avec son équipe. Il **les lui** explique longuement.

⟶

C *Terminez les dialogues à tour de rôle en utilisant deux pronoms objets.*

1. Ma collègue sera responsable de ce projet?
   – Oui, je vais … (expliquer).
2. Ces jeunes n'ont pas l'expérience qu'il faut.
   – Le stage … (donner).
3. Il y a des journées d'orientation pour les lycéens?
   – Oui, le lycée … (proposer) en novembre.

4. Ton collègue va avoir un bureau plus grand?   – Oui, sa chef … (promettre).
5. Les employés du musée doivent aussi présenter leur sac?   – Oui, on … (demander) à l'entrée.
6. L'architecte a terminé les projets pour ce client?
   – Oui, il va … (montrer).

En forme

5 La négation (G 9)

nach M2 G6

*Mettez les phrases à la forme négative en utilisant **ni … ni … ne** ou **aucun … ne**.*

Exemple: 1. Ni mon père ni ma mère n'ont les mêmes centres d'intérêt que moi.

1. Mon père et ma mère ont les mêmes centres d'intérêt que moi.
2. Toutes les filles de ma classe aiment les langues.
3. Mon stage et mon boulot de cet été m'ont aidé à trouver un emploi.

4. Tous les ingénieurs ont fait cette formation.
5. Tous les métiers de l'audiovisuel me plaisent.
6. Le reportage et l'interview se sont bien passés.

Lire
Parler
Ecrire

6 Plus tard, je serai moi

zu M2 B2, A

A *Résumez le texte en une phrase à l'aide des mots suivants.*

proposer   un métier   être d'accord

devenir   une artiste

B *Faites un portrait de Séléna et de ses parents (80 mots minimum pour chaque personnage) à l'aide des questions suivantes.*

zu M2 B2, D

Mots utiles
un conflit
décider de (faire) qc
laisser à qn le temps de faire qc
énerver qn
avoir l'impression que …
se sentir …
correspondre à qc
réagir à qc
amener qn à faire qc

Séléna
- Pourquoi est-ce que Séléna est en conflit avec ses parents?
- De quoi rêve-t-elle?
- Comment souhaite-t-elle que ses parents réagissent?
- Quels sentiments éprouve-t-elle pour eux? Pourquoi?
- Est-ce qu'il y a un conflit dans ces sentiments? Pourquoi?
- Qu'essaie-t-elle de faire?
- Comment se sent-elle?

Ses parents
- Que souhaitent-ils pour leur fille? Pourquoi?
- Que pensent-ils de leur idée?
- Quel est leur objectif?
- Comment réagissent-ils à ce que dit Séléna?
- Que pensent-ils de leur fille?
- Est-ce qu'ils lui font confiance? Est-ce qu'ils la comprennent? Pourquoi?
- Trouvent-ils qu'ils sont de bons parents?

Module 3

zu M3 A1 D

Parler 1 Le message de Francis Hallé

Quel est le message du film? Discutez.

> **Donner son avis**
> A mon avis, …
> Je trouve que … parce que …
> Il me semble que …
> Pour moi, …
>
> **Demander l'avis des autres**
> Que pensez-vous de …?
> Qu'est-ce que vous en pensez?
>
> **Faire des objections**
> Moi, par contre, je trouve que …
> D'un côté …, de l'autre, …
> Je ne suis pas du tout de cet avis parce que …

vouloir montrer qc	la vie
montrer que	le temps
montrer comment	la beauté
aimer qc	la force / la puissance
respecter qc	la nature
disparaître	un secret
il faut faire qc	être important
protéger qc	une plante
découvrir qc	vivre
apprendre qc sur qc	…
…	

Médiation 2 Pour résumer en allemand

zu M3 A2 D

Résumez les idées principales du texte à votre professeur de biologie.

A *Dites en allemand qui est François Hallé.*

B *Présentez les idées principales du texte à l'aide des éléments suivants.*

> **Astuce**
> Les titres que vous avez trouvés pour les quatre parties du texte vous aident à en présenter les idées principales.

Partie 1	l'image fausse des plantes (animaux plus intéressants)
Partie 2	comment les plantes se défendent, p. ex.: – certaines plantes continuent de vivre quand on les coupe – elles peuvent être très grandes et toxiques → les animaux ne vont pas les manger – messages gazeux pour communiquer
Partie 3	les arbres = alliés des hommes (oxygène et CO_2)
Partie 4	les forêts primaires en grand danger; des siècles pour repousser

C *Demandez l'avis de votre professeur de biologie.*

En forme 3 Révision: il est important que …

zu M3 G1

A *Rappelez-vous les* **formes régulières** *du* **subjonctif.**   **Exemple:** le verbe **réfléchir.**

ils réfléchissent
(3ᵉ personne au
pluriel du présent) →

que je réfléchiss**e**	que nous réfléchiss**ions**
que tu réfléchiss**es**	que vous réfléchiss**iez**
qu'il / elle / on réfléchiss**e**	qu'ils / elles réfléchiss**ent**

→

B *Rappelez-vous les **formes irrégulières** du subjonctif.*

avoir	que j'**aie**	que nous **ayons**	qu'ils **aient**
être	que je **sois**	que nous **soyons**	qu'ils **soient**
faire	que je **fasse**	que nous **fassions**	qu'ils **fassent**
aller	que j'**aille**	que nous **allions**	qu'ils **aillent**
pouvoir	que je **puisse**	que nous **puissions**	qu'ils **puissent**
savoir	que je **sache**	que nous **sachions**	qu'ils **sachent**
venir	que je **vienne**	que nous **venions**	qu'ils **viennent**

C *Ecrivez des phrases complètes en utilisant le subjonctif.*

Il faut		tout le monde	faire de la publicité pour l'écologie
C'est normal		les responsables	réfléchir
Je voudrais	que / qu'	on	ne pas utiliser de produits dangereux
Il est important		nous	aller à la journée d'information
Je suis content(e)		tu	avoir le droit de boire de l'eau propre

D *Comparez les phrases. Quand est-ce qu'on a besoin d'utiliser le subjonctif?*

1. Je suis content(e) de pouvoir m'engager.
2. Je suis content(e) que tu puisses t'engager.
3. Je veux faire quelque chose contre la pollution.
4. Je veux que les gens fassent quelque chose contre la pollution.

Lilou

En forme
Parler

4 Je ne crois pas que … (G 10)

zu M3 G2 B

Discutez de ce que vous trouvez utile ou pas pour protéger l'environnement.
Les expressions suivantes peuvent vous aider.

Elève A		Elève B
Je trouve que les gens (**devoir** moins utiliser la voiture).	–	Moi, **je ne crois pas qu'**on (**pouvoir** vivre sans voiture). Les gens (**avoir besoin de**) …
Tu as peut-être raison, mais **je trouve bien que** beaucoup de gens (**partager** leur voiture avec d'autres).	–	Pour protéger l'environnement, **je trouve qu'**on (**devoir** surtout acheter moins de choses en plastique).
Moi aussi. Mais **je ne suis pas sûr(e) que** les gens (**être** capable de réfléchir en faisant les courses).	–	Moi non plus. Et **je ne crois pas qu'**ils (**pouvoir** produire moins de déchets).
Si, **je pense que** les gens (**pouvoir** apprendre à jeter moins de choses).	–	Moi, **je ne pense pas que** ce (**être** possible).
Je trouve bien que tu (**prendre** …)	–	Mais **je ne crois pas que** … (**vouloir** …)

Trouvez d'autres arguments et continuez.

le vélo   ne pas tout jeter dans la même poubelle   manger souvent de la viande

devoir essayer de …   pouvoir éviter de …   …

Astuce
Entraînez-vous d'abord à faire ce dialogue, puis notez quelques mots-clés, fermez vos livres et faites le dialogue à l'aide de vos notes.

5 **Les conjonctions** (G 11)   zu M3 G3

parce que alors que après que **+ indicatif** pendant que depuis que	pour que bien que sans que **+ subjonctif** avant que jusqu'à ce que

Lilou parle des problèmes écologiques. Terminez ses phrases à l'aide des mots à droite.
Faites attention aux conjonctions et utilisez le subjonctif ou l'indicatif.

1. Nous devons changer nos habitudes avant que …
2. On n'arrête pas d'acheter et de jeter des choses alors que …
3. Mes voisins prennent souvent le train bien que …
4. Moi, je m'engage pour l'écologie depuis que …
5. Vous n'allez pas attendre jusqu'à ce que les responsables …
6. Des catastrophes ont lieu pendant que les responsables …
7. Les forêts disparaissent sans qu'on …
8. Leur destruction est dangereuse parce que nous …
9. Les poissons meurent après que nos déchets …
10. Il faut 20 ans pour qu'un sac en plastique …

- avoir besoin de …
- prendre des décisions
- être trop tard
- disparaître
- avoir une voiture
- devoir moins consommer
- être jeté(e) dans la mer
- se renseigner sur …
- pouvoir protéger
- se disputer

6 **Un procès**   zu M3 B2 C

A *Notez dans votre cahier de qui il s'agit dans les phrases*
du texte, puis associez-les aux phrases à droite.

Relever: ce qu'on lit $\longrightarrow$ **Analyser: ce qu'on peut comprendre**

1. «Ma tête a légèrement tourné …»
2. «J'ai fermé les yeux pour écouter …»
3. «Je m'enroule dans mon écharpe.»
4. «… sa voix douce ne tremble pas.»
5. «… tape nerveusement contre son pupitre …»
6. «… les regards que les dirigeants
   de Rollo braquent à présent sur
   lui comme des armes.»

Il est courageux et n'a pas peur.

Ils essaient d'intimider le père de la narratrice.

Elle commence
à avoir peur.

Il est inquiet et s'énerve.

Elle devient triste
en écoutant.

Elle commence à comprendre
ce qu'a fait la société Rollo.

B *Relevez dans le texte des pages 65 – 66 les*
phrases qui donnent les informations suivantes.

1. Le père de la narratrice voulait absolument qu'elle
   vienne au procès.
2. La société Rollo a pollué la nature au Cameroun.
3. Le père de la narratrice dit que le reportage dit la vérité.
4. L'avocat de Rollo dit que le père de la narratrice ment.
5. La narratrice croit que son père est en danger.

Module 4

zu M4 A1

Lire Parler

1 Etes-vous fier de votre région? (—→ Vocabulaire p. 159)

A *Décrivez les résultats les plus importants de cette statistique.*
Selon cette statistique,
- *dans quelle région habitent les Français qui sont les moins fiers de leur région?*
- *dans quelle région habitent les Français qui sont les plus fiers?*

B *Voici des hypothèses pour expliquer les résultats de la statistique.*
Complétez le texte avec les mots suivants dans votre cahier. Attention à l' accord.

Les gens sont peut-être plus **?** à leur région quand elle a une **?** très particulière, des traditions **?** et des **?** connus, comme la **?** ou l'Alsace. Grâce à leurs **?**, ces régions ne **?** pas aux autres. Par contre, les gens sont peut-être moins **?** de leur région quand ses particularités ne sont pas très **?**.

Bretagne   ressembler   paysage

culture   fier / fière   particularité

connu / connue

fort / forte   attaché /attachée

C *Donnez votre avis: être fier de sa région, qu'est-ce que cela veut dire?*
Est-ce plutôt positif ou négatif?
Pour trouver des arguments, reliez les verbes à leurs compléments.
Notez les arguments dans votre cahier et indiquez s'ils permettent de donner un avis positif ou négatif.

se sentir — à visiter la région
s'informer — les habitants d'autres régions
faire de la publicité — ce qu'on connaît
s'intéresser — plus important que les autres
ne pas respecter — pour sa région
n'apprécier que — sur l'histoire de sa région
inviter les gens — au patrimoine de sa région
… …

arguments	
positif	négatif
...	...

Lire Ecrire

2 Le point sur . . .

zu M4 A2 A

Pour expliquer ce qu'est un pays centralisé, remettez les phrases dans l'ordre et écrivez-les dans votre cahier.

1. les décisions sont prises   un pays où   par un seul centre   un pays centralisé est

2. à Paris, où   sont prises pour la province   le pouvoir est concentré

par exemple, en France,   qui dépend de la capitale   beaucoup de décisions

Parler

3 Une initiative régionale

zu M4 A3 C

Que pensez-vous de cette initiative de la région? Discutez le pour et le contre.
Les arguments suivants peuvent vous aider.

- ne pas avoir beaucoup d'argent
- ne pas pouvoir payer qc
- renforcer l'égalité des chances
- pouvoir travailler là où on veut
- travailler mieux
- être meilleur en informatique

- être plus motivé(e)
- utiliser l'ordinateur en cours
- avoir déjà un ordinateur
- vendre qc
- demander l'avis des jeunes
- servir à qc / être utile (pour faire qc)

> **Astuce**
> Notez des mots-clés pour et contre. En discutant, répondez aux arguments des autres.

	ON DIT
donner son avis, donner des arguments	A mon avis, … Je trouve que …/Je pense que … parce que … Je suis convaincu(e) que … … C'est pourquoi …
faire des objections	Moi, par contre, je trouve que … Il faut quand même voir que … Je ne suis pas du tout de cet avis parce que … On ne peut pas accepter que … + *subjonctif*
trouver un accord	D'un côté …, de l'autre, … En y réfléchissant bien, je pense que … Tu as raison (de dire que …). Alors, …

Médiation
Ecrire

4 Das „grüne Herz" Deutschlands

zu M4 S3

A *Cherchez dans le texte allemand des mots-clés qui correspondent aux centres d'intérêt de votre destinataire:*
- *l'histoire,*
- *la nature,*
- *bien manger.*

Exemples:
⟶ Wiedervereinigung, Goethe …
⟶ Wald, …
⟶ Klöße, …

B *N'essayez pas de traduire le texte. Concentrez-vous sur les points les plus importants. S'il vous manque des mots, décrivez de quoi il s'agit.*

⟶ eine Hochburg: un lieu important
das Geistesleben: la vie culturelle
ein Sieg: mit Verb ausdrücken (battre qn)

C *Rappelez-vous les mots et expressions que vous avez apprises pour dire ce qu'il y a dans un endroit, où cela se trouve.*

⟶ on y trouve …
qc se trouve à/dans …
être au centre de …

D *Pour écrire votre courriel,*
- *dites au début de quoi vous allez parler,*
- *n'oubliez pas de souhaiter un bon séjour à votre destinataire,*
- *n'oubliez pas les formules de politesse.*

En forme **5 Révision: voix passive et voix active** zu M4 G2

A *Mettez les phrases suivantes à la voix passive.*

1. Le canal du Midi traverse les régions Midi-Pyrénées et Languedoc-Roussillon.
2. Selon la légende, une habitante du village de Camembert en Normandie a créé le camembert au 18e siècle.
3. On a inventé la tarte flambée (Flammkuchen) en Alsace ou en Allemagne?
4. Dans le Nord-Pas-de-Calais, la côte d'Opale attirera toujours les touristes.
5. En Provence, à Arles, les femmes portaient tous les jours les vêtements traditionnels jusque dans les années 50.
6. En Bretagne, on donne le nom de «fest-noz» aux fêtes traditionnelles.

Le canal du Midi

B *Traduisez les phrases suivantes en français. Utilisez la voix active.*

1. Im Elsaß wird gut gegessen.
2. Hier wird Französisch und Elsässisch gesprochen.
3. In der Bretagne wird traditionelle Musik geliebt.
4. Bei den *fest-noz* werden traditionelle Tänze getanzt.
5. In bestimmten Schulen wird Bretonisch gelernt.

En forme **6 L'accord du participe passé après «avoir»** zu M4 G5

A *Dites ce que remplacent les pronoms objets dans les phrases suivantes. Justifiez votre choix.*

1. Les habitants ne l'ont pas choisie.
2. Ils ne les ont pas vraiment acceptées.
3. Ils l'ont défendu.
4. On ne les a pas changés.

les décisions prises à Paris

les départements

la réforme des régions

leur avis

B *Ecrivez le texte suivant en faisant l'accord du participe passé si nécessaire.*

1. La Picardie est une région qui n'est pas très touristique et que j'ai découvert **?** par hasard.
2. J'ai passé un week-end avec mon copain Théo. Je l'avais retrouvé **?** chez lui, à Amiens.
3. J'étais avec deux autres copains que Théo avait aussi invité **?** .
4. On a fait une sortie dans des jardins sur l'eau, les hortillonnages. Ses parents l'avaient organisé **?** .
5. On est aussi allés à la mer, dans la baie[1] de Somme[2]. C'est l'endroit que j'ai le plus apprécié **?** .
6. Ce week-end était génial. J'ai adoré les moments qu'on a partagé **?** tous les quatre.

1 une baie eine Bucht **2 la Somme** Fluss und Departemement in der Picardie

Regarder/Regarder et écouter

Décrire une image

Sagen Sie … um welchen Bildtyp es sich handelt und was der Hauptgegenstand ist.	C'est un dessin/un tableau qui montre … C'est une photo de …
Beschreiben Sie … den Bildaufbau und die Bildebenen (Vordergrund, Hintergrund, Bildmitte usw.).	Au premier plan, on voit … A l'arrière-plan, il y a … Au centre de l'image … /Au milieu … A droite/à gauche/à côté de … on reconnaît …
Beschreiben Sie die Figuren.	⟶ Faire le portrait d'un personnage (p. 13–14)
Beschreiben Sie die Bildaussage.	Le dessin/la photo évoque … remet en question le/la/les …/critique le/la/les …
Geben Sie Ihre Eindrücke und Ihre Meinung zu dem Bild wieder.	En regardant cette image, j'ai l'impression que … Je trouve bien/intéressant que … + *subjonctif*

Décrire un film

Sie müssen nicht jedes einzelne Wort verstehen. Versuchen Sie, den wesentlichen Inhalt aus dem Zusammenhang heraus zu erschließen (Thema, Situation, Bilder, Musik, Mimik).

Nennen Sie das Genre, zu dem der Film gehört.	C'est un drame/une comédie/un film documentaire/ une série télévisée/…
Sagen Sie, worum es insgesamt geht.	Le film traite de/parle de …
Beschreiben Sie die Situation in der Szene und sagen Sie, wer spricht.	Dans cette scène, …
Beschreiben Sie die Figuren.	⟶ Faire le portrait d'un personnage (p. 13–14)
Nennen Sie die Informationen, die die Bilder geben.	On voit … Il y a des/Il n'y a pas d'effets spéciaux. Il y a des animations qui créent un effet …
Beschreiben Sie die Geräusche und ihre Wirkung.	On entend … (le bruit du vent/d'une porte, …). Les bruits donnent l'impression que …
Beschreiben Sie die Musik, die Stimmung, die sie vermittelt und ihre Beziehung zu den Figuren und der Handlung.	La musique qui accompagne cette scène est gaie/romantique/mélancolique/dynamique/… La musique reflète les sentiments de …
Geben Sie Ihre Eindrücke und Ihre Meinung zu dem Film wieder.	Ce qui me plaît/me surprend/me choque, c'est … Je trouve bien/intéressant que … + *subjonctif*

Ecouter

■ Globalverstehen: Die Hauptaussage verstehen

Vor dem Hören

Lesen Sie zuerst die Überschrift und die Aufgabenstellung
genau durch. Stellen Sie Vermutungen an:
- Welche Art von Text ist es? (Alltagsgespräch, Rede, Bericht, …?)
- Worum könnte es darin gehen?
- Was wissen Sie schon über dieses Thema?
- Welche Wörter könnten in diesem Zusammenhang vorkommen?
Bereiten Sie eine Tabelle für Ihre Notizen vor (siehe unten).

> **Wenden Sie die Stratégie zum Global- und Detailverstehen in der Aufgabe 1 an.**

Während des Hörens

Hören Sie konzentriert zu. Lassen Sie sich nicht durcheinanderbringen, wenn Sie etwas nicht verstehen.
Notieren Sie knappe **Stichworte**. Sie können auch Symbole wie z. B. ≠ ♥ ⇨ > verwenden.

1. Wer spricht zu wem? Achten Sie auf die Stimmen.
2. Wo wird gesprochen? In welcher Situation? Achten Sie auf
   Nebengeräusche, sie geben oft Hinweise darauf.
3. Was ist das Thema, worüber wird gesprochen? Gehen Sie
   zunächst von Ihren inhaltlichen Vermutungen aus und
   achten Sie auf Schlüsselwörter, die dazu passen.

Qui?	
Où?	
Quoi?	

Achten Sie auf den **Tonfall** der Sprecher. Oft kann man daran die Absicht der Sprecher erkennen:
Wollen sie ihre Meinung äußern, etwas fragen, jemanden überzeugen oder zu etwas auffordern, …?

Nach dem Hören

Stimmt es, was Sie vor dem Hören vermutet haben?

■ Detailverstehen: Einzelheiten verstehen

Manchmal kommt es darauf an, Einzelheiten zu verstehen. Wenn Sie eine Stelle
überhaupt nicht verstehen, hören Sie sie noch einmal an.
- Wie klingt das? Ist es ein einzelnes Wort oder könnten es mehrere sein?
- Versuchen Sie, es nachzusprechen. Wie könnte man das wohl schreiben?
- An welches andere Wort erinnert es Sie?
- In welchem Zusammenhang steht es? Was für eine Information könnte man
  an dieser Stelle erwarten?

■ Selektives Verstehen: Bestimmte Informationen entnehmen

In manchen Aufgaben geht es darum, nur bestimmte
Informationen herauszuhören, z. B. wann und wo etwas
stattfindet. Machen Sie sich vor dem Hören bewusst, worum
es geht und welche Wörter vorkommen könnten. Achten Sie
beim Zuhören auf Schlüsselwörter, die zu Ihrer Fragestellung
passen, z. B. Zahlen, Zeit- oder Ortsangaben.

> **Wenden Sie die Stratégie zum selektiven Verstehen in der Aufgabe 2 an.**

Ecouter

1 L'association[1] d'Arnault (Solutions p. 225)

CD2, 19
44

Avant l'écoute

Regardez le titre de l'exercice. A votre avis, de quoi va parler le texte?

Pendant l'écoute

Ecoutez le texte une première fois.

une interview   **une discussion**

A *Dites de quelle sorte de texte il s'agit.*
B *Prenez des notes sur les questions suivantes: Qui? Où? Quoi?*   **un reportage**

Après l'écoute

Ecoutez le texte encore une fois, puis complétez les phrases suivantes.

1. Arnault est
  a lycéen.
  b étudiant.
  c professeur.

2. Pendant les vacances, il
  a aide ses parents.
  b fait des maths et de l'histoire.
  c travaille pour un projet qu'il a lancé.

3. L'ami d'Arnault est
  a guitariste.
  b président de l'association.
  c un jeune professionnel de l'éducation.

4. L'association doit permettre
  a de préparer ses études.
  b de s'intégrer socialement.
  c d'intégrer un groupe de rock.

5. L'association compte
  a huit personnes.
  b environ quinze personnes.
  c environ vingt personnes.

6. Arnault doit par exemple s'occuper
  a du soutien scolaire.
  b de la communication.
  c du prix des ateliers.

7. Célia
  a a une maladie grave.
  b a des parents immigrés.
  c n'a pas de bons résultats à l'école.

8. A l'association, elle aime
  a qu'il n'y ait ni critique ni reproche.
  b qu'on lui dise ce qu'elle doit faire.
  c connaître tous les jeux qu'on y propose.

Ecouter
Médiation

2 La météo

CD2, 20
45

Vous êtes à Bordeaux avec des amis alle-mands. Dans l'après-midi, vous voudriez prendre le bus et aller au bord de la mer. En ce moment, il ne fait pas beau.

Vous écoutez la météo à la radio.

Ecoutez le texte, puis dites à vos amis quel temps il fera cet après-midi.

1 une association ein Verein

Lire

■ Globalverstehen: Die Hauptaussage verstehen

Vor dem Lesen

Was für eine Art von Text ist es? Welche Informationen
enthalten die Überschriften und die Bilder?
Stellen Sie erste Vermutungen an. **Worum könnte es gehen?**
Was wissen Sie bereits über das Thema?

Romanauszug?   Werbeprospekt?

Zeitschriftenartikel?   Comic?

E-Mail?   ... ?

Während des Lesens

Lesen Sie den Text ganz durch. Wenn Sie ein Wort nicht kennen, lesen Sie trotzdem
weiter. **Worum geht es?** Stimmt es, was Sie vor dem Lesen vermutet haben?
Notieren Sie die wichtigsten Informationen in Stichworten.

1. Um welche Personen geht es?
2. Was geschieht, um welche Fragen geht es?
3. Wo spielt die Handlung? Um welchen Ort geht es?

Qui?
Quoi?
Où?

■ Detailverstehen: (Solutions p. 226)

Wörter erschließen
... mit Hilfe von Wörtern aus anderen Sprachen, z. B.

frz. *raciste* – engl. racist – dt. rassistisch
frz. *un héros* – engl. a hero – dt. ein Held
frz. *souffrir* – engl. to suffer – dt. leiden

... mit Hilfe von Wortfamilien, z. B.

un mari (ein Ehemann) ⟶ *se marier* (heiraten)
la conscience (das Gewissen, das Bewusstsein) ⟶ inconscient (unbewusst, Adjektiv),
⟶ *inconsciemment* (unbewusst, Adverb)
au bord de (am Rande von etw.) ⟶ une route *bordée de* (eine Straße, an deren Rand ...)
expliquer (erklären) ⟶ une *explication* (eine Erklärung)

*Von welchem bekannten Wort können Sie das Verb **éduquer** ableiten? (Text S. 82)*

... mit Hilfe von Wortbildungsregeln

Verben

-re	voir ⟶ **re**voir (wiedersehen), partir ⟶ **re**partir (wieder abfahren)

Nomen

-tion	polluer (verschmutzen) ⟶ la pollu**tion** (die Verschmutzung)
-ance/ence	connaître (kennen) ⟶ la connaiss**ance** (die Kenntnis)
-ien/ienne	Paris ⟶ un Paris**ien**/une Paris**ienne** (ein/e Pariser/in)
	une île ⟶ un î**lien**/une î**lienne** (ein/e Inselbewohner/in)

-ment	juger (urteilen) ⟶ un juge**ment** (ein Urteil)
-eur/euse	voler (stehlen) ⟶ un vol**eur**/une vol**euse** (ein/e Dieb/in)
-teur/trice	diriger (leiten) ⟶ un direc**teur**/une direc**trice** (ein/e Leiter/in)
-eur	haut/haute (hoch) ⟶ la haut**eur** (die Höhe) profond/profonde (tief) ⟶ la profond**eur** (die Tiefe)

Adjektive

-im-/in-	patient/patiente (geduldig) ⟷ **im**patient/**im**patiente (ungeduldig), juste (gerecht) ⟷ **in**juste (ungerecht)
-able	supporter (ertragen) ⟶ insupport**able** (unerträglich)
-al/-ale	le monde (die Welt) ⟶ mond**ial**/mond**iale**/mond**iaux**/mond**iales** (weltweit)
-eux/-euse	la douleur (der Schmerz) ⟶ doulour**eux**/doulour**euse** (schmerzhaft)

Welche weiteren Wörter kennen Sie, die nach diesen Regeln gebildet sind?

... mit Hilfe des Kontextes, z. B. *choyé* im folgenden Satz:
«J'avais toujours été protégé, *choyé*, épaulé, et je ne connaissais rien de la vie.» (S. 83)

In dem Abschnitt geht es um die Kindheit *(l'enfance)*. *Choyé* steht in einer Aufzählung zwischen *protégé* (geschützt) und *épaulé* (unterstützt). Seine Bedeutung muss also in die Reihe in dieser Aufzählung passen. Folgende Bedeutungen kommen in Frage: *behütet, umsorgt, verwöhnt, …*

Erschließen Sie die Bedeutung des Wortes **tiroir** *im folgenden Satz.*

«… ouvrir le *tiroir* de la cuisine dans lequel on range les couteaux …» (S. 83)

Mit dem Wörterbuch arbeiten
Wichtige Wörter, die Sie nicht erschließen, können Sie in einem **zweisprachigen Wörterbuch** nachschlagen. Machen Sie sich zuvor mit den Abkürzungen und Symbolen in Ihrem Wörterbuch vertraut.

Die römischen Ziffern **I**, **II**, usw. zeigen hier die verschiedenen **Wortarten** an:
I ⟶ *vt:* verbe transitif (Verb mit direktem Objekt)
II ⟶ *vpr:* verbe pronominal (reflexives Verb)
Die arabischen Ziffern ❶, ❷, ❸, … kennzeichnen hier die unterschiedlichen **Wortbedeutungen**.

Welche Bedeutung hat das Verb **croiser** *im folgenden Satz?*
Je ne crois pas avoir *croisé* de Métropolitains fondamentalement racistes (…) (S. 82).

croiser [kʀwaze] <1> **I.** *vt* ❶ (*mettre en croix*) verschränken *bras;* übereinanderschlagen *jambes;* falten *mains* ❷ (*couper*) kreuzen *route, regard;* begegnen *véhicule* ❸ (*passer à côté de qn*) ~ **qn** jdm begegnen; ~ **qc** *regard:* auf etw (*akk*) fallen; **son regard a croisé le mien** unsere Blicke sind sich begegnet ❹ BIO, ZOOL kreuzen **II.** *vpr* **se ~** ❶ (*passer l'un à côté de l'autre*) *personnes:* sich treffen; *regards:* sich begegnen ❷ (*se couper*) sich kreuzen

© PONS Schülerwörterbuch Französisch, 2016

⟶

Wenn Sie Informationen zum Gebrauch der Wörter suchen, z. B. zu Konstruktionsmöglichkeiten, Redewendungen usw., so ist das **einsprachige Wörterbuch** die bessere Wahl.

Beispiel zu S. 82:

(…) l'avouer me fait **horreur** (…)

1. *Suchen Sie in dem Wörterbucheintrag die Grundform der Konstruktion, die in diesem Satz benutzt wird.*

2. *Mit welchen anderen Verben kann* **horreur** *noch verwendet werden?*

3. *Ersetzen Sie in folgenden Sätzen den Ausdruck, der* **horreur** *enthält, durch ein Synonym.*

   a Elle a horreur de se lever tôt.
   b Il ne sait pas nager, il a horreur de l'eau.

horreur [ɔʀœʀ] n. f. **I·** (Sens subjectif) **1·** Impression violente causée par la vue ou la pensée d'une chose qui fait peur ou qui répugne. → **effroi, épouvante, peur, répulsion.** *Frémir d'horreur. Cri d'horreur.* **–** *Faire horreur (à)* : répugner ; dégoûter, écœurer. *Cette idée, cette chose, cette personne me fait horreur.* **–** *Cette vue la remplissait d'horreur. Objet d'horreur,* qui fait horreur. **2·** Sentiment extrêmement défavorable qu'une chose inspire. → **aversion, dégoût, répugnance.** *L'horreur de l'eau, des lieux clos.* → **phobie. –** *Avoir horreur de...* → **détester, exécrer, haïr.** *Il a horreur du mensonge.* (Sens affaibli) *Elle a horreur de ce prénom. Il a horreur de se lever tôt.* **–** *Avoir, prendre* qqn, qqch. *en horreur.* → **haine ;** en grippe. *J'ai ce lieu en horreur. Je commence à le prendre en horreur, à ne plus pouvoir le supporter.*

© Le Robert Micro, 2015

Sinnabschnitte erkennen
Überlegen Sie sich mögliche Überschriften für die einzelnen Abschnitte des Textes. Ihre Überschriften sollen knapp ausdrücken, worum es jeweils geht.

Wählen Sie eine passende Überschrift für den folgenden Abschnitt aus **Module 4, S. 82.**

Le niveau de français à Mayotte

La situation de Hugo en classe

La langue maternelle des Mahorais

Soutien scolaire en sixième

> Et j'ai d'ailleurs été premier dans presque toutes les matières au long de l'année de sixième, ce qui ne m'était jamais arrivé auparavant, loin s'en faut. Je n'avais pas un grand mérite quand l'on sait que le français n'est pas la langue maternelle des Mahorais, que les collégiens ne le parlent qu'à l'école, que la plupart n'ont aucun soutien scolaire de la part de leurs parents alors que les miens m'avaient entouré et guidé depuis la maternelle!

Tout doit disparaître de Mikaël Ollivier © Thierry Magnier, 2007

Ergebnisse festhalten

Legen Sie eine Tabelle mit Fragen an. Füllen Sie die Tabelle stichwortartig mit den Informationen, die der Text bietet. Diese Methode können Sie für einen gesamten Text anwenden, für einzelne Abschnitte, aber auch für einzelne schwierige Stellen.

Beispiel für den letzten Abschnitt des Textes S. 69:

Qui?	Quoi?	Où?	Quand?	Pourquoi?	Comment?
les enfants	sont toujours dans les bras de leur mère	à Mayotte	avant de savoir marcher		
"	se débrouillent seuls	"	quand ils …		
les parents	mettent des casques à leurs enfants	en métropole	quand les enfants …	…	
"	mettent des sécurités aux tiroirs de cuisine	"		…	…
les enfants	coupent …	à Mayotte		…	avec …

Welche Fragen für Ihre Tabelle sinnvoll sind, hängt vom Inhalt des Textes ab.

Übertragen Sie die Tabelle in Ihr Heft und ergänzen Sie die Informationen an den Stellen, die durch die Auslassungspunkte gekennzeichnet sind.

■ Selektives Verstehen: Bestimmte Informationen entnehmen

Manchmal geht es darum, in einem Text nach bestimmten Informationen zu suchen. Machen Sie sich zuerst bewusst, was genau gefragt ist.

Überfliegen Sie dann den Text und konzentrieren Sie sich nur auf das, was für Ihre Fragestellung wichtig ist. Falls Sie mit Ihrem eigenen Buch oder mit einem Arbeitsblatt arbeiten, können Sie die wichtigen Informationen unterstreichen oder markieren. Falls nicht, notieren Sie knappe Stichworte.

Beispiel für den ersten Text S. 90:

L'été prochain, vous aimeriez passer <u>trois semaines</u> en France avec votre meilleur(e) ami(e). Vous voulez faire un <u>cours de langue</u> mais aussi <u>vous rendre utile</u>.
Attention: Votre ami(e) <u>n'a pas encore 16 ans</u> et vos parents <u>ne veulent pas dépenser plus de 500 euros</u>!
Faites le tableau de la page 91 dans votre cahier. Est-ce que cette annonce correspond à vos critères? Pourquoi?

Sur la côte bretonne
Tu as 15 ans ou plus et tu veux améliorer ton français? Tu as envie d'aider gratuitement à préserver le littoral? Alors inscris-toi au programme «Littoral propre» en coopération avec l'association Attention Mer Fragile. Tu aideras au nettoyage des plages et bénéficieras d'un cours de langue gratuit (3h/jour, pour tous les niveaux). Un séjour inoubliable, du 17 au 31 juillet ou du 1er au 15 août en Bretagne! Prix: 399 € hébergement et repas inclus

Parler

■ Die Aussprache üben

Achten Sie auf das CD-Symbol in Ihrem Buch. Die Découvertes-CD liegt dem Cahier d'activités bei. Hören Sie einzelne Sätze oder Abschnitte an, drücken Sie die Pausentaste und sprechen Sie nach. Achten Sie auf die Betonung und die Satzmelodie. Versuchen Sie, flüssig und gebunden zu sprechen.

Üben Sie schwierige Sätze im „Rückwärtsgang": Bauen Sie die Sätze von hinten auf und wiederholen Sie die Teile laut, bis sie Ihnen locker von den Lippen gehen.

«… en langue.»
«… faire des progrès en langue.»
«… plus rapide de faire des progrès en langue.»
«C'est le moyen le plus rapide de faire des progrès en langue.»

■ Präsentieren / Einen Vortrag halten

- Wie lautet das Thema?
- Wie viel Zeit habe ich für den Vortrag?
- Welche Hilfsmittel sind verfügbar?

Klären Sie diese Fragen, bevor Sie mit der Arbeit beginnen.

Informationen beschaffen

Was wissen Sie schon über das Thema? Notieren Sie Stichworte auf Französisch. Zu welchen Punkten wissen Sie noch zu wenig? Suchen Sie weitere Informationen in französischen Quellen (Bücher, Zeitschriften, Internetseiten, …). Manche Themen setzen voraus, dass Sie eine Umfrage machen. Bereiten Sie in diesem Fall zuerst Ihre Fragen vor.

Exemple *(zu S. 81, 1C):*

> Mayotte
> archipel, îles
> Comores, océan Indien
> colonie
> esclavage
> DROM
> Français, Mahorais…

Die Informationen gliedern

Finden Sie Unterthemen, denen Sie Ihre Stichworte zuordnen. Überlegen Sie sich, in welcher Reihenfolge Sie diese Unterthemen vortragen wollen. Meistens ergibt sich die Giederung aus dem Thema. Für eine Buch- oder Textvorstellung (z. B. S. 58) eignen sich die Fragen
Auteur? Action? Qui? Quoi? Quand? Où?

> Géographie
> …
> Administration
> …
> Patrimoine
> …
> Habitants
> …

Die Präsentation ausarbeiten

Orientieren Sie sich an der Gliederung Ihrer Stichworte. Notieren Sie Formulierungen zu den einzelnen Stichworten. Verwenden Sie kurze Sätze.

Sie können einen „Spickzettel" basteln, auf dem links ganze Sätze und rechts nur Stichworte stehen. Diesen Spickzettel können Sie beim Vortrag aufklappen, falls Sie nicht weiterwissen.

Überlegen Sie sich, welche Punkte Sie auf einem Plakat oder auf Präsentationsfolien zeigen wollen. Arbeiten Sie Ihr Plakat bzw. Ihre Folien aus. Schreiben Sie nicht zu klein und nicht zu viel darauf!

Die Präsentation proben

Üben Sie zuhause. Versuchen Sie frei zu sprechen und sich dabei an Ihren Stichworten zu orientieren. Überprüfen Sie, ob Ihre Stichworte genügen oder ob Sie zusätzliche brauchen. Sprechen Sie laut und deutlich und nicht zu schnell. Sehen Sie am Anfang und am Ende Ihrer Probe auf die Uhr: Reicht die eingeplante Zeit aus? Müssen Sie Ihren Vortrag kürzen oder ausführlicher gestalten?

Die Präsentation durchführen

Begrüßen Sie Ihre Zuhörer. Sehen Sie sie während des Vortrags an.

STRATEGIE

1. Nennen Sie das Thema.	Je vais vous parler de … Le sujet de mon exposé est …
2. Sagen Sie, was besonders interessant daran ist.	C'est un sujet très actuel parce que … Ce qui est particulièrement intéressant, c'est …
3. Sagen Sie, wie Ihre Präsentation gegliedert ist.	D'abord, je vais vous présenter … Enfin, j'aimerais vous parler de …
4. Tragen Sie Ihre inhaltlichen Punkte vor. Erklären Sie wichtige Sachverhalte.	Comme vous le voyez sur ce transparent … Ça veut dire que … Ce qui est important, c'est que … Passons au point suivant.
5. Machen Sie kurze Pausen und fragen Sie, ob Sie verstanden wurden.	Est-ce bien clair pour tout le monde? Est-ce qu'il faut que j'explique des mots? Est-ce que vous avez des questions?
6. Bedanken Sie sich für die Aufmerksamkeit.	Je vous remercie pour votre attention.

■ An einer Diskussion teilnehmen

Eine Diskussion vorbereiten

1. Sammeln Sie Argumente für die verschiedenen Aspekte des Themas und notieren Sie Stichworte.
2. Ordnen Sie Ihre Argumente: Wählen Sie die Reihenfolge, in der Sie sie vortragen möchten. Suchen Sie nach konkreten Beispielen, die Ihre Position anschaulich machen.
3. Überlegen Sie, welche Gegenargumente vorgetragen werden könnten und wie Sie diese widerlegen könnten.

Die Diskussion durchführen

STRATEGIE

Tragen Sie Ihre Argumente vor. Sprechen Sie klar und deutlich.	A mon avis, … / Je trouve/crois que … parce que … Il me semble que … … C'est pourquoi …
Wenn Sie ins Stocken geraten, versuchen Sie Zeit zu gewinnen und nennen Sie Ihr Problem.	Vous savez … euh … enfin … Je veux dire …je ne trouve pas le mot … (Umschreibung von Wörtern → S.124)
Fragen Sie nach der Meinung der Gesprächsteilnehmer.	Que pensez-vous de …? Qu'est-ce que vous en pensez? Vous êtes d'accord avec moi?
Hören Sie einander zu und knüpfen Sie an die Argumente Ihrer Gesprächspartner an.	Tu avais dit que … C'est possible, mais il ne faut pas oublier que … D'un côté …, mais de l'autre, … Ce n'est pas aussi simple car … Il faut quand même voir que … Je ne suis pas sûr(e) que … + *subj.* Moi, par contre, je pense que … Je ne suis pas du tout de cet avis parce que … On ne peut pas accepter que … + *subj.*
Fragen Sie nach, wenn Sie etwas nicht verstanden haben.	Si j'ai bien compris, … C'est ça? Je ne suis pas sûr(e) d'avoir compris. Pardon, mais je ne vois pas ce que tu veux dire. Tu peux expliquer encore une fois, s'il te plaît?
Lassen Sie sich ausreden und reagieren Sie auf Unterbrechungen.	Attends, je n'ai pas fini. Laisse-moi parler / terminer ma phrase.
Kommen Sie zu einem gemeinsamen Ergebnis. Wenn Ihr Gesprächspartner überzeugende Argumente vorträgt, akzeptieren Sie diese.	En y réfléchissant bien, je pense que … Je trouve important / nécessaire que … + *subj.* Je suis de ton avis. / Je suis d'accord avec toi. Tu as raison (de dire que …). Tu m'as convaincu(e).

Ecrire

■ Vom Lesen zum Schreiben (Solutions p. 226)

Analysieren Sie Texte in Ihrem Lehrwerk und in anderen französischen Quellen, um Schreibaufgaben vorzubereiten. Machen Sie Notizen zu folgenden Fragen:

- Wie ist der Text gegliedert, welche Sinnabschnitte können Sie erkennen?
- Welche Aspekte werden in den Abschnitten angesprochen?
- Welche Wendungen und Ausdrücke können Sie in eigenen Texten wiederverwenden?

Beantworten Sie folgende Fragen und analysieren Sie die gefundenen Texte.
1. *Auf welcher Seite dieses Lehrwerks werden Berufe vorgestellt?*
2. *Auf welcher Seite finden Sie einen Kommentar?*
3. *Auf welcher Seite wird eine Region vorgestellt?*

■ Einen Text vorbereiten

1. Welche **Art von Text** werden Sie schreiben? An wen richtet sich der Text? Machen Sie sich klar, was für diese Textsorte wichtig ist. In einem Brief muss es z. B. eine Adresse, eine Anrede und am Ende einen Gruß geben. Ein Sachtext braucht eine Überschrift und eine Einleitung, in der man erfährt, worum es geht.
2. Sammeln Sie Ihre Ideen auf einem **Stichwortzettel**. Notieren Sie die Stichworte gleich auf Französisch.
3. Überlegen Sie sich vor dem Schreiben, wie Sie Ihren Text **gliedern** können. Was steht am Anfang? Wie geht es dann weiter? Wie beenden Sie Ihren Text? Welche Aspekte gehören thematisch zusammen? Sie sollten in einem eigenen Absatz stehen, das erleichtert dem Leser die Orientierung.

■ Einen Text schreiben

STRATEGIE

Verzichten Sie auf Umgangssprache, außer Sie schreiben privat an Freunde.	c'est la honte *(fam.)* → c'est gênant c'est galère *(fam.)* → c'est difficile
Vermeiden Sie die Wiederholung von „Allerweltsverben" wie *dire* oder *faire*.	**dire:** expliquer, décrire, répondre, … **faire:** préparer, créer, construire, …
Schreiben Sie abwechslungsreiche Sätze. Verwenden Sie die grammatischen Strukturen, die Sie gelernt haben, z. B. Infinitivkonstruktionen und das Gérondif.	Elle appelle … puis elle part. → **Avant de partir**, elle appelle … Quand elle arrive, elle … → **En arrivant** …, elle …

Verbinden Sie Ihre Sätze mit «mots charnières».   →

AUF EINEN BLICK

«mots charnières» „Scharnierwörter"

zeitliche Abfolge	Zusammenhänge / Begründungen	Gegensätze
d'abord zuerst	**comme** da, weil (Satzanfang)	**mais** aber
puis, ensuite dann	**car** denn	**quand même** trotzdem
pendant während	**parce que** weil	**malgré qc** trotz etw.
après cela danach	**à cause de** wegen	**pourtant** dennoch
avant que + *subj.* bevor	**donc** also, folglich	**par contre** dagegen
le lendemain am folgenden Tag	**de plus** außerdem	**alors que** während, wohingegen
la veille am Tag zuvor	**pour faire qc** um etw. zu tun	**bien que** + *subj.* obwohl
enfin schließlich	**grâce à** durch / dank	**contrairement à** im Gegensatz zu
	en conclusion zum Schluss	**même si** auch wenn

■ Einen Lesetext zusammenfassen

Sehen Sie die Notizen durch, die Sie während des Lesens angefertigt haben (⟶ Lire, S. 114–115). Die Gliederung Ihres Resümees ergibt sich aus den Sinnabschnitten des Textes und aus Ihrer Stichworttabelle.

- Schreiben Sie mit Ihren eigenen Worten.
- Schreiben Sie in der 3. Person und im Präsens.
- Verwenden Sie keine Zitate.
- Sagen Sie im ersten Satz, worum es geht.
- Geben Sie dann die wichtigsten Inhalte wieder.
- Beschränken Sie sich auf das, was im Text steht. Geben Sie nicht Ihre Meinung wieder.

ON DIT

Le texte raconte l'histoire de … / Le texte parle de …
Au début, … / Dans la première partie, on apprend que …
Dans la deuxième partie, il est question de …
A la fin, …

■ Aus der Perspektive einer Figur schreiben

In manchen Aufgaben geht es darum, sich in eine Person hineinzuversetzen und aus ihrem Blickwinkel z. B. einen Brief oder einen Tagebucheintrag zu schreiben. Stellen Sie sich folgende Fragen und notieren Sie Stichworte dazu.

STRATEGIE

Exemple: *Le journal intime de Marieme (S. 10)*

Was weiß ich über die Figur?	16 ans, en troisième, …
In welcher Situation befindet sie sich?	ne peut pas passer en seconde, a déjà redoublé, …
Was ist ihr wichtig?	être comme les autres, lycée général, sa famille …
Wie ist ihr Charakter?	responsable, courageuse, …
Aus welchem Grund schreibt sie?	sentiments et pensées: ne pas comprendre, …
Wie drückt sie sich aus?	elle écrit ce qu'elle pense ⟶ c'est comme si elle parlait

Notieren Sie Stichworte zu den Punkten *sentiments et pensées* und schreiben Sie dann den Tagebucheintrag.

■ Eine E-Mail / Einen Brief schreiben

Orientieren Sie sich in der Gestaltung (Absender, Empfänger, Betreff, …)
eines offiziellen Briefs an dem folgenden Bewerbungsschreiben.
Die Regeln für Anrede und Grußformeln in Briefen gelten auch für E-Mails.

vos coordonnées ———————

> Tobias Richter
> Struthstraße 12
> 37269 ESCHWEGE
> ALLEMAGNE
> trichter@gmx.de

l'adresse du destinataire ————

> **SPL Tours Tourisme**
> **78-82 rue Bernard Palissy**
> **37042 TOURS**
> **FRANCE**

le lieu et la date ———————

> Eschwege, le 30 octobre 2016

l'objet de votre lettre ————

> **Candidature à un poste de stagiaire**
>
> Madame, Monsieur,

l'offre ———————

> Suite à votre annonce sur le site…, je me permets de vous adresser ma candidature au poste de …

votre formation ————

> Je suis lycéen/ne allemand/e au lycée …

votre motivation ————

> Ce stage me …Votre organisation …
>
> Je serais heureux de …
> J'espère que ma candidature retiendra votre attention.

la formule de politesse ————

> Veuillez agréer, Madame, Monsieur, mes salutations distinguées.

votre signature
prénom, nom ———————

> *Tobias Richter*
> Tobias Richter

Nach der Anrede beginnt man mit einem Großbuchstaben.

ON ECRIT		
	Lettre personnelle	**Lettre officielle**
Anrede	Cher Christophe, / Chère Léa, / Chers amis, / Bonjour, / Salut,	Madame, Monsieur, *(quand on ne connaît pas la personne)* Chère madame …, / Cher monsieur …, *(quand on connaît la personne)*
Grußformel	Je t'embrasse / Je vous embrasse / Grosses bises / …	Salutations distinguées / Meilleures salutations[1] / Cordialement[2]

1 Salutations distinguées/Meilleures salutations Mit freundlichen Grüßen **2 Cordialement** Herzliche Grüße

■ Sich bewerben: einen Lebenslauf schreiben

1. Ihr Lebenslauf sollte nicht mehr als eine Seite umfassen.

2. Adresse, Geburtsdatum, Nationalität und Familienstand stehen oben links, Ihr Foto rechts.

3. In den Rubriken *Formation* und *Expérience professionnelle* beginnen Sie mit Ihrer aktuellen Situation. Dann stellen Sie Ihren Werdegang in chronologisch umgekehrter Reihenfolge dar.

4. In der Rubrik *Langues et informatique* geben Sie Ihre Sprach- und Computerkenntnisse an.

5. In der Rubrik *Centres d'intérêt* nennen Sie Ihre Hobbys und Interessengebiete.

Léo PIROU
23 rue Truffaut
75017 Paris
01 43 27 99 77
leo.pirou@free.fr

Né le 19 décembre 2001
Français
Célibataire

Formation
2011 – 2017   Collège-Lycée Honoré de Balzac, Paris

Expérience professionnelle
2015 – 2016   Distribution de publicités, Paris
2014 – 2015   Soutien scolaire (français)
2013 – 2015   Garde d'animaux (dog-sitting), Paris

Langues et informatique
Allemand (niveau B1), anglais (B1)
Bonne maîtrise du Pack Office (Word, Excel, PowerPoint)

Centres d'intérêt
Musique (guitariste dans un groupe)
Cuisine

■ Einen Text überprüfen

Machen Sie nach dem Schreiben eine kurze Pause. Lesen Sie Ihren Text dann aufmerksam durch.

- Ist alles enthalten, was für diese **Aufgabenstellung** wichtig ist?
- Erfährt man im ersten Satz, **worum es geht?**
- Sind **Sinnabschnitte** erkennbar (Absätze)?
- Gibt es Stellen, die **nicht zum Thema** gehören und besser weggelassen werden?
- Ist der **Ausdruck** in Ordnung (Sprachniveau, Wiederholungen, Abwechslung)?
- Gibt es **Fehler**? Benutzen Sie die folgende Checkliste für Ihre Texte.

Fehler-Checliste

• Stimmen Subjekte und Verben überein?	falsch:	Il nous racontons ses expériences.
	richtig:	Il nous raconte ses expériences.
• Stimmen Nomen und Adjektive überein? Stimmen die Steigerungsformen?	falsch:	**La région plus beau s'appelle …**
	richtig:	**La région la plus belle s'appelle …**

• Stimmen Tempus und Modus im *si*-Satz?	falsch:	Si j'**aurais** été riche, j'**avais** acheté …
	richtig:	Si **j'avais** été riche, **j'aurais** acheté …
• Stimmt der Modus im *que*-Satz? *(indicatif ou subjonctif)*	falsch:	Il continue bien qu'il n'en **a** pas envie.
	richtig:	Il continue bien qu'il n'en **ait** pas envie.
• Stimmt die Zeitenfolge in der indirekten Rede?	falsch:	Il **a dit** qu'il **va** à Lyon.
	richtig:	Il **a dit** qu'il **allait** à Lyon.
• Stimmen die Pronomen?	falsch:	Je donne le CD **à elle**.
	richtig:	Je **lui** donne le CD.
	falsch:	Je veux savoir **qu'est-ce qu'il** fait.
	richtig:	Je veux savoir **ce qu'il** fait.
	falsch:	C'est le livre **que** j'ai besoin.
	richtig:	C'est le livre **dont** j'ai besoin.
• Stehen die Objektpronomen an der richtigen Stelle?	falsch:	Elle **te** veut parler.
	richtig:	Elle veut **te** parler.
• Stimmen die Mengenangaben?	falsch:	Il pose peu _ questions.
	richtig:	Il pose peu **de** questions.
• … und der Teilungsartikel?	falsch:	J'écoute _ musique.
	richtig:	J'écoute **de la** musique.
• Stimmt die Negation?	falsch:	Il n'y a pas **un** problème.
	richtig:	Il n'y a pas **de** problème.
• Stimmen Apostrophe und Akzente?	falsch:	L**e** endroit o**u** j**e** ai trouv**e** …
	richtig:	**L'**endroit o**ù** **j'**ai trouv**é** …
• Stimmen die Verbformen?	falsch:	ils f**aise**nt
	richtig:	ils f**ont**
• Stimmt der Ausdruck?	falsch:	Le texte **s'agit** de …
	richtig:	Le texte parle de …
• Stimmt die Wortart?	falsch:	**Pendant** il travaille … (Präposition)
	richtig:	Pendant **qu'**il travaille … (Konjunktion)
• Stimmen Begleiter und Nomen überein?	falsch:	– J'aime bien **cette** groupe.
	richtig:	– J'aime bien **ce** groupe.
• Stimmt das Hilfsverb beim Passé composé?	falsch:	Nous **sommes** marchés à pied.
	richtig:	Nous **avons** marché à pied.
• Stimmt die Angleichung des Partizips beim Passé composé mit *être*?	falsch:	Liva: «Je me suis inscrit_.»
	richtig:	Liva: «Je me suis inscrit**e**.»
• … und bei vorangehendem Objekt?	falsch:	les poèmes qu'il a lu_
	richtig:	les poèmes qu'il a lu**s**

Médiation / Sprachmittlung

■ Was ist wichtig für den anderen?

Es geht bei der Sprachmittlung nicht darum, wörtlich zu übersetzen. Entscheidend ist, was der andere wissen möchte.

Oft will er oder sie verstehen, worum es **insgesamt** geht. Fassen Sie dann die wichtigsten Informationen zusammen. Dabei helfen Ihnen die Fragen *Qui? Quoi? Quand? Où?*

Manchmal interessieren den anderen nur **einzelne Aspekte**. Notieren Sie diese Aspekte. Lesen Sie dann den Text genau durch. Schreiben Sie die passenden Informationen in Stichworten neben die entsprechenden Aspekte. Die übrigen Inhalte können Sie weglassen.
Exemple *(zu S. 75): Die Eltern Ihres Gesprächspartners interessieren sich für drei Aspekte. Notieren Sie die Informationen, die der Text zu diesen Aspekten enthält.*

> **ON DIT**
>
> **Pour résumer**
>
> Il s'agit d'un/d'une …
> Ce reportage parle de …
> C'est un article sur …
> Dans cette émission,
>   il est question de …
> L'auteur explique/raconte …

> La Thuringe
>
> l'histoire _____
>
> la nature _____
>
> bien manger _____

■ Sich einfach ausdrücken

Drücken Sie die Inhalte mit Ihren eigenen Worten aus. Wenn Ihnen Worte fehlen, die für die Fragen des anderen wichtig sind, können Sie sie umschreiben.
Falls Sie Ihren Gesprächspartner sehen, können Sie auch Gestik und Mimik einsetzen.

> **STRATEGIE**

Wörter umschreiben	Beispiel *(zu S. 85)*	
… mit einem **Oberbegriff**	Sozialverhalten	→ le comportement
… mit einer sinngemäßen **Vereinfachung**	ohne hörbare Unterbrechungen	→ très vite
… mit einer **Erklärung**, z. B. anhand eines Relativsatzes	entfernte Verwandte	→ les gens de la famille qu'on ne connaît pas beaucoup
… mit einer **Beschreibung** oder einer **Geste**.	ein Nicken	→ un petit mouvement de la tête (→ Geste)
… mit dem **Gegenteil**	Misstrauen	→ le contraire de confiance

■ Kulturelle Unterschiede erklären

Wenn es um Sachverhalte oder Ausdrücke geht, die es so im anderen Land nicht gibt, müssen Sie versuchen, die entsprechenden Informationen zu geben.

→ En Allemagne du Nord, on dit aussi «Moin» pour dire bonjour. (S. 85).

Module 1 (Solutions p. 226)

G1 Das Conditionnel passé – Le conditionnel passé

On **aurait dû** rester à la maison.

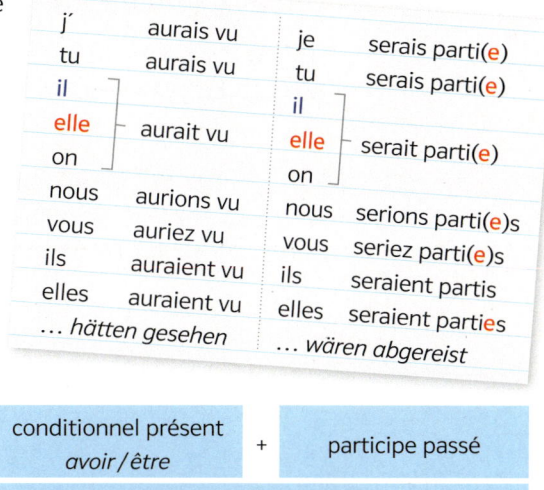

j′	aurais vu	je	serais parti(e)
tu	aurais vu	tu	serais parti(e)
il		il	
elle	aurait vu	elle	serait parti(e)
on		on	
nous	aurions vu	nous	serions parti(e)s
vous	auriez vu	vous	seriez parti(e)s
ils	auraient vu	ils	seraient partis
elles	auraient vu	elles	seraient parties
… *hätten gesehen*		… *wären abgereist*	

conditionnel présent *avoir / être*	+	participe passé
conditionnel passé		

Mettez les verbes au conditionnel passé.

1. Tu (devoir) m'appeler.
2. Ils (entendre) un bruit bizarre.
3. Elle (sortir) tous les soirs.

4. Vous (pouvoir) y penser avant.
5. Nous, les garçons, nous (aller) en ville.
6. Je (vouloir) être un artiste.

G2 Das Conditionnel passé und der Bedingungssatz

Le conditionnel passé et la phrase conditionnelle

Si tu étais arrivé plus tôt, on aurait pu travailler ensemble. Dommage!

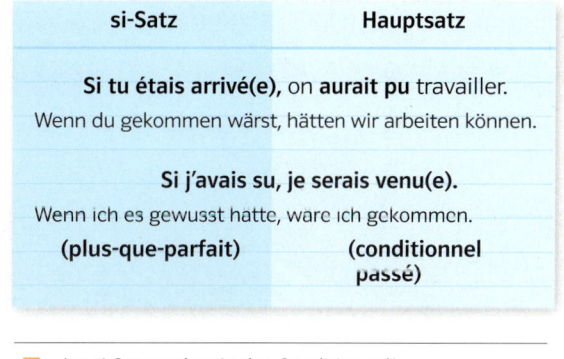

si-Satz	Hauptsatz
Si tu étais arrivé(e),	**on aurait pu** travailler.
Wenn du gekommen wärst, hätten wir arbeiten können.	
Si j'avais su,	**je serais venu(e).**
Wenn ich es gewusst hätte, wäre ich gekommen.	
(plus-que-parfait)	**(conditionnel passé)**

! Im si-Satz steht nie das Conditionnel!
Denken Sie an den Apostroph bei **si + il** ⟶ **s'il**.

Faites des phrases avec «si» et le conditionnel passé.

1. Si / Karim / dormir, / il / être / en forme
2. Si / Chloé et Julie / rester à la fête, / elles / rentrer trop tard
3. Si / on / apprendre la langue, / on / parler allemand avec eux

G **3** Die Verben auf *-indre* – Les verbes en **-indre**

craindre (fürchten)			
Singular		Plural	
je	**crains**	nous	**craignons**
tu	**crains**	vous	**craignez**
il / elle / on	**craint**	ils / elles	**craignent**

Imperativ:	Crains …
	Craignons …
	Craignez …
Passé composé:	j'ai craint
Imparfait:	je craignais
Futur simple:	je craindrai
Subjonctif:	que je craigne

Zu den Verben auf **-indre** gehört auch **se plaindre de qc** (sich über etw. beklagen).

Traduisez les phrases.

1. Wenn du krank bist, beklagst du dich immer.
2. Er fürchtet den Zorn seines Vaters.
3. Sie hat sich über ihren Bruder beklagt.
4. Befürchten Sie eine schlimme Krankheit?
5. Die Einwohner beklagen sich über das schlechte Wetter.
6. Wir befürchten eine Katastrophe.

Module 2 (Solutions p. 226)

G **4** Das Fragepronomen *lequel* – Le pronom interrogatif **lequel**

> Tu as lu les offres de stage dans le journal?

> Oui!

> Laquelle t'intéresse le plus?

Singular	Plural
lequel	lesquels
laquelle	lesquelles

à + lequel	→	**au**quel
à + lesquels	→	**aux**quels
à + lesquelles	→	**aux**quelles
de + lequel	→	**du**quel
de + lesquels	→	**des**quels
de + lesquelles	→	**des**quelles

Posez des questions. Utilisez la bonne forme de «lequel» pour demander des précisions.

1. J'ai une idée.
2. J'adore les voitures.
3. J'aime les jeux vidéo.
4. Nous avons parlé **d'**un film.
5. Elle ressemble **à** une actrice.
6. Je m'intéresse **à** des métiers techniques.

G 5   Das Relativpronomen *lequel* − Le pronom relatif **lequel**

Lequel kann auch Relativpronomen sein.
Es steht meistens nach Präpositionen und bezieht sich auf Sachen.

… le projet **pour lequel** vous avez travaillé.	… das Projekt, **für das** Sie gearbeitet haben.
… un métier **auquel** vous vous intéressez.	… ein Beruf, **für den** Sie sich interessieren.
… les connaissances **sans lesquelles** il est difficile de réussir.	… die Kenntnisse, **ohne die** es schwierig ist, Erfolg zu haben.
… la date **à partir de laquelle** on peut poser sa candidature.	… das Datum, **ab dem** man sich bewerben kann.

Complétez les phrases avec le pronom relatif «lequel» et, si nécessaire, une préposition.

1. Quels sont les projets **?** tu t'intéresses?

2. Voici les photos **?** on me voit au travail.

3. Ce sont les crayons **?** il dessine ses BD.

4. C'est l'histoire **?** il a pensé pour sa BD.

5. L'agroalimentaire est le domaine **?** Zoé voudrait travailler.

G 6   Das Relativpronomen *dont* − Le pronom relatif **dont**

Le nouveau projet **dont** je m'occupe demande beaucoup d'énergie.

s'occuper **de qc**
→ le projet **dont** je m'occupe …
(…, um das ich mich kümmere, …)

être responsable **de qc**
→ le projet **dont** je suis responsable …
(…, für das ich verantwortlich bin, …)

l'extrait **d'un** roman
→ le roman **dont** on a lu un extrait …
(…, aus dem wir einen Auszug gelesen haben, …)

 Das Pronomen *dont* ersetzt im Relativsatz eine **Ergänzung mit *de***.

Reliez les phrases avec «dont».

1. Ce n'est pas la date. Nous avions convenu d'une date.

2. Le journaliste a donné des informations. Il est sûr de ces informations.

3. Je vous présente madame Sako. Le bureau de madame Sako est au fond du couloir.

4. L'équipe est déjà prête. Nous avons besoin d'elle.

5. Cette entreprise a un succès fou. Beaucoup sont jaloux de ce succès.

G **7** Die Demonstrativpronomen – Les pronoms démonstratifs

– Ton verre, c'est **celui-ci** ou **celui-là**?	– Ist das hier dein Glas oder das dort?
– **Celui qui** est encore plein.	– Das volle. (Dasjenige, das noch voll ist.)

Singular	Plural	-ci / -là	Stützwörter
celui	ceux		qui / que / dont / où	Relativpronomen
celle	celles	+ de / pour / avec / . . .	Präp. Ergänzungen

! Die Demonstrativ pronomen stehen nie allein!

Complétez les phrases. Utilisez les pronoms démonstratifs.

1. – Quel sac est-ce que tu prends? **?**-ci?
2. – Non, je prends **?** mon copain.
3. – Tu connais la fille là-bas?
   – **?** vient d'entrer? C'est une voisine.

4. – Tu veux écouter mes CD? Tu sais, **?** j'ai achetés à Paris? – Bien sûr!
5. – Tu aimes les chansons de Cœur de Pirate? – Oui, j'adore **?** sont en français.

G **8** Die Stellung der Pronomen im Satz – La place des pronoms dans la phrase

Je **la** vois.	Ich sehe sie.
Je **lui** parle.	Ich spreche mit ihr.
Je **l'**ai vu**e**[1].	Ich habe sie gesehen.
Je **lui** ai parlé.	Ich habe mit ihr gesprochen.
Je vais **la** voir.	Ich werde sie sehen.
Je vais **lui** parler.	Ich werde mit ihr sprechen.

! **Objektpronomen** stehen:
– vor dem konjugierten Verb,
– bei Verb + Infinitiv vor dem Infinitiv.
Ebenso **y** und **en**.

Que disent tes parents? Tu **leur** as parlé du rendez-vous chez Renault?

Non, mais je vais **leur en** parler ce soir.

Reihenfolge bei zwei Pronomen:

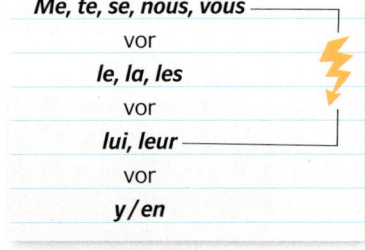

Me, te, se, nous, vous
vor
le, la, les
vor
lui, leur
vor
y / en

Die Kombination von *me, te, se, nous, vous* mit *lui* und *leur* ist nicht möglich.
Je ~~te lui~~ présente. → Je te présente **à lui**.
Je te présente **à elle**.

Traduisez les phrases.

1. Ich habe es ihm gesagt.
2. Ich interessiere mich dafür.
3. Gibst du mir davon?

4. Hast du die Fotos? Zeigst du sie uns?
5. Gibt er dir sein Fahrrad?
   – Ja, er gibt es mir.

1 Erklärung des **-e** bei **vue**: Siehe G15 (L'accord du participe passé), S. 132

G9 *personne ne … und rien ne … / aucun(e) ne … und ne … aucun(e)*
ni … ni … ne … und ne … ni … ni

Il y a un an, **personne ne** vous connaissait. Et maintenant, tout le monde lit vos livres. Ce succès a-t-il changé votre vie?

Absolument pas.

Il **ne** connaît **personne**.	→ **Objekt**
Personne ne le connaît.	→ **Subjekt**
Il n'a **aucune** copine.	→ **Objekt**
Aucun copain **ne** l'aide.	→ **Subjekt**
Ça **ne** fait **rien**.	→ **Objekt**
Rien n'est perdu.	→ **Subjekt**

Il **n'**est **ni** triste **ni** seul.
Ni le temps **ni** l'argent **ne** lui manquent.
→ **Ne** vor dem konjugierten Verb,
ni und **ni** vor den verneinten Satzteilen.

Traduisez les phrases.

1. Niemand hat angerufen.
2. Er lädt niemanden ein.
3. Er will weder essen noch trinken.

4. Weder Mehdi noch Julie sind bei ihm.
5. Kein Spiel interessiert ihn.
6. Niemand weiß, was er hat.

Module 3 (Solutions p. 227)

G10 **Der Subjonctif nach Verben und Ausdrücken des Denkens und Meinens**

Le subjonctif après les verbes qui expriment une opinion

Ecoute, je ne crois pas que je **puisse** venir.

je trouve que		
je pense que	+	indicatif
je crois que		
je **ne** trouve **pas** que		
je **ne** pense **pas** que	+	**subjonctif**
je **ne** crois **pas** que		

Indicatif ou subjonctif? Utilisez la forme correcte.

1. Je trouve qu'on (devoir) arrêter la pollution.
2. Je ne crois pas que ce (être) possible.
3. Tu ne penses pas que les gens (pouvoir) changer leurs habitudes?

4. Je ne trouve pas que vous (avoir) raison.
5. Je pense que c'(être) différent.
6. Je crois que vous (se tromper).

G 11 **Der Subjonctif nach Konjunktionen –** Le subjonctif après les conjonctions

> Il faut agir **avant qu'il soit** trop tard.

avant que (bevor)			
bien que (obwohl)			
jusqu'à ce que (bis)		+	**subjonctif**
pour que (damit)			
sans que (ohne dass)			
alors que (wohingegen)			
après que (nachdem)			
depuis que (seit)		+	**indicatif**
parce que (weil)			
pendant que (während)			

Indicatif ou subjonctif? Utilisez la forme correcte.

1. La situation est préoccupante parce que nous n'(arrêter) pas de polluer l'environnement.
2. Il faut informer les gens pour que tout le monde (comprendre) ce qui se passe.
3. Nous agissons sans réfléchir alors que chaque geste (être) important.
4. Par exemple, on jette des objets bien qu'on (pouvoir) encore les utiliser.
5. Un rêve n'est qu'un rêve, jusqu'à ce qu'il (devenir) réalité.

G 12 **Das Verb *détruire* –** Le verbe **détruire** (zerstören)

> On a **détruit** une grande partie de la forêt. Il faut des années pour la **reconstruire** …

Singular		Plural	
je	**détruis**	nous	**détruisons**
tu	**détruis**	vous	**détruisez**
il		ils	
elle	**détruit**		**détruisent**
on		elles	

Imperativ:	Détruis …
	Détruisons …
	Détruisez …
Passé composé:	j'ai détruit
Imparfait:	je détruisais
Futur simple:	je détruirai
Subjonctif:	que je détruise

Ebenso: construire (bauen), **réduire** (verringern), **produire** (herstellen), **traduire** (übersetzen)

Trouvez les verbes et mettez-les à la bonne forme.

1. Humains, ne **?** pas ce que la nature a **?** !
2. Il faut que tu **?** ta consommation d'énergie.
3. On **?** des voitures qui **?** du dioxyde de carbone.
4. Nous **?** trop de déchets.
5. Je **?** en allemand ce que tu as dit.

Module 4 (Solutions p. 227)

G13 Das Participe présent – Le participe présent

Agence de publicité cherche stagiaire **parlant** allemand.

Ableitung des Participe présent

Stamm 1. Pers. Pl. Präsens: nous **parl**ons

     + Endung: **-ant**

     ⟶ **parlant**

z. B. appel**ant**, chang**e**ant, commen**ç**ant, essay**ant**, fais**ant**, pren**ant**, reconn**aiss**ant

! **Sonderformen:** avoir ⟶ ayant

       être ⟶ étant

       savoir ⟶ sachant

Verwendung des Participe présent (hauptsächlich in Schriftsprache):

Anstelle Relativsatz: Dans le journal, il y a un article **parlant** du marché du travail.

     ⟶ … un article **qui parle** du marché de travail.

Anstelle Kausalsatz: **Cherchant** un emploi, Boris lit les annonces.

     ⟶ **Comme il cherche** un emploi, …

Transformez les phrases en évitant le participe présent.

1. Souhaitant vendre ses produits à l'étranger, la société Legrand s'adresse à une agence de publicité.

2. Legrand veut sortir une publicité s'adressant aux clients étrangers.

G14 Passivsatz im Deutschen, Aktivsatz im Französischen

Phrase passive en allemand, phrase active en français

Passivsatz Deutsch	Passivsatz Französisch	Aktivsatz Französisch
Léa wird von Léo interviewt.	Léa est interviewée par Léo.	Léo interviewe Léa.
Das Interview wurde veröffentlicht.	L'interview a été publiée.	On a publié l'interview.
Es wurde viel gelacht.	Passivsatz nicht möglich	On a beaucoup ri.
Hier wird gearbeitet.	Passivsatz nicht möglich	Ici, on travaille.

„man" im Deutschen	reflexive Konstruktion im Französischen möglich
Wie schreibt man das?	Cela **s'**écrit comment?
Das tut man nicht.	Cela ne **se** fait pas.

Traduisez les phrases.

1. Wie spricht man das aus?
2. Das sagt man nicht.
3. Der Artikel wurde nicht veröffentlicht.
4. Jetzt wird getanzt.

G 15   Die Angleichung des *Participe passé* in Verbindung mit *avoir*

L'accord du participe passé avec avoir

> Tu veux voir **les photos que** j'ai pris**es** à la fête?

> Non, elles ne m'intéressent pas trop.

- Où est le pull que j'ai acheté?
- Je l'ai mis dans l'armoire.

- Où sont les DVD que j'ai oubliés?
- Je les ai vus sur ton lit.

- Où est la clé que tu as trouvée?
- Je l'ai mise sur la table.

- Où sont les crêpes que j'ai faites?
- Je les ai mangées.

Achten Sie auf die Angleichung des Participe passé an ein vorausgehendes direktes Objekt, z. B. ein **direktes Objektpronomen** *(me, te, la, les, nous, vous)* oder das **Relativpronomen** *que*.

Complétez les participes passés.

1. Voici la robe que j'ai chois **?** .
2. Elle est bonne, cette quiche?
   – Oui, je l'ai goût **?** . Elle est délicieuse.
3. Je cherche le livre que Lou m'a prêt **?** .

4. Tu as vu les cadeaux qu'on lui a offer **?** ?
5. Tu as noté l'adresse de Théo?
   – Oui, mais je l'ai perd **?** !

G 16   Die Possessivpronomen – Les pronoms possessifs

Singular		Plural	
m.	f.	m.	f.
le mien	la mienne	les miens	les miennes
le tien	la tienne	les tiens	les tiennes
le sien	la sienne	les siens	les siennes
le nôtre	la nôtre	les nôtres	
le vôtre	la vôtre	les vôtres	
le leur	la leur	les leurs	

Possessivbegleiter + Nomen	→	Possessivpronomen
C'est **mon vélo**. (Das ist mein Fahrrad.)		C'est **le mien**. (Das ist meins.)

Traduisez les phrases.

1. Sieh mal, diese Jacke, ist das deine oder meine?
2. Sind das die Spiele deiner Schwestern?
   – Ja, das sind ihre.
3. Diese Karten da sind deine.

4. Dieser Geldbeutel ist seiner.
5. Ist dieser Karton unserer oder eurer?
6. Ist das Lucies Hund?
   – Ja, das ist ihrer.

Lautzeichen

Vokale (Selbstlaute)

[a]	ma**da**me	wie in *B**a**n**a**ne*
[e]	t**é**l**é**phon**er**	wie in *t**e**l**e**fonieren*
[ə]	**je** m'appelle	wie in *Tass**e***
[ɛ]	je m'app**e**lle	wie in *b**e**llen*
[i]	**i**l, b**i**zarre	wie in *L**ie**be*

[o]	**au**ssi	wie in *R**o**se*
[ɔ]	c**o**mment	wie in *L**o**ch*
[ø]	monsi**eur**	wie in *b**ö**se*
[œ]	t-shirt	wie in *St**ö**cke*
[u]	bonj**our**	wie in *T**u**be*
[y]	Sal**ut**!	wie in *T**ür***

Konsonanten (Mitlaute)

[ʒ]	bon**j**our	wie in *__J__ournalist*
[f]	**f**amille, **ph**oto	wie in *__F__amilie, __F__oto*
[ʀ]	bonjou**r**	wie in *__R__ad, hö__r__en*
[s]	Mou**s**tique	wie in *Ma__ß__*
[z]	bi**z**arre	wie in *__S__aal, Ro__s__e*

[v]	**V**iens!	wie in *__W__asser*
[ɲ]	Allema**gn**e	wie in *Lasa__gn__e*
[ŋ]	campi**ng**	wie in *Campi__ng__*
[ʃ]	**ch**at	wie in *__sch__ön*

Nasalvokale

[ɔ̃]	b**on**jour	
[ɑ̃]	croiss**an**t	werden durch die Nase gesprochen und deshalb **Nasalvokale** genannt.
[ɛ̃]	bi**en**	

Halbkonsonanten

[j]	b**i**en	wie in *__j__a*
[w]	t**oi**	wie in englisch: *__w__ater*
[ɥ]	je s**u**is	kurz gesprochenes [y], gehört zum folgenden Vokal.

Symbole und Abkürzungen

fam.	*familier* (= umgangssprachlich)
ugs.	umgangssprachlich
f.	*féminin* (= feminin, weiblich)
m.	*masculin* (= maskulin, männlich)
sg.	*singulier* (= Singular, Einzahl)
pl.	*pluriel* (= Plural, Mehrzahl)
Adv.	Adverb, frz. *adverbe*
inv.	*invariable* (= unveränderlich)
subj.	*Subjonctif*

⌢	Aussprache beachten!
‿	Zwei Wörter werden wie ein Wort ausgesprochen, z. B. *les‿amis* [lezami]
⫽	Schreibung beachten!
›	Wortfamilie, verwandtes Wort
↔	Gegensatz, Antonym
qc	*quelque chose* (= etwas)
qn	*quelqu'un* (= jemand)

Module 1 Des jeunes en France

Mehr dazu 🌐 32p5yu

Mehr dazu 32p5yu

VOUS RAPPELEZ-VOUS?

une personne	eine Person	courageux/	mutig
un personnage	eine Figur (Literatur, Film, …)	courageuse	
		espérer faire qc	hoffen, etw. zu tun
un adolescent/	ein Jugendlicher/	se débrouiller	sich zu helfen wissen
une adolescente	eine Jugendliche	faire une formation	eine Ausbildung
mineur/mineure	minderjährig		machen

---

une classe préparatoire [ynklaspʀepaʀatwaʀ] — eine Vorbereitungsklasse

Pierre est en classe préparatoire.
Pierre ist in der Vorbereitungsklasse.

🇫🇷 **Vis-à-vis**

Les Grandes écoles: Wer an einer der französischen Eliteuniversitäten studieren möchte, muss sich nach dem Baccalauréat in einer Vorbereitungsklasse (classe prépa, ugs.) auf die Aufnahmeprüfung (le concours) vorbereiten.

---

la physique (f.) [lafizik] — Physik (als Schulfach)

Il est fort en physique.
Er ist gut in Physik.

la musculation [lamyskylasjõ] — das Krafttraining

Pierre fait de la musculation.
Pierre macht Krafttraining.

la voile [lavwal] — das Segel; das Segeln

Il fait de la voile.
Er segelt.

général/générale/généraux/ générales [ʒeneʀal/ʒeneʀo] — allgemein

le lycée général = das allgemeinbildende Gymnasium
en général = im Allgemeinen

Caen [kã] — Stadt in der Normandie

la Chine [laʃin] — China

en Chine
in China

un informaticien/ une informaticienne [ɛ̃ɛ̃fɔʀmatisjɛ̃/ ynɛ̃fɔʀmatisjɛn] — ein Informatiker/ eine Informatikerin

Elle s'intéresse à l'informatique, elle veut être informaticienne.
Sie interessiert sich für Informatik, sie möchte Informatikerin werden.

littéraire/littéraire [liteʀɛʀ] — literarisch

→ **une lettre** (ein Buchstabe, ein Brief), **la littérature** (die Literatur)

un portrait [ɛ̃pɔʀtʀɛ] — ein Porträt

faire le portrait de qn
jdn. porträtieren/beschreiben

Colmar [kɔlmaʀ] — Stadt im Elsass

la Pologne [lapɔlɔɲ] — Polen

en Pologne
in Polen

le C.A.P. (= certificat d'aptitude professionnelle) [ləseape] — das C.A.P. (berufsqualifizierender Schulabschluss)

Pour travailler comme mécanicien, il faut avoir un C.A.P.
Um als Mechaniker zu arbeiten, muss man ein C.A.P. haben.

un ouvrier/une ouvrière [ɛ̃nuvʀije/ynuvʀijɛʀ] — ein Arbeiter/eine Arbeiterin

Un ouvrier peut travailler par exemple dans la production industrielle.
Ein Arbeiter kann z. B. in der Industrieproduktion arbeiten.

! **un ouvrier qualifié/une ouvrière qualifiée:** ein Facharbeiter/eine Facharbeiterin

un ébéniste/une ébéniste [ɛ̃nebenist/ynebenist]	ein Möbeltischler/ eine Möbeltischlerin	**Camille est ébéniste. Elle aime travailler le bois.** Camille ist Möbeltischlerin. Sie mag es, Holz zu bearbeiten.
le Mali [ləmali]	Mali *(Staat in Westafrika)*	**au Mali** in Mali
un animateur socioculturel/ une animatrice socioculturelle [ɛ̃nanimatœʀsɔsjokyltyʀɛl/ ynanimatʀissɔsjokyltyʀɛl]	ein Freizeitbetreuer/ eine Freizeitbetreuerin	**Un animateur socioculturel travaille par exemple dans une maison des jeunes.** Ein Freizeitbetreuer arbeitet zum Beispiel in einem Jugendhaus.

A1

une bande [ynbɑ̃d]	eine Bande; eine Clique	**une bande de jeunes** eine Jugendbande
une cité [ynsite]	eine Hochhaussiedlung	**dans une cité** in einer Hochhaussiedlung
une banlieue [ynbɑ̃ljø]	ein Vorort; ein Vorstadtbereich	**en banlieue** in einem Vorort
parisien/parisienne [paʀizjɛ̃/paʀizjɛn]	Pariser *(Adj.)*	**Elle vit dans une cité en banlieue parisienne.** Sie lebt in einer Hochhaussiedlung in einem Pariser Vorort.
un visionnage [ɛ̃vizjɔnaʒ]	eine Vorführung *(eines Films)*	**pendant le visionnage du film** während der Vorführung/beim Betrachten des Films
une hypothèse [ynipɔtɛz]	eine Annahme; eine Vermutung	**Faites des hypothèses sur la vie des personnages.** Stellt Vermutungen über das Leben der Figuren an.
technologique/ technologique [tɛknɔlɔʒik]	technisch	**le lycée technologique** das technische Gymnasium ⟳ **Das -ch- spricht man als -k-!**
s'orienter [sɔʀjɑ̃te]	sich orientieren	**Elle pourrait s'orienter vers le lycée technologique.** Sie könnte sich in die Richtung des technischen Gymnasiums orientieren.
un journal intime [ɛ̃ʒuʀnalɛ̃tim]	ein Tagebuch	**Ecrire un journal intime est une bonne façon de garder ses souvenirs et d'écrire ses projets.** Ein Tagebuch zu führen ist eine gute Art und Weise, seine Erinnerungen zu bewahren und seine Pläne aufzuschreiben.

AUF EINEN BLICK

Le collège et le lycée Schule in Frankreich

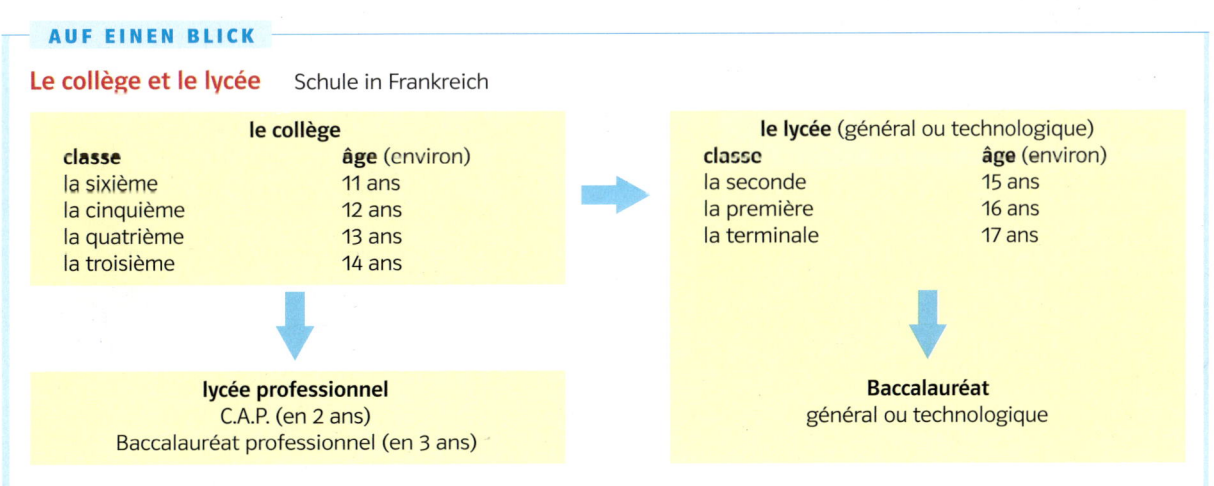

le collège	
classe	**âge** (environ)
la sixième	11 ans
la cinquième	12 ans
la quatrième	13 ans
la troisième	14 ans

le lycée (général ou technologique)	
classe	**âge** (environ)
la seconde	15 ans
la première	16 ans
la terminale	17 ans

lycée professionnel
C.A.P. (en 2 ans)
Baccalauréat professionnel (en 3 ans)

Baccalauréat
général ou technologique

AUF EINEN BLICK

Faire des hypothèses   Vermutungen äußern

peut-être qu'il/qu'elle est . . .	er/sie ist vielleicht …
il/elle semble être . . .	er/sie scheint … zu sein
on dirait que . . .	man könnte sagen, dass …
on pourrait croire que . . .	man könnte glauben, dass …
selon les apparences, . . .	allem Anschein nach …
j'imagine que . . .	ich stelle mir vor, dass …
il est possible que + subjonctif	es ist möglich, dass …

A2 **s'habituer** à qn/qc [sabitчe]   sich an jdn./etw. gewöhnen

Je me suis habitué(e) à la vie ici.
Ich habe mich an das Leben hier gewöhnt.
→ **une habitude** (eine Gewohnheit)

les transports *(m.)* **en commun** [letrãspɔʀãkɔmɛ̃]   die öffentlichen Verkehrsmittel

→ **un moyen de transport** (ein Verkehrsmittel)

être **pressé/pressée** [ɛtʀpʀese]   es eilig haben; in Eile sein

Les gens sont pressés.
Die Leute haben es eilig.

accrocher [akʀɔʃe]   hängen bleiben; ansprechen (auf etw.)

Je n'accroche pas.
Das spricht mich nicht an.

ailleurs [ajœʀ]   an einem anderen Ort; woanders

Je viens d'ailleurs.
Ich komme von einem anderen Ort.

un héros/une héroïne [ɛ̃eʀo/ yneʀɔin]   ein Held/eine Heldin

Nous rêvions de devenir des héros.
Wir träumten davon, Helden zu werden.

⇔ **des héros** [deeʀo]: ohne *liaison!*
englisch: **hero**

> **!** Bei **héros** wird der bestimmte Artikel nicht apostrophiert. Man schreibt «le héros» und spricht [ləeʀo]. Die weibliche Form wird dagegen apostrophiert. Man schreibt «l'héroïne» und spricht [leʀoin].

à peine [apɛn]   kaum

Nous avions à peine 11 ans.
Wir waren gerade mal 11 Jahre alt.

interrompre qn/qc [ɛ̃teʀɔ̃pʀ]   jdn./etw. unterbrechen

Je suis interrompu dans mes pensées.
Ich werde in meinen Gedanken unterbrochen.

> **!** **interrompre:** j'interromps, tu interromps, il interrompt, nous interrompons, vous interrompez, ils interrompent; Passé composé: j'ai interrompu

une pensée [ynpãse]   ein Gedanke

→ **penser** à qc (an etw. denken)

un poète/une poète [ɛ̃pɔɛt/ynpɔɛt]   ein Dichter/eine Dichterin

→ **un poème** (ein Gedicht), **la poésie** (die Dichtung)

A3 **un narrateur/une narratrice** [ɛ̃naʀatœʀ/ynnaʀatʀis]   ein Erzähler/eine Erzählerin

→ **narratif/narrative** (erzählend)

une action [ynaksjɔ̃]   eine Handlung; eine Tat

→ **agir** (handeln)
englisch: **action**

S1 **une fiction** [ynfiksjɔ̃]   eine Fiktion (*eine frei erfundene Geschichte*)

→ **fictif/fictive** (fiktiv, erfunden)

divers/diverse [divɛʀ/divɛʀs]   verschieden; unterschiedlich

Il y a diverses sortes de textes.
Es gibt verschiedene Textsorten.

narratif/narrative [naʀatif/naʀativ]   erzählend

un texte narratif
ein Erzähltext

poétique/poétique [pɔetik]   poetisch; dichterisch

→ **un poète** (ein Dichter), **un poème** (ein Gedicht)

une observation [ynɔpsɛʀvasjɔ̃]	eine Beobachtung
âgé/âgée de… ans [aʒedə]	im Alter von … Jahren; … Jahre alt
matériel/matérielle [mateʀjɛl]	materiell
unique/unique [ynik/ynik]	einzig; einzeln; einzigartig
un aspect [ɛ̃naspɛ]	ein Aspekt; ein Aussehen
physique/physique [fizik]	physisch; körperlich
le teint [lətɛ̃]	der Teint; die Gesichtsfarbe
mat/mate [mat]	matt; dunkel *(Hautfarbe)*
frisé/frisée [fʀize]	kraus; lockig

→ **observer qn/qc** (jdn./etw. beobachten)	
Il est âgé de 16 ans. = Il a 16 ans. **Elle est âgée de 16 ans. = Elle a 16 ans.**	
Sa situation matérielle est difficile. Seine/Ihre materielle Situation ist schwierig.	
un enfant unique ein Einzelkind	
⇔ **Das -ct am Ende wird nicht ausgesprochen, ebenso bei** *le respect* **(der Respekt).**	
l'aspect physique d'un personnage das Aussehen einer Figur	
Il a le teint pâle. Er hat einen blassen Teint.	
Elle a le teint mat. Sie hat eine dunkle Gesichtsfarbe.	
Il a les cheveux frisés. Er hat krause Haare.	

! Bei der Beschreibung von Körperteilen verwendet man den bestimmten Artikel: Il a <u>les</u> yeux bleus/<u>les</u> épaules larges …

sportif/sportive [spɔʀtif/spɔʀtiv]	sportlich
un caractère [ɛ̃kaʀaktɛʀ]	ein Charakter
le comportement [ləkɔ̃pɔʀtəmɑ̃]	das Verhalten
attentif/attentive [atɑ̃tif/atɑ̃tiv]	aufmerksam
rêveur/rêveuse [ʀɛvœʀ/ʀɛvøz]	verträumt

→ **un sportif/une sportive** (ein Sportler/eine Sportlerin)	
⌀ im Frz. ohne -h-!	
Son comportement est particulier. Il se comporte d'une façon particulière. Sein Verhalten ist eigenartig. Er verhält sich eigenartig.	
→ **l'attention** *(f.)* (die Aufmerksamkeit)	
→ **un rêve** (ein Traum); **un rêveur/une rêveuse** (ein Träumer/eine Träumerin)	

AUF EINEN BLICK

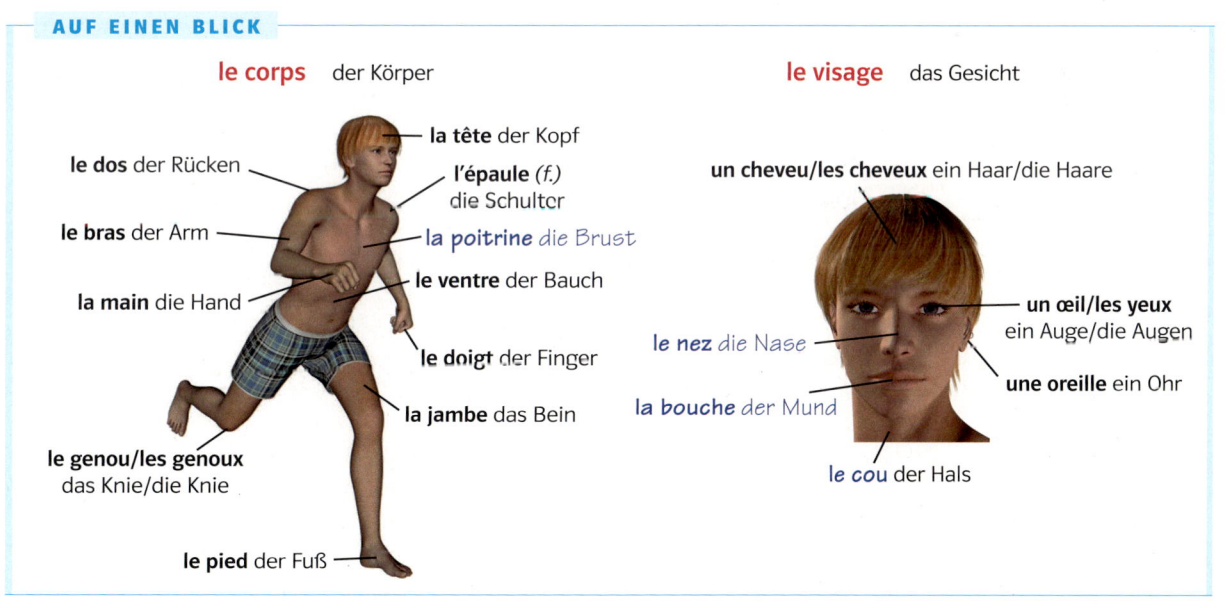

le corps der Körper

la tête der Kopf
le dos der Rücken
l'épaule *(f.)* die Schulter
le bras der Arm
la poitrine die Brust
la main die Hand
le ventre der Bauch
le doigt der Finger
la jambe das Bein
le genou/les genoux das Knie/die Knie
le pied der Fuß

le visage das Gesicht

un cheveu/les cheveux ein Haar/die Haare
un œil/les yeux ein Auge/die Augen
le nez die Nase
une oreille ein Ohr
la bouche der Mund
le cou der Hals

V1

se **composer** de qc [səkɔ̃poze]	aus etw. bestehen; sich aus etw. zusammensetzen	**L'image qu'on a d'un personnage se compose de plusieurs aspects.** Das Bild, das wir von einer Figur haben, setzt sich aus mehreren Aspekten zusammen.
l'**apparence** *(f.)* [lapaʀɑ̃s]	der Anschein; das Erscheinungsbild	**Il ne faut pas toujours croire aux apparences.** Man darf sich nicht immer auf den Anschein verlassen. → **paraître** (scheinen; erscheinen)
se **plaindre** de qn/qc [səplɛ̃dʀ]	sich über jdn./etw. beschweren	**Elle se plaint de lui auprès du professeur.** Sie beschwert sich über ihn beim Lehrer.

> ! **se plaindre:** je me plains, tu te plains, il/elle/on se plaint, nous nous plaignons, vous vous plaignez, ils/elles se plaignent; Passé composé: il s'est plaint/elle s'est plainte

intelligent/intelligente [ɛ̃teliʒɑ̃/ɛ̃teliʒɑ̃t]	intelligent	
regretter qn/qc [ʀəgʀete]	etw. bedauern; jdn./etw. vermissen	**Pierre regrette ses amis. Ils lui manquent énormément.** Pierre vermisst seine Freunde. Sie fehlen ihm sehr. → **le regret** (das Bedauern)

> ! **regretter que** (bedauern, dass) **+ Subjonctif:** Je regrette que tu ne <u>sois</u> pas là. (Ich bedaure, dass du nicht da bist.)

faire confiance à qn [fɛʀkɔ̃fjɑ̃s]	jdm. vertrauen	**Marieme fait confiance à sa sœur.** Marieme vertraut ihrer Schwester. → **la confiance** (das Vertrauen)
craindre [kʀɛ̃dʀ]	fürchten	**Elle craint de ne pas passer en seconde.** Sie befürchtet, nicht in die Oberstufe versetzt zu werden.

> ! **craindre:** je crains, tu crains, il/elle/on craint, nous craignons, vous craignez, ils/elles craignent; Passé composé: il a craint
> **craindre que + Subjonctif:** Je crains qu'il par<u>te</u>. (Ich fürchte, dass er geht.)

mince/mince [mɛ̃s]	dünn	↔ **gros/grosse** (dick)
sûr/sûre de soi [syʀdəswa]	selbstsicher	**Au début, elle n'est pas très sûre d'elle.** Am Anfang ist sie nicht sehr selbstsicher.

> ! **Je** suis sûr(e) de **moi.** Ich bin selbstsicher.
> **Tu** es sûr(e) de **toi.** Du bist selbstsicher.
> **Il** est sûr de **lui.** Er ist selbstsicher.
> **Elle** est sûre d'**elle.** Sie ist selbstsicher.
> **Nous** sommes sûr(e)s de **nous.** Wir sind selbstsicher.
> **Vous** êtes sûr(e)s de **vous.** Ihr seid/Sie sind selbstsicher.
> **Ils** sont sûrs d'**eux.** Sie sind selbstsicher.
> **Elles** sont sûres d'**elles.** Sie sind selbstsicher.

Achten Sie auf die Anpassung des betonten Personalpronomens!

autoritaire/autoritaire [otoʀitɛʀ]	autoritär	**Le frère de Marieme est très autoritaire.** Mariemes Bruder ist sehr autoritär.
souffrir de qc [sufʀiʀ]	an etw. leiden	**Est-ce qu'il souffre d'être seul?** Leidet er daran, allein zu sein? → **la souffrance** (das Leid) englisch: **to suffer**

> ! **souffrir** wird konjugiert wie offrir: je souffre, tu souffres, il/elle/on souffre, nous souffrons, vous souffrez, ils/elles souffrent; Passé composé: j'ai souffert

se **moquer** de qn/qc [səmɔke]	gleichgültig sein gegenüber jdm./etw.; sich über jdn./etw. lustig machen	**Il se moque de la mode.** Die Mode ist ihm gleichgültig.
chaleureux/chaleureuse [ʃalœʀø/ʃalœʀøz]	herzlich	**Ils ont eu un accueil chaleureux.** Sie wurden herzlich empfangen. → **la chaleur** (die Wärme)

des lunettes *(f. pl.)* [delynɛt]	eine Brille	**Elle porte des lunettes rondes.** Sie trägt eine runde Brille. **Immer im Plural, wie im Englischen (glasses)!**
méchant/méchante [meʃɑ̃/meʃɑ̃t]	gemein; böse	**Il est méchant avec sa sœur.** Er ist gemein zu seiner Schwester.
sociable/sociable [sɔsjabl]	sozial; umgänglich	**Elle est très sociable et gentille avec sa sœur.** Sie ist sehr umgänglich und nett zu ihrer Schwester. → **la société** (die Gesellschaft)
un bandeau [ɛ̃bɑ̃do]	ein Stirnband; ein Haarband	**Elle ne porte pas de bandeau.** Sie trägt kein Stirnband.
V2 **humain/humaine** [ymɛ̃/ymɛn]	menschlich	**les relations humaines** die zwischenmenschlichen Beziehungen
G3 **un reproche** [ɛ̃rəprɔʃ]	ein Vorwurf	**faire un reproche à qn** jdm. einen Vorwurf machen → **reprocher à qn de faire qc** (jdm. vorwerfen, etw. zu tun)
G5 **un réfugié/une réfugiée** [ɛ̃refyʒje/ynrefyʒje]	ein Flüchtling	→ **se réfugier** (flüchten)
B1 **le passé** [ləpase]	die Vergangenheit	→ **passer** (vorbeigehen, vorübergehen), **le passé composé** (die zusammengesetzte Vergangenheit)
douloureux/douloureuse [dulurø/dulurøz]	schmerzhaft	**Il a fait une expérience douloureuse.** Er hat eine schmerzhafte Erfahrung gemacht.
la douleur [laduloer]	der Schmerz	**J'ai une forte douleur dans ma jambe droite.** Ich habe starke Schmerzen in meinem rechten Bein.
la souffrance [lasufrɑ̃s]	das Leid	→ **souffrir** (leiden)
consulter qn/qc [kɔ̃sylte]	jdn./etw. zu Rate ziehen; jdn./etw. konsultieren	**consulter un médecin, consulter un dictionnaire** einen Arzt aufsuchen, in einem Wörterbuch nachschlagen
certes [sɛrt]	gewiss; sicher; zwar	**Certes, je pourrais acheter un portable, mais je m'en moque.** Ich könnte mir zwar ein Mobiltelefon kaufen, aber es ist mir gleichgültig.
économiser qc [ekɔnɔmize]	etw. sparen; etw. einsparen	**Je préfère économiser mon argent de poche.** Ich spare mein Taschengeld lieber. → **l'économie** (die Wirtschaft); **les économies** (die Ersparnisse)
s'intégrer (dans qc) [sɛ̃tegre]	sich integrieren (in etw.); sich eingliedern (in etw.)	**Je n'arriverai jamais à m'intégrer dans un groupe.** Ich werde mich nie in eine Gruppe eingliedern können.
un écran [ɛ̃nekrɑ̃]	eine Leinwand; ein Bildschirm	englisch: **screen**
se rappeler qn/qc [sərapəle]	sich an jdn./etw. erinnern	**Il se rappelle sa vie en Afrique.** Er erinnert sich an sein Leben in Afrika. → **appeler qn** (jdn. rufen), **rappeler qn** (jdn. zurückrufen)
amuser qn [amyze]	jdn. amüsieren; jdm. Spaß machen	**Cela m'amuse d'inventer des mots.** Es macht mir Spaß, Wörter zu erfinden.
arranger qc [arɑ̃ʒe]	etw. regeln; etw. einrichten; etw. ordnen	→ **ranger qc** (etw. aufräumen), **déranger qn** (jdn. stören)

> **!** Häufige Wendungen mit **arranger**:
> **Ça m'arrange.** Das kommt mir gelegen.
> **Ça va s'arranger.** Das wird schon wieder.
> **Tout est arrangé.** Alles ist geregelt.

parfait/parfaite (adj.) [paʀfɛ/paʀfɛt]	perfekt; tadellos	**Je ne parle pas parfait**ement (adv.) **le français.** Ich spreche nicht perfekt Französisch.
de toute façon [dətutfasɔ̃]	auf jeden Fall	**De toute façon, je préfère le travail pratique aux cours de français.** Auf jeden Fall ist mir die praktische Arbeit lieber als der Französischunterricht.
le maniement [ləmanimɑ̃]	die Handhabung; die Bedienung	**Le maniement des machines est difficile.** Die Bedienung der Maschinen ist schwierig.
insupportable/ insupportable [ɛ̃sypɔʀtabl]	unerträglich	**Rester assis en classe m'est insupportable.** In der Klasse stillzusitzen, ist mir unerträglich.
avoir du mal à faire qc [avwaʀdymal]	Mühe haben, etw. zu tun	**J'ai du mal à me concentrer.** Ich habe Mühe, mich zu konzentrieren.
mentionner qn/qc [mɑ̃sjɔne]	jdn./etw. erwähnen	→ **une mention** (eine Erwähnung, ein Vermerk) englisch: **to mention**
une difficulté [yndifikylte]	eine Schwierigkeit	→ **difficile** (schwierig)
confidentiel/confidentielle [kɔ̃fidɑ̃sjɛl]	vertraulich	**Le dossier est strictement confidentiel.** Die Akte ist streng vertraulich. → **la confiance** (das Vertrauen)
épais/épaisse [epɛ/epɛs]	dick	**Ce dossier est très épais.** Diese Akte ist sehr dick. ↔ **mince** (dünn)

> ! **Epais/épaisse** gebraucht man für Dinge. Für Tiere und Menschen gebraucht man **gros/grosse**.

attraper qn/qc [atʀape]	jdn./etw. fangen; jdn./etw. schnappen	**J'attrape mon sac.** Ich schnappe meine Tasche.
B 3 **utile/utile** [ytil]	nützlich	→ **utiliser qc** (etw. benützen, verwenden)
vis-à-vis de qn/qc [vizavi]	jdm./etw. gegenüber	**Quel est le comportement d'Apollinaire vis-à-vis des autres?** Wie verhält sich Apollinaire gegenüber den anderen?
B 5 **l'immigration** (f.) [limigʀasjɔ̃]	die Einwanderung	→ **immigrer** (einwandern)
accueillir qn [akœjiʀ]	jdn. aufnehmen; jdn. empfangen	**Le collège accueille ses correspondants allemands.** Das Collège empfängt seine deutschen Austauschschüler. → **un accueil** (ein Empfang)

> ! **accueillir:** j'accueille, tu accueilles, il/elle/on accueille, nous accueillons, vous accueillez, ils/elles accueillent; Passé composé: j'ai accueilli

la main-d'œuvre [lamɛ̃dœvʀ]	die Arbeitskräfte	**La France a accueilli des étrangers pour ses besoins en main-d'œuvre.** Frankreich nahm Ausländer wegen seines Bedarfs an Arbeitskräften auf.
la plupart des [laplypaʀ]	die meisten	**Aujourd'hui, la plupart des immigrés viennent d'Afrique.** Heute kommen die meisten Einwanderer aus Afrika.

> ! Achtung: **la plupart** <u>des</u> aber: **beaucoup** <u>de</u>

un immigré/une immigrée [ɛ̃nimigʀe/ynimigʀe]	ein Einwanderer/ eine Einwanderin	englisch: **immigrant**
le Maghreb [ləmagʀɛb]	der Maghreb (Kulturraum in Nordwestafrika)	**Beaucoup d'immigrés viennent du Maghreb.** Viele Einwanderer kommen aus dem Maghreb.

🇫🇷 **Vis-à-vis**

Le Maghreb comprend le Maroc, l'Algérie et la Tunisie. Le «Grand Maghreb» comprend aussi la Lybie et la Mauritanie.

une génération [ynʒeneʀasjɔ̃]	eine Generation
au moins [omwɛ̃]	mindestens; wenigstens
un ancêtre/une ancêtre [ɛ̃nɑ̃sɛtʀ/ynɑ̃sɛtʀ]	ein Vorfahr/eine Vorfahrin

Un Français sur quatre compte dans sa famille au moins un ancêtre d'origine étrangère.
Jeder vierte Franzose hat in seiner Familie mindestens einen Vorfahren ausländischer Herkunft.

de plus [dəplys]	außerdem
persécuté/persécutée [pɛʀsekyte]	verfolgt

persécuter qn (jdn. verfolgen)

accorder qc [akɔʀde]	etw. gewähren; etw. bewilligen

La France accorde l'asile aux personnes persécutées.
Frankreich gewährt verfolgten Personen Asyl.

l'asile (m.) [lazil]	das Asyl

un demandeur/une demandeuse d'asile (ein/e Asylbewerber/in)

une constitution [ynkɔ̃stitysjɔ̃]	eine Verfassung

englisch: **constitution**

la valeur [lavalœʀ]	der Wert

quelque chose d'une grande valeur
etwas sehr Wertvolles
englisch: **value**

fondamental/ fondamentale/ fondamentaux/ fondamentales [fɔ̃damɑ̃tal/fɔ̃damɑ̃to]	grundlegend; wesentlich

Les valeurs fondamentales de la Constitution française sont «Liberté, Egalité, Fraternité».
Die Grundwerte der französischen Verfassung sind „Freiheit, Gleichheit, Brüderlichkeit".

la liberté [lalibɛʀte]	die Freiheit

→ **être libre** (frei sein); **vivre en liberté** (in Freiheit leben)

l'égalité (f.) [legalite]	die Gleichheit

→ **être égal/égale/égaux/égales en droit** (gleichberechtigt sein)

la fraternité [lafʀatɛʀnite]	die Brüderlichkeit

→ **être frères et sœurs** (Brüder und Schwestern sein)

remonter à qc [ʀəmɔ̃te]	auf etw. zurückgehen

Les valeurs fondamentales de la République française remontent à l'époque de la Révolution.
Die Grundwerte der französischen Republik gehen auf die Zeit der Revolution zurück.
→ **monter** (hinaufgehen, steigen)

la Déclaration des Droits de l'Homme et du Citoyen [la deklaʀasjɔ̃dedʀwadələmedy sitwajɛ̃]	die Erklärung der Menschen- und Bürgerrechte
voter (pour/contre qc) [vɔte]	wählen; abstimmen (für/gegen etw.), verabschieden (ein Gesetz)

La Déclaration des Droits de l'Homme et du Citoyen a été votée en 1789.
Die Erklärung der Menschen- und Bürgerrechte wurde 1789 verabschiedet.
englisch: **to vote**

B 6

tuer qn [tɥe]	jdn. töten; jdn. umbringen

Au moins neuf personnes ont été tuées.
Mindestens neun Personen wurden getötet.

Module 2 — L'orientation professionnelle

 **TIPP**

Sehen Sie sich die rechte Spalte im Vokabelteil genau an. Die **Beispielsätze** zeigen Ihnen die Anwendung der neuen Wörter. Hinweise auf die 👄 **Aussprache** oder die ✏ **Schreibweise** helfen Ihnen, Fehler zu vermeiden.

VOUS RAPPELEZ-VOUS?

se renseigner sur qc	sich über etw. erkundigen	**un domaine**	ein Bereich
faire un stage	ein Praktikum machen	**permettre à qn de faire qc**	jdm. etw. ermöglichen etw. zu tun
une offre	ein Angebot	**être responsable de qc/de faire qc**	zuständig/verantwort-lich sein für etw.
une candidature	eine Bewerbung		
un entretien d'embauche	ein Vorstellungs-gespräch	**élaborer qc**	etw. erarbeiten
		un produit	ein Produkt
un employé/ une employée	ein Angestellter/ eine Angestellte	**être au chômage**	arbeitslos sein

---

bricoleur/bricoleuse [bʀikɔlœʀ/bʀikɔløz]	handwerklich geschickt	**Je suis très bricoleur/bricoleuse.** Ich bin handwerklich sehr geschickt.
travailler de ses mains [tʀavajedəsemɛ̃]	manuell arbeiten	**Je sais bien travailler de mes mains.** Ich kann gut manuell arbeiten.
un rapport [ɛ̃ʀapɔʀ]	ein Bezug; ein Verhältnis	**Je voudrais faire un travail en rapport avec mes matières préférées.** Ich würde gerne eine Arbeit machen, die einen Bezug zu meinen Lieblingsfächern hat.
lequel/laquelle/lesquels/ lesquelles [ləkɛl/lakɛl/lekɛl]	welcher/welche/welches *(Fragepronomen)*	**Lequel? Je ne sais pas encore.** Welche (Arbeit)? Das weiß ich noch nicht.
lequel/laquelle/lesquels/ lesquelles [ləkɛl/lakɛl/lekɛl]	welcher/welche/welches *(Relativpronomen)*	**La banque dans laquelle il travaille est à Francfort.** Die Bank, in welcher er arbeitet, ist in Frankfurt.
un objectif [ɛ̃nɔbʒɛktif]	ein Ziel	**Quel est l'objectif de ce module?** Was ist das Ziel dieses Moduls? → **un objet** (ein Gegenstand)
le son [ləsɔ̃]	der Klang; der Ton	**un ingénieur du son** = ein Toningenieur
l'audiovisuel *(m.)* [lɔdjovizɥɛl]	die Audio-Video-Technik	**Je voudrais travailler dans l'audiovisuel.** Ich möchte in der Audio-Video-Technik arbeiten.
l'avenir *(m.)* [lavniʀ]	die Zukunft	→ **venir** (kommen)
la biologie [labjɔlɔʒi]	die Biologie	**Je voudrais faire des études de biologie. J'aimerais être biologiste.** Ich würde gerne Biologie studieren. Ich wäre gerne Biologe/Biologin.
en plus [ɑ̃plys]	außerdem	**En plus, j'aimerais être utile aux autres.** Außerdem möchte ich gerne den anderen nützlich sein.
A1 **un aspect** [ɛ̃naspɛ]	ein Aspekt	👄 Das -ct am Ende wird nicht ausgesprochen, ebenso bei *le respect* (der Respekt).
une conception [ynkɔ̃sɛpsjɔ̃]	eine Konzeption	
graphique/graphique [gʀafik]	grafisch	**Un webdesigner travaille sur la conception graphique d'un site Internet.** Ein Webdesigner arbeitet an der grafischen Konzeption (Gestaltung) einer Internetseite.
la création [lakʀeasjɔ̃]	die Schöpfung; die Kreation; die Erstellung	**la création d'un site Internet** die Erstellung einer Internetseite

l'esthétique *(f.)* [lɛstetik]	die Ästhetik; der Schönheitssinn	**Pour ce métier, il faut avoir le sens de l'esthétique.** Für diesen Beruf braucht man einen Sinn für ästhetische Gestaltung.
une **agence** [ynaʒɑ̃s]	eine Agentur	→ **agir** (handeln) englisch: **agency**
la **communication** [lakɔmynikasjɔ̃]	die Kommunikation	**Florian travaille dans une agence de communication.** Florian arbeitet in einer Agentur für Kommunikation.
en **général** [ɑ̃ʒeneʀal]	im Allgemeinen	**En général, l'ambiance est détendue.** Im Allgemeinen ist die Atmosphäre entspannt.
créatif/créative [kʀeatif/kʀeativ]	kreativ	→ **créer qc** (etw. erschaffen), **la créativité** (die Kreativität), **la création** (die Kreation/die Erstellung)
ne … aucun/ne … aucune [okɛ̃/okyn]	kein/keine/keines *(Objekt)*	**Il n'y a aucun problème à ce niveau-là.** In dieser Hinsicht gibt es kein Problem.
l'**agroalimentaire** *(m.)* [lagʀoalimɑ̃tɛʀ]	der Lebensmittelsektor	**Stéphane est ingénieur dans l'agroalimentaire.** Stéphane ist Lebensmittelingenieur. → **l'alimentation** *(f.)* (die Ernährung)
un **développement** [ɛ̃devlɔpmɑ̃]	eine Entwicklung	→ **développer qc** (etw. entwickeln) englisch: **development**
tester qc [tɛste]	etw. testen	**Je teste des formules de pâtisserie.** Ich teste Rezepturen für Konditoreiwaren. (wörtl.: Konditoreiformeln)
la **pâtisserie** [lapɑtisʀi]	die Konditorei; die Konditoreiwaren	→ **la pâte** (der Teig)
améliorer qc [ameljɔʀe]	etw. verbessern	**Il y a toujours quelque chose qu'on peut améliorer.** Es gibt immer etwas, das man verbessern kann.
celui/celle/ceux/celles [səlɥi/sɛl/sø/sɛl]	derjenige/diejenige/dasjenige/diejenigen *(Demonstrativpronomen)*	**Je travaille pour tous ceux qui aiment la pâtisserie.** Ich arbeite für alle (diejenigen), die Konditoreiwaren mögen.
! celui-ci/celle-ci/ceux-ci/celles-ci: dieser/diese/dieses celui-là/celle-là/ceux-là/celles-là: jener/jene/jenes		
adapter qc à qc [adapte]	etw. an etw. anpassen	**Il faut adapter les produits aux besoins des clients.** Man muss die Produkte an die Bedürfnisse der Kunden anpassen. **s'adapter à qc** = sich an etw. anpassen
combiner qc [kɔ̃bine]	etw. kombinieren	**Il faut savoir combiner les ingrédients.** Man muss wissen, wie man die Zutaten kombinieren kann.
un **ingrédient** [ɛ̃ɛ̃gʀedjɑ̃]	eine Zutat; ein Bestandteil	
un **frigo** *(fam.)* [ɛ̃fʀigo]	ein Kühlschrank	Abkürzung von **un frigidaire**
allier qc à qc [alje]	etw. mit etw. verbinden	→ **un allié/une alliée** (ein Verbündeter/eine Verbündete)
la **chimie** *(f.)* [laʃimi]	die Chemie	**faire des études de chimie** Chemie studieren
ne … ni …, ni [nə … ni … ni]	weder … noch	**On ne travaille ni seul dans un bureau, ni devant un ordinateur toute la journée.** Man arbeitet weder allein in einem Büro noch den ganzen Tag lang vor dem Computer.
un **laboratoire** [ɛ̃labɔʀatwaʀ]	ein Labor(atorium)	**au laboratoire** im Labor
un **service** [ɛ̃sɛʀvis]	eine Abteilung; ein Dienst	**travailler au service de publicité** in der Werbeabteilung arbeiten

un reporter/une reporter [ɛ̃RəpɔRtɛR/ynRəpɔRtɛR]	ein Reporter/eine Reporterin	**un/une reporter d'images** ein(e) Bildreporter(in)
la presse [lapRɛs]	die Presse	
transmettre qc à qn [tRɑ̃smɛtR]	jdm. etw. übermitteln; jdm. etw. weitergeben	**transmettre un message à qn** jdm. eine Nachricht weitergeben
les Etats-Unis (m. pl.) [lezetazyni]	die Vereinigten Staaten	**J'ai passé un an aux Etats-Unis.** Ich habe ein Jahr in den Vereinigten Staaten verbracht.
filmer qc [filme]	etw. filmen	→ **un film** (ein Film)
interviewer qn [ɛ̃tɛRvjuve]	jdn. interviewen	→ **une interview** (ein Interview)
analyser qc [analize]	etw. analysieren; etw. untersuchen	→ **une analyse** (eine genaue Untersuchung)
l'environnement (m.) [lɑ̃viRɔnmɑ̃]	die Umwelt; die Umgebung	⊘ **Mit -nn-!** englisch: **enviro**n**ment**
l'actualité (f.) [laktɥalite]	das Tagesgeschehen; das Zeitgeschehen	**un sujet d'actualité** ein aktuelles Thema
un montage [ɛ̃mɔ̃taʒ]	*hier:* ein Schnitt (*Film*); eine Montage	→ **monter qc** (etw. montieren, aufbauen)
A2 **un candidat/une candidate** [ɛ̃kɑ̃dida/ynkɑ̃didat]	ein Kandidat/eine Kandidatin; ein Bewerber/eine Bewerberin	→ **une candidature** (eine Bewerbung)
un interlocuteur/ une interlocutrice [ɛ̃nɛ̃tɛRlɔkytœR/ ynɛ̃tɛRlɔkytRis]	ein Gesprächspartner/ eine Gesprächspartnerin	**Ecoutez bien votre interlocuteur.** Hören Sie Ihrem Gesprächspartner gut zu.
personne ne … [pɛRsɔn]	niemand (*Subjekt*)	**Personne ne répond.** Niemand antwortet.
une ligne [ynliɲ]	eine Linie; *hier:* Leitung	**La ligne est occupée.** Die Leitung ist besetzt.
patienter [pasjɑ̃te]	sich gedulden; warten	**Veuillez patienter, s'il vous plaît.** Bitte warten Sie. → **patient/patiente** (geduldig), **impatient/impatiente** (ungeduldig), **la patience** (die Geduld), **l'impatience** (die Ungeduld)
S1 **se comporter** [səkɔ̃pɔRte]	sich verhalten; sich benehmen	→ **le comportement** (das Verhalten)
face à qc/qn [fasa]	angesichts einer Sache; jdm. gegenüber	**Comment faut-il se comporter face à son interlocuteur?** Wie soll man sich seinem Gesprächspartner gegenüber verhalten?
remercier qn [RəmɛRsje]	jdm. danken; sich bei jdm. bedanken	**Je vous remercie.** Ich danke Ihnen. → **Merci.** (Danke.)
la précision [lapResizjɔ̃]	die Genauigkeit; die genaue Angabe	**demander des précisions à qn** jdn. um genauere Angaben bitten → **préciser qc** (etw. erläutern, genauer darstellen)
précis/précise [pResi/pResiz]	genau	**donner une réponse précise à qn** jdm. eine genaue Antwort geben
en fait [ɑ̃fɛt]	im Grunde genommen; eigentlich	⟺ **Qu'est-ce que c'est, en fait?** Was ist das eigentlich? ⟺ → **faire qc** (etw. machen), **un fait** (eine Tatsache)

une connaissance [ynkɔnɛsɑ̃s]	eine Kenntnis; eine Erkenntnis; eine Bekanntschaft	**Je voudrais approfondir mes connaissances en informatique.** Ich möchte meine Computerkenntnisse vertiefen. → **connaître qc** (etw. kennen)
S2 **un employeur/ une employeuse** [ɛ̃nɑ̃plwajœr/ynɑ̃plwajøz]	ein Arbeitgeber/ eine Arbeitgeberin	→ **employer qn** (jdn. einstellen), **un emploi** (eine Anstellung)
un salaire [ɛ̃salɛr]	ein Gehalt; ein Lohn	**Combien est-ce que je gagnerai? Quel sera mon salaire?** Wie viel werde ich verdienen? Wie hoch wird mein Gehalt sein? → **un salarié/une salariée** (ein Arbeitnehmer/eine Arbeitnehmerin)
V1 **une compétence** [ynkɔ̃petɑ̃s]	eine Kompetenz; eine Fähigkeit	**Quelles sont mes compétences?** Was sind meine Kompetenzen?
un point fort [ɛ̃pwɛ̃fɔr]	eine Stärke	**Quels sont mes points forts?** Was sind meine Stärken? → **être fort/forte en qc** (gut sein in etw.)
une qualification [ynkalifikasjɔ̃]	eine Qualifikation; eine Befähigung	**Quelles sont mes qualifications?** Was sind meine Qualifikationen? → **une qualité** (eine Eigenschaft)
un diplôme [ɛ̃diplom]	ein Abschlusszeugnis	
le secourisme [ləsəkurism]	das Rettungswesen; die Erste Hilfe	**Avez-vous fait du secourisme?** Haben Sie einen Erste-Hilfe-Kurs gemacht?
extrascolaire/extrascolaire [ɛkstraskɔlɛr]	außerschulisch	**Quelles sont vos activités extrascolaires?** Was sind ihre außerschulischen Aktivitäten? → **scolaire** (schulisch)
une branche [ynbrɑ̃ʃ]	ein Ast; ein Zweig; eine Branche (ein Geschäftszweig)	**Dans quelle branche voudriez-vous travailler?** In welcher Branche würden Sie gerne arbeiten?
une mission [ynmisjɔ̃]	eine Mission; eine Aufgabe	**Quelle est votre mission?** Was ist Ihre Aufgabe?
un débouché [ɛ̃debuʃe]	eine Perspektive; eine Berufsaussicht	**Il faut s'informer sur les débouchés des différentes formations.** Man muss sich über die Berufsaussichten der verschiedenen Ausbildungen informieren.
V4 **un juge/une juge** [ɛ̃ʒyʒ/ynʒyʒ]	ein Richter/eine Richterin	**Pour être juge, il faut faire des études de droit.** Um Richter(in) zu sein, muss man Jura studieren. → **juger qc** (etw. beurteilen), **un jugement** (ein Urteil)
un architecte/une architecte [ɛ̃narʃitɛkt/ynarʃitɛkt]	ein Architekt/ eine Architektin	**Un architecte peut travailler dans un bureau d'architecture.** Ein Architekt kann in einem Architekturbüro arbeiten.
B1 **la terminale** [latɛrminal]	die Abschlussklasse im Lycée (entspricht der dt. 12./13. Klasse)	→ **terminer qc** (etw. beenden)
un salon [ɛ̃salɔ̃]	hier: eine Fachmesse	**Tu vas au salon d'orientation?** Gehst du zu der Ausbildungsmesse?
le lycée général [ləliseʒeneral]	das allgemeinbildende Gymnasium	
la première [laprəmjɛr]	die Première (frz. Klassenstufe, entspricht ungefähr der 11. Klasse)	**A partir de la première, on prépare son bac.** Von der Première an bereitet man sich auf das Baccalauréat vor.
une filière [ynfiljɛr]	ein Studiengang; eine Studienrichtung	**suivre une filière** einen Studiengang einschlagen/belegen

littéraire/littéraire [literɛʀ]	literarisch; geisteswissen-schaftlich	→ **la littérature** (die Literatur), **une lettre** (ein Brief, ein Buchstabe)
économique/économique [ekɔnɔmik]	wirtschaftlich	**Je voudrais suivre la filière économique.** Ich würde gerne die wirtschaftliche Studienrichtung einschlagen. → **l'économie** (f.) (die Wirtschaft)
scientifique/scientifique [sjãtifik]	(natur)wissenschaftlich	→ **la science** (die Wissenschaft), **un scientifique/une scientifique** (ein Wissenschaftler/eine Wissenschaftlerin)
une profession [ynpʀɔfesjõ]	ein Beruf	= **un métier** (ein Beruf) → **professionnel/professionnelle** (beruflich)

AUF EINEN BLICK

Les études et les formations   Studium und Ausbildung

une filière	eine Studienrichtung	**faire une formation de …**	eine Ausbildung als … machen
faire un stage	ein Praktikum machen		
être stagiaire	Praktikant(in) sein	**apprendre un métier**	einen Beruf erlernen
faire des études (de droit, d'économie …)	(Jura, Wirtschaft) studieren	**un apprentissage**	eine Lehre
		un(e) apprenti(e)	ein(e) Azubi
une (formation en) alternance	eine duale Ausbildung	**un débouché**	eine Berufsaussicht

---

AUF EINEN BLICK

Les activités professionnelles   Berufliche Tätigkeiten

	comme secrétaire	als Sekretär/Sekretärin	
	dans le domaine de l'informatique	im Informatikbereich	
	au service de publicité	in der Werbeabteilung	
travailler …	**à** l'hôpital	im Krankenhaus	**arbeiten**
	de ses mains	mit den Händen/manuell	
	en équipe	im Team	
	sur qc	an etwas	
	chez Renault	bei Renault	

AUF EINEN BLICK

élaborer qc	etw. erarbeiten, entwickeln	**monter qc**	etw. aufbauen
fabriquer qc	etwas herstellen	**réparer qc**	etw. reparieren
produire qc (→ p. 152)	etw. produzieren	**brancher qc**	etw. anschließen
construire qc (→ p. 155)	etw. bauen	**surveiller qn/qc**	jdn./etw. überwachen
inventer qc	etw. erfinden	**vendre qc**	etw. verkaufen
adapter qc à qc	etw. an etw. anpassen	**distribuer qc**	etw. verteilen
analyser qc	etw. untersuchen	**cultiver qc**	etw. anbauen
créer qc	etw. erstellen; (er)schaffen	**organiser qc**	etw. organisieren
publier qc	etw. veröffentlichen	**transmettre qc à qn**	jdm. etw. weitergeben

---

B 2 **se passionner** pour qc [səpasjɔne]	sich für etw. begeistern	**Les parents de Séléna se passionnent pour l'art.** Selenas Eltern begeistern sich für Kunst. → **une passion** (eine Leidenschaft)
lourd/lourde [luʀ/luʀd]	schwer; umfangreich	**Mon sac est lourd, ma valise est lourde.** Meine Tasche ist schwer, mein Koffer ist schwer. ↔ **léger/légère** (leicht)

soutenir qn [sutəniʀ]	jdn. unterstützen	→ **le soutien** (die Unterstützung) **le soutien scolaire** (die Nachhilfe)
un visage [ɛ̃vizaʒ]	ein Gesicht	
l'incompréhension (f.) [lɛ̃kɔ̃pʀeɑ̃sjɔ̃]	die Verständnislosigkeit; das Unverständnis	↔ **la compréhension** (das Verständnis) → **comprendre** (verstehen)
une trahison [yntʀaizɔ̃]	ein Treuebruch; ein Verrat	**Leurs visages reflétaient un profond sentiment d'incompréhension et de trahison.** In ihren Gesichtern spiegelte sich das Gefühl tiefer Verständnislosigkeit und gebrochenen Vertrauens.
faire confiance à qn [fɛʀkɔ̃fjɑ̃s]	jdm. vertrauen	**Nous te faisons confiance.** Wir vertrauen dir.
une âme [ynam]	eine Seele	**Tu as une âme qui ne ressemble à aucune autre.** Du hast eine Seele, die keiner anderen gleicht.
marchander [maʀʃɑ̃de]	handeln; feilschen	→ **le marché** (der Markt), **un marchand/une marchande** (ein Händler/eine Händlerin)
sans doute [sɑ̃dut]	vermutlich	**Ce n'était sans doute pas la solution.** Vermutlich war das nicht die Lösung. **le doute** = der Zweifel
sec/sèche [sɛk/sɛʃ]	trocken	**L'herbe** (f.) **est sèche.** Das Gras ist trocken.
un avocat/une avocate [ɛ̃navɔka/ynavɔkat]	ein Anwalt/eine Anwältin	**Les avocats, comme les juges, ont fait des études de droit.** Anwälte wie auch Richter haben Jura studiert.
profiter de qn/qc [pʀɔfite]	jdn./etw. nützen; jdn./etw. ausnutzen	**Il faut profiter de ses chances.** Man muss seine Chancen nützen.
un malheur [ɛ̃malœʀ]	ein Unglück	↔ **le bonheur** (das Glück) → **être malheureux/malheureuse** (unglücklich sein)
il vaut mieux faire qc [ilvomjø]	es ist besser, etw. zu tun	**Il valait mieux aller se coucher.** Es war besser, zu Bett zu gehen.

> **!** **valoir** (etw. wert sein)
> **il vaut mieux faire qc** (es ist besser, etw. zu tun)
> **il vaudra mieux faire qc** (es wird besser sein, etw. zu tun)
> **il vaudrait mieux faire qc** (es wäre besser, etw. zu tun)
> **il valait mieux faire qc** (es war besser, etw. zu tun)

**Vergleiche die Formen von falloir (il faut, il faudra, il
faudrait, il fallait)**

il vaut mieux que + *subj.*

ailleurs [ajœʀ]	woanders	**Elle rêvait d'un ailleurs où on la comprendrait.** Sie träumte von einem Anderswo, wo man sie verstünde. **un ailleurs (Nomen)** = ein anderer Ort/ein Anderswo
le pire [ləpiʀ]	das Schlimmste	**Le pire, c'est qu'elle se sentait coupable.** Das Schlimmste war, dass sie sich schuldig fühlte.
coupable/coupable [kupabl]	schuldig	
tant [tɑ̃]	so viel	Als Mengenangabe mit **de** vor dem Nomen: **tant d'argent** (so viel Geld), vgl. **beaucoup d'argent** (viel Geld)
dépenser (de l'argent) [depɑ̃se]	(Geld) ausgeben	**Ils ont dépensé tant d'argent.** Sie haben so viel Geld ausgegeben. englisch: **to spend money**
une réaction [ynʀeaksjɔ̃]	eine Reaktion	→ **réagir** (reagieren)
réaliste/réaliste [ʀealist]	realistisch	→ **la réalité** (die Wirklichkeit), **réel/réelle** (wirklich)
comique/comique [kɔmik]	komisch	

Plateau Révision: La France au quotidien

Lernen Sie **Wortschatz** in ganzen Ausdrücken, dann können Sie ihn besser **anwenden**, z. B. **une navette** ein Pendelzug; ein Shuttle → **faire la navette entre . . .** = pendeln zwischen …
Die rechte Spalte im Vokabelteil hilft Ihnen dabei, den Wortschatz in Zusammenhängen zu lernen.

VOUS RAPPELEZ-VOUS?

mettre une heure pour faire qc	ein Stunde brauchen, um etw. zu tun
remarquer qc	etw. bemerken
il paraît que	es scheint, dass
sinon	andernfalls, sonst
y aller	dorthin gehen
en venir	von dort kommen

recharger qc	etw. aufladen
essayer qc	etw. ausprobieren
une chaussure	ein Schuh
moins simple que	weniger einfach als
aussi simple que	genauso einfach wie
plus simple que	einfacher als

quotidien/quotidienne [kɔtidjɛ̃/kɔtidjɛn]	täglich	**la vie quotidienne** der Alltag, das tägliche Leben	
se **déplacer** [sədeplase]	sich fortbewegen; reisen	→ **la place** (der Platz), **remplacer qn/qc** (jdn./etw. ersetzen)	

> ! Achten Sie auf die **Cédille**: nous nous déplaçons (présent); on se déplaçait (imparfait); en se déplaçant (gérondif).

un achat [ɛ̃naʃa]	ein Kauf	**faire des achats** Einkäufe machen → **acheter qc** (etw. kaufen)
un objectif [ɛ̃nɔbʒɛktif]	ein Ziel	**Quel est l'objectif de ce module?** Was ist das Ziel dieses Moduls? → **un objet** (ein Gegenstand)
une révision [ynʀevizjɔ̃]	eine Revision; eine Wiederholung	**Nous faisons des révisions.** Wir wiederholen den Stoff. → **réviser** (wiederholen)
se faire des amis [səfɛʀdezami]	Freunde finden	**Il s'est vite fait des amis à Lyon.** Er hat in Lyon schnell Freunde gefunden.
la charcuterie [laʃaʀkytʀi]	die Wurst(waren); das Wurstwarengeschäft	**Ma copine ne mange pas de charcuterie.** Meine Freundin isst keine Wurst.

Atelier 1: Préparer son voyage

louer qc [lwe]	etw. mieten; etw. vermieten	**Pourriez-vous nous dire où on peut louer des vélos?** Könnten Sie uns sagen, wo wir Fahrräder mieten können?
un mur peint [ɛ̃myʀpɛ̃]	eine bemalte Mauer	**Les murs peints de Lyon sont impressionnants.** Die bemalten Mauern von Lyon sind eindrucksvoll. → **peindre** (malen, bemalen), **peint/peinte** (bemalt)
la Croix-Rousse [lakʀwaʀus]	*Name eines Hügels und eines Stadtviertels in Lyon*	
une brioche [ynbʀijɔʃ]	eine Brioche *(Hefegebäck)*	**Elles sont bonnes, les brioches, je les préfère aux croissants.** Die Brioches sind gut, ich mag sie lieber als Croissants.
le goût [ləgu]	der Geschmack(ssinn)	**Il a du goût.** Er hat Geschmack. → **goûter qc** (etw. probieren)

Atelier 2: Se déplacer

le Rhône [ləʀon]	die Rhône	**On a fait une promenade au bord du Rhône.** Wir haben einen Spaziergang am Ufer der Rhone gemacht.
la Saône [lason]	⇔ die Saône (*Name eines Flusses im Osten Frankreichs*)	**La Saône est une rivière, le Rhône est un fleuve.** Die Saône ist ein Fluss, die Rhone ist ein Strom.
en face de qc [ɑ̃fasdə]	gegenüber von etw.	**Le magasin est en face de la Bourse.** Das Geschäft ist gegenüber der Börse.
une navette [ynnavɛt]	ein Pendelzug; ein Shuttle	
faire la navette [fɛʀlanavɛt]	pendeln	**Il y a un train qui fait la navette entre l'aéroport et le centre-ville.** Es gibt einen Zug, der zwischen Flughafen und Stadtmitte pendelt.
un trajet [ɛ̃tʀaʒɛ]	eine Strecke	**On met combien de temps pour faire le trajet?** Wie lange braucht man für die Strecke?
une voie [ynvwa]	ein Gleis	**De quelle voie est-ce que le train part?** Von welchem Gleis fährt der Zug ab?

AUF EINEN BLICK

Les prépositions et adverbes de lieu   Präpositionen und Adverbien des Ortes

de … à …	von … nach …	jusque	bis
partout	überall	dans	in
à côté de	neben	en bas	(nach) unten
en face de	gegenüber von	en haut	(nach) oben
tout près de	nahe bei	dehors (à l'extérieur)	draußen
entre	zwischen	dedans (à l'intérieur)	drinnen
sur	auf	là-bas	dort
sous	über	tout droit	geradeaus
devant	vor	à droite	rechts
derrière	hinter	à gauche	links

Atelier 3: Faire des achats

en tout cas [ɑ̃tuka]	jedenfalls; auf jeden Fall	**En tout cas, il me faut des chaussures qui vont avec tout.** Jedenfalls brauche ich Schuhe, die zu allem passen.
la pointure [lapwɛ̃tyʀ]	die Schuhgröße	**Quelle est votre pointure?** Welche Schuhgröße haben Sie? (*bei Textilien:*) **Quelle est votre taille?**
une vitrine [ynvitʀin]	ein Schaufenster	**J'ai vu de belles chaussures dans la vitrine.** Ich habe schöne Schuhe im Schaufenster gesehen.
moche/moche (*fam.*) [mɔʃ]	hässlich	**Les chaussures ne te plaisent pas? – Non, elles sont moches.** Gefallen dir die Schuhe nicht? – Nein, sie sind hässlich.
parfait/parfaite (*adj.*) [paʀfɛ/paʀfɛt]	perfekt; tadellos	**C'est parfait!** Das ist (sitzt/passt) perfekt!

C'est le pied! *(fam.)* [sɛləpje]	Das ist der Hammer! *(ugs.)*
en promo *(fam.)* [ɑ̃pʀɔmo]	im Sonderangebot
le guignol [ləɡiɲɔl]	der Guignol *(Kasperpuppe)*
une épicerie [ynepisʀi]	ein (kleines) Lebensmittelgeschäft

Cette semaine, les chaussures sont en promo.
Diese Woche sind die Schuhe im Sonderangebot.
une promo = Abkürzung für **une offre promotionnelle**

Guignol est une marionnette créée à Lyon.
Guignol ist eine Kasperpuppe, die in Lyon entstanden ist.

Il y a une épicerie au coin de la rue.
An der Straßenecke gibt es ein kleines Lebensmittelgeschäft.

Atelier 4: Se faire des amis

boire un coup *(fam.)* [bwaʀɛ̃ku]	etwas trinken *(ugs.)*
fixer qc [fikse]	etw. festlegen; etw. festmachen

J'ai soif. On va au café boire un coup?
– Oh, oui, je prends un diabolo menthe.
Ich habe Durst. Gehen wir ins Café, was trinken?
– Oh ja, ich nehme einen Diabolo Menthe.

Ce soir, on a rendez-vous mais on n'a pas encore fixé d'heure.
Heute Abend sind wir verabredet, aber wir haben noch keine Uhrzeit ausgemacht.

Atelier 5: Parler de son expérience, raconter son séjour

un casque [ɛ̃kask]	ein Sturzhelm; ein Schutzhelm
les urgences *(f. pl.)* [lezyʀʒɑ̃s]	ein Notfalldienst; eine Unfallstation
une urgence [ynyʀʒɑ̃s]	ein Notfall

Il faut porter un casque en faisant du vélo.
Man muss beim Radfahren einen Helm tragen.

Il faut appeler les urgences en cas d'accident.
Im Falle eines Unfalls muss man den Notfalldienst anrufen.

Vite, il y a urgence.
Schnell, es ist dringend!
→ **urgent/urgente** *(adj.)* (dringend)

AUF EINEN BLICK

Une question de temps   Eine Frage der Zeit

l'année dernière	letztes Jahr
la semaine prochaine	nächste Woche
en ce moment	zurzeit
au cours de mon stage	im Laufe meines Praktikums
pendant mon séjour	während meines Aufenthalts
depuis quelque temps	seit einiger Zeit
en mai/au mois de mai	im Mai
à partir de septembre	von September an
du 1er juillet au 30 septembre	vom 1. Juli bis zum 30. September
jusqu'à Pâques/Noël	bis Ostern/Weihnachten

Atelier 6: Manger et boire

un **paquet** [ɛ̃pakɛ]	ein Paket; eine Packung	un **paquet** <u>de</u> **chips** eine Packung Chips	
une **commande** [ynkɔmɑ̃d]	eine Bestellung	**passer une commande/commander qc** etw. bestellen	
un **serveur**/une **serveuse** [ɛ̃sɛrvœr/ynsɛrvøz]	ein Kellner/eine Kellnerin	→ **servir** (bedienen) → **faire le service** (servieren)	
une **salade de chèvre chaud** [ynsaladədəʃɛvrəʃo]	ein Salat mit warmem Ziegenkäse	→ une **chèvre** (eine Ziege), **le fromage de chèvre** (der Ziegenkäse)	
un **orangina** [ɛ̃nɔrɑ̃ʒina]	eine Orangenlimonade; eine Orangina	Wird meistens mit maskulinem Artikel gebraucht, wie **un coca** (eine Cola).	
végétarien/**végétarienne** [veʒetarjɛ̃/veʒetarjɛn]		**Je prends une pizza végétarienne et un orangina, s'il vous plaît.** Ich nehme eine vegetarische Pizza und eine Orangina, bitte.	
plat/**plate** [pla/plat]	flach; platt; *hier:* still	**Vous prenez de l'eau plate ou de l'eau gazeuse?** Nehmen Sie stilles Wasser oder Wasser mit Kohlensäure? → **un plat** (eine Schüssel; ein Gericht)	
gazeux/**gazeuse** [gazø/gazøz]	gasförmig; kohlensäurehaltig	**De l'eau gazeuse, s'il vous plaît.** Wasser mit Kohlensäure, bitte. → **le gaz** (das Gas)	
une **addition** [ynadisjɔ̃]	eine Rechnung (*im Restaurant*)	**L'addition, s'il vous plaît.** Die Rechnung, bitte!	
un **pourboire** [ɛ̃purbwar]	ein Trinkgeld	**En France, on laisse le pourboire sur la table.** In Frankreich legt man das Trinkgeld auf den Tisch. → **boire** (trinken)	

TIPP

Wortfamilien können Ihnen dabei helfen,
die Bedeutung unbekannter Wörter zu
erschließen. Sie helfen aber auch beim
Lernen und Einprägen, z. B.
porter (tragen) → portable (tragbar),
beau (schön) → la beauté (die Schönheit).

Module 3   Des forêts et des hommes

VOUS RAPPELEZ-VOUS?

une plante	eine Pflanze	protéger qn/qc	jdn./etw. schützen
la lumière	das Licht	couper qc	etw. (ab)schneiden
la taille	die Größe	se défendre	sich verteidigen
le gaz	das Gas	bouger	sich bewegen
un point de vue	ein Standpunkt	convaincre qn	jdn. überzeugen
vivre (qc)	leben/(etw. erleben)	lutter contre qc	gegen etw. kämpfen

un **homme** [ɛ̃nɔm]	ein Mensch	**Tous les hommes vivent sur la même planète.** Alle Menschen leben auf demselben Planeten.	
magnifique/**magnifique** [maɲifik]	wunderschön; großartig	**un voyage magnifique** eine großartige Reise	

captivant/captivante [kaptivɑ̃/kaptivɑ̃t]	fesselnd	**un film captivant, une aventure captivante** ein fesselnder Film, ein fesselndes Abenteuer
poétique/poétique [pɔetik]	poetisch; dichterisch	→ **un poète** (ein Dichter), **un poème** (ein Gedicht)
une destruction [yndɛstʀyksjɔ̃]	eine Zerstörung	**la destruction de la nature** die Zerstörung der Natur
consommer qc [kɔ̃sɔme]	etw. verbrauchen/ konsumieren	**Quand on consomme trop, c'est mauvais pour la nature.** Wenn wir zu viel konsumieren, ist das schlecht für die Natur. → **la consommation** (der Verbrauch)
un objectif [ɛ̃nɔbʒɛktif]	ein Ziel	**Quel est l'objectif de ce module?** Was ist das Ziel dieses Moduls? → **un objet** (ein Gegenstand)
un chariot [ɛ̃ʃaʀjo]	ein Einkaufswagen; ein Gepäckwagen	**Pour faire les courses au supermarché, on prend un chariot.** Um im Supermarkt einzukaufen, nimmt man einen Einkaufswagen.
l'écologie (f.) [lekɔlɔʒi]	die Ökologie	→ **écologique** (ökologisch, umweltfreundlich)

A1

une racine [ynʀasin]	eine Wurzel	**les racines d'un arbre** die Wurzeln eines Baums
un tronc [ɛ̃tʀɔ̃]	ein Stamm	**le tronc d'un arbre** der Stamm eines Baums 👄 Das -c am Ende spricht man nicht aus. Bei donc (also) dagegen spricht man es aus.
une branche [ynbʀɑ̃ʃ]	ein Ast; ein Zweig	**les branches d'un arbre** die Äste eines Baums
une feuille [ynfœj]	ein Blatt	**les feuilles d'un arbre** die Blätter eines Baums
une cime [ynsim]	ein Wipfel; ein Gipfel	**la cime d'un arbre, la cime d'une montagne** der Wipfel eines Baums, der Gipfel eines Bergs
pousser [puse]	wachsen (*Pflanze*); drücken; schieben	**Les plantes poussent. Les enfants grandissent.** Die Pflanzen wachsen. Die Kinder wachsen.
respirer [ʀɛspiʀe]	atmen	**Il faut de l'air propre pour respirer.** Man braucht saubere Luft zum Atmen.

A2

un allié/une alliée [ɛ̃nalje/ynalje]	ein Verbündeter/ eine Verbündete	→ **allier** qc à qc (etw. mit etw. verbinden)
la déforestation [ladefɔʀɛstasjɔ̃]	die Abholzung	→ **la forêt** (der Wald)
un être vivant [ɛ̃nɛtʀəvivɑ̃]	ein Lebewesen	→ **vivre** (leben), **la vie** (das Leben)
un humain [ɛ̃nymɛ̃]	ein Mensch	→ **humain/humaine** (*adj.*) (menschlich)
se nourrir [sənuʀiʀ]	sich ernähren	**Tous les êtres vivants se nourrissent.** Alle Lebewesen ernähren sich.
se reproduire [səʀəpʀɔdɥiʀ]	sich vermehren	**Tous les êtres vivants se reproduisent.** Alle Lebewesen vermehren sich. → **la reproduction** (die Reproduktion, die Vermehrung)

! **se reproduire:** je me reproduis, tu te reproduis, il se reproduit, nous nous reproduisons, vous vous reproduisez, ils se reproduisent; Passé composé: je me suis reproduit(e)

tuer qn [tɥe]	jdn. töten	**10 personnes ont été tuées dans un accident.** 10 Personen wurden bei einem Unfall getötet.
un morceau/des morceaux [ɛ̃mɔʀso/demɔʀso]	ein Stück	**Tu veux un morceau de gâteau?** Möchtest du ein Stück Kuchen?

de plus [dəplys]	außerdem	**De plus, il faut dire que …** Außerdem muss man sagen, dass …
pour que (+subj.) [puʀkə]	damit	**Je le répète pour que tu comprennes.** Ich sage es noch einmal, damit du verstehst.
toxique/toxique [tɔksik]	giftig	**un produit toxique** ein giftiges Mittel/ein giftiges Produkt
face à qc [fasa]	angesichts einer Sache	**Il faut agir face aux problèmes écologiques.** Man muss handeln angesichts der Umweltprobleme.
l'oxygène (m.) [lɔksiʒɛn]	der Sauerstoff	**Il faut de l'oxygène pour respirer.** Man braucht Sauerstoff zum Atmen.
remplacer qc [ʀɑ̃plase]	etw. ersetzen	**La forêt primaire a été remplacée par des palmiers à huile.** Der Urwald wurde durch Ölpalmen ersetzt. → **la place** (der Platz)

! **remplacer** wird konjugiert wie **commencer**: je remplace, nous remplaçons, usw. Achten Sie auf die Cédille: on remplaçait (imparfait); en remplaçant (gérondif).

détruire qc [detʀɥiʀ]	etw. zerstören	**Il suffit d'un instant pour détruire, il faut des siècles pour reconstruire.** Um zu zerstören genügt ein Augenblick, um aufzubauen, braucht es Jahrhunderte.

! **détruire**: je détruis, tu détruis, il détruit, nous détruisons, vous détruisez, ils détruisent; Passé composé: j'ai détruit

abattre qc/qn [abatʀ]	etw. fällen; etw. schlachten; etw./jdn. töten	→ **battre** (schlagen), **la batterie** (das Schlagzeug), **un combat** (ein Kampf)

! **abattre** wird konjugiert wie **battre**: j'abats, nous abattons, ils abattent; Passé composé: j'ai abattu

S1 **une intention** [ynɛ̃tɑ̃sjɔ̃]	eine Absicht	**Quelle est l'intention de l'auteur?** Was ist die Absicht des Autors?
documentaire [dɔkymɑ̃tɛʀ]	dokumentarisch	**un film documentaire, un texte documentaire** ein Dokumentarfilm, ein Sachtext
traiter de qc [tʀete]	sich mit etw. befassen; etw. behandeln	**Le film traite de la forêt primaire.** Der Film befasst sich sich mit dem Urwald.
évoquer qc [evɔke]	etw. schildern; eine Vorstellung von etw. geben	**L'auteur évoque le rôle important des plantes.** Der Autor schildert die wichtige Rolle der Pflanzen.
affirmer qc [afiʀme]	etw. behaupten	**L'auteur affirme que la forêt est en danger.** Der Autor behauptet, dass der Wald in Gefahr sei.
remettre en question [ʀəmɛtʀɑ̃kɛstjɔ̃]	infrage stellen	**Hallé remet en question l'image que les hommes se font des plantes.** Hallé stellt das Bild infrage, das sich die Menschen von den Pflanzen machen.
précis/précise [pʀesi/pʀesiz]	genau	**Il veut donner des informations précises sur les arbres.** Er möchte genaue Informationen zu den Bäumen geben.
critiquer qn/qc [kʀitike]	jdn./etw. kritisieren	**Il critique la déforestation.** Er kritisiert die Abholzung.
faire appel à qn/qc [fɛʀapɛl]	an jdn./etw. appellieren	
une émotion [ynemosjɔ̃]	ein Gefühl; eine Emotion	**Le réalisateur fait appel aux émotions des spectateurs.** Der Regisseur appelliert an die Gefühle der Zuschauer. = **un sentiment**
S2 **une opinion** [ynɔpinjɔ̃]	eine Meinung	= **un avis**
concerner qn/qc [kɔ̃sɛʀne]	jdn./etw. betreffen	**Ça ne me concerne pas.** Das betrifft mich nicht.

en ce qui concerne [ɑ̃skikɔ̃sɛʁn]	was … betrifft	**En ce qui concerne la déforestation, je trouve qu'il faut chercher des informations précises.** Was die Abholzung betrifft, so finde ich, dass man genaue Informationen suchen muss.
commenter qc [kɔmɑ̃te]	etw. kommentieren	→ **un commentaire** (ein Kommentar)
contrairement à qc/qn [kɔ̃tʁɛʁmɑ̃]	entgegen; im Gegensatz zu etw./jdm.	→ **le contraire** (das Gegenteil)
une comparaison [ynkɔ̃paʁɛzɔ̃]	ein Vergleich	**faire une comparaison entre** einen Vergleich anstellen zwischen → **comparer** qc avec qc (etw. mit etw. vergleichen)
par rapport à … [paʁʁapɔʁa]	im Verhältnis zu …	**Quels sont les avantages de l'énergie solaire par rapport aux énergies fossiles?** Was sind die Vorteile der Solarenergie im Verhältnis zu den fossilen Energien?
par la suite [paʁlasɥit]	anschließend	**Par la suite, l'auteur compare les plantes avec les animaux.** Anschließend vergleicht der Autor Pflanzen und Tiere.
par conséquent [paʁkɔ̃sekɑ̃]	folglich	**La forêt est en danger. Par conséquent, il faut la protéger.** Der Wald ist in Gefahr. Folglich muss man ihn schützen.
en conclusion [ɑ̃kɔ̃klyzjɔ̃]	zum Schluss	**En conclusion, je dirais que …** Zum Schluss würde ich sagen, dass …
V1 **la pollution** [lapɔlysjɔ̃]	die Umweltverschmutzung	→ **polluer** qc (verschmutzen)
un sol [ɛ̃sɔl]	ein Boden; ein Ackerboden	**La pollution touche aussi les sols.** Die Umweltverschmutzung berührt auch die Ackerböden.
le changement climatique [ləʃɑ̃ʒmɑ̃klimatik]	die Klimaveränderung	→ **changer** qc (etw. verändern)
une cause [ynkoz]	ein Grund; eine Ursache	**Quelles sont les causes du changement climatique?** Was sind die Ursachen für den Klimawandel? → **à cause de** (wegen)
un effet [ɛ̃nefɛ]	eine Wirkung; ein Effekt	**Tout effet a sa cause.** Jede Wirkung hat eine Ursache.
de plus en plus [dəplyzɑ̃ply]	immer mehr	**Les effets du changement climatique sont de plus_en plus graves.** Die Auswirkungen des Klimawandels werden immer schlimmer. ⇔ Achten Sie auf die *liaison*.
de moins en moins [dəmwɛ̃zɑ̃mwɛ̃]	immer weniger	**Il y a de moins_en moins de forêts.** Es gibt immer weniger Wälder.
une production [ynpʁɔdyksjɔ̃]	eine Produktion	→ **produire** qc (etw. erzeugen)
le dioxyde de carbone [lədiɔksiddəkaʁbɔn]	das Kohlendioxid	= le CO$_2$
provenir de qc [pʁɔvniʁ]	von etw. stammen; von etw. herrühren; von etw. kommen	**Un grande partie du CO$_2$ provient des énergies fossiles.** Ein großer Teil des CO$_2$ stammt aus den fossilen Energien.
l'énergie fossile (f.) [lenɛʁʒifɔsil]	die fossile Energie	
produire qc [pʁɔdɥiʁ]	etw. herstellen; etw. erzeugen	**Il faut que nous produisions moins de déchets.** Wir müssen weniger Müll erzeugen.

! **produire** wird konjugiert wie **détruire** (zerstören).

la **société de consommation** [lasɔsjetedəkõsɔmasjõ]	die Konsumgesellschaft	**Nous vivons dans une société de consommation.** Wir leben in einer Konsumgesellschaft.
polluer qc [pɔlɥe]	etw. verschmutzen	→ **la pollution** (die Verschmutzung)
l'**environnement** *(m.)* [lãviRɔnmã]	die Umwelt; die Umgebung	**L'homme pollue l'environnement.** Der Mensch verschmutzt die Umwelt. ∅ Mit -nn-! englisch: **environment**
renouvelable/renouvelable [Rənuvəlabl]	erneuerbar	**les énergies renouvelables** die erneuerbaren Energien → **nouveau/nouvel/nouvelle** (neu)

AUF EINEN BLICK

les énergies fossiles	fossile Energien	**les énergies renouvelables**	erneuerbare Energien
le pétrole	das Erdöl	l'**énergie solaire** *(f.)*	die Sonnenenergie
le charbon	die Kohle	l'**énergie éolienne** *(f.)*	die Windenergie
le gaz naturel	das Erdgas	l'**énergie hydraulique** *(f.)*	die Wasserkraft

---

durable/durable [dyRabl]	dauerhaft; nachhaltig	l'**agriculture durable** *(f.)* die nachhaltige Landwirtschaft → **durer** (dauern), **la durée** (die Dauer)
préserver qc [pRezɛRve]	etw. bewahren; etw. schützen	**Il faut préserver l'environnement.** Man muss die Umwelt schützen.
réduire qc [Redɥir]	etw. verringern	→ **la réduction** (die Verringerung)

! **réduire** wird konjugiert wie **détruire** (zerstören).

une **empreinte** [ynãpRɛ̃t]	ein Abdruck	l'**empreinte écologique** der ökologische Fußabdruck
une **quantité** [ynkãtite]	eine Menge	**Quelle est la quantité d'eau nécessaire?** Welche Menge Wasser braucht man?
la **terre** [latɛR]	die Erde; der Boden	**Nous vivons tous sur la même terre.** Wir leben alle auf derselben Erde.
G 3 **pour que** + *subj.* [puRkə]	damit	**pour que tu comprennes** damit du verstehst
bien que + *subj.* [bjɛ̃kə]	obwohl	**bien qu'il sache** obwohl er weiß
sans que + *subj.* [sãkə]	ohne dass	**sans qu'on puisse** ohne dass man könnte
avant que + *subj.* [avãkə]	bevor	**avant qu'il soit trop tard.** bevor es zu spät ist
jusqu'à ce que + *subj.* [ʒyskaskə]	bis	**jusqu'à ce que tout soit détruit** bis alles zerstört ist
G 5 **construire** qc [kõstRɥiR]	etw. bauen	**Quand est-ce qu'on construira des voitures écologiques?** Wann wird man umweltfreundliche Autos bauen?

! **construire** wird konjugiert wie **détruire** (zerstören).

B 1 **inépuisable/inépuisable** [inepɥizabl]	unerschöpflich	**La forêt tropicale n'est pas inépuisable.** Der tropische Wald ist nicht unerschöpflich. → **épuiser** (erschöpfen)
exploiter qn/qc [ɛksplwate]	jdn. ausbeuten; etw. nutzen	**On détruit les forêts pour exploiter leur bois.** Man zerstört die Wälder, um ihr Holz zu nutzen. → **exploitable** (nutzbar, verwertbar)

apparaître [apaʁɛtʁ]	(plötzlich) auftauchen; erscheinen	↔ **disparaître** (verschwinden) englisch: **to appear, to disappear**
un carburant [ɛ̃kaʁbyʁɑ̃]	ein Kraftstoff	**La plupart des voitures ont besoin de carburant.** Die meisten Autos brauchen Kraftstoff.
être lié/liée à qc [ɛtʁəljea]	mit etw. verbunden sein	**L'huile de palme est souvent liée à la déforestation.** Palmöl ist oft mit der Abholzung verbunden.

> ⚠ **il est lié à** = er/es ist verbunden mit
> **ils sont liés à** = sie sind verbunden mit
> **elle est liée à** = sie ist verbunden mit
> **elles sont liées à** = sie sind verbunden mit

AUF EINEN BLICK

La protection de l'environnement — Der Umweltschutz

l'environnement	die Umwelt	**consommer** qc	etw. verbrauchen
la pollution	die Verschmutzung	**respirer**	atmen
les déchets (m.)	die Abfälle	**polluer** qc	etw. verschmutzen
le changement climatique	der Klimawandel	**nuire à** qn	jdm. schaden
l'augmentation (f.) **des températures**	der Temperaturanstieg	**une cause**	eine Ursache
		un effet	eine Wirkung
le dioxyde de carbone	das Kohlendioxid	**exploiter** qn/qc	jdn./etw. nutzen; ausbeuten
l'oxygène (m.)	der Sauerstoff		
les gaz d'échappement (m.)	die Abgase	**préserver** qc	etw. bewahren
		protéger qn/qc	etw. schützen
une ressource	ein Bodenschatz	**réduire** qc	etw. verringern

B 2

un procès [ɛ̃pʁɔsɛ]	ein Prozess	
un narrateur/une narratrice [ɛ̃naʁatœʁ/ynnaʁatʁis]	ein Erzähler/eine Erzählerin	→ **narratif/narrative** (erzählerisch)
témoigner [temwaɲe]	aussagen (als Zeuge)	**Il doit témoigner au cours d'un procès.** Er muss in einem Prozess als Zeuge aussagen. → **un témoin** (ein Zeuge/eine Zeugin)
le Cameroun [ləkamʁun]	Kamerun (Staat in Zentralafrika)	**Il vient du Cameroun. Sa famille vit au Cameroun.** Er kommt aus Kamerun. Seine Familie lebt in Kamerun.
assister à qc [asiste]	an etw. teilnehmen; etw. miterleben	**Je ne voulais pas assister à ce procès.** Ich wollte an diesem Prozess nicht teilnehmen.
précisément [pʁesizemɑ̃]	genau (Adv.)	**C'est précisément là où ma famille habite!** Es ist genau da, wo meine Familie lebt! ⌀ **Achten Sie auf die accents!**
malgré qc [malgʁe]	trotz etw.	**Malgré tout, je ne me sentais pas très concernée.** Trotz allem fühlte ich mich nicht sehr betroffen.
insister (pour faire qc) [ɛ̃siste]	darauf bestehen (etw. zu tun)	englisch: **to insist**
un tribunal/des tribunaux [ɛ̃tʁibynal/detʁibyno]	ein Gericht/Gerichte	
se déplacer [sədeplase]	sich fortbewegen; reisen	→ **la place** (der Platz), **remplacer** (ersetzen)

> ⚠ Achten Sie auf die **Cédille**: nous nous déplaçons (présent);
> on se déplaçait (imparfait); en se déplaçant (gérondif).

quelque part [kɛlkəpaʁ]	irgendwo	**C'est quelque part au nord de Yaoundé.** Das ist irgendwo nördlich von Yaoundé.

léger/légère [leʒe/leʒɛʀ]	leicht	**Mon sac est léger, ma valise est légère.** Meine Tasche ist leicht, mein Koffer ist leicht. ↔ **lourd/lourde** (schwer) → **légèrement** (adv.)
une ligne [ynliɲ]	eine Linie	**une ligne horizontale** eine waagerechte Linie
doux/douce [du/dus]	mild; sanft; weich	**Sa voix douce ne tremble pas.** Seine sanfte Stimme bebt nicht.
en dessous (de qc) [ɑ̃dəsu]	darunter; unterhalb (von etw.)	**Il n'a rien inventé, son reportage est même en dessous de la réalité.** Er hat nichts erfunden, seine Reportage bleibt sogar hinter der Wirklichkeit zurück.
observer qn/qc [ɔpsɛʀve]	jdn./etw. beobachten	englisch: **to observe**
un avocat/une avocate [ɛ̃navɔka/ynavɔkat]	ein Anwalt/eine Anwältin	**Pour être avocat, il faut faire des études de droit.** Um Rechtsanwalt zu werden, muss man Jura studieren.
reculer [ʀəkyle]	sich rückwärts bewegen; zurückweichen	**Il ne recule pas.** Er weicht nicht zurück./Er hält Stand. ↔ **avancer** (vorwärtsgehen)
intimider qn [ɛ̃timide]	jdn. einschüchtern	↔ **encourager qn** (jdn. ermutigen) → **timide** (schüchtern)
une arme [ynaʀm]	eine Waffe	→ **une armée** (eine Armee) englisch: **army**
une oreille [ynɔʀɛj]	ein Ohr	
une attitude [ynatityd]	eine Haltung	englisch: **attitude**

Module 4   Des régions et des gens

TIPP

Ordnen Sie wichtigen Themenwortschatz in **Sachgruppen** an. Bilden Sie für den Wortschatz zum Thema „Regionen" z. B. Untergruppen wie Geografie, Kultur, Einwohner, Politik …

VOUS RAPPELEZ-VOUS?

partager qc	etw. teilen		**marqué(e) par**	geprägt von
un paysage	eine Landschaft		**un accueil**	ein Empfang
selon qn/qc	gemäß jdm./etw.		**un cliché**	ein Klischee
administratif/ administrative	behördlich; Verwaltungs-		**une région d'outre-mer**	eine Überseeregion
indépendant(e)	unabhängig		**faire partie de qc**	zu etw. gehören
particulier/ particulière	besonders; typisch			

un zèbre [ɛ̃zɛbʀ]	ein Zebra	
une montgolfière [ynmɔ̃gɔlfjɛʀ]	ein Heißluftballon	
des fruits (m.) **de mer** [defʀɥidəmɛʀ]	Meeresfrüchte	
un parapluie [ɛ̃paʀaplɥi]	ein Regenschirm	**Il pleut, n'oublie pas ton parapluie.** Es regnet, vergiss nicht deinen Regenschirm.

un oiseau/des **oiseaux** [ɛ̃nwazo/dezwazo]	ein Vogel/Vögel	**Les oiseaux volent.** Die Vögel fliegen.
un objectif [ɛ̃nɔbʒɛktif]	ein Ziel	**Quel est l'objectif de ce module?** Was ist das Ziel dieses Moduls? → **un objet** (ein Gegenstand)
breton/bretonne [bʀətɔ̃/bʀətɔn]	bretonisch	**En Bretagne, on parle français et breton.** In der Bretagne wird Französisch und Bretonisch gesprochen.
un Breton/**une Bretonne** [ɛ̃bʀətɔ̃/ynbʀətɔn]	ein Bretone/eine Bretonin	
fier/fière (de qn/qc) [fjɛʀ]	stolz (auf jdn./etw.)	**Il est fier de ses connaissances.** Er ist stolz auf seine Kenntnisse.
comme [kɔm]	da; weil (am Satzanfang)	**Comme je m'intéresse beaucoup à l'histoire, j'aime visiter les châteaux.** Da ich mich sehr für Geschichte interessiere, besichtige ich gerne Schlösser.

> ⚠️ Beginnt man einen Satz mit einer Begründung, verwendet man **comme**, nicht parce que.

l'Alsace (f.) [lalzas]	das Elsass	**En Alsace, on parle français et alsacien.** Im Elsass wird Französisch und Elsässisch gesprochen.
alsacien/alsacienne [alzasjɛ̃/alzasjɛn]	elsässisch	**un Alsacien/une Alsacienne** = ein Elsässer/eine Elsässerin
transmettre qc à qn [tʀɑ̃smɛtʀ]	jdm. etw. übermitteln; jdm. etw. weitergeben	**transmettre un message à qn** jdm. eine Nachricht weitergeben
le patrimoine [ləpatʀimwan]	das Erbe; das Kulturerbe; das Erbgut	**Mes grands-parents m'ont transmis leur amour du patrimoine.** Meine Großeltern haben mir ihre Begeisterung für das kulturelle Erbe weitergegeben.
la gastronomie [lagastʀɔnɔmi]	die Gastronomie	**La région est connue pour sa gastronomie.** Die Region ist für ihre Gastronomie bekannt.
la convivialité [lakɔ̃vivjalite]	die Geselligkeit	→ **vivre** (leben)
ailleurs [ajœʀ]	woanders; an einem anderen Ort	**Je ne voudrais pas vivre ailleurs.** Ich möchte an keinem anderen Ort leben.
Boulogne-sur-mer [bulɔɲsyʀmɛʀ]	Stadt an der frz. Kanalküste	
les Hauts-de-France [leodəfʀɑ̃s]	Verwaltungsregion im Norden Frankreichs	
accueillant/accueillante [akœjɑ̃/akœjɑ̃t]	freundlich	**Les gens là-bas sont très accueillants.** Die Leute dort sind sehr freundlich. → **un accueil** (ein Empfang); **accueillir** (empfangen)
une mentalité [ynmɑ̃talite]	eine Mentalität	
de plus [dəplys]	außerdem	**De plus, la vie là-bas est tranquille.** Außerdem ist das Leben dort ruhig.
tranquille/tranquille [tʀɑ̃kil]	ruhig	**Là-bas, on est tranquille.** Dort hat man seine Ruhe.
apprécier qn/qc [apʀesje]	schätzen; jdn./etw. schätzen	**Ce que j'apprécie beaucoup à Arles, ce sont les fêtes.** Was ich in Arles sehr schätze, sind die Feste. englisch: **to appreciate**
Arles [aʀl]	Stadt in Südfrankreich	

la **Féria** [laferja]	*Stadtfest in Arles, das an Ostern stattfindet, und dessen Höhepunkt ein Stier-kampf ist.*	
être **attaché**/**attachée** à qn/qc [atafe]	verbunden sein mit jdm./etw.; hängen an jdm./etw.	**Je suis très attaché(e) à ma région.** Ich hänge sehr an meiner Region. → **attacher qc** = etw. festbinden
le **nôtre**/la **nôtre**/les **nôtres**/les **nôtres** [lənotʀ/lanotʀ/lenotʀ/lenotʀ]	unserer/unsere/unseres	**La plus belle région, c'est la nôtre!** Die schönste Region ist unsere!

! **Das Possessivpronomen**
le **mien**/la **mienne**/les **miens**/les **miennes**
le **tien**/la **tienne**/les **tiens**/les **tiennes**
le **sien**/la **sienne**/les **siens**/les **siennes**
le **nôtre**/la **nôtre**/les **nôtres**
le **vôtre**/la **vôtre**/les **vôtres**
le **leur**/la **leur**/les **leurs**

varié/**variée** [vaʀje]	unterschiedlich; abwechslungsreich	**Les paysages sont variés.** Die Landschaften sind abwechslungsreich.
sauvage/**sauvage** [sovaʒ]	wild; unberührt	**En Camargue, la nature est sauvage.** In der Camargue ist die Natur unberührt.
la **Camargue** [lakamaʀg]	*Landschaft in Südfrankreich*	
la **diversité** [ladivɛʀsite]	die Vielfalt	→ **divers/diverse** (unterschiedlich, verschieden)
le **Pays Basque** [ləpeibask]	das Baskenland (*Region an der südwestlichen Atlan-tikküste, ein Teil gehört zu Frankreich, ein Teil zu Spanien*)	**Dans la partie française du Pays Basque, on parle français et basque.** Im französischen Teil des Baskenlandes spricht man Französisch und Baskisch.
le **Nord-Pas-de-Calais** [lənɔʀpadkalɛ]	*Region im Norden Frank-reichs*	
A1 une **particularité** [ynpaʀtikylaʀite]	eine Besonderheit	→ **particulier/particulière** (besonders)

AUF EINEN BLICK

Parler d'une statistique   Über eine Statistik sprechen

100 pour cent	100 Prozent	= 100 %	= tous/toutes les ...	alle ...
la moitié de	die Hälfte von	= 50 %	= un sur deux	einer von zwei
les trois quarts de	drei Viertel von	= 75 %	= trois sur quatre	drei von vier
les deux cinquièmes de	zwei Fünftel von	= 40 %	= deux sur cinq	zwei von fünf

A2 **centralisé**/**centralisée** [sãtʀalize]	zentralisiert; zentralstaatlich; zentralistisch	**La France est un pays centralisé.** Frankreich ist ein zentralistisches Land. → **un centre** (ein Zentrum), **central/centrale** (zentral)
dépendre de qc [depãdʀ]	von etw. abhängen; jdm./etw. unterstehen	**Les régions dépendent de la capitale.** Die Regionen sind von der Hauptstadt abhängig. → **indépendant/indépendante** (unabhängig)
politique/**politique** [pɔlitik]	politisch	→ **la politique** (die Politik), **un homme politique/une femme politique** (ein Politiker/eine Politikerin)

un gouvernement [ɛ̃guvɛʀnəmɑ̃]	eine Regierung	englisch: **government**
le pouvoir [ləpuvwaʀ]	die Macht	**être au pouvoir** an der Macht sein
remonter à qc [ʀəmɔ̃te]	auf etw. zurückgehen	**Cette situation remonte à l'époque de Louis XIV.** Diese Situation geht auf die Zeit Ludwigs des XIV. zurück.
regrouper qc [ʀəgʀupe]	etw. vereinen; etw. umfassen	**A cette époque, le pays regroupait une trentaine de provinces.** Damals umfasste das Land ungefähr 30 Provinzen.
un privilège [ɛ̃pʀivilɛʒ]	ein Privileg; ein Sonderrecht	→ **privilégier qn** (jdn. privilegieren)
supprimer qc [sypʀime]	etw. löschen; etw. abschaffen; etw. weglassen	**supprimer les privilèges de qn** jds. Privilegien abschaffen
instaurer qc [ɛ̃stɔʀe]	etw. bilden; etw. etablieren	**instaurer un gouvernement** eine Regierung bilden
l'égalité (f.) [legalite]	die Gleichheit	**La Révolution voulait instaurer l'égalité.** Die Revolution wollte die Gleichheit einführen. → **égal/égale/égaux/égales** (gleich)
remplacer qc (par qc) [ʀɑ̃plase]	etw. ersetzen (durch etw.)	**La Révolution a remplacé les 30 provinces par 83 départements.** Die Revolution hat die 30 Provinzen durch 83 Departements ersetzt.

> **!** **Achten Sie auf die Cédille:** nous remplaçons (présent); on remplaçait (imparfait); en remplaçant (gérondif).

renforcer qc [ʀɑ̃fɔʀse]	etw. verstärken; etw. festigen	→ **la force** (die Kraft)

> **!** **Achten Sie auf die Cédille:** nous renforçons (présent); on renforçait (imparfait); en renforçant (gérondif).

un préfet [ɛ̃pʀefɛ]	ein Präfekt (Vertreter der Zentralregierung)	**Les préfets représentent l'Etat.** Die Präfekten vertreten den Staat.
lent/lente [lɑ̃/lɑ̃t]	langsam	**L'administration s'est montrée trop lente.** Die Verwaltung hat sich als zu langsam erwiesen. ↔ **rapide/rapide** (schnell)
régional/régionale/régionaux/régionales [ʀeʒjɔnal/ʀeʒjɔno]	regional	**les problèmes régionaux** die regionalen Probleme
face à qc [fasa]	angesichts einer Sache	**face au monde moderne** angesichts der modernen Welt
divisé/divisée en [divize]	unterteilt in	**Le territoire est divisé en régions, départements et communes.** Das Territorium ist in Regionen, Departements und Kommunen unterteilt.
une commune [ynkɔmyn]	eine Gemeinde; eine Kommune	
transférer qc à qn [tʀɑ̃sfeʀe]	etw. auf jdn. übertragen; etw. auf jdn. verlagern	**L'Etat a transféré des compétences aux régions.** Der Staat hat Zuständigkeiten auf die Regionen übertragen.
le conseil régional/les conseils régionaux [ləkɔ̃sɛjʀeʒjɔnal/lekɔ̃sɛjʀeʒjɔno]	der Regionalrat/die Regionalräte (die Parlamente der Regionen)	**Les conseils régionaux sont responsables de l'équipement des lycées, par exemple.** Die Regionalräte sind zum Beispiel für die Ausstattung der Lycées zuständig.
passer le baccalauréat [paseləbakalɔʀea]	das Baccalaureat (das frz. Abitur) ablegen	

S1	**souligner** qc [suliɲe]	etw. unterstreichen; etw. hervorheben	→ **une ligne** (eine Linie), **sous** (unter)
	baliser qc [balize]	etw. markieren	**un sentier balisé** ein markierter Wanderpfad
V1	**la plupart** des [laplypaʀ]	die meisten	**La plupart des Français aiment bien leur région.** Die meisten Franzosen mögen ihre Region. **la plupart des** aber: **beaucoup de**

! In Sätzen mit **la plupart des** wird das **Verb im Plural** geschrieben.

	l'attachement (m.) [lataʃmã]	die Anhänglichkeit; die Bindung	→ **être attaché(e) à qn/qc** (an jdm./etw. hängen)
	un site [ɛ̃sit]	eine Lage; ein Standort	→ **être situé/située** (liegen)

! **le site d'une ville** die Lage einer Stadt
un site touristique eine touristische Sehenswürdigkeit
un site sauvage ein Stück unberührte Natur

	un dialecte [ɛ̃djalɛkt]	ein Dialekt	**Dans certaines régions, les gens s'expriment en dialecte.** In einigen Regionen sprechen die Leute Dialekt.
	une réputation [ynʀepytasjɔ̃]	ein Ruf	**Les gens de là-bas ont la réputation d'être accueillants.** Die Leute dort haben den Ruf, freundlich zu sein.
	chaleureux/chaleureuse [ʃalœʀø/ʃalœʀøz]	herzlich	→ **la chaleur** (die Wärme)
	convivial/conviviale/ conviviaux/conviviales [kɔ̃vivjal/kɔ̃vivjo]	gesellig	**Là-bas, on aime beaucoup les repas conviviaux.** Dort mag man es sehr, gesellig miteinander zu essen. → **la convivialité** (die Geselligkeit)
	renfermé/renfermée [ʀɑ̃fɛʀme]	verschlossen (*Charakter, Verhalten*)	→ **fermer** (schließen)
	partagé/partagée [paʀtaʒe]	geteilt	**Les avis sont partagés.** Die Meinungen sind geteilt. → **partager qc avec qn** (etw. mit jdm. teilen)
	un chef-lieu [ɛ̃ʃɛfljø]	eine Hauptstadt (*eines Departements oder einer Region*)	
	une entité administrative [ynɑ̃titeadministʀativ]	eine Verwaltungseinheit	**Une région est aussi une entité administrative.** Eine Region ist auch eine Verwaltungseinheit.
	précis/précise [pʀesi/pʀesiz]	genau	**avoir des responsabilités bien précises** genau umrissene Zuständigkeiten haben → **préciser qc** (etw. erläutern, etw. klarstellen)
	l'hospitalité (f.) [lɔspitalite]	die Gastfreundlichkeit; die Gastfreundschaft	
	une superficie [ynsypɛʀfisi]	eine Fläche; eine Grundfläche	**La superficie de la Bretagne, c'est 27 208 km².** **(vingt-sept-mille-deux-cent-huit kilomètres carrés)** Die Fläche der Bretagne beträgt 27 208 km².
G4	**un homme politique/ une femme politique** [ɛ̃nɔmpɔlitik/ynfampɔlitik]	ein Politiker/eine Politikerin	**Kurzform: un politique/une politique**
	une réforme [ynʀefɔʀm]	eine Reform	**On a beaucoup discuté de la réforme des régions.** Über die Regionalreform wurde viel diskutiert.
	un con/une conne (fam.) [ɛ̃kɔ̃/ynkɔn]	ein Vollidiot/eine Vollidiotin (*ugs.*)	**Qu'est-ce qu'ils sont cons!** (fam.) Was für Vollidioten! (*ugs.*)
B1	**Mayotte** [majɔt]	*Insel im Archipel der Komoren, französische Region und Übersee-Departement*	

constituer [kɔ̃stitɥe]	bilden	**L'empire colonial français s'est constitué du 16e au 20e siècle.** Das französische Kolonialreich bildete sich vom 16. bis zum 20. Jahrhundert. **constitué(e) de** = gebildet durch, zusammengesetzt aus
la colonisation [lakɔlɔnizasjɔ̃]	die Kolonisation	→ **une colonie** (eine Kolonie), **coloniser** (kolonisieren), **colonial** (kolonial)
assurer qc [asyʀe]	etw. versichern; etw. sichern	**Je t'assure!** Das kannst du mir glauben! → **sûr/sûre** (sicher)
la présence [lapʀezɑ̃s]	das Vorhandensein; *hier:* der Einfluss	**La France voulait assurer sa présence politique dans le monde.** Frankreich wollte seinen politischen Einfluss in der Welt sichern. → **être présent/présente** (anwesend sein)
propager qc [pʀɔpaʒe]	etw. verbreiten	**La France voulait propager sa culture et sa religion.** Frankreich wollte seine Kultur und seine Religion verbreiten.
une religion [ynʀəliʒjɔ̃]	eine Religion	⇔ Achten Sie auf die Aussprache des -e-!
développer qc [devəlɔpe]	etw. entwickeln	→ **le développement** (die Entwicklung) **le développement durable** (die Nachhaltigkeit)
exploiter qn/qc [ɛksplwate]	jdn. ausbeuten; etw. nutzen	→ **exploitable** (nutzbar, verwertbar)
une ressource [ynʀəsuʀs]	ein Mittel; ein Bodenschatz; eine Einnahmequelle	→ **une source** (eine Quelle)
employer qc [ɑ̃plwaje]	etw. verwenden; etw. anwenden	Achten Sie auf den Wechsel zwischen -i- und -y-: on emploie; nous employons
un esclave/une esclave [ɛ̃nɛsklav/ynɛsklav]	ein Sklave/eine Sklavin	**Pour exploiter les ressources des pays colonisés, la France employait des esclaves.** Um die Bodenschätze der kolonisierten Länder auszubeuten, beschäftigte Frankreich Sklaven.
la canne à sucre [lakanasykʀ]	das Zuckerrohr	**A Mayotte, les esclaves travaillaient dans les champs de cannes à sucre.** In Mayotte arbeiteten die Sklaven auf den Zuckerrohrfeldern.
l'océan Indien (*m.*) [lɔseɑ̃ɛ̃djɛ̃]	der Indische Ozean	
un archipel [ɛ̃naʀʃipɛl]	ein Archipel; eine Inselgruppe	**Un archipel est constitué de plusieurs îles.** Ein Archipel setzt sich aus mehreren Inseln zusammen.
les Comores (*f.*) [lekɔmɔʀ]	die Komoren (*Inselgruppe im Indischen Ozean*)	**Les Comores sont un archipel dans l'océan Indien.** Die Komoren sind ein Archipel im Indischen Ozean.
un Mahorais/une Mahoraise [ɛ̃maɔʀɛ/ynmaɔʀɛz]	ein Mahorer/eine Mahorerin	**Les Mahorais sont les habitants de Mayotte.** Die Mahorer sind die Einwohner von Mayotte.
voter pour/contre qc [vɔte]	wählen; abstimmen für/gegen etw.	**En 1974 (mille-neuf-cent-soixante-quatorze), les Mahorais ont voté contre l'indépendance de la France.** 1974 haben die Mahorer gegen die Unabhängigkeit von Frankreich gestimmt.
B2 **une sensation** [ynsɑ̃sasjɔ̃]	ein Gefühl; eine Empfindung	→ **le sens** (der Sinn), **sentir** qc (etw. fühlen), **un sentiment** (ein Gefühl)
une minorité [ynminɔʀite]	eine Minderheit	→ **mineur/mineure** (minderjährig)
issu/issue de qc [isydə]	aus etw. stammend	

l'immigration *(f.)* [limigʀasjõ]	die Einwanderung

les gens issus de l'immigration
Menschen mit Migrationshintergrund

affirmer qc [afiʀme]	etw. behaupten
éduquer qn [edyke]	jdn. erziehen

→ **l'éducation** *(f.)* (die Erziehung)

bâtir qc [batiʀ]	etw. bauen

= **construire** qc (etw. bauen)

appliquer qc [aplike]	etw. ausführen; etw. befolgen

Il faut appliquer les lois.
Man muss die Gesetze befolgen.
→ **une application** (eine Anwendung)
englisch: **to apply**

raciste/raciste [ʀasist]	rassistisch

→ **le racisme** (der Rassismus)

la conscience [lakõsjãs]	das Bewusstsein; das Gewissen

avoir mauvaise conscience
ein schlechtes Gewissen haben

se rendre compte de qc [səʀãdʀəkõt]	sich einer Sache bewusst werden

Je ne m'en suis pas rendu(e) compte.
Das war mir nicht bewusst.

supérieur/supérieure [supeʀjœʀ]	oberer/obere/oberes; überlegen

Les Blancs se sentaient supérieurs aux Mahorais.
Die Weißen fühlten sich den Mahorern überlegen.
se sentir supérieur/supérieure à qn (sich jdm. überlegen fühlen)

une manière [ynmanjɛʀ]	eine Art; eine Weise

d'une manière ou d'une autre
auf die eine oder andere Weise
= **une façon** (eine Art und Weise)

même si [mɛmsi]	auch wenn

→ **même** *(adv.)* (sogar)

avouer qc [avwe]	etw. zugeben; etw. gestehen

J'avoue que je me sentais le meilleur.
Ich gebe zu, dass ich mich als der Beste fühlte.

prouver qc [pʀuve]	etw. beweisen

→ **une preuve** (ein Beweis)

d'ailleurs [dajœʀ]	übrigens

→ **ailleurs** *(adv.)* (anderswo)

une matière [ynmatjɛʀ]	ein (Schul)Fach

ma matière préférée
mein Lieblingsfach

qc arrive à qn [aʀiv]	etw. passiert jdm.

Ça ne m'est jamais arrivé.
Das ist mir noch nie passiert.

> ! **Häufige Wendungen mit arriver**
> **J'arrive!** Ich komme gleich!
> **Elle est arrivée la première.** Sie ist als erste angekommen.
> **Je n'y arrive pas.** Ich schaffe es nicht.
> **Qu'est-ce qui t'arrive?** Was ist los mit dir?

moi-même [mwamɛm]	ich selbst

Ils l'ont dit eux-mêmes.
Sie selbst haben es gesagt.
→ **le même/la même** *(adj.)* der/die/das gleiche

> ! **moi-même:** ich selbst
> **toi-même:** du selbst
> **lui-/elle-même:** er/sie selbst
> **nous-mêmes:** wir selbst
> **vous-mêmes:** ihr selbst/Sie selbst
> **eux-/elles-mêmes:** sie selbst

apprendre à qn à faire qc [apʀãdʀ]	jdm. beibringen etw. zu tun

On leur apprend à faire du vélo.
Man bringt ihnen das Radfahren bei.
→ **apprendre** qc (etw. lernen)

empêcher qn de faire qc [ãpeʃe]	jdn. daran hindern, etw. zu tun

On les empêche de jouer avec les couteaux.
Man hindert sie daran, mit Messern zu spielen.

Les Länder de la République fédérale d'Allemagne   Die deutschen Bundesländer

dans le **Bade-Wurtemberg**	[badwyrtɑ̃bɛʀ]	in Baden-Württemberg
en **Basse-Saxe** (f.)	[bassaks]	in Niedersachsen
en **Bavière** (f.)	[bavjɛʀ]	in Bayern
dans le **Brandebourg**	[bʀɑ̃dbuʀ]	in Brandenburg
dans le **Mecklembourg-Poméranie occidentale**	[mɛklɑ̃buʀpɔmeʀaniɔksidɑ̃tal]	in Mecklenburg-Vorpommern
en **Rhénanie-Palatinat** (f.)	[ʀenanipalatina]	in Rheinland-Pfalz
en **Rhénanie-du-Nord-Westphalie** (f.)	[ʀenanidynɔʀvɛstfali]	in Nordrhein-Westfalen
en **Sarre** (f.)	[saʀ]	im Saarland
en **Saxe** (f.)	[saks]	in Sachsen
en **Saxe-Anhalt** (f.)	[saksanalt]	in Sachsen-Anhalt
dans le **Schleswig-Holstein**	[ʃleswigɔlstɛn]	in Schleswig-Holstein
en **Thuringe** (f.)	[tyʀɛ̃ʒ]	in Thüringen
à **Berlin**	[bɛʀlɛ̃]	in Berlin
à **Brême**	[bʀɛm]	in Bremen
à **Hambourg**	[ɑ̃buʀ]	in Hamburg

Plateau DELF

la Suisse romande [lasɥisʀɔmɑ̃d]	die französische Schweiz	**Genève et Lausanne sont des villes en Suisse romande.** Genf und Lausanne sind Städte in der französischen Schweiz.
obtenir qc [ɔptəniʀ]	etw. bekommen	**Je voudrais obtenir le diplôme DELF B1.** Ich würde gerne das DELF-B1-Diplom bekommen. → **tenir qc** (etw. halten)
! **obtenir** wird konjugiert wie **tenir** und **venir**: j'obtiens, tu obtiens, il/elle/on obtient, nous obtenons, vous obtenez, ils/elle obtiennent; Passé composé: j'ai obtenu		
J'aime bien savoir où j'en suis. [ʒɛmbjɛ̃savwaʀuʒɑ̃sɥi]	Ich möchte wissen, wo ich stehe.	**Tu en es où?** Wo stehst du gerade?/Wie weit bist du? → **en**, Adverbialpronomen (darüber, davon)
une preuve [ynpʀœv]	ein Beweis; ein Nachweis	**Les résultats me donneront une preuve exacte de mon niveau.** Die Ergebnisse geben mir einen genauen Nachweis meines Niveaus. → **prouver qc** (etw. beweisen)
la compréhension [lakɔ̃pʀeɑ̃sjɔ̃]	das Verständnis	**la compréhension orale, la compréhension écrite** das Hörverstehen, das Leseverstehen → **comprendre qc** (etw. verstehen)
s'habituer à qn/qc [sabitɥe]	sich an jdn./etw. gewöhnen	**Pour t'habituer à la compréhension orale, écoute la radio française sur Internet.** Höre französisches Radio im Internet, um dich an das Hörverstehen zu gewöhnen. → **une habitude** (eine Gewohnheit)
être à l'aise [ɛtʀalɛz]	sich wohlfühlen; entspannt sein	**Vous êtes à l'aise?** Fühlen Sie sich wohl?

une épreuve [ynepʁœv]	eine Probe; eine Prüfung	**passer une épreuve écrite/orale** eine schriftliche/mündliche Prüfung ablegen → **une preuve** (ein Beweis, ein Nachweis), **prouver qc** (etw. beweisen)
s'entraîner à faire qc [sɑ̃tʁene]	trainieren, etw. zu tun; üben, etw. zu tun	**Entraînez-vous à faire les épreuves dans les mêmes conditions qu'à l'examen.** Üben Sie, die Prüfungsunterlagen unter den gleichen Bedingungen zu bearbeiten wie in der Prüfung. → **l'entraînement** *(m.)* (das Training)
une condition [ynkɔ̃disjɔ̃]	eine Bedingung	→ **la phrase conditionnelle** (der Bedingungssatz)
un examen [ɛ̃nɛgzamɛ̃]	eine Prüfung; ein Examen; eine Untersuchung	⟺ Achten Sie auf die besondere Aussprache der Endsilbe -en!
un seuil [ɛ̃sœj]	eine Schwelle	**au seuil du succès** auf der Schwelle zum Erfolg
faire face à qc [fɛʁfas]	sich einer Sache stellen; etw. bewältigen	**Comment faire face aux situations de la vie quotidienne?** Wie kann man alltägliche Situationen bewältigen?

Liste des mots

Die *Liste des mots* enthält den Lernwortschatz. Nicht aufgeführt werden fakultative Wörter aus den Vorgängerbänden, Wörter, die innerhalb von *Lire*-Aufgaben erschlossen werden sollen, grammatische Basiswörter wie z. B. die Subjektpronomen *je, tu, …* sowie Zahlen.

Die Fundstellen verweisen auf das erstmalige Vorkommen der Wörter, z. B.:

une **société VM3V**, 1

Band **5**, Module **3**, Zoom sur le **v**ocabulaire, Nummer **1**.

Weitere Abkürzungen:
DE = Einstiegsseite *Découvertes*
A = Pratique A Textes
B = Pratique B Textes
S = Zoom sur les **s**tratégies
V = Zoom sur le **v**ocabulaire
G = Zoom sur la **g**rammaire
Grau gesetzte Wörter dienen der Ergänzung und sind fakultativ.

A

à (Paris) [a] in; nach (Paris) **I2DE**
  à partir de [apaʀtiʀdə] ab; von … an **IV2A**, 1
  A plus! *(fam.)* [aplys] Bis später! **I5A**, 1
  à propos de qc [apʀɔpodə] apropos; etw. betreffend **II2A**, 1
  Il/Elle est à qui? [ilɛtaki/ɛlɛtaki] Wem gehört er/sie/es? **I4A**, 3
abattre qc/qn [abatʀ] etw./jdn. fällen; etw./jdn. schlachten; etw./jdn. töten **VM3A**, 2
absolument *(adv.)* [apsɔlymɑ̃] absolut *(Adv.)*; unbedingt *(Adv.)* **IV2A**, 3
un **accent** [ɛ̃naksɑ̃] ein Akzent **IV2A**, 3
accepter qn/qc [aksɛpte] jdn./etw. akzeptieren; jdn./etw. annehmen **III2DE**
  accepter que *(+ subj.)* [aksɛpte] akzeptieren, dass **IV3A**, 5
un **accident** [ɛ̃naksidɑ̃] ein Unfall **IV1A**, 2
accompagner qn [akɔ̃paɲe] jdn. begleiten **IV2A**, 3
un **accord** [ɛ̃nakɔʀ] eine Übereinkunft **IVM1B**, 7
accorder qc [akɔʀde] etw. bewilligen; etw. gewähren **VM1B**, 5
accrocher [akʀɔʃe] ansprechen (auf etw.); hängen bleiben **VM1A**, 2
un **accueil** [ɛ̃nakœj] ein Empfang **IV2A**, 8

accueillant/**accueillante** [akœjɑ̃/akœjɑ̃t] freundlich **VM4DE**
accueillir qn [akœjiʀ] jdn. aufnehmen; jdn. empfangen **VM1B**, 5
accuser qn [akyze] jdn. anklagen **III2C**, 2
un **achat** [ɛ̃naʃa] ein Kauf **VRev**
acheter qc [aʃte] etw. kaufen **II4DE**
un **acteur**/une **actrice** [ɛ̃naktœʀ/ynaktʀis] ein Schauspieler/eine Schauspielerin **II1B**, 2
une **action** [ynaksjɔ̃] eine Handlung; eine Tat **VM1A**, 4
une **activité** [ynaktivite] eine Freizeitbeschäftigung **I5DE**
l'**actualité** *(f.)* [laktualite] das Tagesgeschehen; das Zeitgeschehen **VM2A**, 1
adapter qc à qc [adapte] etw. an etw. anpassen **VM2A**, 1
une **addition** [ynadisjɔ̃] eine Rechnung (im Restaurant) **VRev**
administratif/**administrative** [administʀatif/administʀativ] behördlich; Verwaltungs- **III5DE**, 3
  une entité administrative [ynɑ̃titeadministʀativ] eine Verwaltungseinheit **VM4V**, 1
administrativement [administʀativmɑ̃] verwaltungsmäßig; was die Verwaltung betrifft **III5DE**, 3
un **adolescent**/une **adolescente** *(fam.)* un/une **ado** [ɛ̃nadɔlɛsɑ̃/ynadɔlɛsɑ̃t] ein Jugendlicher/eine Jugendliche **IV2A**, 3
adorer qn/qc [adɔʀe] jdn./etw. sehr gern mögen **I7C**, 1
une **adresse** [ynadʀɛs] eine Adresse **III1DE**
s'**adresser** à qn [sadʀese] sich an jdn. richten; sich an jdn. wenden **IV1B**, 1
un **adulte**/une **adulte** [ɛ̃nadylt/ynadylt] ein Erwachsener/eine Erwachsene **IV3A**, 2
une **affaire** [ynafɛʀ] eine Angelegenheit; eine Sache **I3A**, 3
une **affiche** [ynafiʃ] ein Plakat; ein Poster **I2DE**
affirmer qc [afiʀme] etw. behaupten **VM3S**, 1 **VM4B**, 2
africain/**africaine** [afʀikɛ̃/afʀikɛn] afrikanisch **III2A**, 5
l'**âge** *(m.)* [laʒ] das Alter **I3B**, 9
  Tu as quel âge? [tyakɛlaʒ] Wie alt bist du? **I3B**, 9
âgé/**âgée de**… ans [aʒedə] im Alter von … Jahren; … Jahre alt **VM1S**, 1
une **agence** [ynaʒɑ̃s] eine Agentur **VM2A**, 1
agir [aʒiʀ] handeln **IV1B**, 3
  il s'agit de qn/qc [ilsaʒidə] es handelt sich um jdn./etw. **IV1B**, 3

l'**agriculture** *(f.)* [lagʀikyltyʀ] der Ackerbau; die Landwirtschaft **III3B**, 4
l'**agroalimentaire** *(m.)* [lagʀoalimɑ̃tɛʀ] der Lebensmittelsektor **VM2A**, 1
une **aide** [ynɛd] eine Hilfe; eine Unterstützung **IVM2D**, 1
aider qn [ede] jdm. helfen **I6B**, 1
aie [ɛ] habe *(Imperativ von avoir)* **IVM2DE**, 1
Aie! [aj] Aua! **I4DE**
ailleurs [ajœʀ] an einem anderen Ort; woanders **VM1A**, 2 **VM2B**, 2 **VM4DE**
aimer qn/qc [eme] jdn./etw. lieben; jdn./etw. mögen **I2B**, 2
  j'aimerais mieux … [ʒemʀɛmjø] ich würde lieber … **II3A**, 8
  j'aimerais que *(+ subj.)* [ʒeməʀəkə] ich möchte, dass; ich wünsche mir, dass **IV3A**, 2
aîné/**aînée** [ene] älterer/ältere **IVM1A**, 1
un **air** [ɛ̃nɛʀ] eine Melodie **III1B**, 1
l'**air** *(m.)* [lɛʀ] das Aussehen; die Luft **II1A**, 1
  avoir l'air [avwaʀlɛʀ] aussehen **II1A**, 1
  prendre l'air [pʀɑ̃dʀəlɛʀ] an die frische Luft gehen **III1B**, 1
une **aire de repos** [ynɛʀdəʀəpo] ein Rastplatz *(an der französischen Autobahn)* **II5A**, 4
être à l'aise [ɛtʀalɛz] entspannt sein; sich wohlfühlen **VDELF**
un **album** [ɛ̃nalbɔm] ein Album; ein Musikalbum **II6B**
l'**alimentation** *(f.)* [lalimɑ̃tasjɔ̃] die Ernährung **IV3A**, 2
l'**allemand** *(m.)* [lalmɑ̃] Deutsch *(Schulfach)* **I4DE**
allemand/**allemande** [almɑ̃/almɑ̃d] deutsch **I3A**, 3
aller [ale] fahren; gehen **I4A**, 3
  aller chercher qc [aleʃɛʀʃe] etw. abholen; etw. holen **II4A**, 2
  aller faire qc [alefɛʀ] etw. tun werden **I5A**, 1
  aller bien [alebjɛ̃] gut gehen **II1A**, 7
  On y va! [ɔ̃niva] Auf geht's!; Gehen wir! **II1A**, 1
  Vas-y! [vazi] Auf geht's!; Los!; Mach schon! **II3B**, 1
une **alliance** [ynaljɑ̃s] ein Bündnis; eine Allianz **IV3DE**
un **allié**/une **alliée** [ɛ̃nalje/ynalje] ein Verbündeter/eine Verbündete **VM3A**, 2
allier qc à qc [alje] etw. mit etw. verbinden **VM2A**, 1
Allô? [alo] Hallo? *(am Telefon)* **I3A**, 3
allumer qc [alyme] etw. anzünden; etw. einschalten **IVM2DE**, 6
alors [alɔʀ] dann; jetzt; nun **I2B**, 2

alors que [alɔrkə] obwohl; während; wohingegen **III5A**, 1

l'**alphabétisation** *(f.)* [lafabetizasjɔ̃] die Alphabetisierung **IVM1A**, 4

alsacien/**alsacienne** [alzasjɛ̃/alzasjɛn] elsässisch **VM4DE**

une **ambassade** [ynɑ̃basad] eine Botschaft **IVM1A**, 2

une **ambiance** [ynɑ̃bjɑ̃s] eine Atmosphäre; eine Stimmung **III3B**, 1

une **âme** [ynam] eine Seele **VM2B**, 2

améliorer qc [ameljɔre] etw. verbessern **VM2A**, 1

amener qn/qc [aməne] jdn./etw. mitbringen **IVM1B**, 1

amener qn à faire qc [aməne] jdn. veranlassen, etw. zu tun **IVM1B**, 1

un **ami**/une **amie** [ɛ̃nami/ynami] ein Freund/ eine Freundin **I2A**, 3

se faire des amis [səfɛrdezami] Freunde finden **VRev**

l'**amitié** *(f.)* [lamitje] die Freundschaft **IV3A**, 8

l'**amour** *(m.)* [lamur] die Liebe **II6B**

le chagrin d'amour [ləʃagrɛ̃damur] der Liebeskummer **III1A**, 1

amoureux/**amoureuse** [amurø/amurøz] verliebt **III4A**, 4

tomber amoureux/amoureuse de qn [tɔ̃beamurø/amurøz] sich in jdn. verlieben **IVM1A**, 9

amuser qn [amyze] jdm. Spaß machen; jdn. amüsieren **VM1B**, 1

un **an** [ɛ̃nɑ̃] ein Jahr **I3B**, 1

une **analyse** [ynanaliz] eine Analyse; eine genaue Untersuchung **III3DE**

analyser qc [analize] etw. analysieren; etw. untersuchen **VM2A**, 1

un **ancêtre**/une **ancêtre** [ɛ̃nɑ̃sɛtr/ynɑ̃sɛtr] ein Vorfahr/eine Vorfahrin **VM1B**, 5

ancien/**ancienne** [ɑ̃sjɛ̃/ɑ̃sjɛn] alt ; ehemalig **IV1A**, 2

anglais/**anglaise** [ɑ̃glɛ/ɑ̃glɛz] englisch **III5DE**, 4

un **animal**/des **animaux** [ɛ̃nanimal/dezanimo] ein Tier/Tiere **II5A**, 4

un **animateur socioculturel**/une **animatrice socioculturelle** [ɛ̃nanimatœrsɔsjokyltyrɛl/ ynanimatrissɔsjokyltyrɛl] ein Freizeitbetreuer/eine Freizeitbetreuerin **VM1DE**

une **année** [ynane] ein Jahr *im Verlauf* **I3B**, 7

un **anniversaire** [ɛ̃naniverser] ein Geburtstag **I3DE**

une **annonce** [ynanɔ̃s] eine Annonce; eine Anzeige **II7B**, 8

un **anorak** [ɛ̃nanɔrak] ein Anorak **I6B**, 8

août *(m.)* [ut] August **I3B**, 7

apparaître [aparɛtr] auftauchen; erscheinen **VM3B**, 1

un **appareil** [ɛ̃naparɛj] ein Apparat; ein Gerät **IVM2C**, 2

l'**apparence** (f.) [laparɑ̃s] das Erscheinungsbild; der Anschein **VM1V**, 1

un **appartement** [ɛ̃napartəmɑ̃] eine Wohnung **I5A**, 3

faire **appel** à qn/qc [fɛrapɛl] an jdn./etw. appellieren **VM3S**, 1

appeler qn [aple] jdn. anrufen **II2B**, 2

il s'appelle [ilsapɛl] er heißt **I3B**, 9

je m'appelle [ʒəmapɛl] ich heiße **I1A**, 1

Tu t'appelles comment? [tytapɛlkɔmɑ̃] Wie heißt du? **I1A**, 1

l'**applaudissement** *(m.)* [laplodismɑ̃] der Applaus; der Beifall **II3B**, 1

une **application** [ynaplikasjɔ̃] eine Anwendung **IVM2B**, 2

appliquer qc [aplike] etw. ausführen; etw. befolgen **VM4B**, 2

apporter qc à qn [apɔrte] jdm. etw. bringen **II6C**

apprécier qn/qc [apresje] jdn./etw. schätzen; schätzen **VM4DE**

apprendre qc [aprɑ̃dr] etw. erfahren; etw. lernen **II3DE**

apprendre à qn à faire qc [aprɑ̃dr] jdm. beibringen etw. zu tun **VM4B**, 2

un **apprenti**/une **apprentie** [ɛ̃naprɑ̃ti/ ynaprɑ̃ti] ein/eine Azubi; ein Lehrling ⟨**VM2B**, 1⟩

un **apprentissage** [ɛ̃naprɑ̃tisaʒ] eine Lehre ⟨**VM2B**, 1⟩

approfondir qc [aprɔfɔ̃dir] etw. vertiefen **IVM1B**, 8

après [aprɛ] danach; nach **I4A**, 1

après avoir fait qc [aprezavwar] nachdem man etw. getan hat **IV3B**, 1

l'**après-midi** *(m.)* (f.) [laprɛmidi] der Nachmittag; nachmittags **I5A**, 3

l'**arabe** *(m.)* [larab] das Arabische **III5DE**, 3

un **arbre** [ɛ̃narbr] ein Baum **II5A**, 4

un **archipel** [ɛ̃narʃipɛl] ein Archipel; eine Inselgruppe **VM4B**, 1

un **architecte**/une **architecte** [ɛ̃narʃitɛkt/ ynarʃitɛkt] ein Architekt/eine Architektin **VM2V**, 4

l'**argent** *(m.)* [larʒɑ̃] das Geld **II6B**

l'argent *(m.)* de poche [larʒɑ̃dəpɔʃ] das Taschengeld **II7B**, 3

gagner de l'argent [gaɲe] Geld verdienen **II6B**

un **argument** [ɛ̃nargymɑ̃] ein Argument **II7B**, 7

une **arme** [ynarm] eine Waffe **VM3B**, 2

une **armoire** [ynarmwar] ein Schrank **III2C**, 2

arranger qc [arɑ̃ʒe] etw. einrichten; etw. ordnen; etw. regeln **VM1B**, 1

Ça va s'arranger. [savasarɑ̃ʒe] Das wird schon wieder. **III2B**, 5

arrêter qc [arɛte] etw. anhalten; etw. beenden; mit etw. aufhören **II3B**, 1

l'**arrière**-plan *(m.)* [larjɛrplɑ̃] der Hintergrund *(Bild, Foto, Film)* **III5B**, 2

l'**arrivée** *(f.)* [larive] die Ankunft **I6A**, 2

arriver [arive] ankommen; kommen **I2DE**

qc **arrive** à qn [ariv] etw. passiert jdm. **VM4B**, 2

arriver à faire qc [arive] gelingen, etw. zu tun **III2B**, 1

un **arrondissement** [ɛ̃narɔ̃dismɑ̃] ein Arrondissement **I5DE**

l'**art** *(m.)* [lar] die Kunst **II7DE**

les arts du cirque *(m.)* [lezardysirk] die Zirkuskünste **II7DE**

un **article** [ɛ̃nartikl] ein Artikel **II3B**, 4

un **artiste**/une **artiste** [ɛ̃nartist/ynartist] ein Künstler/eine Künstlerin **III5A**, 1

l'**asile** *(m.)* [lazil] das Asyl **VM1B**, 5

un **aspect** [ɛ̃naspɛ] ein Aspekt **VM2A**, 1

ein Aussehen **VM1S**, 1

s'**asseoir** [saswar] sich setzen **IV2B**, 1

assez (de) [ase] genug; genügend (von) **II7B**, 7

une **assiette** [ynasjɛt] ein Teller **II4B**, 1

un **assistant**/une **assistante** [ɛ̃nasistɑ̃/ ynasistɑ̃t] ein Assistent/eine Assistentin **I7DE**

assister à qc [asiste] an etw. teilnehmen; etw. miterleben **VM3B**, 2

assurer qc [asyre] etw. sichern; etw. versichern **VM4B**, 1

un **atelier** [ɛ̃natəlje] eine Werkstatt; ein Workshop **II6C**

l'**athlétisme** *(m.)* [latletism] die Leichtathletik **I5A**, 3

l'**attachement** *(m.)* [lataʃmɑ̃] die Anhänglichkeit; die Bindung **VM4V**, 1

attacher qc [ataʃe] etw. binden; etw. festbinden **VM4DE**

être **attaché**/**attachée** à qn/qc [ataʃe] hängen an jdn./etw.; verbunden sein mit jdm./etw. **VM4DE**

attendre qn [atɑ̃dr] auf jdn. warten; jdn. erwarten **II2B**, 2

attentif/**attentive** [atɑ̃tif/atɑ̃tiv] aufmerksam **VM1S**, 1

Attention! [atɑ̃sjɔ̃] Achtung!; Vorsicht! **I1A**, 1

attirer qn/qc [atire] jdn./etw. anziehen **IVM1B**, 1

une **attitude** [ynatityd] eine Haltung **VM3B**, 2

Liste des mots

une **attraction** [ynatʀaksjɔ̃] eine Attraktion **IV1B**, 1

attraper qn/qc [atʀape] jdn./etw. fangen; jdn./etw. schnappen **VM1B**, 1

aucun/aucune … ne [okɛ̃/okyn] kein/keine (Subjekt) **IVM1A**, 5

ne … **aucun/ne … aucune** [okɛ̃/okyn] kein/keine/keines (Objekt) **VM2A**, 1

au-dessus de qc [od(ə)sydə] oberhalb von etw.; über etw. **IVM1A**, 5

l'**audiovisuel** (m.) [lodjovizɥɛl] die Audio-Video-Technik **VM2DE**

audiovisuel/audiovisuelle [odjovizɥɛl/odjovizɥɛl] audiovisuell **VM2DE**

une **augmentation** [ynɔɡmɑ̃tasjɔ̃] ein Anstieg; eine Zunahme ⟨**VM3B**, 1⟩

aujourd'hui [oʒuʀdɥi] heute **I3A**, 3

auprès de [opʀɛdə] bei **IV1B**, 3

aussi [osi] auch **I1B**, 1

aussi pratique que [osipʀatikkə] genauso praktisch wie **III4B**, 1

autant de (… que) [otɑ̃də] so viel (wie) **IV1A**, 2

un **auteur**/une **auteure** [ɛ̃notœʀ/ynotœʀ] ein Autor/eine Autorin **III1DE**

l'**automne** (m.) [lotɔn] der Herbst **II5B**, 4

une **autorisation** [ynɔtɔʀizasjɔ̃] eine Erlaubnis; eine Genehmigung **III2B**, 1

autoritaire/autoritaire [otoʀitɛʀ] autoritär **VM1V**, 1

une **autoroute** [ynotoʀut] eine Autobahn **II5A**, 4

autour de qn/qc [otuʀ] um jdn./etw. herum **III2C**, 2

autre/autre [otʀ] anderer/andere/anderes **I6B**, 1

avancer [avɑ̃se] vorankommen **II3B**, 1

avant [avɑ̃] vor (zeitlich) **I6B**, 1

avant de faire qc [avɑ̃də] bevor man etw. tut **IV3B**, 1

un **avantage** [ɛ̃navɑ̃taʒ] ein Vorteil **IV2A**, 3

avant que (+ subj.) [avɑ̃kə] bevor **VM3G**, 3

avec [avɛk] mit **I2DE**

l'**avenir** (m.) [lavniʀ] die Zukunft **VM2DE**

une **aventure** [ynavɑ̃tyʀ] ein Abenteuer **III3B**, 1

une **avenue** [ynavəny] eine Straße **I5DE**

un **avion** [ɛ̃navjɔ̃] ein Flugzeug **I7B**, 3

un **avis** [ɛ̃navi] eine Meinung **II6A**

à mon avis [amɔ̃navi] meiner Meinung nach **II7B**, 7

Je suis de ton avis. [ʒəsɥidətɔ̃navi] Ich bin deiner Meinung. **II7B**, 7

un **avocat**/une **avocate** [ɛ̃navɔka/ynavɔkat] ein Anwalt/eine Anwältin **VM2B**, 2 **VM3B**, 2

avoir [avwaʀ] haben **I3B**, 1

avoir besoin de qc/de faire qc [avwaʀbəzwɛ̃] etw. brauchen; etw. tun müssen **IV1A**, 2

avoir cours [avwaʀkuʀ] Unterricht haben **II1B**, 2

avoir du mal à faire qc [avwaʀdymal] Mühe haben, etw. zu tun **VM1B**, 1

avoir envie de faire qc [avwaʀɑ̃vi] Lust haben, etwas zu tun **I3B**, 1

avoir envie que (+ subj.) [avwaʀɑ̃vi] Lust dazu haben, dass **IV3A**, 5

avoir faim [avwaʀfɛ̃] Hunger haben **I3B**, 1

avoir la dalle (fam.) [avwaʀladal] Kohldampf haben (ugs.) **III4A**, 4

avoir la pêche (fam.) [avwaʀlapɛʃ] gut drauf sein (ugs.) **III1A**, 1

avoir le droit de faire qc [avwaʀlədʀwa] das Recht haben, etw. zu tun; etw. tun dürfen **II6A**

avoir le temps de faire qc [avwaʀlətɑ̃] Zeit haben, etw. zu tun **II4B**, 2

avoir lieu [avwaʀljø] sich ereignen; stattfinden **IV1A**, 1

avoir l'air [avwaʀlɛʀ] aussehen **II1A**, 1

avoir l'impression que [avwaʀlɛ̃pʀesjɔ̃] den Eindruck haben, dass **III2A**, 5

avoir mal [avwaʀmal] Schmerzen haben **I5B**, 3

avoir onze ans [avwaʀɔ̃zɑ̃] elf Jahre alt sein **I3B**, 1

avoir peur de qn/qc [avwaʀpœʀ] Angst haben vor jdm./etw. **II2A**, 1

avoir peur que (+ subj.) [avwaʀpœʀ] Angst haben, dass **IV3A**, 5

avoir raison [avwaʀʀɛzɔ̃] Recht haben **I4B**, 4

avoir soif [avwaʀswaf] Durst haben **I5C**, 1

en avoir marre de qn/qc (fam.) [ɑ̃navwaʀmaʀ] von jdm./etw. die Nase voll haben (ugs.) **II2B**, 2

avouer qc [avwe] etw. gestehen; etw. zugeben **VM4B**, 2

avril (m.) [avʀil] April **I3B**, 7

ayez [ɛje] haben Sie (Imperativ von avoir); habt (Imperativ von avoir) **IVM2DE**, 1

B

le **baccalauréat** [ləbakalɔʀea] das Abitur **III5B**, 1

passer le baccalauréat [paseləbakalɔʀea] das Baccalaureat ablegen **VM4A**, 2

un **bal** [ɛ̃bal] ein Ball; ein Fest **I6DE**

un **baladeur** mp3 [ɛ̃baladœʀɛmpetʀwa] ein MP3-Player **II5A**, 4

une **baleine** [ynbalɛn] ein Wal **III5A**, 1

baliser [balize] markieren **VM4S**, 1

une **balle** [ynbal] ein (kleiner) Ball **II7A**, 1

un **ballon** [ɛ̃balɔ̃] ein Ball **II5B**, 1

un **banc** [ɛ̃bɑ̃] eine Bank (Sitzbank) **III4B**, 3

une **bande** [ynbɑ̃d] eine Bande; eine Clique **VM1A**, 1

un **bandeau** [ɛ̃bɑ̃do] ein Haarband; ein Stirnband **VM1V**, 1

une **banlieue** [ynbɑ̃ljø] ein Vorort; ein Vorstadtbereich **VM1A**, 1

bas/basse [ba/bas] leise; niedrig **IV3A**, 2

en bas de [ɑ̃badə] unten; unterhalb von **IV1A**, 1

une **basket** [ynbaskɛt] ein Turnschuh **I6B**, 8

le Pays **basque** [ləpeibask] das Baskenland **VM4DE**

une **bataille** [ynbataj] eine Schlacht **IV3A**, 1

un champ de bataille [ɛ̃ʃɑ̃dəbataj] ein Schlachtfeld **IV3A**, 1

un **bateau**/des **bateaux** [ɛ̃bato/debato] ein Boot/Boote; ein Schiff/Schiffe **II5A**, 1

bâtir qc [batiʀ] etw. bauen **VM4B**, 2

la **batterie** [labatʀi] das Schlagzeug **II6B**

battre qn [batʀ] jdn. besiegen; jdn. schlagen **IV3A**, 2

se **battre** [səbatʀ] kämpfen **IV3A**, 2

C'est le **bazar**! (fam.) [sɛləbazaʀ] Was für ein Durcheinander! **IVM2A**, 2

une **BD** [ynbede] ein Comic **I2DE**

beau/bel/belle [bo/bɛl/bɛl] schön **II6B**

Il fait beau. [ilfɛbo] Es ist schönes Wetter. **I7A**, 1

beaucoup [boku] viel **I5B**, 2

beaucoup de [bokudə] viel(e) **I7A**, 1

un **beau-frère** [ɛ̃bofʀɛʀ] ein Schwager **IVM1A**, 1

la **beauté** [labote] die Schönheit **IVM2DE**

un **bébé** [ɛ̃bebe] ein Baby; ein Säugling **IV3A**, 2

belge/belge [bɛlʒ] belgisch **II6C**

une **belle-sœur** [ynbɛlsœʀ] eine Schwägerin **IVM1A**, 1

ben (fam.) [bɛ̃] nun **II3A**, 2

un **besoin** [ɛ̃bəzwɛ̃] ein Bedarf; ein Bedürfnis **IVM1A**, 4

avoir besoin de qc/de faire qc [avwaʀbəzwɛ̃] etw. brauchen; etw. tun müssen **IV1A**, 2

une **bête** [ynbɛt] ein Tier **IV1B**, 1

bête/bête [bɛt] blöd; dumm **II1A**, 1

trouver bête que (+ subj.) [tʀuvebɛt] dumm finden, dass **IV3A**, 5

le **beurre** [ləbœʀ] die Butter **II4B**, 2

une **bibliothèque** [ynbiblijɔtɛk] eine Bibliothek; eine Bücherei **III5B**, 1

bien adv. [bjɛ̃] gut (Adv.) **I1B**, 1

Bien sûr! [bjɛ̃syʀ] Na klar!; Selbstverständlich!; Sicherlich! **I3A**, 2

moins bien [mwɛ̃bjɛ̃] weniger gut **III5B**, 1

bien que (+ subj.) [bjɛ̃kə] obwohl **VM3G**, 3

bientôt [bjɛ̃to] bald **I3A**, 1

Soyez les **bienvenus!** [bjɛ̃vəny] Seien Sie willkommen! **IVM2DE**, 1

une **bière** [ynbjɛʀ] ein Bier **IV3B**, 1

un **bijou**/des **bijoux** [ɛ̃biʒu/debiʒu] ein Schmuck; ein Schmuckstück **IV1A**, 2

un **billet** [ɛ̃bijɛ] eine Fahrkarte **IV1B**, 1

la **biologie** [labjɔlɔʒi] die Biologie **VM2DE**

un **biologiste**/une **biologiste** [ɛ̃bjɔlɔʒist/ynbjɔlɔʒist] ein Biologe/eine Biologin **II7B**, 3

une **bise** (fam.) [ynbiz] ein Kuss; ein Küsschen **I7A**, 4

bizarre/**bizarre** [bizaʀ] komisch; merkwürdig **I1B**, 1

une **blague** [ynblag] ein Scherz; ein Streich **II1A**, 1

blanc/**blanche** [blɑ̃/blɑ̃ʃ] weiß **I6B**, 6

un **blessé**/une **blessée** [ɛ̃blese/ynblese] ein Verletzter/eine Verletzte **IV3A**, 1

blesser qn [blese] jdn. verletzen; jdn. verwunden **IV3A**, 1

bleu/**bleue** [blø] blau **I6B**, 6

un **blog** [ɛ̃blɔg] ein Blog (ein Tagebuch im Internet) **II6A**

blond/**blonde** [blɔ̃/blɔ̃d] blond **II1B**, 6

Bof! (fam.) [bɔf] Ach. (ugs.); Na ja. (ugs.) **I1B**, 7

boire qc [bwaʀ] etw. trinken **II4A**, 2

boire un coup (fam.) [bwaʀɛku] etwas trinken **VRev**

le **bois** [ləbwa] das Holz **IV1B**, 1

une **boisson** [ynbwasɔ̃] ein Getränk **II4A**, 2

aller en **boîte** (fam.) [aleɑ̃bwat] in die Disco gehen (ugs.) **IVM2B**, 2

une **boîte** [ynbwat] eine Disco (ugs.); eine Dose; eine Schachtel **IVM2B**, 2

bon/**bonne** [bɔ̃/bɔn] gut **I6A**, 4

Ah, bon? [abɔ̃] Ach ja?; Wirklich? **I3A**, 1

Bonne journée! [bɔnʒuʀne] Einen schönen Tag! **I5C**, 5

c'est bon que (+ subj.) [bɔ̃] es ist gut, dass **IV3A**, 5

Bonjour! [bɔ̃ʒuʀ] Guten Tag! **I1DE**

au **bord** de qc [obɔʀdə] am Rande von etw.; am Ufer von etw. **II5DE**

bosser (fam.) [bɔse] jobben; schuften (ugs.) **IVM1B**, 8

la **bouche** [ynbuʃ] der Mund ⟨**VM1S**, 1⟩

un **bouchon** [ɛ̃buʃɔ̃] ein Korken; ein Verkehrsstau **II5A**, 4

bouder [bude] schmollen **III3A**, 2

bouger [buʒe] sich bewegen **II7A**, 4

une **bougie** [ynbuʒi] eine Kerze **I3A**, 3

une **boulangerie** [ynbulɑ̃ʒʀi] eine Bäckerei **I5B**, 1

une **boulette** [ynbulɛt] ein Kügelchen **II1B**, 2

un **boulot** (fam.) [ɛ̃bulo] ein Job (ugs.) **III3DE**

une **bouteille** [ynbutɛj] eine Flasche **II4A**, 2

une **boutique** [ynbutik] eine Boutique; ein Ladengeschäft **I7A**, 1

une **branche** [ynbʀɑ̃ʃ] ein Ast; eine Branche (ein Geschäftszweig); ein Zweig **VM2V**, 1 **VM3A**, 1

brancher qc sur qc [bʀɑ̃ʃe] etw. an etw. anschließen **IVM2C**, 2

le **bras** [ləbʀa] der Arm **II2A**, 1

un **Breton**/une **Bretonne** [ɛ̃bʀətɔ̃/ynbʀətɔn] ein Bretone/eine Bretonin **VM4DE**

breton/**bretonne** [bʀətɔ̃/bʀətɔn] bretonisch **VM4DE**

bricoleur/**bricoleuse** [bʀikɔlœʀ/bʀikɔløz] handwerklich geschickt **VM2DE**

une **brigade** [ynbʀigad] eine Brigade **IV3A**, 1

la brigade franco-allemande [labʀigadfʀɑ̃koalmɑ̃d] die deutsch-französische Brigade **IV3A**, 1

briller [bʀije] funkeln; scheinen **III4A**, 9

une **brioche** [ynbʀijɔʃ] eine Brioche (Hefegebäck) **VRev**

le **bruit** [ləbʀɥi] das Geräusch; der Lärm **I5A**, 3

brun/**brune** [bʀɛ̃/bʀyn] braun **II1B**, 6

un **bulletin** scolaire [ɛ̃byltɛ̃skɔlɛʀ] ein Schulzeugnis **II3DE**

un **bureau** [ɛ̃byʀo] ein Arbeitszimmer; ein Büro; ein Schreibtisch **I7A**, 1

un **bus** [ɛ̃bys] ein Bus **I7B**, 1

une **buvette** [ynbyvɛt] ein Getränkestand **III4B**, 3

C

le **C.A.P.** (= certificat d'aptitude professionnelle) [ləseape] das C.A.P. (berufsqualifizierender Abschluss) **VM1DE**

ça (Kurzform zu cela) [sa] das **I2B**, 2

Ça va? [sava] Wie geht's? **I0**, 2

Ça va s'arranger. [savasaʀɑ̃ʒe] Das wird schon wieder. **III2B**, 5

Ça y est! [sajɛ] Es ist soweit!; Geschafft! **III1DE**

cacher qc [kaʃe] etw. verstecken **III2C**, 2

un **cadeau** [ɛ̃kado] ein Geschenk **I3A**, 1

un **cadre** [ɛ̃kadʀ] ein Rahmen **IVM1B**, 1

le **café** [ləkafe] der Kaffee **II4B**, 6

un café [ɛ̃kafe] ein Café **I5B**, 1

un **cahier** [ɛ̃kaje] ein Heft **I2A**, 1

un cahier de textes [ɛ̃kajedətɛkst] ein Hausaufgabenheft **II3DE**

une **caméra** [ynkameʀa] eine Filmkamera **IV1A**, 2

la **campagne** [lakɑ̃paɲ] das Land **II7B**, 3

un **campeur**/une **campeuse** [ɛ̃kɑ̃pœʀ/ynkɑ̃pøz] ein Camper/eine Camperin **IVM2DE**, 1

un **camping** [ɛ̃kɑ̃piŋ] ein Campingplatz **IVM2DE**

le camping [ləkɑ̃piŋ] das Camping **IVM2DE**

un **camping-car** [ɛ̃kɑ̃piŋkaʀ] ein Wohnmobil **IVM2DE**

canadien/**canadienne** [kanadjɛ̃/kanadjɛn] kanadisch **III5DE**, 3

un **canapé** [ɛ̃kanape] ein Sofa **II5A**, 7

un **candidat**/une **candidate** [ɛ̃kɑ̃dida/ynkɑ̃didat] ein Bewerber eine Bewerberin; ein Kandidat eine Kandidatin **VM2A**, 2

une **candidature** [ynkɑ̃didatyʀ] eine Bewerbung **IV2A**, 3

poser sa candidature [pozesakɑ̃didatyʀ] sich bewerben **IV2A**, 3

la **canne à sucre** [lakanasykʀ] das Zuckerrohr **VM4B**, 1

un **canoë** [ɛ̃kanɔe] ein Kanu **III5A**, 1

une **cantine** [ynkɑ̃tin] eine Kantine; eine Mensa **I4DE**

être **capable**/**capable** de faire qc [kapabl] fähig sein, etw. zu tun **IV2B**, 1

une **capitale** [ynkapital] eine Hauptstadt **III2DE**

captivant/**captivante** [kaptivɑ̃/kaptivɑ̃t] fesselnd **VM3DE**

un **car** [ɛ̃kaʀ] ein Bus (Reisebus) **III4DE**

car [kaʀ] denn **II6C**

un **caractère** [ɛ̃kaʀaktɛʀ] ein Charakter **VM1S**, 1

un **carburant** [ɛ̃kaʀbyʀɑ̃] ein Kraftstoff **VM3R**, 1

caresser qn/qc [kaʀese] jdn./etw. streicheln **III2B**, 1

le **carnaval** [ləkaʀnaval] der Karneval **IV2A**, 3

un **carnet** [ɛ̃kaʀnɛ] ein Heft; ein Notizbuch **II3DE**

un **carrefour** [ɛ̃kaʀfuʀ] eine Kreuzung **I5B**, 1

une **carte** [ynkaʀt] eine Karte **I7A**, 1

une carte d'identité [ynkaʀtdidɑ̃tite] ein Personalausweis **IVM2D**, 2

une carte postale [ynkaʀtpɔstal] eine Ansichtskarte; eine Postkarte **I7A**, 1

une carte vitale [ynkaʀtvital] eine Krankenversicherungskarte **III3B**, 6

un **carton** [ɛ̃kaʀtɔ̃] ein Karton **I2A**, 3

en tout **cas** [ɑ̃tuka] auf jeden Fall; jedenfalls **VRev** un **casque** [ɛ̃kask] ein Schutzhelm; ein Sturzhelm **VRev**

une **casquette** [ynkaskɛt] eine Kappe; eine Schirmmütze **I6B**, 1

les **catacombes** (f.) [lekatakɔ̃b] die Katakomben (unterirdische Begräbnisstätte) **II2DE**

une **catastrophe** [ynkatastʀɔf] eine Katastrophe **I2A**, 3

une **catégorie** [ynkategɔʀi] eine Kategorie **IV3A**, 2

une **cathédrale** [ynkatedʀal] eine Kathedrale **I7DE**

une **cause** [ynkoz] eine Ursache; ein Grund **VM3V**, 1
à cause de qn/qc [akozdə] einer Person/einer Sache wegen **III2A**, 5

un **CD**/des **CD** [ɛ̃sede/desede] eine CD/CDs **I3A**, 1
un lecteur de CD [ɛ̃lɛktœʀdəsede] ein CD-Player **IVM2C**, 2

un **CDI** [ɛ̃sedei] ein CDI **I4DE**

ce/**cet**/**cette**/**ces** [sə/sɛt/sɛt/se] dieser/diese/dieses (Demonstrativbegleiter) **II1B**, 2
c'est [sɛ] das ist **I1A**, 1
C'est à qui? [sɛtaki] Wer ist an der Reihe? **II4A**, 2
C'est ça? [sɛsa] Stimmt's? **I3B**, 1

ce/**c'** [sə] das **I1A**, 1
ce soir [səswaʀ] heute Abend **I5A**, 1

ce que [səkə] was (Relativpronomen, Objekt) **III3B**, 1
ce qui [səki] was (Relativpronomen, Subjekt) **III3B**, 1

célèbre/**célèbre** [selɛbʀ] berühmt **III4B**, 2

celui/**celle**/**ceux**/**celles** [səlɥi/sɛl/sø/sɛl] derjenige/diejenige/dasjenige/diejenigen (Demonstrativpronomen) **VM2A**, 1

une **centaine** [ynsɑ̃tɛn] etwa hundert **IV1A**, 1

un **centime** [ɛ̃sɑ̃tim] ein Cent **I5C**, 1

centralisé/**centralisée** [sɑ̃tʀalize] zentralisiert; zentralistisch; zentralstaatlich **VM4A**, 2

un **centre** [ɛ̃sɑ̃tʀ] ein Mittelpunkt; ein Zentrum **IV2DE**
un centre culturel [ɛ̃sɑ̃tʀkyltyʀɛl] ein Kulturzentrum **IV2DE**
un centre d'intérêt [ɛ̃sɑ̃tʀədɛ̃teʀɛ] ein Interessensschwerpunkt **IV2B**, 4

certains/**certaines** [sɛʀtɛ̃/sɛʀtɛn] bestimmte; gewisse **III1DE**

certes [sɛʀt] gewiss (Adv.); sicher (Adv.); zwar **VM1B**, 1

chacun/**chacune** [ʃakɛ̃/ʃakyn] jeder/jede/jedes **IV3A**, 2

le **chagrin** [ləʃagʀɛ̃] der Kummer **III1A**, 1

le chagrin d'amour [ləʃagʀɛ̃damuʀ] der Liebeskummer **III1A**, 1

une **chaîne** de télévision [ynʃɛndətelevizjɔ̃] ein Fernsehsender **IV3DE**

une **chaise** [ynʃɛz] ein Stuhl **II3DE**

chaleureux/**chaleureuse** [ʃalœʀø/ʃalœʀøz] herzlich **VM1V**, 1 **VM4V**, 1

une **chambre** [ynʃɑ̃bʀ] ein (Schlaf-)Zimmer **I3A**, 3

un **champ** [ɛ̃ʃɑ̃] ein Feld **IV3A**, 1
un champ de bataille [ɛ̃ʃɑ̃dəbataj] ein Schlachtfeld **IV3A**, 1

un **champion**/une **championne** [ɛ̃ʃɑ̃pjɔ̃/ynʃɑ̃pjɔn] ein Champion; ein Meister/eine Meisterin **I5B**, 3

la **chance** [laʃɑ̃s] das Glück; die Chance **II2B**, 2
c'est une chance que (+ subj.) [ʃɑ̃s] es ist ein Glück, dass **IV3A**, 5

un **chancelier**/une **chancelière** [ɛ̃ʃɑ̃səlje/ynʃɑ̃səljɛʀ] ein Kanzler/eine Kanzlerin **IV3A**, 1

un **changement** [ɛ̃ʃɑ̃ʒmɑ̃] eine Veränderung **VM3V**, 1
le changement climatique [ləʃɑ̃ʒmɑ̃klimatik] die Klimaveränderung **VM3V**, 1

changer [ʃɑ̃ʒe] ändern; wechseln **II3DE**
changer de salle [ʃɑ̃ʒedəsal] den Raum wechseln **II3DE**

une **chanson** [ynʃɑ̃sɔ̃] ein Lied **I2B**, 7

chanter [ʃɑ̃te] singen **I3B**, 1

un **chanteur**/une **chanteuse** [ɛ̃ʃɑ̃tœʀ/ynʃɑ̃tøz] ein Sänger/eine Sängerin **I6A**, 4

un **chantier** [ɛ̃ʃɑ̃tje] eine Baustelle **IV1B**, 1
un chantier naval [ɛ̃ʃɑ̃tjenaval] eine Werft **IV1B**, 1

un **chapeau** [ɛ̃ʃapo] ein Hut **I6A**, 4

chaque [ʃak] jeder/jede/jedes (+ Nomen) **II3DE**
chaque fois que [ʃakfwakə] jedesmal wenn **III2C**, 2

le **charbon** [ləʃaʀbɔ̃] die Kohle ⟨**VM3V**, 1⟩

la **charcuterie** [laʃaʀkytʀi] das Wurstwarengeschäft; die Wurst(waren) **VRev**

un **chariot** [ɛ̃ʃaʀjo] ein Einkaufswagen; ein Gepäckwagen **VM3DE**

un **chat** [ɛ̃ʃa] eine Katze **I1B**, 1

un **château** [ɛ̃ʃato] ein Schloss **III4A**, 1

chatter avec qn [tʃate] mit jdm. chatten **II2A**, 1

chaud/**chaude** [ʃo/ʃod] heiß; warm **I7A**, 1
Il fait chaud. [ilfɛʃo] Es ist heiß. **I7A**, 1

une **chaussure** [ynʃosyʀ] ein Schuh **I6B**, 8

un **chef**/une **chef** [ɛ̃ʃɛf/ynʃɛf] ein Chef/eine Chefin **IV3A**, 8

le/la **chef de l'Etat** [lə/laʃɛfdəleta] der Staatschef/die Staatschefin **IV3A**, 8

un **chef-lieu** [ɛ̃ʃefljø] eine Hauptstadt eines Departements oder einer Region **VM4V**, 1

un **chemin** [ɛ̃ʃəmɛ̃] ein Weg **III2B**, 1

une **chemise** [ynʃəmiz] ein Hemd **I6B**, 8

cher/**chère** [ʃɛʀ] teuer **I7C**, 1

Cher …/**Chère** … [ʃɛʀ] Lieber …/Liebe … (Anrede) **I7A**, 4

chercher qn/qc [ʃɛʀʃe] jemanden/etwas suchen **I2DE**

un **cheval**/des **chevaux** [ɛ̃ʃəval/deʃəvo] ein Pferd/Pferde **II7B**, 3

un **cheveu**/des **cheveux** [ɛ̃ʃ(ə)vø/deʃ(ə)vø] ein Haar/Haare **II1B**, 6

une **chèvre** [ynʃɛvʀ] eine Ziege ⟨**VRev**⟩
une salade de chèvre chaud [ynsaladedəʃevʀəʃo] ein Salat mit warmem Ziegenkäse **VRev**

chez qn [ʃe] bei jdm. **I4A**, 1

un **chien** [ɛ̃ʃjɛ̃] ein Hund **I1B**, 1

la **chimie** (f.) [laʃimi] die Chemie **VM2A**, 1

le **chocolat** [ləʃɔkɔla] die Schokolade **II4A**, 1

choisir qc [ʃwaziʀ] etw. aussuchen; etw. wählen **II7A**, 1

un **choix** [ɛ̃ʃwa] eine Wahl **IVM1A**, 2

le **chômage** [ləʃomaʒ] die Arbeitslosigkeit **IV2B**, 1
être au chômage [ɛtʀoʃomaʒ] arbeitslos sein **IV2B**, 1

une **chose** [ynʃoz] ein Ding; eine Sache **I7C**, 1
quelque chose [kɛlkəʃoz] etwas **I4B**, 4

la **choucroute** [laʃukʀut] das Sauerkraut **IV3B**, 1

Chut! [ʃyt] Pst! **I2A**, 3

une **chute** [ynʃyt] ein Fall; ein Sturz **IV3B**, 1
la chute du mur [laʃytdymyʀ] der Mauerfall **IV3B**, 1

le **ciel** [ləsjɛl] der Himmel **III4A**, 9

une **cime** [ynsim] ein Gipfel; ein Wipfel **VM3A**, 1

un **cimetière** [ɛ̃simtjɛʀ] ein Friedhof **IV3A**, 1

un **cinéma** [ɛ̃sinema] ein Kino **I1B**, 2

un **cinquième** de [ɛ̃sɛ̃kjɛm] ein Fünftel des/der **IV2B**, 3

la 5e(A)/la **cinquième** (A) [lasɛ̃kjɛm] die Fünf A; die Fünfte **II1DE**

le **cirque** [ləsiʀk] der Zirkus **II7DE**

une **citation** [ynsitasjɔ̃] ein Zitat **IVM1A**, 6

une **cité** [ynsite] eine Hochhaussiedlung **VM1A**, 1

un **citoyen**/une **citoyenne** [ɛ̃sitwajɛ̃/ynsitwajɛn] ein (Staats)Bürger/eine (Staats)Bürgerin **VM1B**, 5

un **citron** [ɛ̃sitʀɔ̃] eine Zitrone **II4DE**

clair/**claire** [klɛʀ] hell; klar **III2B**, 1

une **classe** [ynklas] eine Klasse **I4A**, 3
une classe préparatoire
[ynklaspʀepaʀatwaʀ] eine Vorbereitungsklasse *(für die Zulassung an einer „Grande
école")* **VM1DE**

une **clé** [ynkle] ein Schlüssel **I4A**, 3
une clé USB [ynkleyɛsbe] ein USB-Stick
I4A, 3

un **cliché** [ɛ̃kliʃe] ein Klischee **IV3B**, 1

un **client**/une **cliente** [ɛ̃klijɑ̃/ynklijɑ̃t] ein
Kunde/eine Kundin **I5C**, 5

un **climat** [ɛ̃klima] ein Klima **III5A**, 4

climatique/**climatique** [klimatik] klimatisch
VM3V, 1
le changement climatique
[ləʃɑ̃ʒmɑ̃klimatik] die Klimaveränderung
VM3V, 1

cliquer [klike] klicken **I4B**, 4

un **clown** [ɛ̃klun] ein Clown **II7A**, 1

un **club** [ɛ̃klœb] ein Klub; ein Verein **II7A**, 1

un **coca** [ɛ̃kɔka] eine Cola **I5C**, 1

un **code** [ɛ̃kɔd] ein Kode; ein Kodex **IVM1B**, 1

un **coiffeur**/une **coiffeuse** [ɛ̃kwafœʀ/
ynkwaføz] ein Friseur/eine Friseurin **III3B**, 4

un **coin** [ɛ̃kwɛ̃] eine Ecke; eine Rubrik **II6DE**

la **colère** [lakɔlɛʀ] der Zorn; die Wut **II1A**, 1

un **collège** [ɛ̃kɔlɛʒ] ein Collège **I4DE**

un **collègue**/une **collègue** [ɛ̃kɔlɛɡ/ynkɔlɛɡ] ein
Kollege/eine Kollegin **II4A**, 1

un **colocataire**/une **colocataire**; un **coloc**/une
coloc *(fam.)* [ɛ̃kɔlɔkatɛʀ/ynkɔlɔkatɛʀ] ein
Mitbewohner/eine Mitbewohnerin **IV2A**, 3

une **colocation** [ynkɔlɔkasjɔ̃] eine WG *(ugs.)*;
eine Wohngemeinschaft **IV2A**, 3

une **colonie** [ynkɔlɔni] eine Kolonie **III5DE**, 3
une colonie de vacances [ynkɔlɔnid(ə)
vakɑ̃s] ein Ferienlager **III1DE**

la **colonisation** [lakɔlɔnizasjɔ̃] die Kolonisation **VM4B**, 1

coloré/**colorée** [kɔlɔʀe] bunt; farbig **III5B**, 1

un **combat** [ɛ̃kɔ̃ba] ein Kampf **I5B**, 3

combien (de) [kɔ̃bjɛ̃] wie viel **I5C**, 1
Ça coûte combien? [sakutkɔ̃bjɛ̃] Wie viel
kostet das? **I5C**, 1
Ça fait combien? [safɛ̃kɔ̃bjɛ̃] Wie viel kostet
das? **I5C**, 1
Combien est-ce qu'il en faut?
[kɔ̃bjɛ̃eskilɑ̃fo] Wie viele brauchen wir
davon? **II4A**, 4

combiner qc [kɔ̃bine] etw. kombinieren
VM2A, 1

comique/**comique** [kɔmik] komisch **VM2B**, 2

une **commande** [ynkɔmɑ̃d] eine Bestellung
VRev

comme [kɔm] wie **I4B**, 4 als **I5A**, 6

comme ça [kɔmsa] auf diese Weise; so
I4B, 4

comme [kɔm] da; weil **VM4DE**

commencer [kɔmɑ̃se] anfangen; beginnen
I4A, 1

Comment? [kɔmɑ̃] Wie? *(Fragewort)* **I1A**, 1
Comment allez-vous? [kɔmɑ̃talevu] Wie
geht es euch/Ihnen? **I7A**, 4

un **commentaire** [ɛ̃kɔmɑ̃tɛʀ] ein Kommentar
IVM2DE, 9

commenter qc [kɔmɑ̃te] etw. kommentieren
VM3S, 2

le **commerce** [ləkɔmɛʀs] der Handel **III3B**, 4

commun/**commune** [kɔmɛ̃/kɔmyn] gemeinsam *(Adj.)* **IV3DE**
une salle commune [ynsalkɔmyn] ein Gemeinschaftsraum **IVM2DE**, 1

une **commune** [ynkɔmyn] eine Gemeinde;
eine Kommune **VM4A**, 2

la **communication** [lakɔmynikasjɔ̃] die Kommunikation **VM2A**, 1

communiquer avec qn [kɔmynike] mit jdm.
kommunizieren; Nachrichten austauschen
III3B, 8

une **comparaison** [ynkɔ̃paʀɛzɔ̃] ein Vergleich
VM3S, 2

comparer avec qc [kɔ̃paʀe] mit etw. vergleichen **III4B**, 1

une **compétence** [ynkɔ̃petɑ̃s] eine Fähigkeit;
eine Kompetenz **VM2V**, 1

une **compétition** [ynkɔ̃petisjɔ̃] ein Wettkampf
IV1A, 1

le **comportement** [ləkɔ̃pɔʀtəmɑ̃] das Verhalten **VM1S**, 1

se **comporter** [səkɔ̃pɔʀte] sich benehmen;
sich verhalten **VM2S**, 1

se **composer** de qc [səkɔ̃poze] aus etw.
bestehen; sich aus etw. zusammensetzen
VM1V, 1

la **compréhension** [lakɔ̃pʀeɑ̃sjɔ̃] das Verständnis **VDELF**

comprendre qc [kɔ̃pʀɑ̃dʀ] etw. verstehen
II1A, 1

Je n'ai pas **compris**. [ʒənepakɔ̃pʀi] Ich habe
nicht verstanden. **II1A**, 8

un **compromis** [ɛ̃kɔ̃pʀɔmi] ein Kompromiss
IVM2A, 2

se rendre **compte** de qc [səʀɑ̃dʀəkɔ̃t] sich
einer Sache bewusst werden **VM4B**, 2

compter qc [kɔ̃te] etw. zählen **III5A**, 1

un **con**/une **conne** [ɛ̃kɔ̃/ynkɔn] ein Vollidiot/
eine Vollidiotin *(ugs.)* **VM4G**, 4

concentré/**concentrée** [kɔ̃sɑ̃tʀe] konzentriert
II4B, 2

se **concentrer** sur qc [səkɔ̃sɑ̃tʀe] sich auf etw.
konzentrieren **III3A**, 2

une **conception** [ynkɔ̃sɛpsjɔ̃] eine Konzeption
VM2A, 1

concerner qn/qc [kɔ̃sɛʀne] jdn./etw. betreffen
VM3S, 2
en ce qui concerne [ɑ̃skikɔ̃sɛʀn] was …
betrifft **VM3S**, 2

un **concert** [ɛ̃kɔ̃sɛʀ] ein Konzert **III5A**, 1

une **conclusion** [lakɔ̃klyzjɔ̃] eine Schlussfolgerung **VM3S**, 2
en conclusion *(f.)* [ɑ̃kɔ̃klyzjɔ̃] zum Schluss
VM3S, 2

un **concours** [ɛ̃kɔ̃kuʀ] ein Wettbewerb **III1DE**

une **condition** [ynkɔ̃disjɔ̃] eine Bedingung
VDELF

la **confiance** [lakɔ̃fjɑ̃s] das Vertrauen **VM2B**, 2
faire confiance à qn [fɛʀkɔ̃fjɑ̃s] jdm. vertrauen **VM1V**, 1 **VM2B**, 2

confidentiel/**confidentielle** [kɔ̃fidɑ̃sjɛl] vertraulich **VM1B**, 1

un **conflit** [ɛ̃kɔ̃fli] ein Konflikt **IVM1A**, 1

confortable/**confortable** [kɔ̃fɔʀtabl] bequem
IVM2DE, 11

une **connaissance** [ynkɔnɛsɑ̃s] eine Bekanntschaft; eine Erkenntnis; eine Kenntnis
VM2S, 1

connaître qn/qc [kɔnɛtʀ] jdn./etw. kennen
II1A, 1

se **connecter** à [səkɔnɛkte] sich einloggen in
IVM2DE, 1

connu/**connue** [kɔny] bekannt **II6B**

la **conscience** [lakɔ̃sjɑ̃s] das Bewusstsein;
das Gewissen **VM4B**, 2

un **conseil** [ɛ̃kɔ̃sɛj] ein Rat; ein Ratschlag
IV2A, 3
le conseil régional/les conseils régionaux
[ləkɔ̃sɛjʀeʒjɔnal/lekɔ̃sɛjʀeʒjono] der Regi-
onalrat/die Regionalräte *(die Parlamente
der Regionen)* **VM4A**, 2

par **conséquent** [paʀkɔ̃sekɑ̃] folglich **VM3S**, 2

la **consommation** [lakɔ̃sɔmasjɔ̃] der Verbrauch **VM3V**, 1
la société de consommation
[lasɔsjetedəkɔ̃sɔmasjɔ̃] die Konsumgesellschaft **VM3V**, 1

consommer qc [kɔ̃sɔme] etw. konsumieren
VM3DE

constituer qc [kɔ̃stitɥe] etw. bilden **VM4B**, 1

une **constitution** [ynkɔ̃stitysjɔ̃] eine Verfassung **VM1B**, 5

construire qc [kɔ̃stʀɥiʀ] etw. bauen **VM3G**, 5

consulter qn [kɔ̃sylte] jdn./etw. konsultieren;
jdn./etw. zu Rate ziehen **VM1B**, 1

le **contact** [ləkɔ̃takt] der Kontakt **II6A**

content/**contente** [kɔ̃tɑ̃/kɔ̃tɑ̃t] froh; zufrieden
I6A, 4

être content/contente que (+ subj.) [kɔ̃tɑ̃(t)] froh sein, dass III3A, 5

un **continent** [ɛ̃kɔ̃tinã] ein Kontinent III5DE, 1

continuer à faire qc [kɔ̃tinɥe] fortfahren, etw. zu tun; mit etw. weitermachen II1B, 2

le **contraire** de [ləkɔ̃tʀɛʀ] das Gegenteil von III4B, 5

contrairement à qc/qn [kɔ̃tʀɛʀmɑ̃] entgegen einer Sache; im Gegensatz VM3S, 2

contre [kɔ̃tʀ] gegen II2A, 1

convaincre qn de qc [kɔ̃vɛ̃kʀ] jdn. von etw. überzeugen IV3A, 2

convenir de faire qc [kɔ̃vəniʀ] vereinbaren, etw. zu tun IVM1A, 2

convivial/conviviale/conviviaux/conviviales [kɔ̃vivjal/kɔ̃vivjo] gesellig VM4V, 1

la **convivialité** [lakɔvivjalite] die Gesellligkeit VM4DE

cool (fam.) (inv.) [kul] cool I4B, 4

une **coopération** [ynkɔɔpeʀasjɔ̃] eine Zusammenarbeit IV3DE

coopérer avec qn [kɔɔpeʀe] mit jdm. zusammenarbeiten IV3A, 1

les **coordonnées** (f.) (pl.) [lekɔɔʀdɔne] die Kontaktdaten IVM2D, 2

un **copain**/une **copine** (fam.) [ɛ̃kɔpɛ̃/ynkɔpin] ein Freund/eine Freundin I1B, 2
un petit copain/une petite copine [ɛ̃pətikɔpɛ̃/ynpətitkɔpin] ein fester Freund/eine feste Freundin III4A, 4

une **copie** [ynkɔpi] eine Kopie I4B, 4

une **corde** [ynkɔʀd] ein Band; eine Leine; ein Seil II7A, 1
la corde molle [lakɔʀdmɔl] die Slackline (gespanntes Band, auf dem man balanciert) II7A, 1

un **correspondant**/une **correspondante** [ɛ̃kɔʀɛspɔ̃dɑ̃/ynkɔʀɛspɔ̃dɑ̃t] ein Austauschpartner/eine Austauschpartnerin; ein Brieffreund/eine Brieffreundin III4DE

correspondre à qc [kɔʀɛspɔ̃dʀ] etw. entsprechen IVM3A, 5

un/une **Corse** [ɛ̃kɔʀs/ynkɔʀs] ein Korse/eine Korsin IVM2DE

à **côté** de [akotedə] neben (Präp.) II1A, 1
à côté [akote] daneben; nebenan II1A, 1
d'un côté, …, de l'autre [dɛ̃kote □ dəlotʀ] einerseits …, andererseits IVM1B, 7 IVM2DE, 11

une **côte** [ynkot] eine Küste IV3A, 2

le **cou** [ɛ̃ku] der Hals ⟨VM1S, 1⟩

se **coucher** [səkuʃe] sich hinlegen; sich schlafen legen IVM2DE, 1

Coucou! [kuku] Hallo!; Kuckuck! I7A, 4

une **couleur** [ynkulœʀ] eine Farbe I6B, 6

un **couloir** [ɛ̃kulwaʀ] ein Flur; ein Gang II2DE

un **coup** [ɛ̃ku] ein Schlag IV3A, 2
un coup de soleil [ɛ̃kudsɔlɛj] ein Sonnenbrand III4B, 3
un coup de téléphone [ɛ̃kudtelefɔn] ein Telefonanruf II2B, 8
boire un coup (fam.) [bwaʀɛ̃ku] etwas trinken VRev
le coup de foudre [ləkudfudʀ] Liebe auf den ersten Blick (wörtl. „der Blitzschlag") III4B, 3

coupable/**coupable** [kupabl] schuldig VM2B, 2

couper qc [kupe] abschneiden; etw. schneiden III2DE

un **couple** [ɛ̃kupl] ein Ehepaar; ein Liebespaar IVM2D, 1

le **cœur** [ləkœʀ] das Herz IVM1DE

une **cour** [ynkuʀ] ein (Schul-)Hof I4DE

le **courage** [ləkuʀaʒ] der Mut II6DE

courageux/**courageuse** [kuʀaʒø/kuʀaʒøz] mutig II2DE

le **courant** [ləkuʀɑ̃] der Strom (Elektrizität) IVM2C, 2
une prise de courant [ynpʀizdəkuʀɑ̃] eine Steckdose IVM2C, 2

courir [kuʀiʀ] laufen; rennen III2B, 5

un **courriel** [ɛ̃kuʀjɛl] eine E-Mail I6B, 6

un **cours** [ɛ̃kuʀ] eine Unterrichtsstunde I4DE
au cours de [okuʀdə] im Laufe (einer Sache) III5DE, 3
avoir cours [awaʀkuʀ] Unterricht haben II1B, 2
en cours [ɑ̃kuʀ] im Unterricht II1A, 1

une **course** [ynkuʀs] ein Lauf; ein Rennen II3A, 2
faire les courses f. pl. [fɛʀlekuʀs] einkaufen II4DE

court/**courte** [kuʀ/kuʀt] kurz II6DE

un **cousin**/une **cousine** [ɛ̃kuzɛ̃/ynkuzin] ein Cousin/eine Cousine I3A, 9

un **couteau** [ɛ̃kuto] ein Messer II4B, 1

coûter [kute] kosten I5C, 1
Ça coûte combien? [sakutkɔ̃bjɛ̃] Wie viel kostet das? I5C, 1

couvert/**couverte** [kuvɛʀ/kuvɛʀt] bedeckt III4A, 9

une **couverture** [ynkuvɛʀtyʀ] eine Decke; ein Einband; ein Umschlag III2DE

craindre [kʀɛ̃dʀ] fürchten VM1V, 1
craindre que (+ subj.) [kʀɛ̃dʀ] fürchten, dass VM1V, 1

un **crâne** [ɛ̃kʀan] ein Schädel; ein Totenkopf II2A, 1

un **crayon** [ɛ̃kʀɛjɔ̃] ein Bleistift I2A, 1

créatif/**créative** [kʀeatif/kʀeativ] kreativ VM2A, 1

la **création** [lakʀeasjɔ̃] die Erstellung; die Kreation; die Schöpfung VM2A, 1

créer qc [kʀee] etw. gründen; etw. schaffen IV3A, 1

une **crème** [ynkʀɛm] eine Creme; eine Salbe III4B, 3

le **créole** [ləkʀeɔl] Kreolisch III5DE

une **crêpe** [ynkʀɛp] eine Crêpe I5DE

crier [kʀije] schreien II3B, 1

critiquer qn/qc [kʀitike] jdn./etw. kritisieren VM3S, 1

croire qc [kʀwaʀ] etw. glauben III1A, 1
J'y crois pas! (fam.) [ʒikʀwapa] Ich glaub's nicht! (ugs.) IVM2DE, 1

croiser qn [kʀwaze] jdm. begegnen IVM1A, 9

une **cuillère** [ynkɥijɛʀ] ein Löffel II4B, 1

le **cuir** [ləkɥiʀ] das Leder IVM2D, 2
en cuir [ɑ̃kɥiʀ] aus Leder IVM2D, 2

une **cuisine** [ynkɥizin] eine Küche I5A, 3
faire la cuisine [fɛʀlakɥizin] Essen zubereiten; kochen II4DE

une **culture** [ynkyltyʀ] eine Kultur III5A, 4

curieux/**curieuse** [kyʀjø/kyʀjøz] merkwürdig; neugierig II2B, 1
c'est curieux que (+ subj.) [kyʀjø] es ist merkwürdig, dass IV3A, 5

un **CV** (= un curriculum vitæ) [ɛ̃seve/ɛ̃kyʀikylɔmvite] ein Lebenslauf IV2B, 4

un **cybercafé** [ɛ̃sibɛʀkafe] ein Internetcafé IVM1B, 8

D

avoir la **dalle** (fam.) [avwaʀladal] Kohldampf haben (ugs.) III4A, 4

une **dame** [yndam] eine Dame; eine Frau I1B, 4

dangereux/**dangereuse** [dɑ̃ʒʀø/dɑ̃ʒʀøz] gefährlich II2B, 1

dans [dɑ̃] in I2A, 3
dans la rue [dɑ̃laʀy] auf der Straße I2A, 3

la **danse** [ladɑ̃s] das Tanzen; der Tanz I5A, 5

danser [dɑ̃se] tanzen I6DE

une **date** [yndat] ein Datum IV2A, 3

de/**d'** [də] aus; von I1B, 1
de … à [də □ a] von … bis I4A, 2

débile/**débile** (fam.) [debil] dämlich (ugs.) III4A, 4

un **débouché** [ɛ̃debuʃe] eine Berufsaussicht; eine Perspektive VM2V, 1

debout [d(ə)bu] im Stehen; stehend II5B, 1

se **débrouiller** [sədebʀuje] sich zu helfen wissen; zurechtkommen III4A, 4

un **début** [ɛ̃deby] ein Anfang **II6C**
au début [odeby] am Anfang **II6C**
dès le début [dɛlədeby] von Anfang an **IV2A**, 3
décembre (m.) [desɑ̃bʀ] Dezember **I3B**, 1
les **déchets** (m., pl.) [ledeʃɛ] der Abfall; der Müll **IVM2DE**, 6
décider de faire qc [deside] beschließen, etw. zu tun; entscheiden **III4B**, 3
une **décision** [yndesizjɔ̃] eine Entscheidung **III3B**, 1
prendre une décision [pʀɑ̃dʀyndesizjɔ̃] eine Entscheidung treffen **III3B**, 1
la **Déclaration des droits de l'homme et du citoyen** [ladeklaʀasjɔ̃dedʀwadələmedysi twajɛ̃] die Erklärung der Menschen- und Bürgerrechte **VM1B**, 5
déclarer qc à qn [deklaʀe] jdm. etw. bekanntgeben; jdm. etw. erklären **IV3A**, 1
déclarer la guerre à qn [deklaʀelagɛʀ] jdm. den Krieg erklären **IV3A**, 1
un **décor** [ɛ̃dekɔʀ] ein Bühnenbild; eine Szenerie **IV1A**, 2
la **décoration** [ladekɔʀasjɔ̃] die Dekoration **IVM2C**, 1
une **découverte** [yndekuvɛʀt] eine Entdeckung **III2B**, 1
découvrir qc [dekuvʀiʀ] etw. entdecken **III4DE**
décrire qn/qc [dekʀiʀ] jdn./etw. beschreiben **II1B**, 6
défendre qn/qc [defɑ̃dʀ] jdn./etw. verteidigen **IVM1B**, 7
un **défilé** [ɛ̃defile] eine Parade; ein Umzug **IV1A**, 2
la **déforestation** [ladefɔʀɛstasjɔ̃] die Abholzung **VM3A**, 2
un **degré** [ɛ̃dəgʀe] ein Grad **III4A**, 9
dehors [dəɔʀ] draußen; im Freien; Raus mit euch! **III2A**, 5
déjà [deʒa] schon **I5A**, 3
délicieux/délicieuse [delisjø/delisjøz] köstlich **III4A**, 4
demain [dəmɛ̃] morgen **I3A**, 3
demander (qc) à qn [dəmɑ̃de] jdn. (nach etw.) fragen; jdn. (um etw.) bitten **I6B**, 1
demander que (+ subj.) [dəmɑ̃de] fordern, dass; verlangen, dass **IV3A**, 2
déménager [demenaʒe] umziehen **III2DE**
demi/demie [dəmi] halb **I4A**, 1
sept heures et demie [sɛtœʀedəmi] Uhrzeit: halb acht Uhr **I4A**, 1
dénoncer qn [denɔ̃se] jdn. verraten **III2C**, 2
une **dent** [yndɑ̃] ein Zahn **IVM1B**, 8
le **départ** [lədepaʀ] der Aufbruch; die Abfahrt **II5A**, 2

un **département** [ɛ̃depaʀtəmɑ̃] ein Departement (französischer Verwaltungsbezirk) **III2DE**
les départements et régions d'outre-mer (m.) (pl.) [ledepaʀtəmɑ̃zeʀeʒjɔ̃dutʀəmɛʀ] die Überseedepartements und Überseeregionen **III5DE**, 3
se **dépêcher** [sədepeʃe] sich beeilen **III3A**, 1
dépendre de qc [depɑ̃dʀ] jdm./etw. unterstehen; von etw. abhängen **VM4A**, 2
dépenser (de l'argent) [depɑ̃se] (Geld) ausgeben **VM2B**, 2
se **déplacer** [sədeplase] reisen; sich fortbewegen **VRev VM3B**, 2
déposer qc/qn [depoze] deponieren; etw. abstellen **IVM2DE**, 6
depuis [dəpɥi] seit (Präp.) **II2A**, 1
depuis que [dəpɥikə] seit (Konj.) **III1A**, 1
déranger qn [deʀɑ̃ʒe] jdn. stören **IVM2DE**, 6
dernier/dernière [dɛʀnje/dɛʀnjɛʀ] letzter/letzte/letztes **I6A**, 4
se **dérouler** [sədeʀule] sich abspielen **III2DE**
derrière [dɛʀjɛʀ] hinter **I4B**, 10
dès le début [dɛlədeby] von Anfang an **IV2A**, 3
descendre [desɑ̃dʀ] aussteigen; hinuntergehen **II2B**, 2
un **désert** [ɛ̃dezɛʀ] eine Wüste **III5B**, 2
désirer qc [dezire] etw. wünschen **I7C**, 2
désirer que (+ subj.) [dezire] wünschen, dass **IV3A**, 5
(je suis) **désolé/désolée** [dezole] es tut mir leid **I7C**, 2
être désolé(e) que (+ subj.) [dezole] leidtun, dass **IV3A**, 5
le **désordre** [lədezɔʀdʀ] die Unordnung **IVM2A**, 1
un **dessert** [ɛ̃desɛʀ] ein Nachtisch **II4A**, 1
un **dessin** [ɛ̃desɛ̃] eine Zeichnung **II2B**, 2
un dessin animé [ɛ̃desɛ̃anime] ein Zeichentrickfilm **IV1DE**
un **dessinateur/une dessinatrice** [ɛ̃desinatœʀ/yndesinatʀis] ein Zeichner/ eine Zeichnerin **II2B**, 2
dessiner qc [desine] etw. zeichnen **III2A**, 5
en **dessous** (de qc) [ɑ̃dəsu] darunter; unterhalb (von etw.) **VM3B**, 2
dessus [d(ə)sy] darauf **II5B**, 1
un **destinataire** [ɛ̃dɛstinatɛʀ] ein Empfänger **IV2P**
une **destruction** [yndɛstʀyksjɔ̃] eine Zerstörung **VM3DE**
un **détail** [ɛ̃detaj] ein Detail; eine Einzelheit **IVM1B**, 1
détester qn/qc [detɛste] jdn./etw. verabscheuen **I2B**, 2

détester que (+ subj.) [detɛste] verabscheuen, dass **IV3A**, 5
détruire qc [detʀɥiʀ] etw. zerstören **VM3A**, 2
devant [dəvɑ̃] vor (örtlich) **I2B**, 2
un **développement** [ɛ̃devlɔpmɑ̃] eine Entwicklung **VM2A**, 1
développer qc [devəlɔpe] etw. entwickeln **VM4B**, 1
devenir qc [dəvəniʀ] jd./etw. werden **III2B**, 1
deviner qc [dəvine] etw. erraten **II1B**, 6
une **devinette** [yndəvinɛt] ein Rätsel **II1B**, 6
devoir faire qc [dəvwaʀfɛʀ] etw. tun müssen **II6C**
les **devoirs** m. pl. [ledəvwaʀ] die (Haus)Aufgaben **I4B**, 4
un **diabolo** menthe [ɛ̃djabɔlomɑ̃t] ein Diabolo Menthe **I5C**, 1
un **dialecte** [ɛ̃djalɛkt] ein Dialekt **VM4V**, 1
un **dictionnaire** [ɛ̃diksjɔnɛʀ] ein Wörterbuch **III4A**, 4
une **différence** [yndifeʀɑ̃s] ein Unterschied **III2DE**
différent/différente [difeʀɑ̃/difeʀɑ̃t] anderer/ andere **II6B** anders **II6C**
difficile/difficile [difisil] schwierig **II4DE**
une **difficulté** [yndifikylte] eine Schwierigkeit **VM1B**, 1
dimanche (m.) [dimɑ̃ʃ] am Sonntag; Sonntag **I4B**, 1
dingue/dingue (fam.) [dɛ̃g] bekloppt (ugs.); irre (ugs.) **III4A**, 4
le **dioxyde de carbone** [lədiɔksiddəkaʀbɔn] das Kohlendioxid **VM3V**, 1
un **diplôme** [ɛ̃diplom] ein Abschlusszeugnis **VM2V**, 1
dire qc (à qn) [diʀ] (jdm.) etw. sagen **II5A**, 7
il dit/elle dit [ildi/ɛldi] er sagt/sie sagt **I2A**, 3
Ça me dit bien! [samdibjɛ̃] Darauf habe ich Lust! **IVM2B**, 2
Ça ne me dit rien! [sanəmədiʀjɛ̃] Das sagt mir nichts.; Das sagt mir nicht zu.; Ich habe keine Lust darauf. **II3A**, 2
une **discussion** [yndiskysjɔ̃] eine Diskussion; eine Unterhaltung; ein Gespräch **II2A**, 1
discuter (de qc) [diskyte] (über etw.) diskutieren; sich (über etw.) unterhalten **I4A**, 3
disparaître [dispaʀɛtʀ] verschwinden **III2A**, 5
disponible/disponible [dispɔnibl] verfügbar **IVM2DE**, 1
être à la **disposition** de qn [ladispozisjɔ̃] jdm. zur Verfügung stehen **IVM2DE**, 6
une **dispute** [yndispyt] ein Streit **II3B**, 1
se **disputer** avec qn [sədispyte] sich mit jdm. streiten **III3A**, 2

la **distribution** [ladistribysjõ] die Verteilung **IV2B**, 4

divers/diverse [diver/divers] unterschiedlich; verschieden **VM1S**, 1

la **diversité** [ladiversite] die Vielfalt **VM4DE**

être **divisé**(e/s) en … [divize] unterteilt sein in … **VM4A**, 2

le, la **dix-septième** [lə/ladisetjɛm] der, die, das siebzehnte **I5DE**

une **dizaine** [yndizɛn] etwa zehn; um die zehn **IV1A**, 2

documentaire [dɔkymãter] dokumentarisch **VM3S**, 1

un **doigt** [ɛ̃dwa] ein Finger **II4A**, 2

un **domaine** [ɛ̃dɔmɛn] ein Bereich **IV3A**, 1

c'est **dommage** que (+ subj.) [dɔmaʒ] es ist schade, dass **IV3A**, 5
dommage [sedɔmaʒ] schade **I3A**, 3

donc [dõk] also **III2C**, 2

donner qc à qn [dɔne] jdm. etw. geben **I6B**, 1
donner rendez-vous à qn [dɔnerãdevu] sich mit jdm. verabreden **IV1DE**

donner sur qc [dɔnesyr] gehen auf; zu etw. hin liegen **II5A**, 7

dont [dõ] dessen/deren (Relativpronomen); über den/das usw.; von dem/der/denen **IV1A**, 6

doré/dorée [dɔre] golden; goldfarben **IVM2D**, 2

dormir [dɔrmir] schlafen **II6A**

le **dos** [lədo] der Rücken **II5B**, 1

un **dossier** [ɛ̃dɔsje] eine Akte; ein Ordner ⟨**VM1A**, 1⟩

double/double [dublə] doppelt **IVM1A**, 1

une **douche** [ynduʃ] eine Dusche **III4B**, 3

la **douleur** [ladulœr] der Schmerz **VM1B**, 1

douloureux/douloureuse [dulurø/dulurøz] schmerzhaft **VM1B**, 1

doux/douce [du/dus] mild; sanft; weich **VM3B**, 2

un **drame** [ɛ̃dram] ein Drama **IV1A**, 2

un **drapeau** [ɛ̃drapo] eine Fahne; eine Flagge **II5B**, 1

le **droit** [lədrwa] das Recht **II6A**
avoir le droit de faire qc [avwarlədrwa] das Recht haben, etw. zu tun; etw. tun dürfen **II6A**

à **droite** [adrwat] (nach) rechts **I5B**, 1

drôle/drôle [drol] lustig **II1A**, 1

une **dune** [yndyn] eine Düne **II5DE**

dur/dure [dyr] hart; schwierig **III3A**, 2

durable/durable [dyrabl] dauerhaft; nachhaltig **VM3V**, 1

durer [dyre] dauern **IV1B**, 3

un **DVD** [ɛ̃devede] eine DVD **I3B**, 1

dynamique/dynamique [dinamik] dynamisch; lebhaft **III5A**, 1

d'abord [dabɔr] zuerst **I3A**, 2

d'accord [dakɔr] einverstanden; o.k. **I2B**, 2

d'ailleurs [dajœr] übrigens **VM4B**, 2

E

l'**eau** (f.) [lo] das Wasser **I5C**, 1
une eau minérale [ynomineral] ein Mineralwasser **I5C**, 1

un **ébéniste**/une **ébéniste** [ɛ̃ebenist/ynebenist] ein Möbeltischler/eine Möbeltischlerin **VM1DE**

écarter qc [ekarte] etw. spreizen **IVM1B**, 8

un **échange** [ɛ̃eʃãʒ] ein Austausch; ein Tausch **III4DE**
un échange scolaire [ɛ̃eʃãʒskɔler] ein Schüleraustausch **III4DE**

les gaz **d'échappement** (m.) [lezeʃapmã] die Abgase ⟨**VM3B**, 1⟩

éclater [eklate] explodieren; platzen **III2C**, 2
éclater de rire [eklatedɔrir] in Gelächter ausbrechen **III2C**, 2

une **école** [ynekɔl] eine Schule **I2A**, 3

l'**écologie** (f.) [lekɔlɔʒi] die Ökologie **VM3DE**

écologique/écologique [ekɔlɔʒik] ökologisch; umweltfreundlich **I7B**, 2

l'**économie** (f.) [lekɔnɔmi] die Wirtschaft **IV2A**, 3

économique/économique [ekɔnɔmik] wirtschaftlich **VM2B**, 1

économiser [ekɔnɔmize] einsparen; sparen **VM1B**, 1

écouter qn/qc [ekute] etwas anhören; jemandem zuhören **I2A**, 2

un **écran** [ɛ̃enekrã] ein Bildschirm; eine Leinwand **VM1B**, 1

s'**écrier** [sekrie] überrascht (aus)rufen **III4B**, 3

écrire qc à qn [ekrir] jdm. etw. schreiben **I7A**, 1

une **édition** [ynedisjõ] eine Ausgabe; eine Veröffentlichung **II6DE**

l'**éducation** (f.) [ledykasjõ] die Erziehung **IVM1A**, 5

éduquer qn [edyke] jdn. erziehen **VM4B**, 2

un **effet** [ɛ̃enefɛ] ein Effekt; eine Wirkung **VM3V**, 1

égal/égale/égaux/égales [egal/ego/egal] gleich **VM4A**, 2

l'**égalité** (f.) [legalite] die Gleichheit **VM1B**, 5 **VM4A**, 2

une **église** [ynegliz] eine Kirche **III4A**, 1

un **égout** [ɛ̃enegu] ein Abwasserkanal **II2DE**

élaborer qc [elabɔre] etw. erarbeiten; etw. erstellen **IVM1B**, 1

électrique/électrique [elɛktrik] elektrisch **IVM2DE**, 7

un **éléphant** [ɛ̃enelefã] ein Elefant **IV1B**, 1

un **élève**/une **élève** [ɛ̃enelev/ynelev] ein Schüler/eine Schülerin **I4DE**

l'**embauche** (f.) [lãboʃ] das Einstellen (von Arbeitskräften) **IV2B**, 1
un entretien d'embauche [ɛ̃nãtrətjɛ̃dãboʃ] ein Vorstellungsgespräch **IV2B**, 1

embaucher qn [ãboʃe] jdn. anstellen; jdn. einstellen **IV2B**, 1

s'**embrasser** [sãbrase] sich küssen; sich umarmen **IV3A**, 8

une **émission** [ynemisjõ] eine Sendung **IV3A**, 1

emmener qn/qc [ãməne] jdn./etw. mitnehmen **IVM1A**, 2

une **émotion** [ynemosjõ] eine Emotion; ein Gefühl **VM3S**, 1

empêcher qn de faire qc [ãpeʃe] jdn. daran hindern, etw. zu tun **VM4B**, 2

un **empereur**/une **impératrice** [ɛ̃nãprœr/ynɛ̃peratris] ein Kaiser/eine Kaiserin **IVM2DE**

l'**empire** (m.) [lãpir] das Reich **II2DE**

l'**emploi** (m.) [lãplwa] die Anstellung **IV2B**, 1
l'emploi m. du temps [lãplwadytã] der Stundenplan **I4B**, 1

un **employé**/une **employée** [ɛ̃nãplwaje/ynãplwaje] ein Angestellter/eine Angestellte **IV2A**, 3

employer qc [ãplwaje] etw. anwenden; etw. verwenden **VM4B**, 1

employer qn [ãplwaje] jdn. beschäftigen **VM4B**, 1

un **employeur**/une **employeuse** [ɛ̃nãplwajœr/ynãplwajøz] ein Arbeitgeber/eine Arbeitgeberin **VM2S**, 2

emporter qc [ãpɔrte] etw. mitnehmen; etw. wegtragen **II5B**, 1

une **empreinte** [ynãprɛ̃t] ein Abdruck **VM3V**, 1

en [ã] davon **II2A**, 1

en (Adverbialpronomen) [ã] von dort **III5A**, 1
J'aime bien savoir où j'en suis. [ʒɛ̃bjɛ̃savwaruʒ̃ãsɥi] Ich möchte wissen, wo ich stehe. **VDELF**
Ne t'en fais pas. (fam.) [nətã̃fɛpa] Mach dir nichts draus. **II7A**, 3

en [ã] (Präposition) verschiedene Bedeutungen **I3A**, 3
en face de qc [ãfasdə] gegenüber von etw. **VRev**
en Allemagne [ãnalmaɲ] in Deutschland **I3A**, 3

en cinquième [ãsɛ̃kjɛm] in der fünften Klasse **II1DE**

en cours [ãkuʀ] im Unterricht **II1A**, 1

en cuir [ãkɥiʀ] aus Leder **IVM2D**, 2

en deux mille [ãdømil] im Jahr 2000 **II1B**, 2

en 6ᵉB [ãsisjɛmbe] in der 6B **I4A**, 3

en entrant [ãnãtʀã] beim Betreten **IVM-2DE**, 1

en français [ãfʀãsɛ] auf Französisch **I2A**, 1

en prononçant [ãpʀonõsã] wenn man etw. ausspricht **IVM1A**, 5

encore [ãkoʀ] noch **I3B**, 1

encourager qn [ãkuʀaʒe] jdn. ermutigen **III2A**, 5

un **endroit** [ãnãdʀwa] ein Ort **I7DE**

l'**énergie** (f.) [lenɛʀʒi] die Energie **VM3V**, 1

l'énergie éolienne (f.) [lenɛʀʒiɔljɛn] die Windenergie ⟨**VM3V**, 1⟩

l'énergie fossile (f.) [lenɛʀʒifɔsil] die fossile Energie **VM3V**, 1

l'énergie hydraulique (f.) [lenɛʀʒiidʀolik] die Wasserenergie ⟨**VM3V**, 1⟩

l'énergie renouvelable (f.) [lenɛʀʒifɔsil] die erneuerbare Energie ⟨**VM3V**, 1⟩

l'énergie solaire [ləsɔlɛʀ] die Solarenergie ⟨**VM3V**, 1⟩

énerver qn [enɛʀve] jdn. aufregen; jdn. nerven **II1A**, 7

Ça m'énerve! [samenɛʀv] Das nervt mich!; Das regt mich auf! **II1A**, 7

s'énerver que (+ subj.) [senɛʀve] sich aufregen, dass **IV3A**, 5

l'**enfance** (f.) [lãfãs] die Kindheit **IV3A**, 2

un **enfant** [ãnãfã] ein Kind **I3A**, 9

l'**enfer** (m.) [lãfɛʀ] die Hölle **III1A**, 1

enfin [ãfɛ̃] endlich; schließlich **I6A**, 4

engager qn (à faire qc) [ãgaʒe] jdn. verpflichten (etw. zu tun) **IVM1A**, 2

s'engager pour qc [sãgaʒe] sich für etw. einsetzen **IV2A**, 3

un **ennemi**/une **ennemie** [ɛ̃/ynen(ə)mi] ein Feind/eine Feindin **IV3DE**

ennuyeux/**ennuyeuse** [ãnɥijø/ãnɥijøz] langweilig **III4B**, 3

énorme [enɔʀm] Riesen-; riesig **IV1B**, 1

ensemble [ãsãbl] gemeinsam (Adv.); zusammen **I3A**, 1

ensuite [ãsɥit] anschließend; danach **III1A**, 1

entendre qn/qc [ãtãdʀ] jdn./etw. hören **II2B**, 2

s'entendre [sãtãdʀə] sich verstehen **III4A**, 4

entier/**entière** [ãtje/ãtjɛʀ] ganz **III5B**, 1

une **entité administrative** [ynãtiteadministʀativ] eine Verwaltungseinheit **VM4V**, 1

s'**entraîner** [sãtʀene] trainieren; üben **VDELF**

entre [ãtʀ] zwischen **I6B**, 1

une **entrée** [ynãtʀe] ein Eingang **I5A**, 1 eine Vorspeise **II4A**, 1

une **entreprise** [ynãtʀəpʀiz] ein Betrieb; eine Firma; ein Unternehmen **III3DE**

entrer [ãtʀe] eintreten; hereinkommen **I2A**, 3

en entrant [ãnãtʀã] beim Betreten **IVM-2DE**, 1

un **entretien** [ɛ̃nãtʀətjɛ̃] ein Gespräch **IV2B**, 1

un entretien d'embauche [ɛ̃nãtʀətjɛ̃dãboʃ] ein Vorstellungsgespräch **IV2B**, 1

l'**envie** (f.) [ynãvi] das Verlangen; die Lust **I3B**, 1

avoir envie de faire qc [avwaʀãvi] Lust haben, etwas zu tun **I3B**, 1

avoir envie que (+ subj.) [avwaʀãvi] Lust dazu haben, dass **IV3A**, 5

environ [ãviʀõ] etwa; ungefähr (Adv.) **III4A**, 1

l'**environnement** (m.) [lãviʀɔnmã] die Umgebung; die Umwelt **VM2A**, 1 **VM3V**, 1

envoyer qc à qn [ãvwaje] jdm. etw. schicken **II5A**, 4

épais/**épaisse** [epɛ/epɛs] dick **VM1B**, 1

une **épaule** [ynepol] eine Schulter **III2A**, 5

une **épicerie** [ynepisʀi] ein (kleines) Lebensmittelgeschäft **VRev**

une **époque** [ynepɔk] eine Epoche; ein Zeitalter **III5B**, 1

un **époux**/une **épouse** [ɛ̃nepu/ynepuz] ein Gatte/eine Gattin **IVM1A**, 1

une **épreuve** [ynepʀœv] eine Probe; eine Prüfung **VDELF**

éprouver qc (pour qn) [epʀuve] etw. (für jdn.) empfinden; etw. (für jdn.) verspüren **IVM1A**, 9

l'**équilibre** (m.) [lekilibʀ] das Gleichgewicht **II7A**, 1

une **équipe** [ynekip] eine Mannschaft; ein Team **II6DE**

une **erreur** [ynɛʀœʀ] ein Irrtum **II5A**, 4

un **escalier** [ɛ̃nɛskalje] eine Treppe **II2DE**

un **esclave**/une **esclave** [ɛ̃nɛsklav/ynɛsklav] ein Sklave/eine Sklavin **VM4B**, 1

l'**escrime** f. [lɛskʀim] das Fechten **II7B**, 3

espérer [ɛspeʀe] hoffen **II4B**, 2

l'**espoir** (m.) [lɛspwaʀ] die Hoffnung **IV1A**, 2

l'**esprit** (m.) [lɛspʀi] der Geist; der Verstand **IV3B**, 1

essayer qc [eseje] etw. anprobieren; etw. ausprobieren; etw. versuchen **II5B**, 1

l'**est** (m.) [lɛst] der Osten **II5DE**

l'**esthétique** (f.) [lɛstetik] der Schönheitssinn; die Ästhetik **VM2A**, 1

et [e] und **I1A**, 1

un **établissement** [ɛ̃netablismã] eine Ausbildungsstätte; eine Niederlassung ⟨**VM1A**, 1⟩

une **étape** [ynetap] eine Etappe **IV3DE**

le/la chef de l'**Etat** [lə/laʃefdəleta] der Staatschef/die Staatschefin **IV3A**, 8

un **Etat** [ɛ̃neta] ein Staat **III5DE**, 1

l'**été** (m.) [lete] der Sommer **II5B**, 4

étrange/**étrange** [etʀãʒ] merkwürdig; seltsam **III2B**, 1

l'**étranger** (m.) [letʀãʒe] das Ausland **I1A**, 2

étranger/**étrangère** [etʀãʒe/etʀãʒɛʀ] ausländisch; fremd **IV1A**, 1

être [ɛtʀ] sein **I2B**, 2

être au chômage [ɛtʀoʃomaʒ] arbeitslos sein **IV2B**, 2

être en position de faire qc [ɛtʀãpozisjõ] in der Lage sein **IVM1B**, 1

être en retard [ɛtʀãʀətaʀ] zu spät kommen **I4DE**

être en train de faire qc [ɛtʀãtʀɛ̃dəfɛʀ] gerade etw. tun **III3A**, 2

être fort(e) en [ɛtʀəfɔʀã] gut sein in etw. **III3B**, 8

être situé/située [ɛtʀsitɥe] liegen **IV2DE**

un **être vivant** [ɛ̃nɛtʀəvivã] ein Lebewesen **VM3A**, 2

les **études** (f.) (pl.) [lezetyd] das Studium **III5B**, 1

faire ses études [fɛʀsezetyd] studieren **III5B**, 1

un **étudiant**/une **étudiante** [ɛ̃netydjã/ynetydjãt] ein Student/eine Studentin **IV2DE**

euh … [ø] äh … **I2A**, 3

un **euro**/des **euros** [ɛ̃nøʀo/dezøʀo] ein Euro/Euro **I5C**, 1

européen/**européenne** [øʀopeɛ̃/øʀopeɛn] europäisch **III5DE**, 3

un **évènement** [ɛ̃nevɛnmã] ein Ereignis **III2DE**

éviter qc [evite] etw. vermeiden **III4A**, 4

évoquer qc [evoke] eine Vorstellung von etw. geben; schildern **VM3S**, 1

exact/**exacte** [ɛgzakt] genau; richtig **IVM-2DE**, 11

un **examen** [ɛ̃negzamɛ̃] eine Prüfung; eine Untersuchung; ein Examen **VDELF**

Excuse-moi. [ɛkskyzmwa] Entschuldige bitte. **I4A**, 3

Excusez-moi. [ɛkskyzemwa] Entschuldigen Sie.; Entschuldigung! **I4A**, 3

un **exemple** [ɛ̃negzãpl] ein Beispiel **I7C**, 1

par exemple [paʀegzãpl] zum Beispiel **I7C**, 1

un **exercice** [ɛ̃negzɛʀsis] eine Übung **I4B**, 4

un **exil** [ɛ̃negzil] ein Exil **IV3A**, 2

exister [ɛgziste] existieren **IVM1A**, 5

une **expérience** [ynɛkspeʀjɑ̃s] eine Erfahrung **IV2A**, 3

expliquer qc (à qn) [ɛksplike] (jdm.) etw. erklären **II2B**, 2

exploiter qn [ɛksplwate] etw. nutzen; jdn ausbeuten **VM3B**, 1 **VM4B**, 1

un **exposé** [ɛ̃nɛkspoze] ein Referat **II3A**, 2

exprimer qc [ɛkspʀime] etw. ausdrücken **IVM2A**, 2

un **extrait** [ɛ̃nɛkstʀɛ] ein Auszug **IV2B**, 1

extrascolaire/extrascolaire [ɛkstʀaskɔlɛʀ] außerschulisch **VM2V**, 1

F

fabriquer qc [fabʀike] etw. herstellen **III3DE**

en **face** de qc [ɑ̃fasdə] gegenüber von etw. **VRev**

face à qc [fasa] angesichts einer Sache **VM4A**, 2 gegenüber **VM2S**, 1 **VM3A**, 2

faire face à qc [fɛʀfas] etw. bewältigen; sich einer Sache stellen **VDELF**

facile/facile [fasil] leicht **II4A**, 2

une **façon** [ynfasɔ̃] eine Art und Weise **IVM1DE**

de toute façon [dətutfasɔ̃] auf jeden Fall **VM1B**, 1

un **facteur**/une **factrice** [ɛ̃faktœʀ/ynfaktʀis] ein Briefträger/eine Briefträgerin **II6C**

une **faculté** [ynfakylte] eine Fakultät *(ein Fachbereich an einer Universität)* **IV2DE**

la **faim** [lafɛ̃] der Hunger **I3B**, 1

avoir faim [avwaʀfɛ̃] Hunger haben **I3B**, 1

faire qc [fɛʀ] etw. machen; etwas tun **I4B**, 4

faire savoir qc à qn [fɛʀsawaʀ] jdm. etw. mitteilen **IVM2C**, 2

faire appel à qn/qc [fɛʀapɛl] an jdn./ etw. appellieren **VM3S**, 1

faire de l'escalade [fɛʀdəlɛskalad] klettern **I7A**, 1

faire du judo [fɛʀdyʒydo] Judo machen, betreiben **I5A**, 3

faire face à qc [fɛʀfas] etw. bewältigen; sich einer Sache stellen **VDELF**

faire la cuisine [fɛʀlakɥizin] Essen zubereiten; kochen **II4DE**

faire la queue [fɛʀlakø] Schlange stehen **III4B**, 3

faire le point sur qc [fɛʀləpwɛ̃] einen zusammenfassenden Überblick über etw. geben **III5A**, 4

faire les courses *(f.) (pl.)* [fɛʀlekuʀs] einkaufen **II4DE**

faire mal [fɛʀmal] weh tun **I5B**, 3

faire partie de qc [fɛʀpaʀti] ein Teil sein von; gehören zu **III5DE**

faire ses études [fɛʀsezetyd] studieren **III5B**, 1

Il fait beau. [ilfɛbo] Es ist schönes Wetter. **I7A**, 1

Il fait chaud. [ilfɛʃo] Es ist heiß. **I7A**, 1

Il fait froid. [ilfɛfʀwa] Es ist kalt. **I7A**, 2

Il fait mauvais. [ilfɛmovɛ] Es ist schlechtes Wetter. **I7A**, 2

Ne t'en fais pas. *(fam.)* [nətɑ̃fɛpa] Mach dir nichts draus. **II7A**, 3

Que fait Léo? [kəfɛleo] Was macht Léo? **I2DE**

se faire des amis [səfɛʀdezami] Freunde finden **VRev**

un **fait** [ɛ̃fɛ] eine Tatsache **III2B**, 6

en fait [ɑ̃fɛt] eigentlich; im Grunde genommen **VM2S**, 1

falloir [falwaʀ] brauchen; müssen **II4A**, 1

il fallait [ilfalɛ] man musste *(Imparfait von „il faut")* **III2B**, 1

il faut qc [ilfo] man braucht etw. **II4A**, 1

il faut faire qc [ilfofɛʀ] man muss etw. tun **II4A**, 2

il faut que *(+ subj.)* [ilfo] es ist notwendig, dass; man muss **IV3A**, 2

il nous faut qc [ilnufo] wir brauchen etw. **II7A**, 1

familial [familjal] die Familie betreffend; familiär **IVM1B**, 1

familier/familière [familje/familjɛʀ] geläufig; umgangssprachlich; vertraut **III4A**, 7

une **famille** [ynfamij] eine Familie **I3A**, 9

un **fan**/une **fan** [ɛ̃fan/ynfan] ein Fan **IV1DE**

fantastique/fantastique [fɑ̃tastik] fantastisch; toll **I1B**, 1

la **farine** [lafaʀin] das Mehl **II4DE**

fasciner qn [fasine] fesseln; jdn. faszinieren **III3B**, 1

fatigué/fatiguée [fatige] müde **I7B**, 1

une **faute** [ynfot] ein Fehler **III4A**, 4

féliciter qn [felisite] jdm. gratulieren; jdn. beglückwünschen **II3B**, 4

une **femme** [ynfam] eine Frau **I1B**, 6

une **fenêtre** [ynfənɛtʀ] ein Fenster **II5A**, 7

fermé/fermée [fɛʀme] geschlossen; verschlossen **II2A**, 1

fermer qc [fɛʀme] etw. schließen **II2A**, 1

un **festival** [ɛ̃festival] Festival **II6DE**

une **fête** [ynfɛt] eine Party; ein Fest **I6DE**

une fête nationale [ynfɛtnasjɔnal] ein Nationalfeiertag **I6DE**

un **feu**/des **feux** [ɛ̃fø/defø] ein Feuer/Feuer **I6DE**

un feu d'artifice [ɛ̃fødaʀtifis] ein Feuerwerk **I6DE**

une **feuille** [ynfœj] ein Blatt **VM3A**, 1

février *(m.)* [fevʀije] Februar **I3B**, 7

une **fiche** [ynfiʃ] ein Blatt (Papier) **II6B**

une **fiction** [ynfiksjɔ̃] eine Fiktion **VM1S**, 1

fier/fière (de qn/qc) [fjɛʀ] stolz (auf jdn./ etw.) **VM4DE**

une **filière** [ynfiljɛʀ] eine Studienrichtung; ein Studiengang **VM2B**, 1

une **fille** [ynfij] eine Tochter; ein Mädchen **I1B**, 1

un **film** [ɛ̃film] ein Film *(Kino, Fernsehen)* **I5C**, 1

filmer qc [filme] etw. filmen **VM2A**, 1

un **fils** [ɛ̃fis] ein Sohn **I3A**, 9

la **fin** [lafɛ̃] das Ende; der Schluss **I4B**, 5

finalement [finalmɑ̃] schließlich; zum Schluss **III3B**, 1

fini/finie [fini] beendet; zu Ende **II7B**, 3

finir [finiʀ] etw. beenden **II7A**, 1

finir par faire qc [finiʀpaʀfɛʀ] etw. schließlich tun **IVM1A**, 4

fixer qc [fikse] etw. festlegen; etw. festmachen **VRev**

un **fleuve** [ɛ̃flœv] ein Fluss; ein Strom **III4A**, 1

la **FNAC** [lafnak] die FNAC **I3A**, 1

une **fois** [ynfwa] ein Mal **II2DE**

chaque fois que [ʃakfwakə] jedesmal wenn **III2C**, 2

au **fond** de qc [ofɔ̃də] hinten in; unten in **III2A**, 5

à fond [afɔ̃] gründlich; voll und ganz *(ugs.)* **IVM1B**, 8

fondamental/fondamentale/fondamentaux/fondamentales [fɔ̃damɑ̃tal/fɔ̃damɑ̃to] grundlegend; wesentlich **VM1B**, 5

fonder qc [fɔ̃de] etw. gründen **III3DE**

le **foot(ball)** [ləfut(bɔl)] der Fußball *(Sportart)* **I2B**, 7

la **force** [lafɔʀs] die Kraft **IV3B**, 1

une **forêt** [ynfɔʀɛ] ein Wald **III5A**, 1

une **formation** [ynfɔʀmasjɔ̃] eine Ausbildung **III3DE**

une formation en alternance [ynfɔʀmasjɔ̃ɑ̃naltɛʀnɑ̃s] eine duale Ausbildung ⟨**VM1A**, 1⟩

la **forme** [lafɔʀm] die Form **II1A**, 7

être en forme [ɛtʀɑ̃fɔʀm] fit sein; in Form sein **II1A**, 7

fort/forte [fɔʀ/fɔʀt] stark **III3B**, 8

un point fort [ɛ̃pwɛ̃fɔʀ] eine Stärke **VM2V**, 1

être fort(e) en [ɛtʀəfɔʀɑ̃] gut sein in etw. **III3B**, 8

fou/fol/folle [fu/fɔl] verrückt **II4DE**

la **foudre** [lafudʀ] der Blitz **III4B**, 3

le **coup de foudre** [ləkudfudʀ] Liebe auf den ersten Blick (wörtl. „der Blitzschlag") **III4B**, 3
une **fourchette** [ynfuʀʃɛt] eine Gabel **II4B**, 1
franc/franche [fʀɑ̃/fʀɑ̃ʃ] aufrichtig; offen **IV2A**, 3
un **Français**/une **Française** [ɛ̃fʀɑ̃sɛ/ynfʀɑ̃sɛz] ein Franzose/eine Französin **III5DE**, 3
français/française [fʀɑ̃sɛ/fʀɑ̃sɛz] französisch **I2A**, 1
en français [ɑ̃fʀɑ̃sɛ] auf Französisch **I2A**, 1
franco-allemand/franco-allemande [fʀɑ̃koalmɑ̃/fʀɑ̃koalmɑ̃d] deutsch-französisch **IV3DE**
francophone/francophone [fʀɑ̃kɔfɔn/fʀɑ̃kɔfɔn] französischsprachig **III5DE**
la **francophonie** [lafʀɑ̃kɔfɔni] die Frankofonie **III5DE**
frapper [fʀape] klopfen; schlagen **III2B**, 5
la **fraternité** [lafʀatɛʀnite] die Brüderlichkeit **VM1B**, 5
un **frère** [ɛ̃fʀɛʀ] ein Bruder **I2B**, 2
un **frigidaire** [ɛ̃fʀiʒidɛʀ] ein Kühlschrank **VM2A**, 1
un **frigo** (fam.) [ɛ̃fʀigo] ein Kühlschrank **VM2A**, 1
les **fringues** (f.) (pl.) (fam.) [lefʀɛ̃g] die Klamotten (ugs.) **III1DE**
frisé/frisée [fʀize] kraus; lockig **VM1S**, 1
froid/froide [fʀwa/fʀwad] kalt **I7A**, 2
Il fait froid. [ilfɛfʀwa] Es ist kalt. **I7A**, 2
le **fromage** [ləfʀɔmaʒ] der Käse **II4B**, 4
une **frontière** [ynfʀɔ̃tjɛʀ] eine Grenze **IV3A**, 1
un **fruit** [ɛ̃fʀɥi] eine Frucht **II4DE**
des fruits de mer (m.) [defʀɥidəmɛʀ] Meeresfrüchte **VM4DE**

G

gagner qc [gaɲe] etw. gewinnen **I5B**, 3
gagner de l'argent [gaɲe] Geld verdienen **II6D**
gagner sa vie [gaɲesavi] seinen Lebensunterhalt verdienen **III5B**, 1
C'est **galère**! (fam.) [sɛgalɛʀ] Ätzend! (ugs.) **III3A**, 5
un **garçon** [ɛ̃gaʀsɔ̃] ein Junge **I1B**, 1
la **garde** [lagaʀd] die Betreuung; die Bewachung **IV2B**, 4
garder qc [gaʀde] etw. behalten **III2B**, 1
une **gare** [yngaʀ] ein Bahnhof **I6A**, 4
la **gastronomie** [lagastʀɔnɔmi] die Gastronomie **VM4DE**
un **gâteau**/des **gâteaux** [ɛ̃gato/degato] ein Kuchen/Kuchen **I3A**, 3
à **gauche** [agoʃ] (nach) links **I5B**, 1

une **gaufre** [yngofʀ] eine Waffel **I5C**, 1
le **gaz** [ləgaz] das Gas **IVM2A**, 1
le gaz naturel [ləgaznatyʀɛl] das Erdgas ⟨**VM3V**, 1⟩
les gaz d'échappement (m.) [lezeʃapmɑ̃] die Abgase ⟨**VM3B**, 1⟩
gazeux/gazeuse [gazø/gazøz] gasförmig; kohlensäurehaltig **VRev**
géant/géante [ʒeɑ̃/ʒeɑ̃t] riesengroß **IV1B**, 1
gênant/gênante [ʒenɑ̃/ʒenɑ̃t] lästig; peinlich **III4A**, 7
gêné/gênée [ʒene] verlegen **III4A**, 4
gêner qn [ʒene] jdn. stören **IV2B**, 1
un **général**/une **générale** [ɛ̃ʒeneʀal/ynʒeneʀal] ein General/eine Generalin **IV3A**, 2
général/générale/généraux/générales [ʒeneʀal/ʒeneʀo] allgemein **VM1DE**
le lycée général [ləliseʒeneʀal] das allgemeinbildende Gymnasium **VM2B**, 1
en général [ɑ̃ʒeneʀal] im Allgemeinen **VM2A**, 1
une **génération** [ynʒeneʀasjɔ̃] eine Generation **VM1B**, 5
génial/géniale [ʒenjal] genial; super **I7A**, 4
c'est génial que (+ subj.) [ʒenjal] es ist super, dass **IV3A**, 5
un **genou**/des **genoux** [ɛ̃ʒənu/deʒənu] ein Knie/Knie **IVM1DE**
un **genre** [ɛ̃ʒɑ̃ʀ] eine Art; eine Gattung **IV1DE**
les **gens** (m.) (pl.) [leʒɑ̃] die Leute **I6DE**
gentil/gentille [ʒɑ̃ti/ʒɑ̃tij] nett **III4A**, 4
la **gentillesse** [laʒɑ̃tijɛs] die Freundlichkeit; die Liebenswürdigkeit **IVM2DE**, 6
la **géographie** [laʒeɔgʀafi] die Erdkunde; die Geografie **II3A**, 2
un **geste** [ɛ̃ʒɛst] eine Geste **IV3A**, 8
un **gîte** [ɛ̃ʒit] eine Ferienunterkunft **II5DE**
une **glace** [ynglas] ein Eis **II5B**, 1
une **gomme** [yngɔm] ein Radiergummi **I2A**, 1
le **goût** [ləgu] der Geschmack(ssinn) **VRev**
goûter qc [gute] etw. probieren **II4B**, 2
un **gouvernement** [ɛ̃guvɛʀnəmɑ̃] eine Regierung **VM4A**, 2
grâce à qn/qc [gʀas] durch jdn./etw. **III5B**, 1
un **gramme** [ɛ̃gʀam] ein Gramm **II4A**, 5
grand/grande [gʀɑ̃/gʀɑ̃d] groß **I6DE**
un **grand couturier**/une **grande couturière** [ɛ̃gʀɑ̃kutyʀje/yngʀɑ̃dkutyʀjɛʀ] ein Modeschöpfer/eine Modeschöpferin **IV1A**, 2
grandir [gʀɑ̃diʀ] aufwachsen; wachsen **IVM1A**, 1
une **grand-mère** [yngʀɑ̃mɛʀ] eine Großmutter **I2A**, 3
un **grand-père** [ɛ̃gʀɑ̃pɛʀ] ein Großvater **I3A**, 9

les **grands-parents** (m.) [legʀɑ̃paʀɑ̃] die Großeltern **I3A**, 9
graphique/graphique [gʀafik] grafisch **VM2A**, 1
gratuit/gratuite [gʀatɥi/gʀatɥit] gratis; kostenlos **II4A**, 2
grave/grave [gʀav] schlimm **II4B**, 2
une **grille** [yngʀij] ein Drahtzaun; eine Gittertür **II2A**, 1
gris/grise [gʀi/gʀiz] grau **I6B**, 8
gros/grosse [gʀo/gʀos] dick (Personen); groß; schwer (Sachen, Tiere) **III4A**, 4
un **groupe** [ɛ̃gʀup] eine Gruppe **II2A**, 1
une **guerre** [yngɛʀ] ein Krieg **IV3DE**
la guerre d'Algérie [lagɛʀdalʒeʀi] der Algerienkrieg (1954–1962) **IVM3A**, 12
A la guerre comme à la guerre! [alagɛʀkɔmalagɛʀ] Es geht nun mal nicht anders. (Redewendung) **IVM3A**, 5
déclarer la guerre à qn [deklaʀelagɛʀ] jdm. den Krieg erklären **IV3A**, 1
un **guide**/une **guide** [ɛ̃gid/yngid] ein Führer/eine Führerin **II2A**, 1
guider qn [gide] jdn. führen; jdn. lenken **IVM2B**, 2
le **guignol** [ləgiɲɔl] Guignol (Kasperpuppe aus Lyon) **VRev**
une **guitare** [yngitaʀ] eine Gitarre **I5A**, 5
un **gymnase** [ɛ̃ʒimnaz] eine Turnhalle **I4B**, 3
la **gymnastique** [laʒimnastik] das Turnen; die Gymnastik **I2B**, 7

H

s'**habiller** [sabije] sich anziehen; sich kleiden **III3A**, 1
un **habitant**/une **habitante** [ɛ̃nabitɑ̃/ynabitɑ̃t] ein Einwohner/eine Einwohnerin **III5DE**
habiter [abite] wohnen **I2B**, 2
une **habitude** [ynabityd] eine Gewohnheit **III2A**, 5
d'habitude [dabityd] gewöhnlich (Adv.); normalerweise **III2A**, 5
s'**habituer** à qn/qc [sabitɥe] sich an jdn./etw. gewöhnen **VM1A**, 2 **VDELF**
un **handicapé**/une **handicapée** [ɛ̃ɑ̃dikape/ynɑ̃dikape] ein Behinderter/eine Behinderte **IV2B**, 1
l'**harmonica** (m.) [laʀmɔnika] die Mundharmonika **II6B**
le **hasard** [ləazaʀ] der Zufall **IV1A**, 2
par hasard [paʀazaʀ] durch Zufall; zufällig **IV1A**, 2
être **haut/haute** de 10 mètres [o/ot] 10 Meter hoch sein **IV1B**, 1
en haut [ɑ̃o] nach oben; oben **IV1B**, 1

la **hauteur** [laotœʀ] die Höhe **IV1B**, 3

l'**herbe** *(f.)* [lɛʀb] das Gras **II7B**, 3

un **héros**/une **héroïne** [ɛ̃eʀo/yneʀɔin] ein Held/eine Heldin **VM1A**, 2

hésiter à faire qc [ezite] zögern etw. zu tun **III2B**, 5

une **heure** [ynœʀ] eine Stunde **I4A**, 1

à quelle heure? [akɛlœʀ] um wie viel Uhr? **I4A**, 2

Quelle heure est-il? [kɛlœʀetil] Wie spät ist es?; Wie viel Uhr ist es? **I4A**, 2

sept heures [sɛtœʀ] sieben Uhr **I4A**, 1

sept heures et demie [sɛtœʀedəmi] Uhrzeit: halb acht Uhr **I4A**, 1

sept heures et quart [sɛtœʀekaʀ] Viertel nach sieben Uhr **I4A**, 1

sept heures moins le quart [sɛtœʀmwɛ̃ləkaʀ] Viertel vor sieben Uhr **I4A**, 1

heureux/**heureuse** [øʀø/øʀøz] glücklich **II2B**, 1

être heureux/heureuse que *(+ subj.)* [øʀø/øʀøz] glücklich sein, dass **IV3A**, 5

hier [jɛʀ] gestern **I6A**, 2

le **hip-hop** [ˈlaˈipɔp] der Hip-Hop **III1DE**

une **histoire** [ynistwaʀ] eine Geschichte **I3A**, 1

l'**hiver** *(m.)* [livɛʀ] der Winter **II5B**, 4

un **homme** [ɛ̃nɔm] ein Mann **II1B**, 6 Mensch **VM3DE**

honnête/honnête [ɔnɛt] anständig; ehrlich **IVM1A**, 5

l'**honneur** *(m.)* [lɔnœʀ] das Ansehen; die Ehre **IVM1A**, 2

une parole d'honneur [ynpaʀɔldɔnœʀ] ein Ehrenwort **IVM1A**, 2

une **honte** [ynɔ̃t] eine Schande **III4A**, 7

avoir honte que *(+ subj.)* [ɔ̃t] sich schämen, dass **IV3A**, 5

C'est la honte! *(fam.)* [sɛlaɔ̃t] Peinlich!; So eine Blamage! *(ugs.)* **III4A**, 7

un **hôpital** [ɛ̃nɔpital] ein Krankenhaus **III3A**, 2

un **horaire** [ɛ̃nɔʀɛʀ] ein Zeitplan **IV2B**, 1

l'**hospitalité** *(f.)* [lɔspitalite] Gastfreundlichkeit; Gastfreundschaft **VM4V**, 1

un **hôtel** [ɛ̃nɔtɛl] ein Hotel **II5DE**

un Hôtel de Ville [ɛ̃nɔtɛldəvil] ein Rathaus **III4A**, 1

l'**huile** *(f.)* [lɥil] das Öl **II4A**, 1

une **huître** [ynɥitʀ] eine Auster **II5B**, 3

un **humain** [ɛ̃nymɛ̃] ein Mensch **VM3A**, 2

humain/**humaine** [ymɛ̃/ymɛn] menschlich **VM1V**, 2 **VM3A**, 2

humanitaire/**humanitaire** [ymanitɛʀ] humanitär; menschenfreundlich **III3B**, 1

une **humeur** [ynymœʀ] eine Laune; eine Stimmung **III1DE**

être de bonne humeur [ɛtʀədəbɔnymœʀ] gute Laune haben; guter Laune sein **III1DE**

l'**humour** *(m.)* [lymuʀ] der Humor **IV2B**, 1

une **hypothèse** [ynipɔtɛz] eine Annahme; eine Vermutung **VM1A**, 1

I

ici [isi] hier; hierher **I1B**, 1

d'ici là [disila] bis dahin **IV3A**, 2

une **idée** [ynide] eine Idee; ein Gedanke **I3A**, 1

des idées noires *(f.) (pl.)* [dezidenwaʀ] düstere Gedanken **II2A**, 1

une **île** [ynil] eine Insel **III5DE**

il y a [ilja] es gibt; es ist; es sind **I3A**, 1

il y a deux semaines [ilja] (jetzt) vor zwei Wochen **III2B**, 6

une **image** [ynimaʒ] ein Bild **IV3B**, 1

imaginer qc [imaʒine] sich etw. vorstellen **II6B**

l'**immigration** *(f.)* [limigʀasjɔ̃] die Einwanderung **VM1B**, 5 **VM4B**, 2

un **immigré**/une **immigrée** [ɛ̃nimigʀe/ynimigʀe] ein Einwanderer/eine Einwanderin **VM1B**, 5

l'**impatience** *(f.)* [lɛ̃pasjɑ̃s] die Ungeduld **IV3A**, 2

impatient/**impatiente** [ɛ̃pasjɑ̃/ɛ̃pasjɑ̃t] ungeduldig **IVM2DE**, 1

important/**importante** [ɛ̃pɔʀtɑ̃/ɛ̃pɔʀtɑ̃t] wichtig **II6A**

il est important que *(+ subj.)* [ɛ̃pɔʀtɑ̃] es ist wichtig, dass **I3A**, 5

n'**importe** comment [nɛ̃pɔʀtkɔmɑ̃] irgendwie **III1A**, 1

n'importe où [nɛ̃pɔʀtu] irgendwo **III1A**, 1

n'importe qui [nɛ̃pɔʀtki] irgendwer **III1A**, 1

n'importe quoi [nɛ̃pɔʀtkwa] irgendetwas; Quatsch *(ugs.)*; Unsinn **III1A**, 1

une **impression** [ynɛ̃pʀesjɔ̃] ein Eindruck **III2A**, 5

avoir l'impression que [avwaʀlɛ̃pʀesjɔ̃] den Eindruck haben, dass **III2A**, 5

impressionnant/**impressionnante** [ɛ̃pʀesjɔnɑ̃/ɛ̃pʀesjɔnɑ̃t] beeindruckend; eindrucksvoll **III5A**, 1

un **incendie** [ɛ̃nɛ̃sɑ̃di] ein Brand **IVM2DE**, 6

l'**incompréhension** *(f.)* [lɛ̃kɔ̃pʀeɑ̃sjɔ̃] das Unverständnis; die Verständnislosigkeit **VM2B**, 2

un **inconnu**/une **inconnue** [ɛ̃nɛ̃kɔny/ynɛ̃kɔny] ein Unbekannter/eine Unbekannte **IV1A**, 2

inconnu/**inconnue** [ɛ̃kɔny] unbekannt **IV1A**, 2

incroyable/**incroyable** [ɛ̃kʀwajabl] unglaublich **III3B**, 1

indépendant/**indépendante** [ɛ̃depɑ̃dɑ̃/ɛ̃depɑ̃dɑ̃t] unabhängig **III5DE**, 3

l'**industrie** *(f.)* [lɛ̃dystʀi] die Industrie **III3B**, 4

inépuisable/**inépuisable** [inepɥizabl] unerschöpflich **VM3B**, 1

une **infirmerie** [ynɛ̃fiʀməʀi] eine Krankenstation **I4DE**

un **infirmier**/une **infirmière** [ɛ̃nɛ̃fiʀmje/ynɛ̃fiʀmjɛʀ] ein Krankenpfleger/eine Krankenpflegerin **III3DE**

un **informaticien**/une **informaticienne** [ɛ̃nɛ̃fɔʀmatisjɛ̃/ynɛ̃fɔʀmatisjɛn] ein Informatiker/eine Informatikerin **VM1DE**

une **information** [ynɛ̃fɔʀmasjɔ̃] eine Information **II3B**, 1

l'**informatique** *(f.)* [lɛ̃fɔʀmatik] die Informatik **IV2B**, 4

informer qn sur qc [ɛ̃fɔʀme] jdn. über etw. informieren **III3A**, 2

s'informer sur qc [sɛ̃fɔʀme] sich informieren über etw. **III3A**, 2

un **ingénieur**/une femme **ingénieur** [ɛ̃nɛ̃ʒenjœʀ/ynfamɛ̃ʒenjœʀ] ein Ingenieur/eine Ingenieurin **III3DE**

un **ingrédient** [ɛ̃nɛ̃gʀedjɑ̃] ein Bestandteil; eine Zutat **VM2A**, 1

inquiet/**inquiète** [ɛ̃kjɛ/ɛ̃kjɛt] beunruhigt; unruhig **III3B**, 1

être inquiet/inquiète que *(+ subj.)* [ɛ̃kje/ɛ̃kjɛt] beunruhigt, dass **IV3A**, 5

s'**inscrire** [sɛ̃skʀiʀ] sich anmelden; sich einschreiben **IV2A**, 3

insister (pour faire qc) [ɛ̃siste] darauf bestehen (etw. zu tun) **VM3B**, 2

un **instant** [ɛ̃nɛ̃stɑ̃] ein Augenblick **IVM1A**, 2

instaurer qc [ɛ̃stɔʀe] etw. bilden; etw. etablieren **VM4A**, 2

un **instrument** [ɛ̃nɛ̃stʀymɑ̃] ein Instrument **II6B**

insupportable/**insupportable** [ɛ̃sypɔʀtabl] unerträglich **VM1B**, 1

s'**intégrer** (dans qc) [sɛ̃tegʀe] sich eingliedern (in etw.); sich integrieren (in etw.) **VM1B**, 1

intelligent/**intelligente** [ɛ̃teliʒɑ̃/ɛ̃teliʒɑ̃t] intelligent **VM1V**, 1

une **intention** [ynɛ̃tɑ̃sjɔ̃] eine Absicht **VM3S**, 1

interdire à qn de faire qc [ɛ̃teʀdiʀ] jdm. verbieten, etw. zu tun **IV3A**, 2

interdire que *(+ subj.)* [ɛ̃teʀdiʀ] verbieten, dass **IV3A**, 5

intéressant/**intéressante** [ɛ̃teʀesɑ̃/ɛ̃teʀesɑ̃t] interessant **I6A**, 4

intéresser qn [ɛ̃teʀese] jdn. interessieren **II5A**, 1

s'intéresser à qc [sɛ̃teʀese] sich für etw. interessieren **III3B**, 1 un **interlocuteur**/une **interlocutrice** [ɛ̃nɛ̃tɛʀlɔkytœʀ/ynɛ̃tɛʀlɔkytʀis] ein Gesprächspartner/eine Gesprächspartnerin **VM2A,** 2

international/**internationale**/**internationaux**/ **internationales** [ɛ̃tɛʀnasjɔnal/ɛ̃tɛʀnasjɔno] international **IV1DE**

l'**Internet** *m.* [ɛ̃tɛʀnɛt] das Internet **II1B,** 2
sur Internet [syʀɛ̃tɛʀnɛt] im Internet **II1B,** 2

une **interrogation** [ynɛ̃tɛʀɔgasjɔ̃] eine Klassenarbeit **I4B,** 4

interrompre qn/qc [ɛ̃teʀɔ̃pʀ] jdn./etw. unterbrechen **VM1A,** 2

une **interview** [ynɛ̃tɛʀvju] ein Interview **I5B,** 3

interviewer qn [ɛ̃tɛʀvjuve] jdn. interviewen **VM2A,** 1

intimider qn [ɛ̃timide] jdn. einschüchtern **VM3B,** 2

inventer qc [ɛ̃vɑ̃te] etw. erfinden **I7C,** 1

l'**inverse** *(m.)* [lɛ̃vɛʀs] das Gegenteil; das Umgekehrte **III2B,** 1

une **invitation** [ynɛ̃vitasjɔ̃] eine Einladung **II6A**

un **invité**/une **invitée** [ɛ̃nɛ̃vite/ynɛ̃vite] ein Gast **II4B,** 2

inviter qn [ɛ̃vite] jdn. einladen **I3A,** 3

ironique/**ironique** [iʀɔnik] ironisch **IVM1A,** 10

issu/**issue** de qc [isydə] aus etw. stammend **VM4B,** 2

J

jaloux/**jalouse** de qn [ʒalu/ʒaluz] eifersüchtig auf jdn. **III2A,** 5

une **jambe** [ynʒɑ̃b] ein Bein **II5B,** 1

un **jambon** [ɛ̃ʒɑ̃bɔ̃] ein Schinken **VRev**

janvier *(m.)* [ʒɑ̃vje] Januar **I3B,** 7

un **jardin** [ɛ̃ʒaʀdɛ̃] ein Garten **II5A,** 7

jaune/jaune [ʒon] gelb **I6B,** 6

un **jean** [ɛ̃dʒin] eine Jeans **I6B,** 8

jeter qc [ʒəte] etw. (weg)werten **IVM2DE,** 6

un **jeu**/des **jeux** [ɛ̃ʒø] ein Spiel/Spiele **I3B,** 1
un jeu vidéo/des jeux vidéo [ɛ̃ʒøvideo/ deʒøvideo] ein Computerspiel/Computerspiele **I3B,** 1
mettre en jeu [mɛtʀɑ̃ʒø] etw. aufs Spiel setzen; etw. ins Spiel bringen **IVM1B,** 1

jeudi *(m.)* [ʒødi] am Donnerstag; Donnerstag **I4B,** 1

un **jeune**/une **jeune** [ɛ̃ʒœn/ynʒœn] ein Jugendlicher/eine Jugendliche **II6A**

la **joie** [laʒwa] die Freude **II6B**

joli/**jolie** [ʒɔli] hübsch **I6A,** 4

jongler [ʒɔ̃gle] jonglieren **II7A,** 1

jouer [ʒwe] spielen **I4DE**

jouer à qc [ʒwea] etw. spielen *(ein Spiel)* **II5A,** 7

jouer de qc [ʒwedə] etw. spielen *(ein Instrument)* **II6B**

un **jour** [ɛ̃ʒuʀ] ein Tag **I5A,** 1
par jour [paʀʒuʀ] pro Tag; täglich **I7B,** 1

un **journal**/des **journaux** [ɛ̃ʒuʀnal/deʒuʀno] eine Zeitung **I2DE** ein Tagebuch **I6A,** 4

un **journal intime** [ɛ̃ʒuʀnalɛ̃tim] ein Tagebuch **VM1A,** 1

un **journaliste**/une **journaliste** [ɛ̃/ynʒuʀnalist] ein Journalist/eine Journalistin **IV1DE**

une **journée** [ynʒuʀne] ein Tag *(im Verlauf)* **I4A,** 1
Bonne journée! [bɔnʒuʀne] Einen schönen Tag! **I5C,** 5
une journée d'orientation [ynʒuʀnedɔʀjɑ̃tasjɔ̃] ein Berufsberatungstag **III3A,** 2

le **judo** [ləʒydo] das Judo **I2B,** 2
faire du judo [fɛʀdyʒydo] Judo machen, betreiben **I5A,** 3

un **juge**/une **juge** [ɛ̃ʒyʒ/ynʒyʒ] ein Richter/ eine Richterin **VM2V,** 4

un **jugement** [ɛ̃ʒyʒmɑ̃] eine Einschätzung; ein Urteil **IV3A,** 5

juger qc [ʒyʒe] etw. beurteilen **IVM1A,** 4

juillet *(m.)* [ʒɥijɛ] Juli **I3B,** 7

juin *(m.)* [ʒɥɛ̃] Juni **I3B,** 7

une **jupe** [ynʒyp] ein Rock **I6B,** 8

un **jury** [ɛ̃ʒyʀi] eine Jury **IV1A,** 1

un **jus** [ɛ̃ʒy] ein Saft **I5C,** 1
un jus de fruit [ɛ̃ʒydfʀɥi] ein Fruchtsaft **II4A,** 2
un jus de pomme [ɛ̃ʒydpɔm] ein Apfelsaft **I5C,** 1

jusqu'à ce que *(+ subj.)* [ʒyskaskə] bis *(Konj.)* **VM3G,** 3

jusque [ʒysk] bis *(Präp.)* **III4A,** 4

juste/juste [ʒyst] gerecht; richtig **II5A,** 7

juste [ʒyst] bloß; nur **III1B,** 1

K

le **karaté** [ləkaʀate] das Karate **III1DE**

une **kasbah** [ynkasba] befestigte Stadtanlage in nordafrikanischen Ländern; eine Festung **III5B,** 2

un **kilo** [ɛ̃kilo] ein Kilo **II4A,** 2

un **kilomètre** [ɛ̃kilɔmɛtʀ] ein Kilometer **I7B**

L

là [la] da; dort **I2A,** 3

là-bas [laba] da(hin); dort(hin) **II1A,** 1

un **laboratoire** [ɛ̃labɔʀatwaʀ] ein Labor(atorium) **VM2A,** 1

un **lac** [ɛ̃lak] ein See **III5A,** 1

laisser qc [lese] etw. lassen **III5A,** 4

le **lait** [ləlɛ] die Milch **II4DE**

une **lampe** [ynlɑ̃p] eine Lampe **IVM2DE,** 7

lancer qc [lɑ̃se] etw. werfen **II5B,** 1

une **langue** [ynlɑ̃g] eine Sprache **III3B,** 8
une langue maternelle [ynlɑ̃gmatɛʀnɛl] eine Muttersprache **III5DE**
une langue officielle [ynlɑ̃gɔfisjɛl] eine Amtssprache **III5A,** 1

large/**large** [laʀʒ] breit **IV1B,** 1

la **largeur** [lalaʀʒœʀ] die Breite **IV1B,** 3

une **larme** [ynlaʀm] eine Träne **III2A,** 5

un **lavabo** [ɛ̃lavabo] ein Waschbecken **IVM-2DE,** 1

laver qn/qc [lave] jdn./etw. waschen **III3A,** 1
se laver [səlave] sich waschen **III3A,** 1

un **lave-vaisselle** [ɛ̃lavvɛsɛl] ein Geschirrspüler **III3A,** 5

une **leçon** [ynləsɔ̃] eine Lektion **II3DE**

un **lecteur**/une **lectrice** [ɛ̃lɛktœʀ/ynlɛktʀis] ein Lektor/eine Lektorin; ein Leser/eine Leserin **IV2A,** 1
un lecteur de CD [ɛ̃lɛktœʀdəsede] ein CD-Player **IVM2C,** 2

léger/**légère** [leʒe/leʒɛʀ] leicht **VM3B,** 2

des **légumes** *(m.)* [delegym] Gemüse **II4DE**

le **lendemain** [ləlɑ̃dmɛ̃] am folgenden Tag **III2B,** 1

lent/**lente** [lɑ̃/lɑ̃t] langsam **VM4A,** 2

lequel/**laquelle**/**lesquels**/**lesquelles** [ləkɛl/ lakɛl/lekɛl] welcher/welche/welches *(Fragepronomen)* **VM2DE**

lequel/**laquelle**/**lesquels**/**lesquelles** [ləkɛl/ lakɛl/lekɛl] welcher/welche/welches *(Relativpronomen)* **VM2DE**

une **lettre** [ynlɛtʀ] ein Brief **II6C**
une lettre de motivation [ynlɛtʀ(ə) dəmotivasjɔ̃] ein Bewerbungsschreiben **IV2A,** 8

lever qc [ləve] etw. heben **III3A,** 1
se lever [səlave] aufstehen; sich erheben **III3A,** 1

la **liberté** [lalibɛʀte] die Freiheit **VM1B,** 5

libre/**libre** [libʀ] frei **IVM1A,** 1

être **lié**/**liée** à qc [ɛtʀljea] mit etw. verbunden sein **VM3B,** 1

un **lieu**/des **lieux** [ɛ̃ljø/deljø] ein Ort/Orte **IV1DE**
avoir lieu [avwaʀljø] sich ereignen; stattfinden **IV1A,** 1

une **ligne** [ynliɲ] eine Leitung; eine Linie **VM2A,** 2 **VM3B,** 2

lire qc/qc à qn [liʀ] etw. lesen; jdm. etw. vorlesen **I7A**, 3

une **liste** [ynlist] eine Liste **II1DE**

un **lit** [ɛ̃li] ein Bett **I4A**, 1

un **litre** [ɛ̃litʀ] ein Liter **II4A**, 2

littéraire/**littéraire** [literɛʀ] literarisch **VM1DE** geisteswissenschaftlich **VM2B**, 1

un **livre** [ɛ̃livʀ] ein Buch **I2A**, 1

une **loi** [ynlwa] ein Gesetz **IVM1B**, 4

loin [lwɛ̃] weit *(Adv.)* **I5A**, 1

les **loisirs** *(m.)* [lelwaziʀ] die Freizeit; die Freizeitbeschäftigung **VM1DE**

long/**longue** [lɔ̃/lɔ̃g] lang **I6A**, 4

longtemps [lɔ̃tɑ̃] lange *(Adv.)* **II3B**, 1

lorsque [lɔʀskə] als *(zeitlich)*; wenn *(zeitlich)* **III2A**, 5

louer qc [lwe] etw. mieten; etw. vermieten **VRev**

lourd/**lourde** [luʀ/luʀd] schwer; umfangreich **VM2B**, 2

la **lumière** [lalymjɛʀ] das Licht **IVM2DE**, 6

lundi *(m.)* [lɛ̃di] am Montag; Montag **I4A**, 3

la **lune** [lalyn] der Mond **II4A**, 1
être dans la lune *(fam.)* nicht bei der Sache sein; zerstreut sein **II4A**, 1

des **lunettes** *(f.)* *(pl.)* [delynɛt] eine Brille **VM1V**, 1

lutter contre qc [lyte] gegen etw. kämpfen **IV3A**, 2

un **lycée** [ɛ̃lise] ein Gymnasium; ein Lycée **III3DE**
le lycée général [ləliseʒeneʀal] das allgemeinbildende Gymnasium **VM2B**, 1

un **lycéen**/une **lycéenne** [ɛ̃liseɛ̃/ynliseɛn] ein Gymnasiast/eine Gymnasiastin **IVM1A**, 1

M

une **machine** [ynmaʃin] eine Maschine **IV1B**, 1

madame … [madam] Frau … **I1B**, 7

un **magasin** [ɛ̃magazɛ̃] ein Geschäft; ein Laden **I2DE**

magnifique/**magnifique** [maɲifik] großartig; wunderschön **VM3DE**

mai *(m.)* [mɛ] Mai **I3B**, 7

la **main** [lamɛ̃] die Hand **I4A**, 3
mettre la main à la pâte [mɛtʀlamɛ̃alapat] Hand anlegen **IVM2A**, 2
se tenir par la main [sətəniʀparlamɛ̃] sich bei der Hand halten **IV3A**, 8
travailler de ses mains [tʀavajedəsemɛ̃] manuell arbeiten **VM2DE**

la **main-d'œuvre** [lamɛ̃dœvʀ] die Arbeitskräfte **VM1B**, 5

maintenant [mɛ̃tnɑ̃] jetzt **I3A**, 3

mais [mɛ] aber **I1B**, 1

une **maison** [ynmɛzɔ̃] ein Haus **I2DE**
une maison de la presse [ynmɛzɔ̃dəlapʀɛs] ein Zeitschriften- und Schreibwarengeschäft **I2DE**
à la maison [alamɛzɔ̃] nach Hause; zu Hause **I4A**, 1

la **maîtrise** [lametʀiz] die Beherrschung **IV2B**, 4

avoir du **mal** à faire qc [avwaʀdymal] Mühe haben, etw. zu tun **VM1B**, 1

mal *adv.* [mal] schlecht *(Adv.)* **III1B**, 1
avoir mal [avwaʀmal] Schmerzen haben **I5B**, 3
faire mal [fɛʀmal] weh tun **I5B**, 3

malade/**malade** [malad] krank **III2B**, 5

une **maladie** [ynmaladi] eine Krankheit **III2B**, 5

malgré qc [malgʀe] trotz etw. **VM3B**, 2

un **malheur** [ɛ̃malœʀ] ein Unglück **VM2B**, 2

malheureux/**malheureuse** [maløʀø/maløʀøz] unglücklich **II2B**, 1
être malheureux/malheureuse que *(+ subj.)* [maløʀø/maløʀøz] unglücklich sein, dass **IV3A**, 5

maman *(f.)* [mamɑ̃] Mama; Mutti **I3A**, 3

mamie *(fam.)* [mami] Omi **I7A**, 4

un **manga** [ɛ̃mɑ̃ga] ein Manga *(japanischer Comicstil)* **II2A**, 1

manger qc [mɑ̃ʒe] etw. essen **I3B**, 1

le **maniement** [ləmanimɑ̃] die Bedienung; die Handhabung **VM1B**, 1

une **manière** [ynmanjɛʀ] eine Art; eine Weise **VM4B**, 2

manquer [mɑ̃ke] fehlen **III2C**, 2

marchander [maʀʃɑ̃de] feilschen; handeln **VM2B**, 2

une **marche** [ynmaʀʃ] eine Stufe **IV1A**, 1

un **marché** [ɛ̃maʀʃe] ein Markt **I7C**
un marché aux puces [ɛ̃maʀʃeopys] ein Flohmarkt **I7C**

marcher [maʀʃe] gehen **IV1B**, 1

mardi *(m.)* [maʀdi] am Dienstag; Dienstag **I4B**, 1

le **mari** [ləmaʀi] der Ehemann **III3A**, 1

un **mariage** [ɛ̃maʀjaʒ] eine Hochzeit **IVM1A**, 1

marier qn [maʀje] jdn. verheiraten **IVM1A**, 2
se marier avec qn [səmaʀje] jdn. heiraten **IVM1A**, 2

une **marionnette** [ynmaʀjɔnɛt] eine bewegliche Figur; eine Marionette **IV1B**, 1

marocain/**marocaine** [maʀɔkɛ̃/maʀɔkɛn] marokkanisch **III5DE**, 4

marquer qc [maʀke] etw. anzeigen; etw. markieren; etw. prägen **IV3DE**
marqué/marquée par [maʀkepaʀ] geprägt von **IV3DE**

en avoir **marre** de qn/qc *(fam.)* [ɑ̃navwaʀmaʀ] von jdm./etw. die Nase voll haben *(ugs.)* **II2B**, 2

marron/**marron** [maʀɔ̃] braun **II1B**, 6

mars *(m.)* [maʀs] März **I3B**, 7

un **marteau** [ɛ̃maʀto] ein Hammer **IVM2DE**, 7

mat/**mate** [mat] dunkel *(Hautfarbe)*; matt **VM1S**, 1

le **matériel** [ləmateʀjɛl] das Material; die Ausrüstung **IVM2C**, 2

matériel/**matérielle** [mateʀjɛl] materiell **VM1S**, 1

maternel/**maternelle** [matɛʀnɛl] mütterlich; mütterlicherseits **III5DE**
une langue maternelle [ynlɑ̃gmatɛʀnɛl] eine Muttersprache **III5DE**

une **matière** [ynmatjɛʀ] ein (Schul)Fach **VM4B**, 2

le **matin** [ləmatɛ̃] der Morgen **I5A**, 3

mauvais/**mauvaise** [movɛ/movɛz] schlecht **I6B**, 1
c'est mauvais que *(+ subj.)* [movɛ] es ist schlecht, dass **IV3A**, 5
Il fait mauvais. [ilfɛmovɛ] Es ist schlechtes Wetter. **I7A**, 2

un **mécanicien**/une **mécanicienne** [ɛ̃mekanisjɛ̃/ynmekanisjɛn] ein Mechaniker/eine Mechanikerin **III3B**, 4

méchant/**méchante** [meʃɑ̃/meʃɑ̃t] böse; gemein **VM1V**, 1

le **mécontentement** [ləmekɔ̃tɑ̃tmɑ̃] die Unzufriedenheit **IVM2A**, 2

un **médecin**/une femme **médecin** [ɛ̃medsɛ̃/ynfammedsɛ̃] ein Arzt/eine Ärztin **III3B**, 1

la **médecine** [lamedsin] die Medizin **III5B**, 1

les **médias** *(m.)* *(pl.)* [lemedja] die Medien **II6DE**

médiatique/**médiatique** [medjatik] Medien-; medienwirksam **IV1A**, 1

médical/**médicale** [medikal] medizinisch **III3DE**

un **médicament** [ɛ̃medikamɑ̃] ein Medikament **III2C**, 2 ein Arzneimittel **III3B**, 6

une **médina** [ynmedina] *Bezeichnung der Altstadt in nordafrikanischen Städten* **III5B**, 1

le **meilleur**/la **meilleure** [ləmɛjœʀ/lamɛjœʀ] der Beste/die Beste/das Beste **III2A**, 5
le meilleur moment [ləmɛjœʀmomɑ̃] der beste Moment **III4B**, 3

un **mélange** [ɛ̃melɑ̃ʒ] eine Mischung **IV1B**, 1

une **mélodie** [ynmelɔdi] eine Melodie **II6B**

le **même**/la **même** [ləmɛm/lamɛm] derselbe/dieselbe/dasselbe **II1A**, 1

même [mɛm] sogar **I5B**, 3
même si [mɛmsi] auch wenn **VM4B**, 2

une **mentalité** [ynmãtalite] eine Mentalität **VM4DE**

mentionner qn/qc [mãsjɔne] jdn./etw. erwähnen **VM1B**, 1

mentir [mãtiʀ] lügen **III2B**, 5

un **menu** [ɛ̃məny] eine Speisekarte; ein Menü **IVM2C**, 1

la **mer** [lamɛʀ] das Meer **II5DE**

merci [mɛʀsi] danke **I1B**, 1
Merci beaucoup! [mɛʀsiboku] Vielen Dank! **I5B**, 2

mercredi (m.) [mɛʀkʀədi] am Mittwoch; Mittwoch **I4B**, 1

une **mère** [ynmɛʀ] eine Mutter **I3A**, 9

un **message** [ɛ̃mesaʒ] eine Mitteilung; eine Nachricht **II3DE**

le **métal** [ləmetal] das Metall **IV1B**, 1

la **météo** [lameteo] die Wettervorhersage **III4A**, 9

un **métier** [ɛ̃metje] ein Beruf **II6B**

un **mètre** [ɛ̃mɛtʀ] ein Meter **III4B**, 3

le **métro** [ləmetʀo] die Metro; die U-Bahn **I7B**, 1

une **métropole** [ynmetʀɔpɔl] eine Metropole; Frankreich als Mutterland **III5DE**

mettre qc [mɛtʀ] etw. anziehen; etw. setzen **I6B**, 1
se mettre à faire qc [s(ə)mɛtʀ] anfangen, etw. zu tun **III4B**, 3
mettre en jeu qc [mɛtʀãʒø] etw. aufs Spiel setzen; etw. ins Spiel bringen **IVM1B**, 1
mettre la main à la pâte [mɛtʀlamɛ̃alapat] Hand anlegen **IVM2A**, 2
mettre la table [mɛtʀlatabl] den Tisch decken **II4B**, 1

midi [midi] zwölf Uhr (mittags) **I4A**, 1

mieux [mjø] besser **III1A**, 1
il vaut mieux faire qc [ilvomjø] es ist besser, etw. zu tun **VM2B**, 2

mignon/mignonne [miɲɔ̃/miɲɔn] niedlich; süß (Aussehen) **III4A**, 4

mille [mil] tausend **II1B**, 2
en deux mille [ãdømil] im Jahr 2000 **II1B**, 2

des **milliers** m. [demilje] Tausende **II2A**, 1

un **million** [ɛ̃miljɔ̃] eine Million **I7B**

mince/mince [mɛ̃s] dünn **VM1V**, 1

un **mineur/une mineure** [ɛ̃minœʀ/ynminœʀ] ein Minderjähriger/eine Minderjährige **IVM1B**, 4

mineur/mineure [minœʀ] minderjährig **IVM1B**, 4

une **minorité** [ynminɔʀite] eine Minderheit **VM4B**, 2

minuit (m.) [minɥi] Mitternacht; 12 Uhr nachts **I5A**, 3

une **minute** [ynminyt] eine Minute **I4A**, 3

une **mission** [ynmisjɔ̃] eine Aufgabe; eine Mission **VM2V**, 1

un **MMS** [ɛ̃ɛmɛs] eine MMS (eine Bildnachricht) **II5A**, 4

un **mobile home** [ɛ̃mobilom] ein Mobilheim **IVM2DE**

moche/moche (fam.) [mɔʃ] hässlich **VRev**

la **mode** [lamɔd] die Mode **II6C**
à la mode [alamɔd] modern; modisch **II6C**

moderne [mɔdɛʀn] modern **I7DE**

moi-même [mwamɛm] ich selbst **VM4B**, 2

moins [mwɛ̃] weniger **III4B**, 1
au moins [omwɛ̃] mindestens; wenigstens **VM1B**, 5
moins bien [mwɛ̃bjɛ̃] weniger gut **III5B**, 1
de moins en moins [dəmwɛ̃zãmwɛ̃] immer weniger **VM3V**, 1
moins pratique que [mwɛ̃pʀatikkə] weniger praktisch als **III4B**, 1
sept heures moins le quart [sɛtœʀmwɛ̃ləkaʀ] Viertel vor sieben Uhr **I4A**, 1

moins (de) [mwɛ̃] weniger (+ Nomen) **IVM2DE**, 1

un **mois** [ɛ̃mwa] ein Monat **I3B**, 7

une **moitié** [ynmwatje] eine Hälfte **III2C**, 2
à moitié [amwatje] zur Hälfte **III2C**, 2

un **moment** [ɛ̃mɔmã] ein Moment **II2A**, 1
en ce moment [ãsəmɔmã] im Augenblick; zurzeit **IV2A**, 1
à ce moment-là [asəmɔmãla] in diesem Augenblick **II2A**, 1
le meilleur moment [ləmɛjœʀmomã] der beste Moment **III4B**, 3

le **monde** [ləmɔ̃d] die Welt **II7A**, 1
tout le monde [tulmɔ̃d] alle; jeder **I5DE**
beaucoup de monde [bokudəmɔ̃d] viele Leute **II7A**, 1

mondial/mondiale/mondiaux/mondiales [mɔ̃djal/mɔ̃djo] Welt- **IV3A**, 1

un **monsieur** [ɛ̃məsjø] ein Herr; ein Mann **I1B**, 4

un **montage** [ɛ̃mɔ̃taʒ] eine Montage; ein Schnitt (Film) **VM2A**, 1

une **montagne** [ynmɔ̃taɲ] ein Gebirge **III5B**, 2

monter [mɔ̃te] einsteigen; hinaufgehen **II2B**, 2 etw. aufbauen **IVM2DE**, 1

une **montgolfière** [ynmɔ̃gɔlfjɛʀ] ein Heißluftballon **VM4DE**

montrer qc à qn [mɔ̃tʀe] jdm. etw. zeigen **I6B**, 1

un **monument** [ɛ̃mɔnymã] ein Denkmal; ein Monument **III4A**, 1

se **moquer** de qn/qc [səmɔke] gleichgültig sein gegenüber jdm./etw.; sich über jdn./ etw. lustig machen **VM1V**, 1

un **morceau**/des **morceaux** [ɛ̃mɔʀso/ demɔʀso] ein Stück **VM3A**, 2

la **mort** [lamɔʀ] der Tod **II2DE**

un **mort**/une **morte** [ɛ̃mɔʀ/ynmɔʀt] ein Toter/ eine Tote **IV3A**, 2

un **mot** [ɛ̃mo] ein Wort **I4B**, 3
un mot de passe [ɛ̃modəpas] ein Passwort **IVM2DE**, 1

un **moteur** [ɛ̃mɔtœʀ] ein Motor **IV3B**, 1

une **motivation** [ynmɔtivasjɔ̃] eine Motivation **IV2A**, 8
une lettre de motivation [ynlɛtʀ(ə) dəmɔtivasjɔ̃] ein Bewerbungsschreiben **IV2A**, 8

être **motivé/motivée** (pour faire qc) [motive] motiviert sein (etw. zu tun) **III1DE**

motiver qn [motive] jdn. motivieren **III1DE**

mou/mol/molle [mu/mɔl] weich **II7A**, 1

une **mouche** [ynmuʃ] eine Fliege **III2B**, 5

une **moule** [ynmul] eine Miesmuschel **II4A**, 1

mourir [muʀiʀ] sterben **III5B**, 1

un **mouvement** [ɛ̃muvmã] eine Bewegung **IV3A**, 2
un mouvement de résistance [ɛ̃muvmãdəʀezistãs] eine Widerstandsbewegung **IV3A**, 2

un **moyen** [ɛ̃mwajɛ̃] ein Mittel; ein Weg **IV2A**, 3
un moyen de transport [ɛ̃mwajɛ̃dətʀãspɔʀ] ein Verkehrsmittel **I7B**, 1

moyen/moyenne [mwajɛ̃/mwajɛn] durchschnittlich; mittel **IVM2D**, 2

le **Moyen-Age** [ləmwajɛnaʒ] das Mittelalter **III5B**, 1

la **moyenne** [lamwajɛn] der Durchschnitt (10 von 20 Punkten im Zeugnis) **II3DE**

un **mur** [ɛ̃myʀ] eine Mauer; eine Wand **IV3B**, 1
un mur peint [ɛ̃myʀpɛ̃] eine bemalte Mauer **VRev**
la chute du mur [laʃytdymyʀ] der Mauerfall **IV3B**, 1

la **musculation** [lamyskylasjɔ̃] das Krafttraining **VM1DE**

un **musée** [ɛ̃myze] ein Museum **I7DE**

un **musicien**/une **musicienne** [ɛ̃myzisjɛ̃/ ynmyzisjɛn] ein Musiker/eine Musikerin **III3B**, 4

la **musique** [lamyzik] die Musik **I2B**, 2
la musique pop [lamyzikpɔp] die Popmusik **II6B**

mystérieux/mystérieuse [misteʀjø/misteʀjøz] geheimnisvoll; seltsam **II2DE**

N

nager [naʒe] schwimmen **II5B**, 1

la naissance [lanɛsɑ̃s] die Geburt **II6B**

un narrateur/une narratrice [ɛ̃naratœʀ/ynnaratʀis] ein Erzähler/eine Erzählerin **VM1A**, 3 **VM3B**, 2

narratif/narrative [naʀatif/naʀativ] erzählend **VM1S**, 1

la natation [lanatasjɔ̃] das Schwimmen **I5A**, 5

une nationalité [ynnasjɔnalite] eine Nationalität; eine Staatsangehörigkeit **IVM1A**, 1

la nature [lanatyʀ] die Natur **III3B**, 8

une navette [ynnavɛt] ein Pendelzug; ein Shuttle **VRev**

faire la navette [fɛʀlanavɛt] pendeln **VRev**

être né(e) (Infinitiv: naître) [ɛtʀəne] geboren werden/sein **II1B**, 2

ne … pas [nə … pa] nicht **I4A**, 3

ne … aucun/ne … aucune [okɛ̃/okyn] kein/keine/keines (Objekt) **VM2A**, 1

ne … jamais [nə … ʒamɛ] nie; niemals **II4B**, 2

ne … ni …, ni [nə … ni … ni] weder … noch **VM2A**, 1

ne … pas de [nə … padə] kein/keine **I7C**, 1

ne … pas du tout [nə … padytu] überhaupt nicht **III1A**, 1

ne … pas encore [nə … pazɑ̃kɔʀ] noch nicht **II4B**, 2

ne … pas non plus [nə … panɔ̃ply] auch nicht **III1B**, 1

ne … personne [nə … pɛʀsɔn] niemand **III1A**, 1

ne … plus [nə … ply] nicht mehr **I7C**, 1

ne … plus de [nə … plydə] kein/keine mehr **I7C**, 1

ne … que [nə … kə] nur **II3B**, 1

ne … rien [nə … ʀjɛ̃] nichts **II2B**, 2

nécessaire/nécessaire [nesesɛʀ] erforderlich; notwendig **IV3A**, 5

il est nécessaire que (+ subj.) es ist notwendig, dass **IV3A**, 5

la nécessité [lanesesite] die Notwendigkeit **IV3A**, 5

négatif/négative [negatif/negativ] negativ **IV3B**, 1

la neige [lanɛʒ] der Schnee **III4A**, 9

neiger [neʒe] schneien **I7A**, 2

le net [lənɛt] das Netz (Abkürzung für Internet) **II6A**

un neveu [ɛ̃nəvø] ein Neffe **IVM1A**, 1

le nez [ləne] die Nase ⟨**VM1S**, 1⟩

une nièce [ynnjɛs] eine Nichte **IVM1A**, 1

un niveau [ɛ̃nivo] eine Stufe; ein Niveau **III4A**, 7

Noël (m.) [nɔɛl] Weihnachten **IV2A**, 1

noir/noire [nwaʀ] schwarz **I6B**, 8

un nom [ɛ̃nɔ̃] ein Name **II1DE**

un nombre [ɛ̃nɔ̃bʀ] eine Zahl **III5DE**

non [nɔ̃] nein **I1A**, 1

le nord [lənɔʀ] der Norden **II5DE**

normal/normale [nɔʀmal] normal **II5A**, 4

il est normal que (+ subj.) [nɔʀmal] es ist normal, dass **IV3A**, 5

normalement [nɔʀmalmɑ̃] normalerweise **III3B**, 6

une note [ynnɔt] eine Note **II3A**, 2

noter qc [nɔte] etw. aufschreiben **II3DE**

le nôtre/la nôtre/les nôtres/les nôtres [lənotʀ/lanotʀ/lenotʀ/lenotʀ] unserer/unsere/unseres **VM4DE**

nourrir qn [sɔnuʀiʀ] jdn. ernähren **VM3A**, 2

se nourrir [sɔnuʀiʀ] sich ernähren **VM3A**, 2

un nouveau/une nouvelle [ɛ̃nuvo/ynnuvɛl] ein Neuer/eine Neue **II1A**, 1

nouveau/nouvel/nouvelle [nuvo/nuvɛl/nuvɛl] neu **II6DE**

novembre (m.) [nɔvɑ̃bʀ] November **I3B**, 7

nu/nue [ny] nackt **IV1A**, 2

un nuage [ɛ̃nɥaʒ] eine Wolke **III4A**, 9

nuire à qn [nɥiʀ] jdm. schaden ⟨**VM3B**, 1⟩

la nuit [lanɥi] die Nacht **I5A**, 1

nul/nulle [nyl] blöd **I5B**, 3

C'est trop nul! (fam.) [sɛtʀonyl] Das ist zu blöd! (ugs.) **I5B**, 3

O

un objectif [ɛ̃nɔbʒɛktif] ein Ziel **VM1DE VM2DE VRev VM3DE VM4DE**

une objection [ynɔbʒɛksjɔ̃] ein Einwand **IVM1B**, 7

un objet [ɛ̃nɔbʒɛ] ein Gegenstand **III2DE**

une obligation [ynɔbligasjɔ̃] eine Verpflichtung **IVM1A**, 9

être obligé/obligée de faire qc [ɛtʀɔbliʒe] etw. tun müssen; verpflichtet sein, etw. zu tun **IVM1A**, 9

obliger qn à faire qc [ɔbliʒe] jdn. verpflichten, etw. zu tun; jdn. zwingen, etw. zu tun **IVM1A**, 9

une observation [ynɔpsɛʀvasjɔ̃] eine Beobachtung **VM1S**, 1

observer qn/qc [ɔpsɛʀve] jdn./etw. beobachten **VM3B**, 2

obtenir qc [ɔptəniʀ] etw. bekommen **VDELF**

occidental/occidentale/occidentaux/occidentales [ɔksidɑ̃tal/ɔksidɑ̃to] abendländisch; westlich **IV2DE**

l'occupation (f.) [lɔkypasjɔ̃] die Besatzung **IV3A**, 2

occupé/occupée [ɔkype] beschäftigt; besetzt **III3DE**

occuper [ɔkype] beschäftigen; besetzen **III3DE**

s'occuper de qn/qc [sɔkype] sich beschäftigen mit jdm./etw.; sich kümmern um jdn./etw. **III3A**, 1

l'océan Indien (m.) [lɔseɑ̃ɛ̃djɛ̃] der Indische Ozean **VM4B**, 1

octobre (m.) [ɔktɔbʀ] Oktober **I3B**, 7

officiel/officielle [ɔfisjɛl] amtlich; offiziell **III5A**, 1

une langue officielle [ynlɑ̃gɔfisjɛl] eine Amtssprache **III5A**, 1

une offre [ynɔfʀ] ein Angebot **IV2B**, 5

une offre promotionnelle [ynɔfʀpʀomosjɔnɛl] ein Sonderangebot **VRev**

offrir qc à qn [ɔfʀiʀ] jdm. etw. anbieten; jdm. etw. schenken **III1A**, 1

un œil/des yeux [ɛ̃nœj/dezjø] ein Auge/Augen **II1B**, 6

un oiseau/des oiseaux [ɛ̃nwazo/dezwazo] ein Vogel/Vögel **VM4DE**

une olive [ynɔliv] eine Olive **II4A**, 1

une ombre [ynɔ̃bʀ] ein Schatten **III4B**, 3

un oncle [ɛ̃nɔ̃kl] ein Onkel **I3A**, 9

une opinion [ynɔpinjɔ̃] eine Meinung **VM3S**, 2

une orange [ynɔʀɑ̃ʒ] eine Orange **I5C**, 1

un orangina [ɛ̃nɔʀɑ̃ʒina] eine Orangenlimonade; eine Orangina **VRev**

un ordinateur [ɛ̃nɔʀdinatœʀ] ein Computer **I3A**, 1

un ordre [ɛ̃nɔʀdʀ] eine Ordnung; eine Reihenfolge **IV3B**, 1

une oreille [ynɔʀɛj] ein Ohr **VM3B**, 2

organiser qc [ɔʀganize] etw. organisieren **II3A**, 2

l'orientation (f.) [lɔʀjɑ̃tasjɔ̃] die Orientierung **III3A**, 2

s'orienter [sɔʀjɑ̃te] sich orientieren **VM1A**, 1

original/originale/originaux/originales [ɔʀiʒinal/ɔʀiʒino] originell **III1DE**

une origine [ynɔʀiʒin] der Ursprung; eine Herkunft **IVM1DE**

un orphelin/une orpheline [ɛ̃nɔʀfəlɛ̃/ynɔʀfəlin] eine Waise **IVM1A**, 5

oser faire qc [oze] sich trauen etw. zu tun; wagen, etw. zu tun **III4A**, 4

où [u] wo; wohin **I2B**, 2

ou [u] oder **I3A**, 1

où [u] wo Relativpronomen **II1B**, 2

oublier qc [ublije] etw. vergessen **I6A**, 4

l'ouest (m.) [lwɛst] der Westen **II5DE**

un **œuf**/des **œufs** [ɛ̃nœf/dezø] ein Ei/Eier
  II4DE
Ouf! [uf] Uff! **I2B**, 2
oui [wi] ja **I1B**, 1
ouvert/**ouverte** [uvɛʀ/uvɛʀt] geöffnet; offen
  I7C, 1
un **ouvrier**/une **ouvrière** [ɛ̃nuvʀije/ynuvʀijɛʀ]
  ein Arbeiter/eine Arbeiterin **VM1DE**
  un ouvrier qualifié/une ouvrière qualifiée
  [ɛ̃nuvʀije/ynuvʀijɛʀ] ein Facharbeiter/eine
  Facharbeiterin **VM1DE**
ouvrir qc [uvʀiʀ] etw. öffnen **II2B**, 2
l'**oxygène** (m.) [lɔksiʒɛn] der Sauerstoff
  VM3A, 2

P

une **page** [ynpaʒ] eine Seite **II2B**, 2
le **pain** [ləpɛ̃] das Brot **II4B**, 1
la **paix** [lapɛ] der Frieden **IV3A**, 1
un **palais** [ɛ̃palɛ] ein Palast **IV1DE**
pâle/**pâle** [pal] bleich **III2C**, 2
un **palmier** [ɛ̃palmje] eine Palme **IV1A**, 2
un **pantalon** [ɛ̃pɑ̃talɔ̃] eine Hose **I6A**, 4
papa [papa] Papa **I1A**, 1
papi/**papy** (fam.) [papi] Opi **I7A**, 4
le **papier** [ləpapje] das Papier **II1B**, 2
un **paquet** [ɛ̃pakɛ] eine Packung; ein Paket
  VRev
par [paʀ] durch (Grundbedeutung); von
  IV1A, 2
  par contre [paʀkɔ̃tʀ] dagegen; hingegen
  IVM1B, 7
  par exemple [paʀɛgzɑ̃pl] zum Beispiel
  I7C, 1
  par hasard [paʀazaʀ] durch Zufall; zufällig
  IV1A, 2
  par rapport à … [paʀʀapɔʀa] im Verhältnis
  zu … **VM3S**, 2
  marqué/marquée par [maʀkepaʀ] geprägt
  von **IV3DE**
  par conséquent [paʀkɔ̃sekɑ̃] folglich
  VM3S, 2
  par jour [paʀʒuʀ] pro Tag; täglich **I7B**, 1
  par la suite [paʀlasɥit] anschließend
  VM3S, 2
le **parachutisme** [ləpaʀaʃytism] das Fallschirmspringen **II7DE**
paraître [paʀɛtʀ] erscheinen; scheinen
  IVM1B, 8
un **parapluie** [ɛ̃paʀaplɥi] ein Regenschirm
  VM4DE
un **parc** [ɛ̃paʀk] ein Park **I5DE**
parce que [paʀskə] weil **I5B**, 3
un **parcours** [ɛ̃paʀkuʀ] ein Durchgang; eine
  Runde; ein Parcours **II7A**, 1

Pardon. [paʀdɔ̃] Entschuldigung. **I1A**, 1
pardonner qc à qn [paʀdɔne] jdm. etw.
  verzeihen **III2C**, 2
les **parents** (m.) [lepaʀɑ̃] die Eltern **I3A**, 9
parfait/**parfaite** [paʀfɛ/paʀfɛt] perfekt; tadellos **VM1B**, 1 **VRev**
parfois [paʀfwa] manchmal **II6A**
parisien/**parisienne** [paʀizjɛ̃/paʀizjɛn] Pariser
  (Adj.) **VM1A**, 1
parler [paʀle] sprechen **I2DE**
  parler à qn [paʀle] mit jdm. sprechen **I6B**, 1
parmi [paʀmi] unter **III2A**, 5
une **parole** [ynpaʀɔl] ein Ausspruch; ein Wort
  IVM1A, 2
  une parole d'honneur [ynpaʀɔldɔnœʀ] ein
  Ehrenwort **IVM1A**, 2
partagé/**partagée** [paʀtaʒe] geteilt **VM4V**, 1
partager qc avec qn [paʀtaʒe] etw. mit jdm.
  teilen **IVM1A**, 1
un **partenaire**/une **partenaire** [ɛ̃paʀtənɛʀ/
  ynpaʀtənɛʀ] ein Partner/eine Partnerin
  IV3B, 1
participer à qc [paʀtisipe] an etw. teilnehmen
  II3A, 2
une **particularité** [ynpaʀtikylaʀite] eine
  Besonderheit **VM4A**, 1
particulier/**particulière** [paʀtikylje/
  paʀtikyljɛʀ] besonderer/besondere/be-
  sonderes (Adj.); bestimmter/bestimmte/
  bestimmtes (Adj.); typisch **IVM1B**, 1
particulièrement [paʀtikyljɛʀmɑ̃] besonders
  (Adv.) **IVM1B**, 1
une **partie** [ynpaʀti] ein Teil **I4B**, 5
  faire partie de qc [fɛʀpaʀti] ein Teil sein
  von; gehören zu **III5DE**
partir [paʀtiʀ] abfahren; weggehen **II6A**
  à partir de [apaʀtiʀdə] ab; von … an **IV2A**, 1
  C'est parti! [sɛpaʀti] Los geht's! **III1A**, 1
partout [paʀtu] überall **III2A**, 5
un **pas** [ɛ̃pa] ein Schritt **III2C**, 2
le **passé** [ləpase] die Vergangenheit **VM1B**, 1
passer [pase] vorbeigehen; vorübergehen
  III1A, 1
passer qc [pase] etw. verbringen **I5A**, 1
  se passer [səpase] geschehen; sich abspielen; sich ereignen **II3A**, 3
  passer le baccalauréat [paseləbakalɔʀea]
  das Baccalaureat ablegen **VM4A**, 2
  passer son temps à faire qc [pasesɔ̃tɑ̃] seine Zeit damit verbringen, etw. zu tun **II6A**
passer qc à qn [pase] jdm. etw. geben; jdm.
  etw. reichen **II4B**, 6
passionnant/**passionnante** [pasjɔnɑ̃/
  pasjɔnɑ̃t] fesselnd; spannend **III3B**, 1
se **passionner** pour qc [səpasjɔne] sich für
  etw. begeistern **VM2B**, 2

la **pâte** [lapat] der Teig **IVM2A**, 2
  mettre la main à la pâte [mɛtʀləmɛ̃alapat]
  Hand anlegen **IVM2A**, 2
patienter [pasjɑ̃te] sich gedulden; warten
  VM2A, 2
la **pâtisserie** [lapatisʀi] die Konditorei;
  die Konditoreiwaren **VM2A**, 1
le **patrimoine** [ləpatʀimwan] das Erbe;
  das Erbgut; das Kulturerbe **VM4DE**
une **pause** [ynpoz] eine Pause **II5A**, 4
pauvre/**pauvre** [povʀ] arm **II3A**, 2
payer qc [peje] etw. bezahlen **II4A**, 2
un **pays** [ɛ̃pei] ein Land **II3A**, 2
un **paysage** [ɛ̃peizaʒ] eine Landschaft **III3B**, 1
le **péage** [ləpeaʒ] die Mautstelle **II5A**, 4
la **peau** [lapo] die Haut **IVM2DE**, 9
une **pêche** [ynpɛʃ] ein Pfirsich **III1A**, 1
  avoir la pêche (fam.) [avwaʀlapɛʃ] gut drauf
  sein (ugs.) **III1A**, 1
  redonner la pêche à qn (fam.)
  [ʀədɔnelapɛʃ] jdn. wieder aufmuntern
  (ugs.) **III1A**, 1
peindre qc [pɛ̃dʀ] etw. bemalen; etw. malen
  ⟨VRev⟩
  un mur peint [ɛ̃myʀpɛ̃] eine bemalte Mauer
  VRev
à **peine** [apɛn] kaum **VM1A**, 2
pendant [pɑ̃dɑ̃] während (Präp.) **II3B**, 1
  pendant que [pɑ̃dɑ̃kə] während **III2A**, 9
une **pensée** [ynpɑ̃se] ein Gedanke **VM1A**, 2
penser à qn [pɑ̃se] an jdn. denken **II1B**, 2
  Qu'est-ce que tu en penses? [kɛskətyɑ̃pɑ̃s]
  Was hältst du davon?; Wie denkst du
  darüber? **II2A**, 3
perdre qc [pɛʀdʀ] etw. verlieren **II2B**, 2
un **père** [ɛ̃pɛʀ] ein Vater **I3A**, 9
une **période** [ynpeʀjɔd] eine Periode; eine
  Zeit; eine Zeitspanne **IV3B**, 1
une **permanence** [ynpɛʀmanɑ̃s] ein Freistundenraum **II3DE**
permettre à qn de faire qc [pɛʀmɛtʀ] jdm.
  erlauben, etw. zu tun; jdm. etw. ermöglichen **III3B**, 8
  permettre que (+ subj.) [pɛʀmɛtʀ] erlauben,
  dass **IV3A**, 5
un **permis** de conduire [ɛ̃pɛʀmidəkɔ̃dɥiʀ] ein
  Führerschein **IVM2D**, 2
persécuté/**persécutée** [pɛʀsekyte] verfolgt
  VM1B, 5
un **personnage** [ɛ̃pɛʀsɔnaʒ] eine Figur; eine
  Person (Literatur, Film, Theater) **IVM2DE**, 9
  un personnage principal/des personnages
  principaux [ɛ̃pɛʀsɔnaʒpʀɛ̃sipal] eine Haupt-
  figur/Hauptfiguren **IVM1A**, 1
une **personnalité** [ynpɛʀsɔnalite] eine Persönlichkeit **IV1A**, 1

une **personne** [ynpɛʀsɔn] eine Person **I6A,** 1
ne … personne [nə pɛʀsɔn] niemand
III1A, 1

personne ne … [pɛʀsɔn] niemand *(Subjekt)*
VM2A, 2

le **personnel** [ləpɛʀsɔnɛl] das Personal **IV3A,** 1

petit/petite [pəti/pətit] klein **I6A,** 4
un petit copain/une petite copine
[ɛ̃pətikɔpɛ̃/ynpətitkɔpin] ein fester Freund/
eine feste Freundin **III4A,** 4

le **petit-déjeuner** [ləp(ə)tideʒœne] das Frühstück **II4A,** 1

le **pétrole** [ləpetʀɔl] das Erdöl ⟨**VM3V,** 1⟩

un **peu** [ɛ̃pø] ein wenig **I7B,** 1
peu de [pødə] wenig(e) **I7C,** 2

la **peur** [lapœʀ] die Angst **II2A,** 1
avoir peur de qn/qc [avwaʀpœʀ] Angst
haben vor jdm./etw. **II2A,** 1
avoir peur que *(+ subj.)* [avwaʀpœʀ] Angst
haben, dass **IV3A,** 5

peut-être [pøtɛtʀ] vielleicht **I6A,** 4

un **phare** [ɛ̃faʀ] ein Leuchtturm **II5A,** 1

une **pharmacie** [ynfaʀmasi] eine Apotheke
III3B, 6

la **philosophie** [lafilɔzɔfi] die Philosophie
III5B, 1

une **photo** [ynfoto] ein Foto **I5DE**

un **photographe**/une **photographe** [ɛ̃fɔtɔgʀaf/
ynfɔtɔgʀaf] ein Fotograf/eine Fotografin
IV1A, 1

une **phrase** [ynfʀaz] ein Satz **II7A,** 4

le **physique** [fizik] das Äußere **VM1S,** 1

la **physique** *(f.)* [lafizik] Physik (als Schulfach)
VM1DE

physique/physique [fizik] körperlich; physisch **VM1S,** 1

un **pickpocket** [ɛ̃pikpɔkɛt] ein Taschendieb
III2B, 5

une **pièce** (de théâtre) [ynpjɛs] ein (Theater-)
Stück **IVM1A,** 1
une pièce [ynpjɛs] ein Zimmer **I5A,** 3

un **pied** [ɛ̃pje] ein Fuß **I4DE**
à pied [apje] zu Fuß **I5A,** 1
C'est le pied! *(fam.)* [sɛləpje] Das ist der
Hammer! *(ugs.)* **VRev**

une **pierre** [ynpjɛʀ] ein Stein **II2DE**

une **pile** électrique [ynpilelɛktʀik] eine Batte-
rie **IVM2DE,** 7
Pile ou face? [pilufas] Kopf oder Zahl?
II5A, 7

un **pilote**/une **pilote** [ɛ̃pilɔt/ynpilɔt] ein Pilot/
eine Pilotin **III3B,** 1

le **pire** [ləpiʀ] das Schlimmste **VM2B,** 2

une **piscine** [ynpisin] ein Schwimmbad **I5B,** 2

une **piste** [ynpist] eine Bahn; eine Piste; ein
Pfad **II3B,** 1

une **place** [ynplas] ein Platz **I4A,** 3

une **plage** [ynplaʒ] ein Strand **II5DE**

se **plaindre** de qn/qc [səplɛ̃dʀ] sich über jdn./
etw. beschweren **VM1V,** 1

plaire à qn [plɛʀ] jdm. gefallen **II5A,** 4
ça me plaît que + *subj.* [plɛʀ] es gefällt mir,
dass **IV3A,** 5

un **plaisir** [ɛ̃pleziʀ] eine Freude; ein Vergnügen **IV2DE**

un **plan** [ɛ̃plɑ̃] eine Kameraeinstellung; ein
Plan **III5B,** 2
un bon plan [ɛ̃bɔ̃plɑ̃] ein Geheimtipp
IVM2B, 2
l'arrière-plan *(m.)* [laʀjɛʀplɑ̃] der Hintergrund *(Bild, Foto, Film)* **III5B,** 2
le premier plan [ləpʀəmjeplɑ̃] der Vordergrund *(Bild, Foto, Film)* **III5B,** 2

une **plante** [ynplɑ̃t] eine Pflanze **III5B,** 1

le **plastique** [ləplastik] das Plastik; der Kunststoff **IVM2D,** 2

un **plat** [ɛ̃pla] ein Gang *(beim Essen)*; ein
Gericht **II4DE**
le plat préféré [ləplapʀefeʀe] das Lieblingsessen **II4B,** 6
le plat principal [ləplapʀɛ̃sipal] das Hauptgericht **II4B,** 4

plat/plate [pla/plat] flach; platt; still *(Wasser)*
VRev

plein/pleine (de qc) [plɛ̃/plɛn] voll (mit etw.)
II7B, 3

pleuvoir [pløvwaʀ] regnen **I7A,** 2
Il pleut. [ilplø] Es regnet. **I7A,** 2

plier qc [plije] etw. beugen; etw. falten; etw.
zusammenlegen **IVM1DE**

la **plongée** [laplɔ̃ʒe] das Tauchen **IVM2DE,** 3

la **pluie** [laplɥi] der Regen **III4A,** 4

la **plupart** des [laplypaʀ] die meisten **VM1B,** 5
VM4V, 1

de **plus** en plus [dəplyzɑ̃ply] immer mehr
VM3V, 1
de plus [dəplys] außerdem **VM1B,** 5
VM3A, 2 **VM4DE**
en plus [ɑ̃plys] außerdem **VM2DE**

plus (de) [plysdə] mehr *(+ Nomen)* **II7B,** 3
plus pratique que [plypʀatikkə] praktischer
als **III4B,** 1
plus tard [plytaʀ] später **II2B,** 8

plusieurs *(inv.)* [plyzjœʀ] mehrere **III3B,** 1

plutôt [plyto] eher; vielmehr; ziemlich **II3A,** 2

la **poche** [lapɔʃ] die Hosentasche; die Tasche
I6B, 1

un **poème** [ɛ̃pɔɛm] ein Gedicht **I6B,** 11

un **poète** [ɛ̃pɔɛt] ein Dichter/eine Dichterin
VM1A, 2

poétique/poétique [pɔetik] dichterisch;
poetisch **VM1S,** 1 **VM3DE**

faire le **point** sur qc [fɛʀləpwɛ̃] einen zusammenfassenden Überblick über etw. geben
III5A, 4
un point fort [ɛ̃pwɛ̃fɔʀ] eine Stärke **VM2V,** 1

un **point de vue** [ɛ̃pwɛ̃dəvy] eine Ansicht; ein
Standpunkt **IVM2DE,** 11

la **pointure** [lapwɛ̃tyʀ] die Schuhgröße **VRev**

un **poison** [ɛ̃pwazɔ̃] ein Gift **III4A,** 4

un **poisson** [ɛ̃pwasɔ̃] ein Fisch **III4A,** 4

poli/polie [pɔli] höflich **III4A,** 4

la **politique** [lapɔlitik] die Politik **VM4A,** 2

politique/politique [pɔlitik] politisch **VM4A,** 2
un homme politique/une femme politique
[ɛ̃nɔmpɔlitik/ynfampɔlitik] ein Politiker/
eine Politikerin **VM4G,** 4

polluer qc [pɔlɥe] etw. verschmutzen **VM3V,** 1

la **pollution** [lapɔlysjɔ̃] die Umweltverschmutzung **VM3V,** 1

une **pomme** [ynpɔm] ein Apfel **I5C,** 1
une pomme de terre [ynpɔmdətɛʀ] eine
Kartoffel **II4DE**

un **pont** [ɛ̃pɔ̃] eine Brücke **III4A,** 1

un **portable** [ɛ̃pɔʀtabl] ein Handy; ein Mobiltelefon **I5C,** 1 ein Laptop **II6A**

une **porte** [ynpɔʀt] eine Tür **II2B,** 2

un **porte-monnaie**/des **porte-monnaies**
[ɛ̃pɔʀtmɔnɛ] ein Geldbeutel **IVM2D,** 2

porter qc [pɔʀte] etw. tragen **I2A,** 2

un **portrait** [ɛ̃pɔʀtʀɛ] ein Porträt **VM1DE**

poser qc [poze] etw. setzen **I5B,** 3
poser sa candidature [pozesakɑ̃didatyʀ]
sich bewerben **IV2A,** 3

positif/positive [pozitif/pozitiv] positiv **IV3B,** 1

une **position** [ynpozisjɔ̃] eine Stellung
IVM1B, 1
être en position de faire qc [ɛtʀɑ̃pozisjɔ̃] in
der Lage sein **IVM1B,** 1

une **possibilité** [ynpɔsibilite] eine Möglichkeit **IV2A,** 1

possible/possible [pɔsibl] möglich **II1A,** 7
c'est possible que *(+ subj.)* [pɔsibl] es ist
möglich, dass **IV3A,** 5

la **poste** [lapɔst] die Post **I5B,** 2

la **poubelle** [lapubɛl] der Abfalleimer; der
Mülleimer **II1B,** 2

pour [puʀ] für **I2A,** 3
pour faire qc [puʀfɛʀ] um etw. zu tun **I5B,** 3

un **pourboire** [ɛ̃puʀbwaʀ] ein Trinkgeld **VRev**

un **pour cent** *(inv.)* [ɛ̃puʀsɑ̃] ein Prozent
III3B, 1

pour que *(+ subj.)* [puʀkə] damit **VM3A,** 2
VM3G, 3

pourquoi? [puʀkwa] warum? **I5B,** 3
c'est pourquoi [sɛpuʀkwa] deshalb **II6A**

poursuivre qc [puʀsɥivʀ] etw. (weiter)verfolgen; etw. fortsetzen **IVM1B**, 1

pourtant [puʀtɑ̃] dennoch; trotzdem **III3A**, 2

pousser [puse] drücken; schieben; wachsen (Pflanze) **VM3A**, 1

le **pouvoir** [ləpuvwaʀ] die Macht **VM4A**, 2

pouvoir [puvwaʀ] können (in der Lage sein) **II3A**, 1

on peut [ɔ̃pø] man kann **I7C**, 1

tu peux [typø] du kannst **II1A**, 8

on pourrait [ɔ̃puʀɛ] man könnte **III3A**, 2

Pourriez-vous …? [puʀievu] Könnten Sie … (bitte)? **IV1B**, 3

Vous pouvez répéter, s'il vous plaît? [vupuveʀepete] Können Sie bitte wiederholen? **I5B**, 2

pratique/pratique [pʀatik] praktisch **I7C**, 1

aussi pratique que [osipʀatikkə] genauso praktisch wie **III4B**, 1

moins pratique que [mwɛ̃pʀatikkə] weniger praktisch als **III4B**, 1

plus pratique que [plypʀatikkə] praktischer als **III4B**, 1

précis/précise [pʀesi/pʀesiz] genau (Adj.) **VM2S**, 1 **VM3S**, 1 **VM4V**, 1

précisément [pʀesizemɑ̃] genau (Adv.) **VM3B**, 2

la **précision** [lapʀesizjɔ̃] die genaue Angabe; die Genauigkeit **VM2S**, 1

préféré/préférée [pʀefeʀe] bevorzugt; Lieblings- **II6DE**

préférer qc [pʀefeʀe] etw. lieber mögen; etw. vorziehen **II4B**, 2

préférer que (+ subj.) [pʀefeʀe] lieber möchten, dass **IV3A**, 5

un **préfet** [ɛ̃pʀefɛ] ein Präfekt Vertreter der Zentralregierung **VM4A**, 2

le **premier**/la **première** [ləpʀəmje] der erste/die erste **I3B**, 7

le premier plan [ləpʀəmjeplɑ̃] der Vordergrund (Bild, Foto, Film) **III5B**, 2

la **première** [lapʀəmjɛʀ] frz. Klassenstufe (entspricht ungefähr der 11. Klasse) **VM2B**, 1

prendre qc [pʀɑ̃dʀ] etw. essen; etw. nehmen **I5C**, 1

prendre l'air [pʀɑ̃dʀəlɛʀ] an die frische Luft gehen **III1B**, 1

prendre une décision [pʀɑ̃dʀyndesizjɔ̃] eine Entscheidung treffen **III3B**, 1

un **prénom** [ɛ̃pʀenɔ̃] ein Vorname **II6B**

préoccupant/préoccupante [pʀeɔkypɑ̃/pʀeɔkypɑ̃t] besorgniserregend **IVM1B**, 1

préparer qc [pʀepaʀe] etw. vorbereiten **I3A**, 3

près de qn/qc [pʀedə] nahe bei jdm./etw. **III4A**, 1

de près [dəpʀɛ] aus der Nähe; von Nahem **III2C**, 2

la **présence** [lapʀezɑ̃s] das Vorhandensein; der Einfluss **VM4B**, 1

présent/présente [pʀezɑ̃/pʀezɑ̃t] anwesend; vorhanden **III5DE**, 1

un **présentateur**/une **présentatrice** [ɛ̃pʀezɑ̃tatœʀ/ynpʀezɑ̃tatʀis] ein Moderator/eine Moderatorin; ein Nachrichtensprecher/eine Nachrichtensprecherin **III3B**, 1

présenter qn [pʀezɑ̃te] jdn. vorstellen **II1B**, 6

préserver qc [pʀezɛʀve] etw. bewahren; etw. schützen **VM3V**, 1

un **président**/une **présidente** [ɛ̃pʀezidɑ̃/ynpʀezidɑ̃t] ein Präsident/eine Präsidentin **IV3A**, 1

le président de la République [ləpʀezidɑ̃dlaʀepyblik] der Präsident; der Staatspräsident **IV3A**, 1

presque [pʀɛsk] beinahe; fast **II2B**, 2

la **presse** [lapʀɛs] die Presse **VM2A**, 1

être **pressé/pressée** [ɛtʀpʀese] es eilig haben; in Eile sein **VM1A**, 2

une **prestation** [ynpʀɛstasjɔ̃] ein Bühnenauftritt; eine Darbietung; eine Leistung **IV1A**, 9

prêt/prête [pʀɛ/pʀɛt] bereit; fertig **III3A**, 2

prêter qc à qn [pʀete] jdm. etw. leihen **IVM1A**, 2

un **prétexte** [ɛ̃pʀetɛkst] ein Vorwand **IVM1A**, 9

une **preuve** [ynpʀœv] ein Beweis; ein Nachweis **VDELF**

prévu/prévue [pʀevy] geplant; vorgesehen **IVM1B**, 1

il est prévu que + subj. [pʀevy] es ist geplant, dass; es ist vorgesehen, dass **IVM1B**, 1

prier qn de faire qc [pʀije] jdn. bitten, etw. zu tun **IV2B**, 1

Je vous en prie. [ʒəvuzɑ̃pʀi] Ich bitte Sie. **IV2B**, 1

un **principal**/une **principale** [ɛ̃pʀɛ̃sipal/ynpʀɛ̃sipal] ein Schulleiter/eine Schulleiterin (im „Collège") **III2A**, 5

principal/principale (adj.) [pʀɛ̃sipal/pʀɛ̃sipo] Haupt- **IVM1A**, 1

le **printemps** [ləpʀɛ̃tɑ̃] der Frühling **II5DE**

une **prise** de courant [ynpʀizdəkuʀɑ̃] eine Steckdose **IVM2C**, 2

un **privilège** [ɛ̃pʀivilɛʒ] ein Privileg; ein Sonderrecht **VM4A**, 2

un **prix** [ɛ̃pʀi] ein Preis **II6C**

probable/probable [pʀɔbabl] wahrscheinlich **IVM1B**, 1

un **problème** [ɛ̃pʀɔblɛm] ein Problem **I6A**, 2

un **procès** [ɛ̃pʀɔsɛ] ein Prozess **VM3B**, 2

prochain/prochaine [pʀɔʃɛ̃/pʀɔʃɛn] nächster/nächste/nächstes **II3B**, 4

une **production** [ynpʀɔdyksjɔ̃] eine Produktion **VM3V**, 1

produire qc [pʀɔdɥiʀ] etw. erzeugen; etw. herstellen **VM3V**, 1

un **produit** [ɛ̃pʀɔdɥi] ein Produkt **IV3A**, 2

un **professeur**/une **professeure** [ɛ̃pʀɔfesœʀ/ynpʀɔfesœʀ] ein Lehrer/eine Lehrerin **I4A**, 3

une **profession** [ynpʀɔfesjɔ̃] ein Beruf **VM2B**, 1

un **professionnel**/une **professionnelle** [ɛ̃pʀɔfesjɔnɛl/ynpʀɔfesjɔnɛl] ein Fachmann/eine Fachfrau; ein Profi **IV1A**, 1

professionnel/professionnelle (adj.) [pʀɔfesjɔnɛl] beruflich **IV2A**, 3

profiter de qn/qc [pʀɔfite] jdn./etw. ausnutzen; jdn./etw. nützen **VM2B**, 2

un **programme** [ɛ̃pʀɔgʀam] ein Programm **III4A**, 4

un **progrès** [ɛ̃pʀɔgʀɛ] ein Fortschritt **III5B**, 1

un **projet** [ɛ̃pʀɔʒɛ] ein Projekt **II6C**

une **promenade** [ynpʀɔmənad] ein Spaziergang **III4A**, 1

se **promener** [səpʀɔmne] spazieren gehen **IV1B**, 1

promettre qc à qn [pʀɔmɛtʀ] jdm. etw. versprechen **IVM1DE**

en **promo** (fam.) [ɑ̃pʀɔmo] im Sonderangebot **VRev**

une offre **promotionnelle** [ynɔfʀpʀɔmosjɔnɛl] ein Sonderangebot **VRev**

prononcer qc [pʀɔnɔ̃se] etw. aussprechen **IVM1A**, 5

en prononçant [ɑ̃pʀɔnɔ̃sɑ̃] wenn man etw. ausspricht **IVM1A**, 5

propager qc [pʀɔpaʒe] etw. verbreiten **VM4B**, 1

à **propos** [apʀopo] übrigens **II7A**, 1

à propos de qc [apʀopodə] apropos, etw. betreffend **II2A**, 1

proposer de faire qc [pʀɔpoze] vorschlagen etw. zu tun **II3A**, 2

proposer que (+ subj.) [pʀɔpoze] vorschlagen, dass **IV3A**, 5

une **proposition** [ynpʀɔpozisjɔ̃] ein Vorschlag **IVM2DE**, 11

propre/propre (nach dem Nomen) [pʀɔpʀ] sauber **IVM2DE**, 1

propre/propre (vor dem Nomen) [pʀɔpʀ] eigen **IVM1A**, 4

un **propriétaire**/une **propriétaire** [ɛ̃pʀɔpʀijetɛʀ/ynpʀɔpʀijetɛʀ] ein Eigentümer/eine Eigentümerin **III2B**, 1

protéger qn/qc [pʀɔteʒe] jdn./etw. schützen **IVM1B**, 4

prouver qc [pʀuve] etw. beweisen **VM4B**, 2

provenir de qc [pʀɔvənir] von etw. herrühren; von etw. kommen; von etw. stammen **VM3V**, 1

un **proverbe** [ɛ̃pʀɔvɛʀb] ein Sprichwort **IVM1DE**

une **province** [ynpʀɔvɛ̃s] eine Provinz **III2DE**

le **public** [ləpyblik] das Publikum; die Öffentlichkeit **IV1A**, 2

une **publicité** (fam.) une pub [ynpyblisite] eine Werbung; ein Werbespot **IV1A**, 2

ma **puce** (fam.) [mapys] meine Kleine wörtl.: mein Floh **I5A**, 1

puis [pɥi] dann **I3B**, 1

la **puissance** [lapɥisãs] die Macht; die Stärke **IV3B**, 1

un **pull** [ɛ̃pyl] ein Pulli **I6B**, 8

Q

Qu'est-ce qui se passe? [kɛskispas] Was ist los? **II7A**, 1

une **qualification** [ynkalifikasjɔ̃] eine Befähigung; eine Qualifikation **VM2V**, 1

une **qualité** [ynkalite] eine Eigenschaft; eine Qualität **IV2B**, 1

quand même [kãmɛm] doch; trotzdem **III4B**, 3

quand [kã] als (zeitlich); wenn **II1B**, 2

quand [kã] wann **I3B**, 7

une **quantité** [ynkãtite] eine Menge **VM3V**, 1

un **quart** [ɛ̃kaʀ] ein Viertel **I4A**, 1

sept heures et quart [sɛtœʀekaʀ] Viertel nach sieben Uhr **I4A**, 1

sept heures moins le quart [sɛtœʀmwɛ̃ləkaʀ] Viertel vor sieben Uhr **I4A**, 1

un **quartier** [ɛ̃kaʀtje] ein (Stadt-)Viertel **I5DE**

la **quatrième** [lakatʀijɛm] die Vierte; die vierte Klasse **II1DE**

que [kə] dass (Konjunktion) **II2A**, 3

que [kə] was **I2DE**

qu'est-ce qui …? [kɛski] was …? (Fragepronomen, Subjekt ist eine Sache) **IV3B**, 4

Que fait Léo? [kəfɛleo] Was macht Léo? **I2DE**

un **Québécois**/une **Québécoise** [ɛ̃kebekwa/ynkebekwaz] ein Quebecer/eine Quebecerin **III5A**, 1

québécois/**québécoise** [kebekwa/kebekwaz] aus Quebec **III5DE**, 4

quel/**quelle**/**quels**/**quelles** [kɛl] welcher/welche/welches (Fragebegleiter) **II1A**, 1

Quel cinéma! [kɛlsinema] Was für ein Theater! **IV1A**, 2

Quelle heure est-il? [kɛlœʀɛtil] Wie spät ist es?; Wie viel Uhr ist es? **I4A**, 2

Quel temps fait-il? [kɛltãfɛtil] Wie ist das Wetter? **I7A**, 2

Tu as quel âge? [tyakɛlaʒ] Wie alt bist du? **I3B**, 9

quelqu'un [kɛlkɛ̃] jemand **II2B**, 2

quelque chose [kɛlkəʃoz] etwas **I4B**, 4

quelque part [kɛlkəpaʀ] irgendwo **VM3B**, 2

quelques [kɛlk(ə)] einige **II3B**, 1

une **question** [ynkɛstjɔ̃] eine Frage **I5B**, 3

une **queue** [ynkø] eine Warteschlange; ein Schwanz **III4B**, 3

faire la queue [fɛʀlakø] Schlange stehen **III4B**, 3

qui [ki] der/die/das (Relativpronomen) **II1B**, 1

qui est-ce que …? [kiɛskə] wen …? **IV3B**, 4

qui (Fragepronomen) [ki] wer **I1A**, 1

C'est à qui? [sɛtaki] Wer ist an der Reihe? **II4A**, 2

Qui est-ce? [kiɛs] Wer ist das? **I1A**, 1

qui est-ce qui …? [kiɛski] wer …? (Fragepronomen, Subjekt ist eine Person) **IV3B**, 4

qu'est-ce qui …? [kɛski] was …? (Fragepronomen, Subjekt ist eine Sache) **IV3B**, 4

une **quiche** [ynkiʃ] eine Quiche; hier: eine Flasche (ugs.); hier: ein Versager (ugs.) **II2A**, 1

quitter qc [kite] etw. verlassen **I5A**, 3

Quoi? [kwa] Was? (Fragepronomen) **I6B**, 1

quotidien/**quotidienne** [kɔtidjɛ̃/kɔtidjɛn] täglich **VRev**

Qu'est-ce que …? [kɛskə] Was …? **I2B**, 2

Qu'est-ce que c'est? [kɛskəsɛ] Was ist das? **I2DE**

Qu'est-ce qu'il y a? [kɛskilja] Was gibt es? **I3A**, 2

R

une **racine** [ynʀasin] eine Wurzel **VM3A**, 1

raciste/**raciste** [ʀasist] rassistisch **VM4B**, 2

raconter qc [ʀakɔ̃te] etw. erzählen **I4A**, 3

la **radio** [laʀadjo] das Radio **II5A**, 4

une **raison** [ynʀɛzɔ̃] ein Grund **II7B**, 7

avoir raison [avwaʀʀɛzɔ̃] Recht haben **I4B**, 4

une **rallonge** [ynʀalɔ̃ʒ] eine Verlängerung; ein Verlängerungskabel **IVM2C**, 2

une **randonnée** [ynʀãdɔne] eine Wanderung **III5A**, 1

ranger qc [ʀãʒe] etw. aufräumen **I3A**, 3

le **rap** [ləʀap] Rap (Musikstil) **I2B**, 7

rapide/**rapide** (adj.) [ʀapid] schnell (Adj.) **IV2A**, 3

se **rappeler** qn/qc [səʀapəle] sich an jdn./etw. erinnern **VM1B**, 1

rappeler (qn) [ʀaple] (jdn.) wieder anrufen; (jdn.) zurückrufen **II2B**, 8

un **rapport** [ɛ̃ʀapɔʀ] ein Bezug; ein Verhältnis **VM2DE VM3S**, 2

par rapport à … [paʀʀapɔʀa] im Verhältnis zu … **VM3S**, 2

rapporter qc [ʀapɔʀte] etw. mitbringen (von einem anderen Ort); etw. zurückbringen **III5A**, 1

rater qc (fam.) [ʀate] etw. nicht schaffen; etw. verpassen; etw. verpfuschen **III3A**, 1

une **réaction** [ynʀeaksjɔ̃] eine Reaktion **VM2B**, 2

réagir à qc [ʀeaʒiʀ] auf etw. reagieren **IVM1A**, 6

un **réalisateur**/une **réalisatrice** [ɛ̃ʀealizatœʀ/ynʀealizatʀis] ein Filmregisseur/eine Filmregisseurin **IV1A**, 1

réaliser qc [ʀealize] etw. begreifen **IVM1A**, 9

réaliste/**réaliste** [ʀealist] realistisch **VM2B**, 2

la **réalité** [laʀealite] die Wirklichkeit **II6A**

recevoir qc [ʀəsəvwaʀ] etw. bekommen; etw. empfangen **II6C**

rechanter qc [ʀəʃãte] etw. noch einmal singen **III1A**, 1

recharger qc [ʀəʃaʀʒe] etw. aufladen **IVM2B**, 2

une **recherche** [ynʀəʃɛʀʃ] eine Forschung; eine Suche **III3DE**

une **recommandation** [ynʀəkɔmãdasjɔ̃] eine Empfehlung **IVM2DE**, 6

une **récompense** [ynʀekɔ̃pãs] eine Belohnung **IVM2D**, 2

une **réconciliation** [ynʀekɔ̃siliasjɔ̃] eine Aussöhnung; eine Versöhnung **IV3A**, 1

reconnaître qc [ʀəkɔnɛtʀ] etw. anerkennen; etw. wiedererkennen **IVM1B**, 4

la **récréation** [laʀekʀeasjɔ̃] die Pause (in der Schule) **I4A**, 3

reculer [ʀəkyle] sich rückwärts bewegen; zurückweichen **VM3B**, 2

un **rédacteur**/une **rédactrice** [ɛ̃ʀedaktœʀ/ynʀedaktʀis] ein Redakteur/eine Redakteurin **II6DE**

redonner la pêche à qn (fam.) [ʀədɔnelapɛʃ] jdn. wieder aufmuntern (ugs.) **III1A**, 1

redoubler [ʀəduble] sitzen bleiben; wiederholen (eine Schulklasse) 〈**VM1A**, 1〉

réduire qc [ʀedɥiʀ] etw. verringern **VM3V**, 1

réel/**réelle** [ʀeɛl] real; wirklich (Adj.) **IVM1A**, 5

réfléchir [ʀefleʃiʀ] nachdenken; überlegen **II7A**, 1

une **réforme** [ynʀefɔʀm] eine Reform **VM4G**, 4

un **refrain** [ɛ̃ʀəfʀɛ̃] ein Refrain **III1A**, 1

un **réfugié**/une **réfugiée** [ɛ̃refyʒje/ynrefyʒje] ein Flüchtling **VM1G**, 5

un **refus** [ɛ̃rəfy] eine Ablehnung; eine Absage **IV2B**, 1

refuser de faire qc [rəfyzedəfɛr] ablehnen etw. zu tun; sich weigern etw. zu tun **IV3A**, 2

refuser que (+ subj.) [rəfyze] ablehnen, dass **IV3A**, 5

un **regard** [ɛ̃r(ə)gar] ein Blick **III2DE**

regarder qc [rəgarde] etw. ansehen; etw. betrachten **I2DE**

une **région** [ynreʒjɔ̃] eine Gegend; eine Region **II5B**, 1

régional/**régionale**/**régionaux**/**régionales** [reʒjonal/reʒjono] regional **VM4A**, 2

une **règle** [ynrɛgl] eine Regel **IVM2DE**, 3

régler qc [regle] etw. einstellen; etw. regeln **IV3A**, 2

regretter qn/qc [rəgrete] etw. bedauern; jdn./etw. vermissen **VM1V**, 1

regretter que (+ subj.) [rəgrete] bedauern, dass **VM1V**, 1

regrouper qc [rəgrupe] etw. umfassen; etw. vereinen **VM4A**, 2

une **relation** [ynrəlasjɔ̃] eine Beziehung **IV3DE**

une **religion** [ynrəliʒjɔ̃] eine Religion **VM4B**, 1

remarquer qn/qc [rəmarke] jdn./etw. bemerken **III4B**, 3

un **remboursement** [ɛ̃rãbursəmã] eine Rückerstattung; eine Rückzahlung **III3B**, 6

remercier qn [rəmɛrsje] jdm. danken; sich bei jdm. bedanken **VM2S**, 1

remettre en question [rəmɛtrãkɛstjɔ̃] infrage stellen **VM3S**, 1

remonter à qc [rəmɔ̃te] auf etw. zurückgehen **VM1B**, 5 **VM4A**, 2

remplacer qc [rãplase] etw. ersetzen **VM3A**, 2

remplacer qc (par qc) [rãplase] etw. ersetzen (durch etw.) **VM4A**, 2

remplir qc [rãplir] etw. ausfüllen; etw. füllen **IVM1A**, 9

une **rencontre** [ynrãkɔ̃tr] eine Begegnung **IV2A**, 3

rencontrer qn [rãkɔ̃tre] jdm. begegnen; jdn. treffen **I6B**, 1

un **rendez-vous** [ɛ̃rãdevu] eine Verabredung; ein Termin **IV1DE**

donner rendez-vous à qn [dɔnerãdevu] sich mit jdm. verabreden **IV1DE**

rendre qc à qn [rãdr] jdm. etw. zurückgeben **III2A**, 5

rendre qn dingue [rãdrədɛ̃g] jdn. irre machen **III4A**, 4

se rendre compte de qc [sərãdrəkɔ̃t] sich einer Sache bewusst werden **VM4B**, 2

renfermé/**renfermée** [rãfɛrme] verschlossen (Charakter, Verhalten) **VM4V**, 1

renforcer qc [rãfɔrse] etw. festigen; etw. verstärken **VM4A**, 2

renouvelable/**renouvelable** [rənuvəlabl] erneuerbar **VM3V**, 1

un **renseignement** [ɛ̃rãsɛɲmã] eine Auskunft **IV1B**, 3

se **renseigner** sur qn/qc [sərãseɲe] sich über jdn./etw. erkundigen **IV1B**, 3

la **rentrée** [larãtre] der Schul(jahres)beginn **II1DE**

rentrer [rãtre] nach Hause gehen; zurückkommen **I4A**, 1

un **repas** [ɛ̃rəpa] eine Mahlzeit; ein Essen **I5A**, 3

répéter qc [repete] etw. proben; etw. wiederholen **III1A**, 1

Vous pouvez répéter, s'il vous plaît? [vupuverepete] Können Sie bitte wiederholen? **I5B**, 2

répondre à qn/à qc [repɔ̃dr] jdm./auf etw. antworten **II2B**, 2

une **réponse** [ynrepɔ̃s] eine Antwort **IV2A**, 3

un **reportage** [ɛ̃rəpɔrtaʒ] eine Reportage **I7DE**

un **reporter**/une **reporter** [ɛ̃rəpɔrtɛr/ynrəpɔrtɛr] ein Reporter/eine Reporterin **VM2A**, 1

se **reposer** [sərəpoze] sich ausruhen **III3A**, 2

reprendre qc [rəprãdr] etw. von vorn beginnen; etw. wieder nehmen; etw. zurücknehmen **III1A**, 1

se reproduire [sərəprodɥir] sich vermehren **VM3A**, 2

un **reproche** [ɛ̃rəprɔʃ] ein Vorwurf **VM1G**, 3

reproduire qc [rəprodɥir] etw. reproduzieren **VM3A**, 2

une **réputation** [ynrepytasjɔ̃] ein Ruf **VM4V**, 1

un **reseau** [ɛ̃rezo] ein Netz **IVM2A**, 2

réserver qc [rezɛrve] etw. reservieren **IV1A**, 2

résider [rezide] wohnen **IVM1B**, 1

une **résistance** [ynrezistãs] ein Widerstand **IV3A**, 2

un mouvement de résistance [ɛ̃muvmãdərezistãs] eine Widerstandsbewegung **IV3A**, 2

résister à qn/qc [reziste] jdm./etw. Widerstand leisten **IV3A**, 2

respecter qn/qc [rɛspɛkte] jdn./etw. achten; jdn./etw. respektieren **II2B**, 2

respirer [rɛspire] atmen **VM3A**, 1

la **responsabilité** [larɛspɔ̃sabilite] die Verantwortung; die Zuständigkeit **IV2B**, 1

responsable/**responsable** [rɛspɔ̃sabl] verantwortlich; zuständig **IVM2A**, 2

ressembler à qn/qc [rəsãble] jdm./etw. ähnlich sein **II1B**, 2

une **ressource** [ynrəsurs] ein Bodenschatz; eine Einnahmequelle; ein Mittel **VM4B**, 1

un **restaurant** [ɛ̃rɛstɔrã] ein Restaurant **I7A**, 1

rester [rɛste] bleiben **I6A**, 2

un **résultat** [ɛ̃rezylta] ein Ergebnis **II1B**, 2

résumer qc [rezyme] etw. zusammenfassen **II6C**

un **retard** [ɛ̃rətar] eine Verspätung **I4DE**

être en retard [ɛtrãrətar] zu spät kommen **I4DE**

retourner [rəturne] zurückkehren **II3B**, 1

retrouver qn/qc [rətruve] etw. wiederfinden; jdn. treffen **I4A**, 3

se retrouver [sərətruve] sich treffen **II3A**, 2

la **réunification** [lareynifikasjɔ̃] die Wiedervereinigung **IV3B**, 1

réussir à faire qc [reysir] etw. fertigbringen; etw. schaffen; gelingen etw. zu tun **II7A**, 1

un **rêve** [ɛ̃rɛv] ein Traum **I4B**, 4

un **réveil** [ɛ̃revɛj] ein Wecker **III3A**, 1

se **réveiller** [səreveje] aufwachen **III3A**, 1

revenir [rəvənir] zurückkommen **II3B**, 4

rêver (de qc) [reve] (von etw.) träumen **II7DE**

rêveur/**rêveuse** [rɛvœr/rɛvøz] verträumt **VM1S**, 1

une **révision** [ynrevizjɔ̃] eine Revision; eine Wiederholung **VRev**

Au **revoir**! [ɔrvwar] Auf Wiedersehen! **I1B**, 7

riche/**riche** [riʃ] reich **III5DE**, 3

la **richesse** [lariʃɛs] der Reichtum **III5DE**, 3

De **rien**. [dərjɛ̃] Keine Ursache. **II7A**, 1

rigide/**rigide** [riʒid] steif; streng; unflexibel **IV3B**, 1

rigoler (fam.) [rigɔle] lachen **II4B**, 2

la **rigueur** [larigœr] die Genauigkeit **IV3B**, 1

un **rince-doigts** [ɛ̃rɛ̃sdwa] eine Wasserschale (zum Reinigen der Finger beim Essen) **II4A**, 2

rire [rir] lachen **III1A**, 1

éclater de rire [eklatedərir] in Gelächter ausbrechen **III2C**, 2

risquer de faire qc [riske] Gefahr laufen, etw. zu tun **III1A**, 1

une **robe** [ynrɔb] ein Kleid **I6A**, 4

le **rock** [lərɔk] die Rockmusik **I2B**, 7

un **roi** [ɛ̃rwa] ein König **III4B**, 2

un **rôle** [ɛ̃rol] eine Rolle **III5DE**, 3

le **roller** [lərɔlœr] das Inlinerfahren **I5DE**

un **roman** [ɛ̃rɔmã] ein Roman **IVM1DE**

romantique/**romantique** [rɔmãtik] romantisch **III5A**, 1

rond/**ronde** [rɔ̃/rɔ̃d] rund **IV3A**, 2

rouge/rouge [ʀuʒ] rot **I6B**, 6
rouler [ʀule] fahren **III4B**, 3
une **route** [ynʀut] eine Landstraße **III2A**, 5
roux/**rousse** [ʀu/ʀus] rothaarig **II1B**, 6
une **rubrique** [ynʀybʀik] eine Rubrik (ein Abschnitt) **IV2B**, 4
une **rue** [ynʀy] eine Straße **I2A**, 3
dans la rue [dɑ̃laʀy] auf der Straße **I2A**, 3
le **rugby** [ləʀygbi] das Rugby (Ballspiel) **I2B**, 2
le **rythme** [ləʀitm] der Rhythmus **II6B**

S

le **sable** [ləsabl] der Sand **II5B**, 1
un **sac** [ɛ̃sak] eine Tasche **I4B**, 4
un sac à dos [ɛ̃sakado] ein Rucksack **IVM2DE**, 7
un sac de couchage [ɛ̃sakdəkuʃaʒ] ein Schlafsack **IVM2DE**, 7
une **saison** [ynsɛzɔ̃] eine Jahreszeit **II5B**, 1
une **salade** [ynsalad] ein Salat **II4DE**
une salade de chèvre chaud [ynsaladedəʃɛvʀəʃo] ein Salat mit warmem Ziegenkäse **VRev**
un **salaire** [ɛ̃salɛʀ] ein Gehalt; ein Lohn **VM2S**, 2
une **salle** commune [ynsalkɔmyn] ein Gemeinschaftsraum **IVM2DE**, 1
une salle de bains [ynsaldəbɛ̃] ein Bad; ein Badezimmer **I5A**, 3
une salle de cours [ynsaldəkuʀ] ein Klassenraum **I4A**, 3
un **salon** [ɛ̃salɔ̃] ein Wohnzimmer **I5A**, 3 eine Fachmesse **VM2B**, 1
Salut! (fam.) [saly] Grüß dich!; Hallo!/Grüß dich! **I1A**, 1
samedi (m.) [samdi] am Samstag; Samstag **I4B**, 1
le samedi [ləsamdi] samstags **I5A**, 3
un **sandwich** [ɛ̃sɑ̃dwi(t)ʃ] ein Sandwich **II5A**, 4
les **sanitaires** (m.) (pl.) [lesanitɛʀ] die Sanitäranlagen **IVM2DE**, 1
sans [sɑ̃] ohne **II1A**, 1
sans faire qc [sɑ̃fɛʀ] ohne etw. zu tun **II2B**, 2
sans doute [sɑ̃dut] vermutlich **VM2B**, 2
sans que (+ subj.) [sɑ̃kə] ohne dass **VM3G**, 3
une **sardine** [ynsaʀdin] eine Sardine; ein Hering (ugs.) (Zeltpflock); ein Zeltpflock (ugs.) **IVM2DE**, 7
un **saucisson** [ɛ̃sosisɔ̃] eine Salami **II4A**, 1
le **saut** à l'élastique [ləsoalelastik] das Bungee-Jumping **II7DE**
sauter [sote] springen **II7A**, 1
sauvage/**sauvage** [sovaʒ] unberührt; wild **VM4DE**

un **savant**/une **savante** [ɛ̃savɑ̃/ynsavɑ̃t] ein Gelehrter/eine Gelehrte **III5B**, 1
savoir [savwaʀ] wissen **II1A**, 1
faire savoir qc à qn [fɛʀsavwaʀ] jdm. etw. mitteilen **IVM2C**, 2
savoir faire qc [savwaʀfɛʀ] etw. tun können (wissen, wie etw. geht) **II1A**, 1
Je ne sais pas. [ʒənəsepa] Ich weiß nicht. **I4A**, 3
un **saxophone** [ləsaksɔfɔn] ein Saxophon **II6B**
un **scandale** [ɛ̃skɑ̃dal] ein Skandal **IV1A**, 2
un **scénario** [ɛ̃senaʀjo] ein Drehbuch **IV2B**, 1
une **scène** [ynsɛn] eine Bühne; eine Szene **IV1B**, 1
une **science** [ynsjɑ̃s] eine Wissenschaft **III5B**, 1
un **scientifique**/une **scientifique** [ɛ̃sjɑ̃tifik/ynsjɑ̃tifik] ein Wissenschaftler/eine Wissenschaftlerin **III3DE**
scientifique/**scientifique** [sjɑ̃tifik] naturwissenschaftlich **VM2B**, 1
scolaire/**scolaire** [skɔlɛʀ] Schul-; schulisch **III4DE**
le soutien scolaire [ləsutjɛ̃skɔlɛʀ] die Nachhilfe **IV2B**, 4
sec/**sèche** [sɛk/sɛʃ] trocken **VM2B**, 2
une **seconde** [ynsəgɔ̃d] eine Sekunde **III2B**, 1
la **seconde** [lasəgɔ̃d] die zehnte Klasse (die erste Klasse auf dem Lycée) ⟨**VM1A**, 1⟩
le **secourisme** [ləsəkuʀism] das Rettungswesen; die Erste Hilfe **VM2V**, 1
un **secret** [ɛ̃səkʀɛ] ein Geheimnis **III4B**, 3
en secret [ɑ̃səkʀɛ] im Geheimen **III4B**, 3
un **secrétaire**/une **secrétaire** [ɛ̃səkʀetɛʀ/ynsəkʀetɛʀ] ein Sekretär/eine Sekretärin **IV2B**, 1
la **sécurité** [lasekyʀite] die Sicherheit **IVM2DE**, 6
un **séjour** [ɛ̃seʒuʀ] ein Aufenthalt **III4DE**
selon qn/qc [səlɔ̃] gemäß jdm./etw.; je nach jdm./etw **IV3A**, 2
une **semaine** [ynsəmɛn] eine Woche **I7DE**
sembler [sɑ̃ble] etw. zu tun scheinen **IVM1DE**
un **Sénégalais**/une **Sénégalaise** [ɛ̃senegalɛ/ynsenegalɛz] ein Senegalese/eine Senegalesin **IVM1DE**
sénégalais/**sénégalaise** [senegalɛ/senegalɛz] senegalesisch **IVM1DE**
un **sens** [ɛ̃sɑ̃s] eine Richtung; ein Sinn **IVM1A**, 9
une **sensation** [ynsɑ̃sasjɔ̃] ein Gefühl; Empfindung **VM4B**, 2
un **sentier** [ɛ̃sɑ̃tje] ein Fußweg; ein Pfad **IVM2DE**, 3
un **sentiment** [ɛ̃sɑ̃timɑ̃] ein Gefühl **IV3A**, 4

sentir qc [sɑ̃tiʀ] etw. fühlen; etw. riechen; etw. spüren **III2A**, 5
se sentir [səsɑ̃tiʀ] sich fühlen **III3A**, 2
septembre (m.) [sɛptɑ̃bʀ] September **I3B**, 7
une **série** [ynseʀi] eine Serie **IV3DE**
une série télévisée [ynseʀitelevize] eine Fernsehserie **IV3DE**
sérieux/**sérieuse** [seʀjø/seʀjøz] ernst; seriös **II7A**, 3
serrer qn/qc [seʀe] jdn./etw. drücken; jdn./etw. umklammern **IVM1A**, 5
un **serveur**/une **serveuse** [ɛ̃sɛʀvœʀ/ynsɛʀvøz] ein Kellner/eine Kellnerin **VRev**
un **service** [ɛ̃sɛʀvis] ein Dienst; eine Abteilung **VM2A**, 1
une **serviette** [ynsɛʀvjɛt] eine Serviette **II4B**, 2
servir à qc [sɛʀviʀ] zu etw. dienen; zu etw. nützen **III1B**, 1
un **seuil** [ɛ̃sœj] eine Schwelle **VDELF**
seul/**seule** [sœl] allein **II2B**, 2 einzig **III3B**, 1
seulement [sœlmɑ̃] nur **II7B**, 3
si [si] falls; wenn **III3A**, 8 ob **II5A**, 7
s'il te plaît [siltəplɛ] bitte (wenn man jemanden duzt) **I3A**, 3
s'il vous plaît [silvuplɛ] bitte (wenn man jemanden siezt) **I3A**, 3
si [si] doch **I4B**, 4
un **siècle** [ɛ̃sjɛkl] ein Jahrhundert **III5DE**, 3
signaler qc à qn [siɲale] jdn. auf etw. aufmerksam machen; jdn. auf etw. hinweisen **IVM2D**, 2
une **signature** [ynsiɲatyʀ] eine Unterschrift **IV2B**, 1
signer qc [siɲe] etw. unterschreiben **IV2B**, 1
le **silence** [ləsilɑ̃s] die Ruhe; die Stille **II4B**, 2
simple/**simple** [sɛ̃pl] einfach **II6C**
sinon [sinɔ̃] andernfalls; sonst **III2B**, 1
un **site** [ɛ̃sit] eine Website **II6A** ein Standort; Lage **VM4V**, 1
une **situation** [ynsituasjɔ̃] eine Situation **IVM1B**, 1
être **situé(e)** [ɛtʀsitɥe] liegen **IV2DE**
la **sixième** [lasizjɛm] die sechste Klasse **II1DE**
un **skimboard** [ɛ̃skimbɔʀd] ein Skimboard (ähnelt einem kleinen Surfbrett) **II5A**, 1
un **smartphone** [ɛ̃smaʀtfɔn] ein Smartphone **IVM2A**, 1
un **SMS** [ɛ̃ɛsɛmɛs] eine SMS **I5C**, 1
snif [snif] schluchz; schnief **II7B**, 3
sociable/**sociable** [sɔsjabl] sozial; umgänglich **VM1V**, 1
social/**sociale** [sɔsjal/sɔsjo] sozial **IVM2A**, 2
une **société** [ynsɔsjete] eine Gesellschaft **VM3V**, 1

la société de consommation
[lasɔsjetedəkɔ̃sɔmasjɔ̃] die Konsumgesellschaft **VM3V**, 1

la **soif** [laswaf] der Durst **I5C**, 1
avoir soif [avwaʀswaf] Durst haben **I5C**, 1

le **soir** [ləswaʀ] der Abend **I5A**, 1
ce soir [səswaʀ] heute Abend **I5A**, 1

une **soirée** [ynswaʀe] ein Abend (im Verlauf)
III3A, 1
une soirée à thème [ynswaʀeatɛm] eine
Themenparty **IVM2C**, 1

sois [swa] sei (Imperativ von être) **IVM2DE**, 1

un **sol** [ɛ̃sɔl] ein Ackerboden; ein Boden
VM3V, 1

l'énergie **solaire** [lɔsɔlɛʀ] die Solarenergie
⟨**VM3V**, 1⟩

un **soldat**/une **soldate** [ɛ̃sɔlda/ynsɔldat] ein
Soldat/eine Soldatin **IV3A**, 1

le **soleil** [ləsɔlɛj] die Sonne **II5A**, 4
un coup de soleil [ɛ̃kudsɔlɛj] ein Sonnenbrand **III4B**, 3

la **solitude** [lasɔlityd] die Einsamkeit **IVM1A**, 5

une **solution** [ynsɔlysjɔ̃] eine Lösung **II7A**, 1

sombre/**sombre** [sɔ̃bʀ] dunkel **II2A**, 1

le **son** [ləsɔ̃] der Klang; der Ton **VM2DE**

un **sondage** [ɛ̃sɔ̃daʒ] eine Umfrage **IV3B**, 1

sonner [sɔne] klingeln **II7A**, 1

une **sorte** [ynsɔʀt] eine Art; eine Sorte **III1DE**

une **sortie** [ynsɔʀti] ein Ausgang **II2A**, 1 ein
Ausflug **III4A**, 1

sortir [sɔʀtiʀ] ausgehen; hinausgehen **II6A**
sortir qc [sɔʀtiʀ] etw. herausbringen **III5A**, 1

soudain [sudɛ̃] auf einmal; plötzlich **III4B**, 3

souffler qc [sufle] etw. ausblasen **I3B**, 1

la **souffrance** [lasufʀɑ̃s] das Leid **VM1B**, 1

souffrir de qc [sufʀiʀ] an etw. leiden **VM1V**, 1

souhaiter faire qc [swete] wünschen, etw. zu
tun **IV2A**, 8
souhaiter que (+ subj.) [swete] wünschen,
dass **IV3A**, 5

un **souk** [ɛ̃suk] ein Souk (ein arabischer
Markt) **III5B**, 1

souligner qc [suliɲe] etw. hervorheben; etw.
unterstreichen **VM4S**, 1

un **soupçon** [ɛ̃supsɔ̃] ein Verdacht **III2DE**

soupçonner qn de qc [supsɔne] jdn. einer
Sache verdächtigen **III2C**, 2

soupirer [supiʀe] seufzen **III3A**, 2

une **sœur** [ynsœʀ] eine Schwester **I2B**, 2

le **sourire** [ləsuʀiʀ] das Lächeln **III2A**, 5

une **souris** [ynsuʀi] eine Maus **II2A**, 1

sous [su] unter **I4A**, 3
sous la tente [sulatɑ̃t] im Zelt **IVM2DE**, 1

soutenir qn [sutəniʀ] jdn. unterstützen
VM2B, 2

un **souterrain** [ɛ̃sutɛʀɛ̃] ein unterirdischer
Gang/Raum **II2DE**

le **soutien** [ləsutjɛ̃] die Unterstützung **IV2B**, 4
le soutien scolaire [ləsutjɛ̃skɔlɛʀ] die Nachhilfe **IV2B**, 4

un **souvenir** [ɛ̃suvniʀ] ein Andenken; eine
Erinnerung **I7A**, 1

se **souvenir** de qn/qc [səsuvniʀ] sich an jdn./
etw. erinnern **IV1A**, 2

souvent [suvɑ̃] oft **II2A**, 1

soyez [swaje] seid (Imperativ von être); seien
Sie (Imperativ von être) **IVM2DE**, 1
Soyez les bienvenus! [bjɛ̃vəny] Seien Sie
willkommen! **IVM2DE**, 1

des **spaghettis** (m.) (pl.) [spageti] Spaghetti
I5A, 3

spécial/**spéciale** [spesjal] Sonder-; Spezial-;
speziell **II6DE**

une **spécialité** [ynspesjalite] eine Besonderheit; eine Spezialität **III4A**, 1

un **spectacle** [ɛ̃spɛktakl] das Showgeschäft;
eine Darbietung; eine Vorstellung **III3B**, 4

un **spectateur**/une **spectatrice** [ɛ̃spɛktatœʀ/
ynspɛktatʀis] ein Zuschauer/eine Zuschauerin **IV1DE**

le **sport** [ləspɔʀ] der Sport **I2B**, 2

un **sportif**/une **sportive** [ɛ̃spɔʀtif/ynspɔʀtiv]
ein Sportler/eine Sportlerin **II3B**, 1

sportif/**sportive** [spɔʀtif/spɔʀtiv] sportlich
VM1S, 1

un **stage** [ɛ̃staʒ] ein Kurs; ein Praktikum **III1DE**

un/une **stagiaire** [ɛ̃/ynstaʒjɛʀ] ein Praktikant/
eine Praktikantin ⟨**VM2B**, 1⟩

un **stand** [ɛ̃stɑ̃d] eine Bude; ein Stand **I5DE**

un **standard** [ɛ̃stɑ̃daʀ] ein Normalmaß; ein
Standard **III4A**, 7

une **star** [ynstaʀ] ein Star **II1B**, 2

une **station** [ynstasjɔ̃] eine Haltestelle; eine
Station **I7B**, 1

une **statistique** [ynstatistik] eine Statistik
IV2B, 3

une **statue** [ynstaty] eine Statue **III4B**, 3

une **statuette** [ynstatyɛt] eine Figur; eine
Statuette **III2A**, 5

un **steak**-frites [ɛ̃stɛkfʀit] ein Steak mit Pommes frites **II4A**, 1

stressé/**stressée** [stʀese] gestresst **III3A**, 2

strict/**stricte** [stʀikt] streng; strikt **IV3B**, 1

un **style** [ɛ̃stil] ein Stil **II6DE**

un **stylo** [ɛ̃stilo] ein Füller; ein Kuli **I2A**, 1

subvenir [sybvəniʀ] für etw. aufkommen
IVM1A, 4

le **succès** [ləsyksɛ] der Erfolg **II3B**, 4

le **sucre** [ləsykʀ] der Zucker **II4DE**

sucré/**sucrée** [sykʀe] süß (Geschmack)
III4A, 4

le **sud** [ləsyd] der Süden **II5DE**
le sud-ouest [ləsydwɛst] der Südwesten
II5DE

il **suffit** que (+ subj.) [ilsyfi] es genügt, dass
IVM1A, 5
il suffit de [ilsyfi] es genügt, etw. zu tun);
man braucht nur **IVM1A**, 5

par la **suite** [paʀlasɥit] anschließend **VM3S**, 2
la suite [lasɥit] die Fortsetzung **IVM1B**, 4

suivant/**suivante** [sɥivɑ̃/sɥivɑ̃t] folgender/
folgende/folgendes **IV1A**, 2

suivre qn/qc [sɥivʀ] jdm./etw. folgen
IVM1A, 4

un **sujet** [ɛ̃syʒɛ] ein Thema **II6DE**

super (inv.) [sypɛʀ] super; toll **I1B**, 1

une **superficie** [ynsypɛʀfisi] eine Fläche;
eine Grundfläche **VM4V**, 1

supérieur/**supérieure** [sypeʀjœʀ] oberer/obe-
re/oberes (Adj.); überlegen (Adj.) **VM4B**, 2

un **supermarché** [ɛ̃sypɛʀmaʀʃe] ein Supermarkt **II4DE**

supprimer qc [sypʀime] etw. abschaffen; etw.
löschen; etw. weglassen **VM4A**, 2

sûr/**sûre** [syʀ] sicher (Adj.) **II4B**, 2
sûr/sûre de soi [syʀdəswa] selbstsicher
VM1V, 1

sur [syʀ] auf; über **I3B**, 1
sept sur vingt [sɛtsyʀvɛ̃] sieben von zwan-
zig Punkten **II3A**, 2

sûrement [syʀmɑ̃] sicher (Adv.); sicherlich
III4A, 4

surfer [sœʀfe] surfen **II6A**

être **surpris**/**surprise** que (+ subj.) [syʀpʀi/
sypʀiz] überrascht sein, dass **IV3A**, 5

une **surprise** [ynsyʀpʀiz] eine Überraschung
I3B, 1

surtout [syʀtu] vor allem **I6B**, 6

un **surveillant**/une **surveillante** [ɛ̃syʀvejɑ̃/
ynsyʀvejɑ̃t] eine Aufsichtsperson **II3DE**

surveiller qn/qc [syʀveje] jdn./etw. überwachen **IV3A**, 2

symbolique/**symbolique** [sɛ̃bɔlik] symbolisch
IV3A, 8

sympa [sɛ̃pa] nett **I2B**, 2

T

une **table** [yntabl] ein Tisch **I5A**, 3
à table [atabl] bei Tisch **I5A**, 3
mettre la table [mɛtʀlatabl] den Tisch
decken **II4B**, 1

un **tableau**/des **tableaux** [ɛ̃tablo/detablo]
eine Tafel **II3DE**

une **tablette** [yntablɛt] ein Tablet-Computer
IVM2B, 2

le **taboulé** [lətabule] das Taboulé (*Salat aus Weizengrieß und Gemüse*) **VRev**

une **taille** [yntaj] eine (Körper-)Größe **IVM2D**, 2

tant de [tã] so viel **VM2B**, 2

une **tante** [yntãt] eine Tante **I3A**, 9

un **tapis** [ɛ̃tapi] ein Teppich **IVM2DE**, 7

un tapis de sol [ɛ̃tapidəsɔl] eine Isomatte **IVM2DE**, 7

plus **tard** [plytar] später **II2B**, 8

tard [tar] spät **I5A**, 3

une **tasse** [yntas] eine Tasse **II4B**, 6

un **taxi** [ɛ̃taksi] ein Taxi **I5A**, 1

la **technique** [latɛknik] die Technik **III3B**, 8

la **techno** [latɛkno] Techno (*Musikstil*) **I2B**, 7

technologique/technologique [tɛknɔlɔʒik] technisch **VM1A**, 1

le **teint** [lətɛ̃] der Teint; die Gesichtsfarbe **VM1S**, 1

télécharger qc [teleʃarʒe] etw. herunterladen **IVM2B**, 2

un **téléphone** [ɛ̃telefɔn] ein Telefon **II2B**, 8

téléphoner à qn [telefɔne] jdn. anrufen; mit jdm. telefonieren **I6A**, 2

la **télévision** (fam.: la télé) [latelevizjɔ̃] das Fernsehen **I4A**, 1

une chaîne de télévision [ynʃɛndətelevizjɔ̃] ein Fernsehsender **IV3DE**

tellement [tɛlmã] dermaßen; so viel **III4B**, 3

témoigner [temwaɲe] aussagen (*als Zeuge*) **VM3B**, 2

la **température** [latãperatyr] die Temperatur ⟨**VM3B**, 1⟩

le **temps** [lətã] die Zeit **I4B**, 1 das Wetter **I7A**, 2

à temps [atã] rechtzeitig **III4B**, 3

l'emploi (m.) du temps [lãplwadytã] der Stundenplan **I4B**, 1

avoir le temps de faire qc [avwarlətã] Zeit haben, etw. zu tun **II4B**, 2

il est temps que (+ subj.) [tã] es ist Zeit, dass **IV3A**, 5

Quel temps fait-il? [kɛltãfɛtil] Wie ist das Wetter? **I7A**, 2

tenir [tənir] durchhalten; halten **IV2B**, 1

se tenir par la main [sətənirparlamɛ̃] sich bei der Hand halten **IV3A**, 8

tentant/tentante [tãtã/tãtãt] verführerisch; verlockend **IVM1A**, 9

une **tente** [yntãt] ein Zelt **IVM2DE**

sous la tente [sulatãt] im Zelt **IVM2DE**, 1

la **terminale** [latɛrminal] die Abschlussklasse **VM2B**, 1

terminer qc [tɛrmine] etw. beenden; etw. fertigstellen **III2A**, 5

un **terminus** [ɛ̃tɛrminys] eine Endstation **IVM1A**, 9

la **terre** [latɛr] der Boden; die Erde **VM3V**, 1

un **territoire** [ɛ̃tɛritwar] ein Gebiet; ein Territorium **III5DE**, 3

tester qc [tɛste] etw. testen **VM2A**, 1

la **tête** [latɛt] das Gesicht; der Kopf **II1A**, 1

le **TGV** [ləteʒeve] der TGV **I6A**, 1

le **théâtre** [ləteatr] das Theater **I5A**, 5

un **thon** [ɛ̃tɔ̃] ein Thunfisch **VRev**

un **ticket** [ɛ̃tikɛ] eine Fahrkarte; ein Fahrschein **I7B**, 2

Tiens! [tjɛ̃] Schau mal!; Sieh mal! **I2A**, 3

un **tiers** de [ɛ̃tjɛr] ein Drittel des/der **IV2B**, 3

timide/timide [timid] schüchtern **II1B**, 2

le **tirage** au sort [lətiraʒosɔr] die Verlosung **II7B**, 3

un **titre** [ɛ̃titr] ein Titel **I4B**, 5

les **toilettes** (f.) (pl.) [letwalɛt] die Toilette **I4A**, 1

un **toit** [ɛ̃twa] ein Dach **III4B**, 3

une **tomate** [yntɔmat] eine Tomate **II4DE**

tomber [tɔ̃be] fallen **I5B**, 3

tomber amoureux/amoureuse de qn [tɔ̃beamurø/amurøz] sich in jdn. verlieben **IVM1A**, 9

une **tonne** [yntɔn] eine Tonne **IV1B**, 1

une (lampe) **torche** [yntɔrʃ] eine Taschenlampe **IVM2DE**, 7

tôt adv. [to] früh (*Adv.*) **I7B**, 1

toucher qn/qc [tuʃe] jdn./etw. anfassen; jdn./etw. berühren **III2A**, 5

toujours [tuʒur] immer **I3A**, 3

une **tour** [yntur] ein Turm **I6DE**

un **tour** [ɛ̃tur] eine Tour; ein Rundgang **I5A**, 3

un **touriste**/une **touriste** [ɛ̃turist/ynturist] ein Tourist/eine Touristin **I7DE**

touristique/touristique [turistik] touristisch **IVM2DE**, 1

une **tournée** [ynturne] eine Tournee **III5A**, 1

tourner [turne] abbiegen; drehen **I5B**, 1

tous/toutes [tu/tut] alle (+ Nomen) **II7B**, 3

tous les deux/toutes les deux [tuledø/tutledø] (alle) beide **II7B**, 3

toutes sortes de [tutsɔrtdə] alle möglichen; jeder Art **III1DE**

tout/toute [tu/tut] ganz (+ Nomen) **II7B**, 3

tout [tu] alles **II1A**, 1

tout à coup [tutaku] plötzlich **II1B**, 2

tout de suite [tudsɥit] sofort **II5B**, 1

tout droit [tudrwa] geradeaus **I5B**, 1

tout le monde [tulmɔ̃d] alle; jeder **I5DE**

toxique/toxique [tɔksik] giftig **VM3A**, 2

une **tradition** [yntradisjɔ̃] eine Tradition **IVM1DE**

traditionnel/traditionnelle [tradisjɔnɛl] traditionell **IVM1A**, 4

une **traduction** [yntradyksjɔ̃] eine Übersetzung **III5B**, 1

une **trahison** [yntraizɔ̃] ein Treuebruch; ein Verrat **VM2B**, 2

un **train** [ɛ̃trɛ̃] ein Zug **I3A**, 3

être en train de faire qc [ɛtrãtrɛ̃dəfɛr] gerade etw. tun **III3A**, 2

un **traité** [ɛ̃trete] ein Vertrag **IV3A**, 1

traiter de qc [trete] etw. behandeln; sich mit etw. befassen **VM3S**, 1

un **trajet** [ɛ̃traʒɛ] eine Strecke **VRev**

un **trampoline** [ɛ̃trãpɔlin] ein Trampolin **II7A**, 1

tranquille/tranquille [trãkil] ruhig **VM4DE**

transférer qc à qn [trãsfere] etw. auf jdn. übertragen; etw. auf jdn. verlagern **VM4A**, 2

transmettre qc à qn [trãsmɛtr] jdm. etw. übermitteln; jdm. etw. weitergeben **VM2A**, 1 **VM4DE**

les **transports** (m.) en commun [letrãspɔrãkɔmɛ̃] die öffentlichen Verkehrsmittel **VM1A**, 2

un **travail**/des **travaux** [ɛ̃travaj/detravo] eine Arbeit/Arbeiten **III3DE**

travailler [travaje] arbeiten **I2A**, 2

travailler de ses mains [travajedəsemɛ̃] manuell arbeiten **VM2DE**

à **travers** [atravɛr] durch **IVM1B**, 8

une **traversée** [yntraverse] eine Überfahrt; eine Überquerung **IVM3B**, 2

traverser qc [traverse] etw. überqueren **I5B**, 1

très [trɛ] sehr **I6A**, 4

un **tribunal**/des **tribunaux** [ɛ̃tribynal/detribyno] ein Gericht/Gerichte **VM3B**, 2

un **trimestre** [ɛ̃trimɛstr] ein Trimester **II3DE**

triste/triste [trist] traurig **I6A**, 4

être triste que (+ subj.) [trist] traurig sein, dass **IV3A**, 5

se **tromper** [sətrɔ̃pe] sich täuschen **IV2B**, 1

un **tronc** [ɛ̃trɔ̃] ein Stamm (*eines Baums*) **VM3A**, 1

trop [tro] zu sehr; zu viel **I5B**, 3

C'est trop nul! (fam.) [sɛtrɔnyl] Das ist zu blöd! (ugs.) **I5B**, 3

une **troupe** (de théâtre) [yntrup(dəteatr)] eine Truppe **IV1DE**

trouver qn/qc [truve] jemanden/etwas finden **I2A**, 2

se trouver [sətruve] sich befinden **IV2DE**

trouver bête que (+ subj.) [truvebɛt] dumm finden, dass **IV3A**, 5

trouver bien que (+ subj.) [truvebjɛ̃] gut finden, dass **IV3A**, 5

Liste des mots

un **truc** *(fam.)* [ɛ̃tʀyk] ein Ding; eine Sache **I2A**, 1
un **t-shirt** [ɛ̃tiʃœʀt] ein T-Shirt **I2B**, 2
tuer qn [tɥe] jdn. töten **VM3A**, 2 jdn. umbringen **VM1B**, 6
un **tunnel** [ɛ̃tynɛl] ein Tunnel **III5A**, 1
typique/**typique** [tipik] typisch **IV3B**, 1

U

une **union** [ynynjɔ̃] eine Vereinigung **IVM1B**, 1
unique/**unique** [ynik/ynik] einzeln; einzig; einzigartig **VM1S**, 1
une **université** [ynynivɛʀsite] eine Universität **IV2A**, 1
une **urgence** [ynyʀʒɑ̃s] ein Notfall **VRev**
les **urgences** (f., pl.) [lezyʀʒɑ̃s] eine Unfallstation; Notfalldienst **VRev**
utile/**utile** [ytil] nützlich **VM1B**, 3
utiliser qc [ytilize] etw. benutzen; etw. verwenden **II6A**

V

en **vacances** *f. pl.* [ɑ̃vakɑ̃s] in den Ferien **I2A**, 3
un **vaccin** [ɛ̃vaksɛ̃] ein Impfstoff **III3DE**
une **vache** [ynvaʃ] eine Kuh **III4B**, 3
vache/**vache** *(fam.)* [vaʃ] fies *(ugs.)*; gemein *(ugs.)* **III4B**, 3
une **vague** [ynvag] eine Welle **II5B**, 1
vaincre qn [vɛ̃kʀ] jdn. besiegen **IV3A**, 2
la **valeur** [lavalœʀ] der Wert **VM1B**, 5
une **valise** [ynvaliz] ein Koffer **II5A**, 2
varié/**variée** [vaʀje] abwechslungsreich; unterschiedlich **VM4DE**
il **vaut** mieux faire qc [ilvomjø] es ist besser, etw. zu tun **VM2B**, 2
la **veille** [lavɛj] am Vortag/tags zuvor **IVM-2DE**, 1
un **vélo** [ɛ̃velo] ein Fahrrad **I2B**, 7
un **vendeur**/une **vendeuse** [ɛ̃vɑ̃dœʀ/ynvɑ̃døz] ein Verkäufer/eine Verkäuferin **I5C**, 1
vendredi *(m.)* [vɑ̃dʀədi] am Freitag; Freitag **I4B**, 1
venir [vəniʀ] kommen **II3B**, 1
venir de faire qc [vəniʀdəfɛʀ] gerade etw. getan haben **III3A**, 2
Viens! [vjɛ̃] Komm! *(Aufforderung)* **I1A**, 1
le **vent** [ləvɑ̃] der Wind **I7A**, 1
Il y a du vent. [iljadyvɑ̃] Es ist windig. **I7A**, 1
le **ventre** [ləvɑ̃tʀ] der Bauch **III4A**, 4
la **vérité** [laveʀite] die Wahrheit **III2B**, 1
un **verre** [ɛ̃vɛʀ] ein Glas **II4B**, 1
vers [vɛʀ] gegen; in Richtung **III2C**, 2
vert/**verte** [vɛʀ/vɛʀt] grün **I6A**, 4
une **veste** [ynvɛst] eine Jacke **I6B**, 8

un **vêtement** [ɛ̃vɛtmɑ̃] ein Kleidungsstück **I6B**, 8
veuille [vœj] sei bitte so freundlich *(Imperativ von vouloir)* **IVM2DE**, 1
veuillez [vœje] seid bitte so freundlich *Imperativ von vouloir*; seien Sie bitte so freundlich *(Imperativ von vouloir)* **IVM2DE**, 1
la **viande** [lavjɑ̃d] das Fleisch **II4DE**
vide/**vide** [vid/vid] leer **IVM2A**, 1
vider qc [vide] etw. leeren **III3A**, 5
la **vie** [lavi] das Leben **II3DE**
gagner sa vie [gaɲesavi] seinen Lebensunterhalt verdienen **III5B**, 1
un **vieillard**/une **vieillarde** *(péj.)* [ɛ̃vjɛjaʀ] ein alter Mann *(abwertend)* **IVM1B**, 8
vieux/**vieil**/**vieille** [vjø/vjɛj/vjɛj] alt **II6B**
vigilant/**vigilante** [viʒilɑ̃/viʒilɑ̃t] vorsichtig; wachsam **IVM2DE**, 6
une **ville** [ynvil] eine Stadt **I7DE**
le **violon** [ləvjɔlɔ̃] die Violine **II6B**
un **visage** [ɛ̃vizaʒ] ein Gesicht **VM2B**, 2
vis-à-vis de qn/qc [vizavi] gegenüber **VM1B**, 3
un **visionnage** [ɛ̃vizjɔnaʒ] eine Vorführung *(eines Films)* **VM1A**, 1
une **visite** [ynvizit] ein Besuch; eine Besichtigung **II2DE**
visiter qc [vizite] etw. besichtigen **I7DE**
vite *(adv.)* [vit] schnell *(Adv.)* **I1A**, 1
une **vitrine** [ynvitʀin] ein Schaufenster **VRev**
vivre [vivʀ] leben **III5B**, 1
voici [vwasi] hier ist **II6DE**
une **voie** [ynvwa] ein Gleis **VRev**
voilà [vwala] da ist; da sind **I1A**, 1
la **voile** [lavwal] das Segeln; das Segel **VM1DE**
voir qc [vwaʀ] etw. sehen **II2A**, 1
un **voisin**/une **voisine** [ɛ̃vwazɛ̃/ynvwazin] ein Nachbar/eine Nachbarin **II7B**, 3
une **voiture** [ynvwatyʀ] ein Auto **I5A**, 1
en voiture [ɑ̃vwatyʀ] mit dem Auto **I5A**, 1
En voiture! [ɑ̃vwatyʀ] Einsteigen! **I5A**, 4
la **voix** [lavwa] die Stimme **II6B**
un **vol** [ɛ̃vɔl] ein Diebstahl; ein Raub **III2C**, 2
voler qc [vɔle] etw. stehlen **III2A**, 5
un **voleur**/une **voleuse** [ɛ̃vɔlœʀ/ynvɔløz] ein Dieb/eine Diebin **III2A**, 5
la **volonté** [lavɔlɔ̃te] der Wille **IV3A**, 5
voter (pour/contre qn/qc) [vɔte] abstimmen (für/gegen jdn./etw.); jdn./etw. wählen **VM4B**, 1 verabschieden *(ein Gesetz)* **VM1B**, 5
vouloir [vulwaʀ] wollen **II3A**, 1
je voudrais … [ʒəvudʀɛ] ich möchte gerne … **I5A**, 3
Je veux bien. [ʒəvøbjɛ̃] (Ich möchte) gerne! **II3A**, 2
Si tu veux. [sityvø] Wenn du willst. **II3A**, 8

vouloir que (+ subj.) [vulwaʀ] wollen, dass **IV3A**, 5
un **voyage** [ɛ̃vwajaʒ] eine Reise **II2DE**
voyager [vwajaʒe] reisen **III3B**, 8
vrai/**vraie** [vʀɛ] echt; richtig; wahr **II1A**, 1
vraiment [vʀɛmɑ̃] wirklich *(Adv.)* **I5B**, 3
la **vue** [lavy] die Aussicht **I7A**, 1

W

un **week-end** [ɛ̃wikɛnd] ein Wochenende **III3B**, 1
le **wifi** [ləwifi] das WLAN **IVM2DE**, 1

Y

y *(Adverbialpronomen)* [i] dort; dorthin **III5A**, 1
le **yaourt** [ləjauʀt] der Joghurt **II4DE**

Z

un **zèbre** [ɛ̃zɛbʀ] ein Zebra **VM4DE**
Zut! *(fam.)* [zyt] Mist!; Verdammt! **I2A**, 3

Prénoms masculins

Alain [alɛ̃] **IVM1A**, 4
Alex [alɛks] **I2A**, 3
Amadou [amadu] **VM1DE**
Antoine [ɑ̃twan] **I0**, 1
Apollinaire [apɔlinɛʀ] **VM1A**, 2
Arthur [aʀtyʀ] **II6A**
Bachir [baʃiʀ] **III1DE**
Bassirou [basiʀu] **IVM1A**, 2
Cédric [sedʀik] **II1B**, 9
Charles [ʃaʀl] **I0**, 1
Clément [klemɑ̃] **I0**, 1
Corentin [kɔʀɑ̃tɛ̃] **III3B**, 1
Damien [damjɛ̃] **I5B**, 3
Driss [dʀis] **IV2B**, 1
Fabien [fabjɛ̃] (leer) **IVM2A**, 1
Félix [feliks] **IVM2B**, 1
Gabriel [gabʀiɛl] **I5A**, 3
Gaspard [gaspaʀ] **I0**, 1
Gérald [ʒeʀald] **II6B**
Grégoire [gʀegwaʀ] **II4DE**
Jérôme [ʒeʀom] **I2B**, 2
Julien [ʒyljɛ̃] **II1A**, 1
Justin [ʒystɛ̃] **I0**, 1
Khalidou [kalidu] **IVM1A**, 1
Lars [laʀs] **II4A**, 1
Léandre [leɑ̃dʀ] **IVM2C**, 1
Léo [leo] **I0**, 1
Louis [lwi] **I0**, 1
Malabar [malabaʀ] *Name eines Hundes* **I1A**, 1

Malick [malik] **IVM1A**, 5
Mathieu [matjø] **III4A**, 4
Maurice [mɔʀis] **I0**, 1
Mehdi [medi] **I3DE**
Moustique [mustik] *Name eines Hundes* **I1A**, 1
Paul [pɔl] **I0**, 1
Philippe [filip] **IV2B**, 1
Pierre [pjɛʀ] **I0**, 1
Romain [ʀɔmɛ̃] **I0**, 1
Sacha [saʃa] **II3A**, 2
Samir [samiʀ] **IVM2C**, 1
Thomas [tɔma] **I0**, 1
Tristan [tʀistɑ̃] **II1B**, 2
Valentin [valɑ̃tɛ̃] **I0**, 1
Vladimir [vladimiʀ] **II2B**, 2
Yannick [janik] **IV2A**, 1

Prénoms féminins

Agathe [agat] **IVM1A**, 1
Amayel [amajɛl] **IVM1A**, 1
Ambre [ɑ̃bʀ] **IVM2DE**, 1
Amélie [ameli] **IVM2C**, 1
Aminata [aminata] **IVM1A**, 1
Anaïs [anais] **II5A**, 4
Anne [an] **I0**, 1
Awa [awa] **IVM1A**, 1
Béatrice [beatʀis] **I0**, 1
Camille [kamij] **II6A**
Carla [kaʀla] **II4DE**
Clara [klaʀa] **I5A**, 3
Coralie [kɔʀali] **II6DE**
Dado [dado] **IVM1A**, 1
Delphine [dɛlfin] **I6A**, 2
Elise [eliz] **I0**, 1
Ernestine [ɛʀnɛstin] **IVM1A**, 1
Fleur [flœʀ] **I0**, 1
Gabrielle [gabʀiɛl] **I0**, 1
Jeanne [ʒan] **IV1A**, 2
Joséphine [ʒozefin] **I0**, 1
Julie [ʒyli] **III4A**, 2
Léa [lea] **I0**, 1
Lilou [lilu] **I6A**, 2
Lisa [liza] **IVM2A**, 1
Louise [lwiz] **I0**, 1
Lucie [lysi] **I0**, 1
Magalie [magali] **IV2B**, 1
Manon [manɔ̃] **I0**, 1
Marie [maʀi] **I1A**, 1
Morgane [mɔʀgan] **IVM2DE**, 1
Nawal [naual] **III5B**, 1
Neïma [neima] **IVM1A**, 9
Noémie [nɔemi] **IV2A**, 1
Sarah [saʀa] **I0**, 1
Vanessa [vanɛsa] **II6B**

Ying [jiŋ] **VM1DE**
Zoé [zɔe] **I0**, 1

Noms de famille

Agnel [aɲɛl] **IVM2C**, 1
Aldon [aldɔ̃] **II1A**, 1
Azemour [azəmuʀ] **III3DE**
Barette [[baʀɛt]] **I4A**, 3
Belassri [belasʀi] **IVM2C**, 1
Bocoum [bɔkum] **IVM1A**, 1
Bric [bʀik] **IVM2A**, 1
Brunet [bʀyne] **III3B**, 1
Chabane [ʃaban] **I5A**, 3
Ducharme [dyʃaʀm] **II1A**, 1
Fabre [fabʀ] **IVM2A**, 1
Forestière [fɔʀɛstjɛʀ] **IVM2A**, 1
Géliot [ʒeljo] **IVM1A**, 4
Guibert [gibɛʀ] **II5DE**
Hugot [ygo] **III4A**, 4
Latière [latjɛʀ] **I2A**, 3
Lombardo [lɔ̃baʀdo] **IVM2A**, 1
Marignan [maʀiɲɑ̃] **II2A**, 1
Martin [maʀtɛ̃] **III5A**, 1
Mayembé [majɑ̃be] **VM1A**, 2
Pirou [piʀu] **I3A**, 3
Racine [ʀasin] **I4A**, 1
Rigal [ʀigal] **IVM2D**, 1
Roman [ʀɔmɑ̃] **IVM2D**, 1
Rousseau [ʀuso] **IVM2C**, 1
Tissandier [tisɑ̃dje] **IVM2B**, 1

Noms de villes

Agdz [agdz] *Stadt im Süden Marokkos* **III5B**, 2
Aix-en-Provence [ɛksɑ̃pʀɔvɑ̃s] *Stadt in Südfrankreich* **IV2A**, 3
Ajaccio [aʒaksjo] *Stadt auf Korsika* **IVM2DE**
Angoulême [ɑ̃gulɛm] *Stadt in Westfrankreich* **II6C**
Arcachon [aʀkaʃɔ̃] *Stadt in Südwestfrankreich* **II5DE**
Arles [aʀl] *Stadt in Südfrankreich* **VM4DE**
Aurillac [ɔʀijak] *Stadt in der Region Auvergne* **IV1DE**
Berlin [bɛʀlɛ̃] *Hauptstadt Deutschlands* ⟨**VM4B**, 2⟩
Bni Zoli [bnidzɔli] *Stadt im Süden Marokkos* **III5B**, 1
Bordeaux [bɔʀdo] *Stadt in Südwestfrankreich* **II5A**, 9
Boulogne-sur-mer [bulɔɲsyʀmɛʀ] *Stadt an der frz. Kanalküste* **VM4DE**
Brême [bʀɛm] *Bremen* **IV2A**, 1
Brest [bʀɛst] *Stadt in der Bretagne* **I1B**, 6
Caen [kɑ̃] *Stadt in der Normandie* **VM1DE**

Calais [kalɛ] *Stadt an der frz. Kanalküste* **IVM3B**, 2
Calvi [kalvi] *Hafenstadt an der Nordwestküste Korsikas* **IVM2DE**, 1
Cannes [kan] *Stadt an der französischen Mittelmeerküste* **IV1DE**
Casablanca [kazablɑ̃ka] *Stadt in Marokko* **III5B**, 1
Chambord [ʃɑ̃bɔʀ] *Schloss und Gemeinde an der Loire* **III4B**, 2
Colmar [kɔlmaʀ] *Stadt im Elsass* **VM1DE**
Cologne [kɔlɔɲ] *Köln* **I3A**, 3
Hambourg [ɑ̃buʀ] *Hamburg* ⟨**VM4B**, 2⟩
L'Ile-Rousse [lilʀus] *Stadt im Nordwesten von Korsika* **IVM2DE**, 1
Le Guéliz [ləgelis] *Stadtviertel von Marrakesch* **III5B**, 1
Londres [lɔ̃dʀ] *London* **IV3A**, 2
Lyon [ljɔ̃] *Stadt im Osten Frankreichs* **I6A**, 4
Marrakech [maʀakɛʃ] *Marrakesch (Stadt in Marokko)* **III5B**, 1
Montpellier [mɔ̃pəlje] *Stadt im Languedoc-Roussillon (Südfrankreich)* **III1DE**
Montréal [mɔ̃ʀeal] *Montreal (größte Stadt in der Provinz Quebec)* **III5A**, 1
Munich [mynik] *München* **IV2A**, 1
Nantes [nɑ̃t] *Stadt im Westen Frankreichs* **IV1DE**
Nice [nis] *Nizza (Stadt an der Côte d'Azur)* **I1B**, 6
Paris [paʀi] *Hauptstadt Frankreichs* **I1DE**
le Québec [ləkebɛk] *Quebec (Provinz im Osten Kanadas)* **III5DE**, 1
Rabat [ʀaba] *Hauptstadt von Marokko* **III5B**, 1
Saint-Louis [sɛ̃lwi] *Stadt im Norden des Senegal* **IVM1B**, 8
Saumur [somyʀ] *Stadt und Schloss an der Loire* **III4A**, 4
Strasbourg [stʀasbuʀ] *Straßburg Stadt in der Region Alsace* **I1B**, 6
Tamegroute [tamgrut] *Ortschaft im Süden Marokkos* **III5B**, 1
Toulouse [tuluz] *Stadt in Südwestfrankreich* **I1B**, 6
Tours [tuʀ] *Stadt in Zentralfrankreich* **III4DE**
Valence [valɑ̃s] *Stadt in Südfrankreich* **III2DE**
Verdun [vɛʀdɛ̃] *Stadt im Nordosten Frankreichs* **IV3A**, 1
Vienne [vjɛn] *Wien* **IV2A**, 1
Villandry [vilɑ̃dʀi] *Schloss und Gemeinde an der Loire* **III4A**, 1
Villepinte [vilpɛ̃t] *Stadt nordöstlich von Paris* **IVM1A**, 9
Vincennes [vɛ̃sɛn] *Stadt im Südosten von Paris* **II7A**, 1

Yaoundé [jaunde] *Hauptstadt von Kamerun* **VM3B**, 2

Noms géographiques

l'**Afrique** *(f.)* [lafʀik] Afrika **III2B**, 1

l'**Afrique noire** *(f.)* [lafʀiknwaʀ] Schwarzafrika **III5DE**, 3

l'**Algérie** *(f.)* [lalʒeʀi] Algerien **III5DE**, 3

l'**Allemagne** *(f.)* [lalmaɲ] Deutschland **I3A**, 3

l'**Alsace** *(f.)* [lalzas] das Elsass **VM4DE**

l'**Angleterre** *(f.)* [lɑ̃ɡlətɛʀ] England **III5DE**, 3

les **Antilles** *(f.) (pl.)* [lezɑ̃tij] die Antillen *(Inselgruppe in der Karibik)* **III5DE**

l'**Aquitaine** *(f.)* [lakitɛn] Aquitanien *(Region in Westfrankreich)* **II5DE**

le **Bade-Wurtemberg** [ləbadwyʀtɛ̃bɛʀ] Baden-Württemberg ⟨**VM4B**, 2⟩

la **Basse-Saxe** [labassaks] Niedersachsen ⟨**VM4B**, 2⟩

la **Bavière** [labavjɛʀ] Bayern ⟨**VM4B**, 2⟩

la **Belgique** [labɛlʒik] Belgien **II6C**

le **Brandebourg** [ləbʀɑ̃dbuʀ] Brandenburg ⟨**VM4B**, 2⟩

la **Bretagne** [labʀətaɲ] die Bretagne *(Region im Westen Frankreichs)* **IV1DE**

le **Burkina Faso** [ləbyʀkinafaso] Burkina Faso *(Staat in Westafrika)* **III5DE**, 1

la **Camargue** [lakamaʀɡ] *Landschaft in Südfrankreich* **VM4DE**

le **Cameroun** [ləkamʀun] Kamerun Staat in Zentralafrika **VM3B**, 2

le **Canada** [ləkanada] Kanada **II6C**

le **Cher** [ləʃɛʀ] der Cher *(Fluss in Frankreich, mündet in die Loire)* **III4A**, 4

la **Chine** [laʃin] China **VM1DE**

les **Comores** *(f.)* [lekomɔʀ] die Komoren *Inselgruppe im Indischen Ozean* **VM4B**, 1

la **Corse** [lakɔʀs] Korsika *(frz. Insel im Mittelmeer)* **IVM2DE**

la **Côte d'Ivoire** [lakotdivwaʀ] die Elfenbeinküste *(Staat in Westafrika)* **III2A**, 5

la **Drôme** [ladʀom] *Departement in Südfrankreich* **III2DE**

les **Etats-Unis** *(m.) (pl.)* [lezetazyni] die Vereinigten Staaten **VM2A**, 1

l'**Europe** *(f.)* [løʀɔp] Europa **III5DE**, 3

Le **Fouta** [ləfuta] der Fouta *Region im Norden des Senegal* **IVM1A**, 5

la **France** [lafʀɑ̃s] Frankreich **I3A**, 3

Haïti [aiti] *Inselstaat im Karibischen Meer* **III3B**, 1

le **Haut Atlas** [ləotatlas] der Hohe Atlas *(Hochgebirge in Marokko)* **III5B**, 2

les **Hauts-de-France** [leodfʀɑ̃s] *Verwaltungsregion im Norden Frankreichs* **VM4DE**

le **Languedoc-Roussillon** [ləlɑ̃ɡdɔkʀusijõ] *Region in Südfrankreich* **IV2DE**

la **Loire** [lalwaʀ] die Loire *(französischer Fluss)* **III4A**, 1

le **Maghreb** [ləmagʀɛb] der Maghreb **VM1B**, 5

le **Mali** [ləmali] Mali Staat in Westafrika **VM1DE**

le **Maroc** [ləmaʀɔk] Marokko *(Staat in Nordafrika)* **III5DE**, 1

la **Martinique** [lamaʀtinik] *Insel in der Karibik* **III5DE**

Mayotte [majɔt] **VM4B**, 1

le **Mecklembourg-Poméranie occidentale** [ləmɛklɑ̃buʀpɔmeʀaniɔksidɑ̃tal] Mecklenburg-Vorpommern ⟨**VM4B**, 2⟩

la **Méditerranée** [lamediteʀane] das Mittelmeer **IV2DE**

le **Midi** [ləmidi] Südfrankreich **III2DE**

le **Nord-Pas-de-Calais** [lənɔʀpadəkalɛ] *Region im Norden Frankreichs* **VM4DE**

la **Normandie** [lanɔʀmɑ̃di] die Normandie *(Region im Nordwesten Frankreichs)* **III5DE**

la **Nouvelle-Calédonie** [lanuvɛlkaledɔni] Neukaledonien *(Inselgruppe in Ozeanien)* **III5DE**, 1

la **Pologne** [lapɔlɔɲ] Polen **VM1DE**

le **Portugal** [ləpɔʀtygal] Portugal **III5DE**, 3

la **Réunion** [laʀeynjõ] Réunion zu Frankreich gehörende Insel im Indischen Ozean **VM1**

la **Rhénanie-du-Nord-Westphalie** [laʀenanidynɔʀvɛstfali] NordrheinWestfalen ⟨**VM4B**, 2⟩

la **Rhénanie-Palatinat** [laʀenanipalatina] RheinlandPfalz ⟨**VM4B**, 2⟩

le **Rhône** [ləʀon] die Rhône **VRev**

le **Saint-Laurent** [ləsɛ̃lɔʀɑ̃] der Sankt-Lorenz-Strom *(nach dem Mississippi und dem Missouri drittgrößter Strom in Nordamerika)* **III5A**, 1

la **Saône** [lason] die Saône **VRev**

la **Sarre** [lasaʀ] das Saarland ⟨**VM4B**, 2⟩

la **Saxe** [lasaks] Sachsen ⟨**VM4B**, 2⟩

la **Saxe-Anhalt** [lasaksanalt] Sachsen-Anhalt ⟨**VM4B**, 2⟩

le **Schleswig-Holstein** [ləʃlɛsviɡɔlstɛn] Schleswig-Holstein ⟨**VM4B**, 2⟩

la **Seine** [lasɛn] die Seine *(Fluss, der durch Paris fließt)* **III4B**, 3

le **Sénégal** [ləsenegal] der Senegal *(Land in Westafrika)* **IVM1DE**

la **Suisse** [lasɥis] die Schweiz **III5DE**, 3

la **Suisse romande** [lasɥisʀɔmɑ̃d] die französische Schweiz **VDELF**

la **Thuringe** [latyʀɛ̃ʒ] Thüringen ⟨**VM4B**, 2⟩

la **Touraine** [latuʀɛn] *die Gegend um Tours* **III4A**, 10

la **Tunisie** [latynizi] Tunesien **III5DE**, 3

Noms divers

Airbus [ɛʀbys] *europäischer Flugzeughersteller* **IV2A**, 3

l'**Arc de triomphe** *(m.)* [laʀkdətʀijõf] der Arc de triomphe **I7DE**

ARTE [aʀte] *dt.-frz. Fernsehsender* **IV3DE**

Batignolles [[batiɲɔl]] *Name eines Viertels in Paris* **I5DE**

le **Cadre Noir** [ləkadʀənwaʀ] *berühmte französische Reitschule* **III4A**, 1

la **Chambre de commerce et d'industrie** [laʃɑ̃bʀdəkɔmɛʀsedɛ̃dystʀi] die Industrie- und Handelskammer **IV2A**, 3

le **Cirque du Soleil** [ləsiʀkdysɔlɛj] *Zirkusunternehmen aus Montreal* **III5A**, 1

l'hôpital **Cochin** [lɔpitalkɔʃɛ̃] *Krankenhaus in Paris* **III3A**, 2

la **Croisette** [lakʀwazɛt] *Boulevard in Cannes* **IV1DE**

la **Croix-Rousse** [lakʀwaʀus] *Stadtviertel in Lyon* **VRev**

la **Défense** [ladefɑ̃s] *Stadtteil von Paris* **I7DE**

la **Deuxième Guerre mondiale** der Zweite Weltkrieg *(1939–1945)* **IV3A**, 1

la **dune du Pilat** [ladyndypila] die Düne von Pilat **II5DE**

Félix *(m.)* [feliks] *Name eines Musikpreises in Quebec* **III5A**, 1

la **Féria** [lafeʀja] *Stadtfest in Arles* **VM4DE**

les **FrancoFolies** *(f.)* de Montréal [lefʀɑ̃kofɔli] *Musikfestival in Montreal* **III5A**, 1

le **GR20** *(Grande Randonnée)* [ləʒeɛʀvɛ̃] Fernwanderweg auf Korsika **IVM2DE**, 3

Inserm [insɛʀm] *Institut National de la Santé et de la Recherche Médicale* **IVM1A**, 1

l'**Institut Pasteur** *(m.)* [lɛ̃stitypastœʀ] *biologisch-medizinisches Forschungszentrum* **III3DE**

Interclub 17 [ɛ̃tɛʀklœbdisɛt] *Name eines Jugendzentrums* **I5DE**

le **jardin Majorelle** [ləʒaʀdɛ̃maʒɔʀɛl] *botanischer Garten in Marrakesch* **III5B**, 1

la **Joconde** [laʒɔkõd] *Mona Lisa Gemälde von Leonardo da Vinci* **I7A**, 4

Les Vieilles Charrues [levjɛjʃaʀy] *Popfestival in der Stadt Carhaix in der Bretagne* **IV1DE**

le **Louvre** [ləluvʀ] der Louvre **I7DE**

un **Mahorais**/une **Mahoraise** [ɛ̃maɔʀɛ/ynmaɔʀɛz] *ein Mahorer/eine Mahorerin* **VM4B**, 1

la **maison de Heidelberg** *Name des deutschen Kulturzentrums in Montpellier* **IV2DE**

Malou [malu] *Name einer Katze* **I2A**, 3

Médecins du Monde [medsɛ̃dymõd] *Ärzteorganisation, die medizinische Hilfe in Krisengebieten leistet* **III3B**, 1

Liste des mots

Notre-Dame [nɔtʀədam] *Kathedrale im Zentrum von Paris* **I7DE**

l'**Office franco-allemand pour la jeunesse** (m.) [lɔfisfʀɑ̃koalmɑ̃puʀlaʒœnɛs] *das Deutsch-Französische Jugendwerk (DFJW)* **III4DE**

un **opinel** [ɛ̃nɔpinɛl] *ein Opinel (Name eines frz. Klappmessers)* **IVM2DE, 7**

la **Palme** d'or [lapalmədɔʀ] *die Goldene Palme (Filmpreis)* **IV1A, 1**

le **parc des Batignolles** [ləpaʀkdebatiɲɔl] *der Park von Batignolles* **I5C, 1**

la **Place de la Bastille** [laplasdəlabastij] *der Platz der Bastille* **I6B, 1**

la **Première Guerre mondiale** = „la Grande Guerre" *der Erste Weltkrieg (1914–1918)* **IV3A, 1**

Renault [ʀəno] *französische Automarke* **III3DE**

Royal de Luxe [ʀwajaldəlyks] *Straßentheatertruppe aus Nantes* **IV1DE**

la **rue Nollet** [laʀynɔlɛ] *Name einer Straße in Paris* **I2B, 2**

la **rue Truffaut** [laʀytʀyfo] *Name einer Straße in Paris* **I2B, 2**

Saint-Gatien [sɛ̃gasjɛ̃] *Heiliger Gatianus (erster Bischof von Tours, 249–301)* **III4A, 1**

Saint Martin de Tours [sɛ̃maʀtɛ̃dətuʀ] *Martin von Tours (Sankt Martin, ca. 316–397; dritter Bischof von Tours)* **III4A, 1**

les **Schtroumpfs** [leʃtʀumf] *die Schlümpfe* **II6C**

la **tour Eiffel** [latuʀɛfɛl] *der Eiffelturm* **I6DE**

le **Traité de l'Elysée** [lətʀɛtedəlelize] *der Elysée-Vertrag* **IV3A, 1**

les **Victoires de la musique** (f.) [leviktwaʀdəlamyzik] *wörtl.: „die Siege der Musik", Name eines französischen Musikwettbewerbs* **III5A, 1**

Noms de personnes connues

Apollinaire, Guillaume [gijomapɔlinɛʀ] *frz. Dichter (1880–1918)* **VM1A, 2**

Balzac, Honoré de [hɔnɔʀedəbalzak] *frz. Schriftsteller, 1799–1850* **I4A**

Charlemagne [ʃaʀləmaɲ] *Karl der Große (742–814; Begründer des abendländischen Kaisertums)* **III4A, 1**

de Gaulle, Charles [ʃaʀldəgol] *frz. General und Politiker, 1890–1970* **IV3A, 1**

Claudel, Camille [kamijklɔdɛl] *frz. Bildhauerin (1864–1943)* **IV2A, 3**

Cœur de pirate [kœʀdəpiʀat] *wörtlich: „Piratenherz", Künstlername der kanadischen Sängerin Béatrice Martin* **III5A, 1**

Eiffel, Gustave [gystavɛfɛl] *französischer Ingenieur, 1832–1923* **I7A, 1**

Gauthier, Jean-Paul [ʒɑ̃pɔlgotje] *Pariser Modeschöpfer* **IV1A, 2**

Hallé, Francis [fʀɑ̃sisale] *frz. Biologe* **VM3DE**

Jacquet, Luc [lykʒakɛ] *frz. Filmemacher* **VM3DE**

Jordana, Camélia [kameljaʒɔʀdana] *französische Sängerin* **III1A, 1**

Louis XIV [lwikatɔʀz] *Ludwig XIV (König von Frankreich von 1643 bis 1715)* **III4B, 2**

Maé, Christophe [kʀistɔfmae] *frz. Sänger* **II6B**

Marceau, Sophie [sɔfimaʀso] *frz. Schauspielerin* **IV1A, 2**

Molière [mɔljɛʀ] *frz. Theaterautor, 1622–1673* **IVM1A, 1**

Napoléon Bonaparte [napɔleɔ̃bɔnapaʀt] *Napoleon Bonaparte, frz. Kaiser von 1804 bis 1815* **IVM2DE**

Pasteur, Louis [lwipastœʀ] *französischer Wissenschaftler, 1822–1895* **III3DE**

Poulenc, Francis [pulɛ̃k] *französischer Komponist, 1899–1963* **III4DE**

Renault, Louis [lwiʀəno] *französischer Ingenieur, 1877–1944* **III3DE**

Sauzay, Brigitte [bʀiʒitsoze] *Dolmetscherin, 1947–2003, nach der ein deutsch-französisches Schüleraustauschprogramm benannt ist.* **IV2A, 3**

Voltaire [vɔltɛʀ] *Schriftsteller und Philosoph, 1694–1778, nach dem ein deutsch-französisches Schüleraustauschprogramm benannt ist.* **IV2A, 3**

Zaz [zaz] *frz. Sängerin* **II6B**

A

abbiegen tourner **I5B**, 1

ein **Abdruck** une empreinte **VM3V**, 1

der **Abend** le soir **I5A**, 1

heute Abend ce soir **I5A**, 1

ein Abend (*im Verlauf*) une soirée **III3A**, 1

abendländisch occidental/occidentale **IV2DE**

ein **Abenteuer** une aventure **III3B**, 1

aber mais **I1B**, 1

abfahren partir **II6A**

die **Abfahrt** le départ **II5A**, 2

der **Abfall** les déchets (*m., pl.*) **IV2DE**, 6

der **Abfalleimer** la poubelle **II1B**, 2

die **Abgase** les gaz d'échappement (*m.*) ⟨**VM3B**, 1⟩

von etw. **abhängen** dépendre de qc **VM4A**, 2

etw. **abholen** aller chercher qc **II4A**, 2

die **Abholzung** la déforestation **VM3A**, 2

das **Abitur** le baccalauréat **III5B**, 1

das Baccalaureat **ablegen** passer le baccalauréat **VM4A**, 2

ablehnen etw. zu tun refuser de faire qc **IV3A**, 2

ablehnen, dass refuser que (*+ subj.*) **IV3A**, 5

eine **Ablehnung** un refus **IV2B**, 1

eine **Absage** un refus **IV2B**, 1

etw. **abschaffen** supprimer qc **VM4A**, 2

die **Abschlussklasse** la terminale **VM2B**, 1

ein **Abschlusszeugnis** un diplôme **VM2V**, 1

etw. **abschneiden** couper qc **III2DE**

eine **Absicht** une intention **VM3S**, 1

absolut (*Adv.*) absolument (*adv.*) **IV2A**, 3

sich **abspielen** se passer **II3A**, 3 se dérouler **III2DE**

etw. **abstellen** déposer qc/qn **IVM2DE**, 6

abstimmen (für/gegen jdn./etw.) voter (pour/contre qn/qc) **VM1B**, 5 **VM4B**, 1

eine **Abteilung** un service **VM2A**, 1

ein **Abwasserkanal** un égout **II2DE**

abwechslungsreich varié/variée **VM4DE**

Ach. (*ugs.*) Bof! (*fam.*) **I1B**, 7

jdn./etw. **achten** respecter qn/qc **II2B**, 2

Achtung! Attention! **I1A**, 1

der **Ackerbau** l'agriculture (*f.*) **III3B**, 4

ein **Ackerboden** un sol **VM3V**, 1

eine **Adresse** une adresse **III1DE**

afrikanisch africain/africaine **III2A**, 5

eine **Agentur** une agence **VM2A**, 1

jdm./etw. **ähnlich** sein ressembler à qn/qc **II1B**, 2

eine **Akte** un dossier ⟨**VM1A**, 1⟩

ein **Akzent** un accent **IV2A**, 3

jdn./etw. **akzeptieren** accepter qn/qc **III2DE**

akzeptieren, dass accepter que (*+ subj.*) **IV3A**, 5

ein **Album** un album **II6B**

alle tout le monde **I5DE**

alle möglichen toutes sortes de **III1DE**

alle (*+ Nomen*) tous/toutes **II7B**, 3

allein seul/seule **II2B**, 2

alles tout **II1A**, 1

allgemein général/générale/généraux/générales **VM1DE**

im Allgemeinen en général **VM2A**, 1

das **allgemeinbildende** Gymnasium le lycée général **VM2B**, 1

eine **Allianz** une alliance **IV3DE**

die **Alphabetisierung** l'alphabétisation (*f.*) **IVM1A**, 4

als (*zeitlich*) quand **II1B**, 2

als (*zeitlich*) lorsque **III2A**, 5

also donc **II2C**, 2

alt vieux/vieil/vieille **II6B**

ein alter Mann (*abwertend*) un vieillard/une vieillarde (*péj.*) **IVM1B**, 8

Wie alt bist du? Tu as quel âge? **I3B**, 9

alt ancien/ancienne **IV1A**, 2

… Jahre alt âgé/âgée de… ans **VM1S**, 1

das **Alter** l'âge (*m.*) **I3B**, 9

im **Alter** von … Jahren âgé/âgée de… ans **VM1S**, 1

älterer/ältere aîné/aînée **IVM1A**, 1

am Dienstag mardi (*m.*) **I4B**, 1

am Montag lundi (*m.*) **I4A**, 3

amtlich officiel/officielle **III5A**, 1

eine **Amtssprache** une langue officielle **III5A**, 1

jdn. **amüsieren** amuser qn **VM1B**, 1

eine **Analyse** une analyse **III3DE**

etw. **analysieren** analyser qc **VM2A**, 1

jdm. etw. **anbieten** offrir qc à qn **III1A**, 1

ein **Andenken** un souvenir **I7A**, 1

anderer/andere différent/différente **II6B**

anderer/andere/anderes autre/autre **I6B**, 1

einerseits … andererseits d'un côté, …, de l'autre **IVM1B**, 7 d'un côté, … de l'autre **IVM2DE**, 11

ändern changer **II3DE**

andernfalls sinon **III2B**, 1

anders différent/différente **II6C**

etw. **anerkennen** reconnaître qc **IVM1B**, 4

ein **Anfang** un début **II6C**

am Anfang au début **II6C**

von Anfang an dès le début **IV2A**, 3

anfangen commencer **I4A**, 1

anfangen, etw. zu tun se mettre à faire qc **III4B**, 3

jdn./etw. **anfassen** toucher qn/qc **III2A**, 5

die genaue **Angabe** la précision **VM2S**, 1

ein **Angebot** une offre **IV2B**, 5

eine **Angelegenheit** une affaire **I3A**, 3

angesichts einer Sache face à qc **VM2S**, 1 **VM3A**, 2 **VM4A**, 2

ein **Angestellter**/eine **Angestellte** un employé/une employée **IV2A**, 3

die **Angst** la peur **II2A**, 1

Angst haben, dass avoir peur que (*+ subj.*) **IV3A**, 5

Angst haben vor jdm./etw. avoir peur de qn/qc **II2A**, 1

etw. **anhalten** arrêter qc **II3B**, 1

die **Anhänglichkeit** l'attachement (*m.*) **VM4V**, 1

etwas **anhören** écouter qn/qc **I2A**, 2

jdn. **anklagen** accuser qn **III2C**, 2

ankommen arriver **I2DE**

die **Ankunft** l'arrivée (*f.*) **I6A**, 2

sich **anmelden** s'inscrire **IV2A**, 3

eine **Annahme** une hypothèse **VM1A**, 1

jdn./etw. **annehmen** accepter qn/qc **III2DE**

eine **Annonce** une annonce **II7B**, 8

ein **Anorak** un anorak **I6B**, 8

etw. an etw. **anpassen** adapter qc à qc **VM2A**, 1

etw. **anprobieren** essayer qc **II5B**, 1

jdn. **anrufen** téléphoner à qn **I6A**, 2 appeler qn **II2B**, 2

(jdn.) wieder anrufen rappeler (qn) **II2B**, 8

der **Anschein** l'apparence (*f.*) **VM1V**, 1

etw. an etw. **anschließen** brancher qc sur qc **IVM2C**, 2

anschließend ensuite **III1A**, 1 par la suite **VM3S**, 2

das **Ansehen** l'honneur (*m.*) **IVM1A**, 2

etw. **ansehen** regarder qc **I2DE**

eine **Ansicht** un point de vue **IVM2DE**, 11

eine **Ansichtskarte** une carte postale **I7A**, 1

ansprechen (auf etw.) accrocher **VM1A**, 2

anständig honnête/honnête **IVM1A**, 5

jdn. **anstellen** embaucher qn **IV2B**, 1

die **Anstellung** l'emploi (*m.*) **IV2B**, 1

ein **Anstieg** une augmentation ⟨**VM3B**, 1⟩

eine **Antwort** une réponse **IV2A**, 3

ein **Anwalt**/eine **Anwältin** un avocat/une avocate **VM2B**, 2 **VM3B**, 2

etw. **anwenden** employer qc **VM4B**, 1

eine **Anwendung** une application **IVM2B**, 2

anwesend présent/présente **III5DE**, 1

eine **Anzeige** une annonce **II7B**, 8

etw. **anzeigen** marquer qc **IV3DE**

etw. **anziehen** mettre qc **I6B**, 1

jdn./etw. anziehen attirer qn/qc **IVM1B**, 1

sich anziehen s'habiller **III3A**, 1

etw. **anzünden** allumer qc **IVM2DE**, 6

ein **Apfel** une pomme **I5C**, 1

ein **Apfelsaft** un jus de pomme **I5C**, 1

eine **Apotheke** une pharmacie **III3B**, 6

ein **Apparat** un appareil **IVM2C, 2**

an jdn./etw. **appellieren** faire appel à qn/qc
VM3S, 1

der **Applaus** l'applaudissement *(m.)* **II3B, 1**

April avril *(m.)* **I3B, 7**

apropos à propos de qc **II2A, 1**

das **Arabische** l'arabe *(m.)* **III5DE, 3**

eine **Arbeit**/**Arbeiten** un travail/des travaux
III3DE

manuell **arbeiten** travailler de ses mains
VM2DE

ein **Arbeiter**/eine **Arbeiterin** un ouvrier/une
ouvrière **VM1DE**

ein **Arbeitgeber**/eine **Arbeitgeberin** un em-
ployeur/une employeuse **VM2S, 2**

die **Arbeitskräfte** la main-d'œuvre **VM1B, 5**

arbeitslos sein être au chômage **IV2B, 1**

die **Arbeitslosigkeit** le chômage **IV2B, 1**

ein **Arbeitszimmer** un bureau **I7A, 1**

ein **Archipel** un archipel **VM4B, 1**

ein **Architekt**/eine **Architektin** un architecte/
une architecte **VM2V, 4**

ein **Argument** un argument **II7B, 7**

der **Arm** le bras **II2A, 1**

arm pauvre/pauvre **II3A, 2**

ein **Arrondissement** un arrondissement **I5DE**

eine **Art** une sorte **III1DE** un genre **IV1DE**

eine **Art** une manière **VM4B, 2**
  jeder Art toutes sortes de **III1DE**

eine **Art** und Weise une façon **IVM1DE**

ein **Artikel** un article **II3B, 4**

ein **Arzneimittel** un médicament **III3B, 6**

ein **Arzt**/eine **Ärztin** un médecin/une femme
médecin **III3B, 1**

ein **Aspekt** un aspect **VM1S, 1 VM2A, 1**

ein **Assistent**/eine **Assistentin** un assistant/
une assistante **I7DE**

ein **Ast** une branche **VM2V, 1 VM3A, 1**

die **Ästhetik** l'esthétique *(f.)* **VM2A, 1**

das **Asyl** l'asile *(m.)* **VM1B, 5**

atmen respirer **VM3A, 1**

eine **Atmosphäre** une ambiance **III3B, 1**

eine **Attraktion** une attraction **IV1B, 1**

Ätzend! *(ugs.)* C'est galère! *(fam.)* **III3A, 5**

Aua! Aïe! **I4DE**

auch aussi **I1B, 1**
  auch nicht ne … pas non plus **III1B, 1**
  auch wenn même si **VM4B, 2**

die **Audio-Video-Technik** l'audiovisuel *(m.)*
VM2DE

audiovisuell audiovisuel/audiovisuelle
VM2DE

auf sur **I3B, 1**
  auf einmal soudain **III4B, 3**
  auf der Straße dans la rue **I2A, 3**

gehen **auf** donner sur qc **II5A, 7**

etw. **aufbauen** monter **IVM2DE, 1**

der **Aufbruch** le départ **II5A, 2**

ein **Aufenthalt** un séjour **III4DE**

eine **Aufgabe** une mission **VM2V, 1**

mit etw. **aufhören** arrêter qc **II3B, 1**

für etw. **aufkommen** subvenir **IVM1A, 4**

etw. **aufladen** recharger qc **IVM2B, 2**

aufmerksam attentif/attentive **VM1S, 1**
  jdn. auf etw. aufmerksam machen signaler
  qc à qn **IVM2D, 2**

jdn. wieder **aufmuntern** *(ugs.)* redonner la
  pêche à qn *(fam.)* **III1A, 1**

jdn. **aufnehmen** accueillir qn **VM1B, 5**

etw. **aufräumen** ranger qc **I3A, 3**

jdn. **aufregen** énerver qn **II1A, 7**
  Das regt mich auf! Ça m'énerve! **II1A, 7**
  sich aufregen, dass s'énerver que *(+ subj.)*
  IV3A, 5

aufrichtig franc/franche **IV2A, 3**

etw. **aufschreiben** noter qc **II3DE**

eine **Aufsichtsperson** un surveillant/une
  surveillante **II3DE**

aufstehen se lever **III3A, 1**

auftauchen apparaître **VM3B, 1**

aufwachen se réveiller **III3A, 1**

aufwachsen grandir **IVM1A, 1**

ein **Auge**/**Augen** un œil/des yeux **II1B, 6**

ein **Augenblick** un instant **IVM1A, 2**
  im Augenblick en ce moment **IV2A, 1**
  in diesem Augenblick à ce moment-là
  II2A, 1

August août *(m.)* **I3B, 7**

aus de/d' **I1B, 1**
  aus Leder en cuir **IVM2D, 2**

jdn **ausbeuten** exploiter qn **VM3B, 1 VM4B, 1**

eine **Ausbildung** une formation **III3DE**
  eine duale Ausbildung une formation en
  alternance ⟨**VM1A, 1**⟩

eine **Ausbildungsstätte** un établissement
  ⟨**VM1A, 1**⟩

etw. **ausblasen** souffler qc **I3B, 1**

etw. **ausdrücken** exprimer qc **IVM2A, 2**

ein **Ausflug** une sortie **III4A, 1**

etw. **ausführen** appliquer qc **VM4B, 2**

etw. **ausfüllen** remplir qc **IVM1A, 9**

eine **Ausgabe** une édition **II6DE**

ein **Ausgang** une sortie **II2A, 1**

(Geld) **ausgeben** dépenser (de l'argent)
VM2B, 2

ausgehen sortir **II6A**

eine **Auskunft** un renseignement **IV1B, 3**

das **Ausland** l'étranger *(m.)* **I1A, 2**

ausländisch étranger/étrangère **IV1A, 1**

jdn./etw. **ausnutzen** profiter de qn/qc
VM2B, 2

etw. **ausprobieren** essayer qc **II5B, 1**

überrascht **(aus)rufen** s'écrier **III4B, 3**

sich **ausruhen** se reposer **III3A, 2**

die **Ausrüstung** le matériel **IVM2C, 2**

aussagen *(als Zeuge)* témoigner **VM3B, 2**

das **Aussehen** l'air *(m.)* **II1A, 1**

ein **Aussehen** un aspect **VM1S, 1**

aussehen avoir l'air **II1A, 1**

außerdem de plus **VM1B, 5 VM3A, 2 VM4DE**
  en plus **VM2DE**

das **Äußere** le physique **VM1S, 1**

außerschulisch extrascolaire/extrascolaire
VM2V, 1

die **Aussicht** la vue **I7A, 1**

eine **Aussöhnung** une réconciliation **IV3A, 1**

etw. **aussprechen** prononcer qc **IVM1A, 5**
  wenn man etw. ausspricht en prononçant
  IVM1A, 5

ein **Ausspruch** une parole **IVM1A, 2**

aussteigen descendre **II2B, 2**

etw. **aussuchen** choisir qc **II7A, 1**

ein **Austausch** un échange **III4DE**

Nachrichten **austauschen** communiquer avec
  qn **III3B, 8**

ein **Austauschpartner**/eine **Austauschpartnerin** un correspondant/une correspondante **III4DE**

eine **Auster** une huître **II5B, 3**

ein **Auszug** un extrait **IV2B, 1**

ein **Auto** une voiture **I5A, 1**

eine **Autobahn** une autoroute **II5A, 4**

ein **Autor**/eine **Autorin** un auteur/une auteure **III1DE**

autoritär autoritaire/autoritaire **VM1V, 1**

ein/eine **Azubi** un apprenti/une apprentie
  ⟨**VM2B, 1**⟩

B

ein **Baby** un bébé **IV3A, 2**

eine **Bäckerei** une boulangerie **I5B, 1**

ein **Bad** une salle de bains **I5A, 3**

ein **Badezimmer** une salle de bains **I5A, 3**

eine **Bahn** une piste **II3B, 1**

ein **Bahnhof** une gare **I6A, 4**

bald bientôt **I3A, 1**

ein (kleiner) **Ball** une balle **II7A, 1**

ein **Ball** un bal **I6DE** un ballon **II5B, 1**

ein **Band** une corde **II7A, 1**

eine **Bande** une bande **VM1A, 1**

eine **Bank** *(Sitzbank)* un banc **III4B, 3**

eine **Batterie** une pile électrique **IVM2DE, 7**

der **Bauch** le ventre **III4A, 4**

etw. **bauen** construire qc **VM3G, 5**

etw. **bauen** bâtir qc **VM4B, 2**

ein **Baum** un arbre **II5A, 4**

eine **Baustelle** un chantier **IV1B, 1**

sich bei jdm. **bedanken** remercier qn **VM2S,** 1

ein **Bedarf** un besoin **IVM1A,** 4

etw. **bedauern** regretter qn/qc **VM1V,** 1
bedauern, dass regretter que *(+ subj.)*
VM1V, 1

bedeckt couvert/couverte **III4A,** 9

die **Bedienung** le maniement **VM1B,** 1

eine **Bedingung** une condition **VDELF**

ein **Bedürfnis** un besoin **IVM1A,** 4

beeindruckend impressionnant/impression-
nante **III5A,** 1

etw. **beenden** arrêter qc **II3B,** 1 finir **II7A,** 1
terminer qc **III2A,** 5

beendet fini/finie **II7B,** 3

eine **Befähigung** une qualification **VM2V,** 1

sich mit etw. **befassen** traiter de qc **VM3S,** 1

sich **befinden** se trouver **IV2DE**

etw. **befolgen** appliquer qc **VM4B,** 2

jdm. **begegnen** rencontrer qn **I6B,** 1 croiser
qn **IVM1A,** 9

eine **Begegnung** une rencontre **IV2A,** 3

sich für etw. **begeistern** se passionner pour
qc **VM2B,** 2

beginnen commencer **I4A,** 1
etw. von vorn beginnen reprendre qc
III1A, 1

jdn. **begleiten** accompagner qn **IV2A,** 3

jdn. **beglückwünschen** féliciter qn **II3B,** 4

etw. **begreifen** réaliser qc **IVM1A,** 9

etw. **behalten** garder qc **III2B,** 1

etw. **behandeln** traiter de qc **VM3S,** 1

etw. **behaupten** affirmer qc **VM3S,** 1 **VM4B,** 2

die **Beherrschung** la maîtrise **IV2B,** 4

ein **Behinderter**/eine **Behinderte** un handica-
pé/une handicapée **IV2B,** 1

behördlich administratif/administrative
III5DE, 3

bei auprès de **IV1B,** 3
beim Betreten en entrant **IVM2DE,** 1

bei jdm. chez qn **I4A,** 1

jdm. **beibringen** etw. zu tun apprendre à qn à
faire qc **VM4B,** 2

(alle) **beide** tous les deux/toutes les deux
II7B, 3

der **Beifall** l'applaudissement *(m.)* **II3B,** 1

ein **Bein** une jambe **II5B,** 1

beinahe presque **II2B,** 2

zum **Beispiel** par exemple **I7C,** 1

bekannt connu/connue **II6B**

jdm. etw. **bekanntgeben** déclarer qc à qn
IV3A, 1

eine **Bekanntschaft** une connaissance
VM2S, 1

bekloppt *(ugs.)* dingue/dingue *(fam.)* **III4A,** 4

etw. **bekommen** recevoir qc **II6C** obtenir qc
VDELF

belgisch belge/belge **II6C**

eine **Belohnung** une récompense **IVM2D,** 2

etw. **bemalen** peindre qc ⟨**VRev**⟩

eine **bemalte** Mauer un mur peint **VRev**

jdn./etw. **bemerken** remarquer qn/qc **III4B,** 3

sich **benehmen** se comporter **VM2S,** 1

etw. **benutzen** utiliser qc **II6A**

jdn./etw. **beobachten** observer qn/qc
VM3B, 2

eine **Beobachtung** une observation **VM1S,** 1

bequem confortable/confortable **IVM2DE,** 11

ein **Bereich** un domaine **IV3A,** 1

bereit prêt/prête **III3A,** 2

ein **Beruf** un métier **II6B** une profession
VM2B, 1

beruflich professionnel/professionnelle *(adj.)*
IV2A, 3

eine **Berufsaussicht** un débouché **VM2V,** 1

ein **Berufsberatungstag** une journée
d'orientation **III3A,** 2

berühmt célèbre/célèbre **III4B,** 2

jdn./etw. **berühren** toucher qn/qc **III2A,** 5

die **Besatzung** l'occupation *(f.)* **IV3A,** 2

beschäftigen occuper **III3DE**
sich beschäftigen mit jdm./etw. s'occuper
de qn/qc **III3A,** 1

jdn. **beschäftigen** employer qn **VM4B,** 1

beschäftigt occupé/occupée **III3DE**

beschließen, etw. zu tun décider de faire qc
III4B, 3

jdn./etw. **beschreiben** décrire qn/qc **II1B,** 6

sich über jdn./etw. **beschweren** se plaindre
de qn/qc **VM1V,** 1

besetzen occuper **III3DE**

besetzt occupé/occupée **III3DE**

etw. **besichtigen** visiter qc **I7DE**

eine **Besichtigung** une visite **II2DE**

jdn. **besiegen** battre qn; vaincre qn **IV3A,** 2

besonderer/**besondere**/**besonderes** *(Adj.)*
particulier/particulière **IVM1B,** 1

eine **Besonderheit** une spécialité **III4A,** 1 une
particularité **VM4A,** 1

besonders *(Adv.)* particulièrement **IVM1B,** 1

besorgniserregend préoccupant/préoccu-
pante **IVM1B,** 1

besser mieux **III1A,** 1
es ist besser, etw. zu tun il vaut mieux faire
qc **VM2B,** 2

ein **Bestandteil** un ingrédient **VM2A,** 1

der **Beste**/die **Beste**/das **Beste** le meilleur/la
meilleure **III2A,** 5

aus etw. **bestehen** se composer de qc
VM1V, 1

darauf **bestehen** (etw. zu tun) insister (pour
faire qc) **VM3B,** 2

eine **Bestellung** une commande **VRev**

der **beste** Moment le meilleur moment
III4B, 3

bestimmter/**bestimmte**/**bestimmtes** *(Adj.)*
particulier/particulière **IVM1B,** 1

bestimmte certains/certaines **III1DE**

ein **Besuch** une visite **II2DE**

etw. **betrachten** regarder qc **I2DE**

jdn./etw. **betreffen** concerner qn/qc **VM3S,** 2
was die Verwaltung betrifft administrativement **III5DE,** 3
was … betrifft en ce qui concerne **VM3S,** 2

etw. **betreffend** à propos de qc **II2A,** 1

die **Betreuung** la garde **IV2B,** 4

ein **Betrieb** une entreprise **III3DE**

ein **Bett** un lit **I4A,** 1

etw. **beugen** plier qc **IVM1DE**

beunruhigt inquiet/inquiète **III3B,** 1
beunruhigt, dass être inquiet/inquiète que
(+ subj.) **IV3A,** 5

etw. **beurteilen** juger qc **IVM1A,** 4

bevor man etw. tut avant de faire qc **IV3B,** 1

bevor avant que *(+ subj.)* **VM3G,** 3

bevorzugt préféré/préférée **II6DE**

die **Bewachung** la garde **IV2B,** 4

etw. **bewahren** préserver qc **VM3V,** 1

etw. **bewältigen** faire face à qc **VDELF**

sich **bewegen** bouger **II7A,** 4

eine **Bewegung** un mouvement **IV3A,** 2

ein **Beweis** une preuve **VDELF**

etw. **beweisen** prouver qc **VM4B,** 2

sich **bewerben** poser sa candidature **IV2A,** 3

ein **Bewerber** eine Bewerberin un candidat/
une candidate **VM2A,** 2

eine **Bewerbung** une candidature **IV2A,** 3

ein **Bewerbungsschreiben** une lettre de
motivation **IV2A,** 8

etw. **bewilligen** accorder qc **VM1B,** 5

sich einer Sache **bewusst** werden se rendre
compte de qc **VM4B,** 2

das **Bewusstsein** la conscience **VM4B,** 2

etw. **bezahlen** payer qc **II4A,** 2

eine **Beziehung** une relation **IV3DE**

ein **Bezug** un rapport **VM2DE**

eine **Bibliothek** une bibliothèque **III5B,** 1

ein **Bier** une bière **IV3B,** 1

ein **Bild** une image **IV3B,** 1

etw. **bilden** instaurer qc **VM4A,** 2

etw. **bilden** constituer qc **VM4B,** 1

ein **Bildschirm** un écran **VM1B,** 1

die **Bildung** l'éducation (f.) **IVM1A,** 5

etw. **binden** attacher qc **VM4DE**

die **Bindung** l'attachement *(m.)* **VM4V,** 1

ein **Biologe**/eine **Biologin** un biologiste/une
biologiste **II7B,** 3

die **Biologie** la biologie **VM2DE**

bis *(Präp.)* jusque **III4A,** 4

bis dahin d'ici là **IV3A**, 2

bis (Konj.) jusqu'à ce que (+ subj.) **VM3G**, 3

Bis später! A plus! (fam.) **I5A**, 1

bitte (wenn man jemanden duzt) s'il te plaît **I3A**, 3

bitte (wenn man jemanden siezt) s'il vous plaît **I3A**, 3

jdn. **bitten**, etw. zu tun prier qn de faire qc **IV2B**, 1

jdn. (um etw.) bitten demander (qc) à qn **I6B**, 1

Ich bitte Sie. Je vous en prie. **IV2B**, 1

So eine **Blamage**! (ugs.) C'est la honte! (fam.) **III4A**, 7

ein **Blatt** une feuille **VM3A**, 1

ein **Blatt** (Papier) une fiche **II6B**

blau bleu/bleue **I6B**, 6

bleiben rester **I6A**, 2

bleich pâle/pâle **III2C**, 2

ein **Bleistift** un crayon **I2A**, 1

ein **Blick** un regard **III2DE**

Liebe auf den ersten Blick wörtl. „der Blitzschlag" le coup de foudre **III4B**, 3

der **Blitz** la foudre **III4B**, 3

blöd nul/nulle **I5B**, 3 bête/bête **II1A**, 1

Das ist zu blöd! (ugs.) C'est trop nul! (fam.) **I5B**, 3

ein **Blog** (ein Tagebuch im Internet) un blog **II6A**

blond blond/blonde **II1B**, 6

bloß juste **III1B**, 1

ein **Boden** un sol **VM3V**, 1

der **Boden** la terre **VM3V**, 1

ein **Bodenschatz** une ressource **VM4B**, 1

ein **Boot**/**Boote** un bateau/des bateaux **II5A**, 1

böse méchant/méchante **VM1V**, 1

eine **Botschaft** une ambassade **IVM1A**, 2

eine **Boutique** une boutique **I7A**, 1

eine **Branche** (ein Geschäftszweig) une branche **VM2V**, 1

ein **Brand** un incendie **IVM2DE**, 6

etw. **brauchen** avoir besoin de qc/de faire qc **IV1A**, 2

man braucht etw. il faut qc **II4A**, 1

man braucht nur il suffit de **IVM1A**, 5

wir brauchen etw. il nous faut qc **II7A**, 1

braun brun/brune; marron/marron **II1B**, 6

breit large/large **IV1B**, 1

die **Breite** la largeur **IV1B**, 3

ein **Bretone**/eine **Bretonin** un Breton/une Bretonne **VM4DE**

bretonisch breton/bretonne **VM4DE**

ein **Brief** une lettre **II6C**

ein **Brieffreund**/eine **Brieffreundin** un correspondant/une correspondante **III4DE**

ein **Briefträger**/eine **Briefträgerin** un facteur/une factrice **II6C**

eine **Brigade** une brigade **IV3A**, 1

die deutsch-französische Brigade la brigade franco-allemande **IV3A**, 1

eine **Brille** des lunettes (f.) (pl.) **VM1V**, 1

jdm. etw. **bringen** apporter qc à qn **II6C**

eine **Brioche** (Hefegebäck) une brioche **VRev**

das **Brot** le pain **II4B**, 1

eine **Brücke** un pont **III4A**, 1

ein **Bruder** un frère **I2B**, 2

die **Brüderlichkeit** la fraternité **VM1B**, 5

die **Brust** la poitrine ⟨**VM1S**, 1⟩

ein **Buch** un livre **I2A**, 1

eine **Bücherei** une bibliothèque **III5B**, 1

eine **Bude** un stand **I5DE**

eine **Bühne** une scène **IV1B**, 1

ein **Bühnenauftritt** une prestation **IV1A**, 9

ein **Bühnenbild** un décor **IV1A**, 2

ein **Bündnis** une alliance **IV3DE**

das **Bungee-Jumping** le saut à l'élastique **II7DE**

bunt coloré/colorée **III5B**, 1

ein (Staats)**Bürger**/eine (Staats)**Bürgerin** un citoyen/une citoyenne **VM1B**, 5

ein **Büro** un bureau **I7A**, 1

ein **Bus** un bus **I7B**, 1

ein **Bus** (Reisebus) un car **III4DE**

die **Butter** le beurre **II4B**, 2

C

das **C.A.P. (berufsqualifizierender Abschluss)** le C.A.P. (= certificat d'aptitude professionnelle) **VM1DE**

ein **Café** un café **I5B**, 1

ein **Camper**/eine **Camperin** un campeur/une campeuse **IVM2DE**, 1

das **Camping** le camping **IVM2DE**

ein **Campingplatz** un camping **IVM2DE**

eine **CD**/**CDs** un CD/des CD **I3A**, 1

ein **CD**-Player un lecteur de CD **IVM2C**, 2

ein **Champion** un champion/une championne **I5B**, 3

die **Chance** la chance **II2B**, 2

ein **Charakter** un caractère **VM1S**, 1

mit jdm. **chatten** chatter avec qn **II2A**, 1

ein **Chef**/eine **Chefin** un chef/une chef **IV3A**, 8

die **Chemie** la chimie **VM2A**, 1

eine **Clique** une bande **VM1A**, 1

ein **Collège** un collège **I4DE**

ein **Comic** une BD **I2DE**

ein **Computer** un ordinateur **I3A**, 1

ein **Computerspiel**/**Computerspiele** un jeu vidéo/des jeux vidéo **I3B**, 1

ein **Cousin**/eine **Cousine** un cousin/une cousine **I3A**, 9

D

da comme **VM4DE**

da ist voilà **I1A**, 1

da sind voilà **I1A**, 1

ein **Dach** un toit **III4B**, 3

dagegen par contre **IVM1B**, 7

da(hin) là-bas **II1A**, 1

eine **Dame** une dame **I1B**, 4

damit pour que (+ subj.) **VM3A**, 2 **VM3G**, 3

dämlich (ugs.) débile/débile (fam.) **III4A**, 4

danach après **I4A**, 1 ensuite **III1A**, 1

daneben à côté **II1A**, 1

Vielen **Dank**! Merci beaucoup! **I5B**, 2

danke merci **I1B**, 1

jdm. **danken** remercier qn **VM2S**, 1

dann puis **I3B**, 1

darauf dessus **II5B**, 1

eine **Darbietung** un spectacle **III3B**, 4 une prestation **IV1A**, 9

darunter en dessous (de qc) **VM3B**, 2

das ça (Kurzform zu cela) **I2B**, 2

das ist c'est **I1A**, 1

dass (Konjunktion) que **II2A**, 3

derselbe/**dieselbe**/**dasselbe** le même/la même **II1A**, 1

ein **Datum** une date **IV2A**, 3

dauerhaft durable/durable **VM3V**, 1

dauern durer **IV1B**, 3

davon en **II2A**, 1

eine **Decke** une couverture **III2DE**

die **Dekoration** la décoration **IVM2C**, 1

an jdn. **denken** penser à qn **II1B**, 2

Wie denkst du darüber? Qu'est-ce que tu en penses? **II2A**, 3

ein **Denkmal** un monument **III4A**, 1

denn car **II6C**

dennoch pourtant **III3A**, 2

ein **Departement** (französischer Verwaltungsbezirk) un département **III2DE**

deponieren déposer qc/qn **IVM2DE**, 6

derjenige/**diejenige**/**dasjenige**/**diejenigen** (Demonstrativpronomen) celui/celle/ceux/celles **VM2A**, 1

dermaßen tellement **III4B**, 3

deshalb c'est pourquoi **II6A**

ein **Detail** un détail **IVM1B**, 1

Deutsch (Schulfach) l'allemand (m.) **I4DE**

deutsch-französisch franco-allemand/franco-allemande **IV3DE**

Dezember décembre (m.) **I3B**, 1

ein **Dialekt** un dialecte **VM4V**, 1

ein **Dichter**/eine **Dichterin** un poète **VM1A**, 2

dichterisch poétique/poétique **VM1S**, 1
VM3DE
dick épais/épaisse **VM1B**, 1
dick (Personen) gros/grosse **III4A**, 4
ein **Dieb**/eine **Diebin** un voleur/une voleuse
III2A, 5
ein **Diebstahl** un vol **III2C**, 2
zu etw. **dienen** servir à qc **III1B**, 1
ein **Dienst** un service **VM2A**, 1
Dienstag mardi (m.) **I4B**, 1
am Dienstag mardi (m.) **I4B**, 1
dieser/**diese**/**dieses** (Demonstrativbegleiter)
ce/cet/cette/ces **II1B**, 2
ein **Ding** un truc (fam.) **I2A**, 1 une chose **I7C**, 1
eine **Disco** (ugs.) une boîte **IVM2B**, 2
in die Disco gehen (ugs.) aller en boîte
(fam.) **IVM2B**, 2
eine **Diskussion** une discussion **II2A**, 1
(über etw.) **diskutieren** discuter (de qc)
I4A, 3
doch quand même **III4B**, 3
doch si **I4B**, 4
dokumentarisch documentaire **VM3S**, 1
Donnerstag jeudi (m.) **I4B**, 1
am Donnerstag jeudi (m.) **I4B**, 1
doppelt double/double **IVM1A**, 1
dort là **I2A**, 3 y (Adverbialpronomen) **III5A**, 1
von dort en (Adverbialpronomen) **III5A**, 1
dort(hin) là-bas **II1A**, 1
dorthin y (Adverbialpronomen) **III5A**, 1
eine **Dose** une boîte **IVM2B**, 2
ein **Drahtzaun** une grille **II2A**, 1
ein **Drama** un drame **IV1A**, 2
draußen dehors **III2A**, 5
ein **Drehbuch** un scénario **IV2B**, 1
drehen tourner **I5B**, 1
ein **Drittel** des/der un tiers de **IV2B**, 3
drücken pousser **VM3A**, 1
jdn./etw. **drücken** serrer qn/qc **IVM1A**, 5
du (betont) toi **I1A**, 1
dumm bête/bête **II1A**, 1
dumm finden, dass trouver bête que (+
subj.) **IV3A**, 5
eine **Düne** une dune **II5DE**
dunkel sombre/sombre **II2A**, 1
dunkel (Hautfarbe) mat/mate **VM1S**, 1
dünn mince/mince **VM1V**, 1
durch à travers **IVM1B**, 8
durch (Grundbedeutung) par **IV1A**, 2
durch jdn./etw. grâce à qn/qc **III5B**, 1
Was für ein **Durcheinander!** C'est le bazar!
(fam.) **IVM2A**, 2
ein **Durchgang** un parcours **II7A**, 1
durchhalten tenir **IV2B**, 1
der **Durchschnitt** (10 von 20 Punkten im
Zeugnis) la moyenne **II3DE**

durchschnittlich moyen/moyenne **IVM2D**, 2
etw. tun **dürfen** avoir le droit de faire qc **II6A**
der **Durst** la soif **I5C**, 1
Durst haben avoir soif **I5C**, 1
eine **Dusche** une douche **III4B**, 3
dynamisch dynamique/dynamique **III5A**, 1

E

echt vrai/vraie **II1A**, 1
eine **Ecke** un coin **II6DE**
ein **Effekt** un effet **VM3V**, 1
ehemalig ancien/ancienne **IV1A**, 2
der **Ehemann** le mari **III3A**, 1
ein **Ehepaar** un couple **IVM2D**, 1
eher plutôt **II3A**, 2
die **Ehre** l'honneur (m.) **IVM1A**, 2
ein **Ehrenwort** une parole d'honneur
IVM1A, 2
ehrlich honnête/honnête **IVM1A**, 5
ein **Ei**/**Eier** un œuf/des œufs **II4DE**
eifersüchtig auf jdn. jaloux/jalouse de qn
III2A, 5
eigen propre/propre (vor dem Nomen)
IVM1A, 4
eine **Eigenschaft** une qualité **IV2B**, 1
eigentlich en fait **VM2S**, 1
es **eilig** haben être pressé/pressée **VM1A**, 2
ein **Einband** une couverture **III2DE**
ein **Eindruck** une impression **III2A**, 5
den Eindruck haben, dass avoir
l'impression que **III2A**, 5
eindrucksvoll impressionnant/impression-
nante **III5A**, 1
ein **Eigentümer**/eine **Eigentümerin** un prop-
riétaire/une propriétaire **III2B**, 1
einerseits …, andererseits d'un côté, …, de
l'autre **IVM1B**, 7
einerseits … andererseits d'un côté, … de
l'autre **IVM2DE**, 11
einfach simple/simple **II6C**
der **Einfluss** la présence **VM4B**, 1
ein **Eingang** une entrée **I5A**, 1
sich **eingliedern** (in etw.) s'intégrer (dans qc)
VM1B, 1
einige quelques **II3B**, 1
einkaufen faire les courses (f.) (pl.) **II4DE**
ein **Einkaufswagen** un chariot **VM3DE**
jdn. **einladen** inviter qn **I3A**, 3
eine **Einladung** une invitation **II6A**
sich **einloggen** in se connecter à **IVM2DE**, 1
auf **einmal** soudain **III4B**, 3
eine **Einnahmequelle** une ressource **VM4B**, 1
etw. **einrichten** arranger qc **VM1B**, 1
die **Einsamkeit** la solitude **IVM1A**, 5
etw. **einschalten** allumer qc **IVM2DE**, 6

eine **Einschätzung** un jugement **IV3A**, 5
sich **einschreiben** s'inscrire **IV2A**, 3
jdn. **einschüchtern** intimider qn **VM3B**, 2
sich für etw. **einsetzen** s'engager pour qc
IV2A, 3
einsparen économiser **VM1B**, 1
einsteigen monter **II2B**, 2
das **Einstellen** (von Arbeitskräften)
l'embauche (f.) **IV2B**, 1
etw. **einstellen** régler qc **IV3A**, 2
jdn. **einstellen** embaucher qn **IV2B**, 1
eintreten entrer **I2A**, 3
einverstanden d'accord **I2B**, 2
ein **Einwand** une objection **IVM1B**, 7
ein **Einwanderer**/eine **Einwanderin** un immi-
gré/une immigrée **VM1B**, 5
die **Einwanderung** l'immigration (f.) **VM1B**, 5
VM4B, 2
ein **Einwohner**/eine **Einwohnerin** un habi-
tant/une habitante **III5DE**
eine **Einzelheit** un détail **IVM1B**, 1
einzeln unique/unique **VM1S**, 1
einzig seul/seule **III3B**, 1 unique/unique
VM1S, 1
einzigartig unique/unique **VM1S**, 1
ein **Eis** une glace **II5B**, 1
ein **Elefant** un éléphant **IV1B**, 1
elektrisch électrique/électrique **IVM2DE**, 7
elsässisch alsacien/alsacienne **VM4DE**
die **Eltern** les parents (m.) **I3A**, 9
eine **E-Mail** un courriel **I6B**, 6
eine **Emotion** une émotion **VM3S**, 1
ein **Empfang** un accueil **IV2A**, 8
etw. **empfangen** recevoir qc **II6C**
jdn. empfangen accueillir qn **VM1B**, 5
ein **Empfänger** un destinataire **IV2P**
eine **Empfehlung** une recommandation
IVM2DE, 6
etw. (für jdn.) **empfinden** éprouver qc (pour
qn) **IVM1A**, 9
eine **Empfindung** une sensation **VM4B**, 2
Empfindung une sensation **VM4B**, 2
das **Ende** la fin **I4B**, 5
zu Ende fini/finie **II7B**, 3
endlich enfin **I6A**, 4
eine **Endstation** un terminus **IVM1A**, 9
die **Energie** l'énergie (f.) **VM3V**, 1
die erneuerbare Energie l'énergie renouvelable (f.) (**VM3V**, 1)
die fossile Energie l'énergie fossile (f.)
VM3V, 1
englisch anglais/anglaise **III5DE**, 4
etw. **entdecken** découvrir qc **III4DE**
eine **Entdeckung** une découverte **III2B**, 1
entgegen einer Sache contrairement à qc/
qn **VM3S**, 2

entscheiden décider de faire qc **III4B**, 3

eine **Entscheidung** une décision **III3B**, 1

   eine Entscheidung treffen prendre une décision **III3B**, 1

Entschuldige bitte. Excuse-moi. **I4A**, 3

   Entschuldigen Sie. Excusez-moi. **I4A**, 3

Entschuldigung! Excusez-moi. **I4A**, 3

Entschuldigung. Pardon. **I1A**, 1

entspannt sein être à l'aise **VDELF**

etw. **entsprechen** correspondre à qc **IV-M3A**, 5

etw. **entwickeln** développer qc **VM4B**, 1

eine **Entwicklung** un développement **VM2A**, 1

eine **Epoche** une époque **III5B**, 1

etw. **erarbeiten** élaborer qc **IVM1B**, 1

das **Erbe** le patrimoine **VM4DE**

das **Erbgut** le patrimoine **VM4DE**

die **Erde** la terre **VM3V**, 1

das **Erdgas** le gaz naturel ⟨**VM3V**, 1⟩

die **Erdkunde** la géographie **II3A**, 2

sich **ereignen** se passer **II3A**, 3 avoir lieu **IV1A**, 1

ein **Ereignis** un évènement **III2DE**

eine **Erfahrung** une expérience **IV2A**, 3

etw. **erfinden** inventer qc **I7C**, 1

der **Erfolg** le succès **II3B**, 4

erforderlich nécessaire/nécessaire **IV3A**, 5

ein **Ergebnis** un résultat **II1B**, 2

sich **erheben** se lever **III3A**, 1

sich an jdn./etw. **erinnern** se souvenir de qn/qc **IV1A**, 2 se rappeler qn/qc **VM1B**, 1

eine **Erinnerung** un souvenir **I7A**, 1

etw. **erkennen** reconnaître qc **IVM1B**, 4

eine **Erkenntnis** une connaissance **VM2S**, 1

(jdm.) etw. **erklären** expliquer qc (à qn) **II2B**, 2

   jdm. den Krieg erklären déclarer la guerre à qn **IV3A**, 1

die **Erklärung der Menschen- und Bürgerrechte** la Déclaration des droits de l'homme et du citoyen **VM1B**, 5

sich über jdn./etw. **erkundigen** se renseigner sur qn/qc **IV1B**, 3

jdm. **erlauben**, etw. zu tun permettre à qn de faire qc **III3B**, 8

   erlauben, dass permettre que (+ subj.) **IV3A**, 5

eine **Erlaubnis** une autorisation **III2B**, 1

jdm. etw. **ermöglichen** permettre à qn de faire qc **III3B**, 8

jdn. **ermutigen** encourager qn **III2A**, 5

jdn. **ernähren** nourrir qn **VM3A**, 2

sich **ernähren** se nourrir **VM3A**, 2

die **Ernährung** l'alimentation (f.) **IV3A**, 2

erneuerbar renouvelable/renouvelable **VM3V**, 1

ernst sérieux/sérieuse **II7A**, 3

ernsthaft sérieux/sérieuse **II7A**, 3

etw. **erraten** deviner qc **II1B**, 6

erscheinen paraître **IVM1B**, 8 apparaître **VM3B**, 1

das **Erscheinungsbild** l'apparence (f.) **VM1V**, 1

etw. **ersetzen** remplacer qc **VM3A**, 2

etw. **ersetzen** (durch etw.) remplacer qc (par qc) **VM4A**, 2

der **erste**/die **erste** le premier/la première **I3B**, 7

die **Erste Hilfe** le secourisme **VM2V**, 1

etw. **erstellen** élaborer qc **IVM1B**, 1

die **Erstellung** la création **VM2A**, 1

ein **Erwachsener**/eine **Erwachsene** un adulte/une adulte **IV3A**, 2

jdn./etw. **erwähnen** mentionner qn/qc **VM1B**, 1

jdn. **erwarten** attendre qn **II2B**, 2

etw. **erzählen** raconter qc **I4A**, 3

erzählend narratif/narrative **VM1S**, 1

ein **Erzähler**/eine **Erzählerin** un narrateur/une narratrice **VM1A**, 3 **VM3B**, 2

etw. erzeugen produire qc **VM3V**, 1

jdn. erziehen éduquer qn **VM4B**, 2

die **Erziehung** l'éducation (f.) **IVM1A**, 5

Es geht nun mal nicht anders. (Redewendung) A la guerre comme à la guerre! **IVM3A**, 5

es gibt il y a **I3A**, 1

es ist il y a **I3A**, 1

ein **Essen** un repas **I5A**, 3

   Essen zubereiten faire la cuisine **II4DE**

etw. **essen** manger qc **I3B**, 1 prendre qc **I5C**, 1

es sind il y a **I3A**, 1

etw. **etablieren** instaurer qc **VM4A**, 2

eine **Etappe** une étape **IV3DE**

etwa environ **III4A**, 1

etwas quelque chose **I4B**, 4

europäisch européen/européenne **III5DE**, 3

ein **Examen** un examen **VDELF**

ein **Exil** un exil **IV3A**, 2

existieren exister **IVM1A**, 5

explodieren éclater **III2C**, 2

F

ein (Schul)**Fach** une matière **VM4B**, 2

ein **Facharbeiter**/eine **Facharbeiterin** un ouvrier qualifié/une ouvrière qualifiée **VM1DE**

ein **Fachmann**/eine **Fachfrau** un professionnel/une professionnelle **IV1A**, 1

eine **Fachmesse** un salon **VM2B**, 1

fähig sein, etw. zu tun être capable/capable de faire qc **IV2B**, 1

eine **Fähigkeit** une compétence **VM2V**, 1

eine **Fahne** un drapeau **II5B**, 1

fahren aller **I4A**, 3 rouler **III4B**, 3

eine **Fahrkarte** un ticket **I7B**, 2 un billet **IV1B**, 1

ein **Fahrrad** un vélo **I2B**, 7

ein **Fahrschein** un ticket **I7B**, 2

eine **Fakultät** (ein Fachbereich an einer Universität) une faculté **IV2DE**

ein **Fall** une chute **IV3B**, 1

   auf jeden Fall de toute façon **VM1B**, 1 en tout cas **VRev**

etw./jdn. **fällen** abattre qc/qn **VM3A**, 2

fallen tomber **I5B**, 3

falls si **II3A**, 8

das **Fallschirmspringen** le parachutisme **II7DE**

etw. **falten** plier qc **IVM1DE**

familiär familial **IVM1B**, 1

eine **Familie** une famille **I3A**, 9

   die Familie betreffend familial **IVM1B**, 1

jdn./etw. **fangen** attraper qn/qc **VM1B**, 1

fantastisch fantastique/fantastique **I1B**, 1

eine **Farbe** une couleur **I6B**, 6

farbig coloré/colorée **III5B**, 1

fast presque **II2B**, 2

jdn. **faszinieren** fasciner qn **III3B**, 1

Februar février (m.) **I3B**, 7

das **Fechten** l'escrime f. **II7B**, 3

fehlen manquer **III2C**, 2

ein **Fehler** une faute **III4A**, 4

feilschen marchander **VM2B**, 2

ein **Feind**/eine **Feindin** un ennemi/une ennemie **IV3DE**

ein **Feld** un champ **IV3A**, 1

ein **Fenster** une fenêtre **II5A**, 7

die **Ferien** les vacances (f.) (pl.) **I6A**, 4

   in den Ferien en vacances f. pl. **I2A**, 3

ein **Ferienlager** une colonie de vacances **III1DE**

eine **Ferienunterkunft** un gîte **II5DE**

das **Fernsehen** la télévision (fam.: la télé) **I4A**, 1

ein **Fernsehsender** une chaîne de télévision **IV3DE**

eine **Fernsehserie** une série télévisée **IV3DE**

fertig prêt/prête **III3A**, 2

etw. **fertigbringen** réussir à faire qc **II7A**, 1

etw. **fertigstellen** terminer qc **III2A**, 5

fesseln fasciner qn **III3B**, 1

fesselnd passionnant/passionnante **III3B**, 1 captivant/captivante **VM3DE**

ein **Fest** un bal; une fête **I6DE**

etw. **festbinden** attacher qc **VM4DE**

etw. **festigen** renforcer qc **VM4A,** 2

etw. **festlegen** fixer qc **VRev**

etw. **festmachen** fixer qc **VRev**

ein **Feuer/Feuer** un feu/des feux **I6DE**

ein **Feuerwerk** un feu d'artifice **I6DE**

fies (ugs.) vache/vache (fam.) **III4B,** 3

eine **Figur** une statuette **III2A,** 5 un personnage **IVM2DE,** 9

eine bewegliche Figur une marionnette **IV1B,** 1

eine **Fiktion** une fiction **VM1S,** 1

ein **Film** (Kino, Fernsehen) un film **I5C,** 1

etw. **filmen** filmer qc **VM2A,** 1

ein **Filmregisseur/eine Filmregisseurin** un réalisateur/une réalisatrice **IV1A,** 1

jemanden/etwas **finden** trouver qn/qc **I2A,** 2

dumm finden, dass trouver bête que (+ subj.) **IV3A,** 5

finden, dass trouver que **II2A,** 3

gut finden, dass trouver bien que (+ subj.) **IV3A,** 5

ein **Finger** un doigt **II4A,** 2

eine **Firma** une entreprise **III3DE**

ein **Fisch** un poisson **III4A,** 4

fit sein être en forme **II1A,** 7

flach plat/plate **VRev**

eine **Fläche** une superficie **VM4V,** 1

eine **Flagge** un drapeau **II5B,** 1

eine **Flasche** une bouteille **II4A,** 2

das **Fleisch** la viande **II4DE**

eine **Fliege** une mouche **III2B,** 5

ein **Flohmarkt** un marché aux puces **I7C**

ein **Flüchtling** un réfugié/une réfugiée **VM1G,** 5

ein **Flugzeug** un avion **I7B,** 3

ein **Flur** un couloir **II2DE**

ein **Fluss** un fleuve **III4A,** 1

jdm./etw. **folgen** suivre qn/qc **IVM1A,** 4

folgender/folgende/folgendes suivant/suivante **IV1A,** 2

folglich par conséquent **VM3S,** 2

fordern, dass demander que (+ subj.) **IV3A,** 2

die **Form** la forme **II1A,** 7

in Form sein être en forme **II1A,** 7

eine **Forschung** une recherche **III3DE**

sich **fortbewegen** se déplacer **VRev VM3B,** 2

fortfahren, etw. zu tun continuer à faire qc **II1B,** 2

ein **Fortschritt** un progrès **III5B,** 1

etw. **fortsetzen** poursuivre qc **IVM1B,** 1

die **Fortsetzung** la suite **IVM1B,** 4

ein **Foto** une photo **I5DE**

ein **Fotograf/eine Fotografin** un photographe/une photographe **IV1A,** 1

eine **Frage** une question **I5B,** 3

jdn. (nach etw.) **fragen** demander (qc) à qn **I6B,** 1

die **Frankofonie** la francophonie **III5DE**

ein **Franzose/eine Französin** un Français/une Française **III5DE,** 3

auf **Französisch** en français **I2A,** 1

französisch français/française **I2A,** 1

französischsprachig francophone/francophone **III5DE**

eine **Frau** une dame **I1B,** 4 une femme **II1B,** 6

Frau … madame … **I1B,** 7

frei libre/libre **IVM1A,** 1

im **Freien** dehors **III2A,** 5

die **Freiheit** la liberté **VM1B,** 5

ein **Freistundenraum** une permanence **II3DE**

Freitag vendredi (m.) **I4B,** 1

am Freitag vendredi (m.) **I4B,** 1

die **Freizeit** les loisirs (m.) **VM1DE**

eine **Freizeitbeschäftigung** une activité **I5DE**

die **Freizeitbeschäftigung** les loisirs (m.) **VM1DE**

ein **Freizeitbetreuer/eine Freizeitbetreuerin** un animateur socioculturel/une animatrice socioculturelle **VM1DE**

fremd étranger/étrangère **IV1A,** 1

eine **Freude** un plaisir **IV2DE**

die **Freude** la joie **II6B**

ein **Freund/eine Freundin** un copain/une copine (fam.) **I1B,** 2 un ami/une amie **I2A,** 3

ein fester Freund/eine feste Freundin un petit copain/une petite copine **III4A,** 4

Freunde finden se faire des amis **VRev**

freundlich accueillant/accueillante **VM4DE**

die **Freundlichkeit** la gentillesse **IVM2DE,** 6

die **Freundschaft** l'amitié (f.) **IV3A,** 8

der **Frieden** la paix **IV3A,** 1

ein **Friedhof** un cimetière **IV3A,** 1

ein **Friseur/eine Friseurin** un coiffeur/une coiffeuse **III3B,** 4

froh content/contente **I6A,** 4

froh sein, dass être content/contente que (+ subj.) **IV3A,** 5

eine **Frucht** un fruit **II4DE**

ein **Fruchtsaft** un jus de fruit **II4A,** 2

früh (Adv.) tôt adv. **I7B,** 1

der **Frühling** le printemps **II5DE**

das **Frühstück** le petit-déjeuner **II4A,** 1

etw. **fühlen** sentir qc **III2A,** 5

sich fühlen se sentir **III3A,** 2

jdn. **führen** guider qn **IVM2B,** 2

ein **Führer/eine Führerin** un guide/une guide **II2A,** 1

ein **Führerschein** un permis de conduire **IVM2D,** 2

etw. **füllen** remplir qc **IVM1A,** 9

ein **Füller** un stylo **I2A,** 1

die **Fünf** A la 5ᵉ(A)/la cinquième (A) **II1DE**

die **Fünfte** la 5ᵉ(A)/la cinquième (A) **II1DE**

ein **Fünftel** des/der un cinquième de **IV2B,** 3

funkeln briller **III4A,** 9

für pour **I2A,** 3

fürchten craindre **VM1V,** 1

fürchten, dass craindre que (+ subj.) **VM1V,** 1

ein **Fuß** un pied **I4DE**

zu Fuß à pied **I5A,** 1

der **Fußball** (Sportart) le foot(ball) **I2B,** 7

ein **Fußweg** un sentier **IVM2DE,** 3

G

eine **Gabel** une fourchette **II4B,** 1

ein **Gang** un couloir **II2DE**

ein **Gang** (beim Essen) un plat **II4DE**

ganz entier/entière **III5B,** 1

ganz (+ Nomen) tout/toute **II7B,** 3

ein **Garten** un jardin **II5A,** 7

das **Gas** le gaz **IVM2A,** 1

gasförmig gazeux/gazeuse **VRev**

ein **Gast** un invité/une invitée **II4B,** 2

Gastfreundlichkeit l'hospitalité (f.) **VM4V,** 1

Gastfreundschaft l'hospitalité (f.) **VM4V,** 1

die **Gastronomie** la gastronomie **VM4DE**

ein **Gatte/eine Gattin** un époux/une épouse **IVM1A,** 1

eine **Gattung** un genre **IV1DE**

jdm. etw. **geben** donner qc à qn **I6B,** 1 passer qc à qn **II4B,** 6

es gibt il y a **I3A,** 1

ein **Gebiet** un territoire **III5DE,** 3

ein **Gebirge** une montagne **III5B,** 2

geboren werden/sein être né(e) (Infinitiv: naître) **II1B,** 2

die **Geburt** la naissance **II6B**

ein **Geburtstag** un anniversaire **I3DE**

ein **Gedanke** une idée **I3A,** 1 une pensée **VM1A,** 2

düstere Gedanken des idées noires (f.) (pl.) **II2A,** 1

ein **Gedicht** un poème **I6B,** 11

sich **gedulden** patienter **VM2A,** 2

Gefahr laufen, etw. zu tun risquer de faire qc **III1A,** 1

gefährlich dangereux/dangereuse **II2B,** 1

jdm. **gefallen** plaire à qn **II5A,** 4

es gefällt mir, dass ça me plaît que + subj. **IV3A,** 5

ein **Gefühl** un sentiment **IV3A,** 4 une émotion **VM3S,** 1 une sensation **VM4B,** 2

gegen contre **II2A,** 1 vers **III2C,** 2

eine **Gegend** une région **II5B,** 1

im **Gegensatz** contrairement à qc/qn **VM3S**, 2

ein **Gegenstand** un objet **III2DE**

das **Gegenteil** l'inverse *(m.)* **III2B**, 1

das **Gegenteil** von le contraire de **III4B**, 5

gegenüber vis-à-vis de qn/qc **VM1B**, 3 face à qc **VM2S**, 1

gegenüber von etw. en face de qc **VRev**

ein **Gehalt** un salaire **VM2S**, 2

im **Geheimen** en secret **III4B**, 3

ein **Geheimnis** un secret **III4B**, 3

geheimnisvoll mystérieux/mystérieuse **II2DE**

ein **Geheimtipp** un bon plan **IVM2B**, 2

gehen aller **I4A**, 3 marcher **IV1B**, 1
nach Hause gehen rentrer **I4A**, 1
Auf geht's! On y va! **II1A**, 1 Vas-y! **II3B**, 1
Gehen wir! On y va! **II1A**, 1
gut gehen aller bien **II1A**, 7

gehen auf donner sur qc **II5A**, 7

gehören zu faire partie de qc **III5DE**
Wem gehört er/sie/es? Il/Elle est à qui? **I4A**, 3

der **Geist** l'esprit *(m.)* **IV3B**, 1

geisteswissenschaftlich littéraire/littéraire **VM2B**, 1

in **Gelächter** ausbrechen éclater de rire **III2C**, 2

geläufig familier/familière **III4A**, 7

gelb jaune/jaune **I6B**, 6

das **Geld** l'argent *(m.)* **II6B**
Geld verdienen gagner de l'argent **II6B**

ein **Geldbeutel** un porte-monnaie/des porte-monnaies **IVM2D**, 2

ein **Gelehrter**/eine **Gelehrte** un savant/une savante **III5B**, 1

gelingen etw. zu tun réussir à faire qc **II7A**, 1

gelingen, etw. zu tun arriver à faire qc **III2B**, 1

gemäß jdm./etw. selon qn/qc **IV3A**, 2

gemein méchant/méchante **VM1V**, 1

gemein *(ugs.)* vache/vache *(fam.)* **III4B**, 3

eine **Gemeinde** une commune **VM4A**, 2

gemeinsam *(Adj.)* commun/commune **IV3DE**

gemeinsam *(Adv.)* ensemble **I3A**, 1

ein **Gemeinschaftsraum** une salle commune **IVM2DE**, 1

Gemüse des légumes *(m.)* **II4DE**

genau exact/exacte **IVM2DE**, 11

genau *(Adj.)* précis/précise **VM2S**, 1 **VM3S**, 1 **VM4V**, 1

genau *(Adv.)* précisément **VM3B**, 2

die **Genauigkeit** la rigueur **IV3B**, 1 la précision **VM2S**, 1

genauso praktisch wie aussi pratique que **III4B**, 1

eine **Genehmigung** une autorisation **III2B**, 1

ein **General**/eine **Generalin** un général/une générale **IV3A**, 2

eine **Generation** une génération **VM1B**, 5

genial génial/géniale **I7A**, 4

genug assez (de) **II7B**, 7

es **genügt** (etw. zu tun) il suffit de **IVM1A**, 5
es genügt, dass il suffit que *(+ subj.)* **IVM1A**, 5

genügend (von) assez (de) **II7B**, 7

geöffnet ouvert/ouverte **I7C**, 1

die **Geografie** la géographie **II3A**, 2

ein **Gepäckwagen** un chariot **VM3DE**

geplant prévu/prévue **IVM1B**, 1
es ist geplant, dass il est prévu que + *subj.* **IVM1B**, 1

gerade etw. getan haben venir de faire qc **III3A**, 2
gerade etw. tun être en train de faire qc **III3A**, 2

geradeaus tout droit **I5B**, 1

ein **Gerät** un appareil **IVM2C**, 2

das **Geräusch** le bruit **I5A**, 3

gerecht juste/juste **II5A**, 7

ein **Gericht** un plat **II4DE**

(Ich möchte) **gerne**! Je veux bien. **II3A**, 2

Geschafft! Ça y est! **III1DE**

ein **Geschäft** un magasin **I2DE**

geschehen se passer **II3A**, 3

ein **Geschenk** un cadeau **I3A**, 1

eine **Geschichte** une histoire **I3A**, 1

handwerklich **geschickt** bricoleur/bricoleuse **VM2DE**

ein **Geschirrspüler** un lave-vaisselle **III3A**, 5

geschlossen fermé/fermée **II2A**, 1

der **Geschmack(ssinn)** le goût **VRev**

gesellig convivial/conviviale/conviviaux/conviviales **VM4V**, 1

die **Geselligkeit** la convivialité **VM4DE**

eine **Gesellschaft** une société **VM3V**, 1

ein **Gesetz** une loi **IVM1B**, 4

ein **Gesicht** un visage **VM2B**, 2

die **Gesichtsfarbe** le teint **VM1S**, 1

ein **Gespräch** une discussion **II2A**, 1 un entretien **IV2B**, 1

ein **Gesprächspartner**/eine **Gesprächspartnerin** un interlocuteur/une interlocutrice **VM2A**, 2

eine **Geste** un geste **IV3A**, 8

etw. **gestehen** avouer qc **VM4B**, 2

gestern hier **I6A**, 2

gestresst stressé/stressée **III3A**, 2

geteilt partagé/partagée **VM4V**, 1

ein **Getränk** une boisson **II4A**, 2

ein **Getränkestand** une buvette **III4B**, 3

etw. **gewähren** accorder qc **VM1B**, 5

etw. **gewinnen** gagner qc **I5B**, 3

gewiss *(Adv.)* certes **VM1B**, 1

gewisse certains/certaines **III1DE**

das **Gewissen** la conscience **VM4B**, 2

sich an jdn./etw. **gewöhnen** s'habituer à qn/qc **VM1A**, 2 **VDELF**

eine **Gewohnheit** une habitude **III2A**, 5

gewöhnlich *(Adv.)* d'habitude **III2A**, 5

ein **Gift** un poison **III4A**, 4

giftig toxique/toxique **VM3A**, 2

ein **Gipfel** une cime **VM3A**, 1

eine **Gitarre** une guitare **I5A**, 5

eine **Gittertür** une grille **II2A**, 1

ein **Glas** un verre **II4B**, 1

etw. **glauben** croire qc **III1A**, 1
Ich glaub's nicht! *(ugs.)* J'y crois pas! *(fam.)* **IVM2DE**, 1

gleich égal/égale/égaux/égales **VM4A**, 2

das **Gleichgewicht** l'équilibre *(m.)* **II7A**, 1

gleichgültig sein gegenüber jdm./etw. se moquer de qn/qc **VM1V**, 1

die **Gleichheit** l'égalité *(f.)* **VM1B**, 5 **VM4A**, 2

ein **Gleis** une voie **VRev**

das **Glück** la chance **II2B**, 2
es ist ein Glück, dass c'est une chance que *(+ subj.)* **IV3A**, 5

glücklich heureux/heureuse **II2B**, 1
glücklich sein, dass être heureux/heureuse que *(+ subj.)* **IV3A**, 5

golden doré/dorée **IVM2D**, 2

goldfarben doré/dorée **IVM2D**, 2

ein **Grad** un degré **III4A**, 9

grafisch graphique/graphique **VM2A**, 1

ein **Gramm** un gramme **II4A**, 5

das **Gras** l'herbe *(f.)* **II7B**, 3

gratis gratuit/gratuite **II4A**, 2

jdm. **gratulieren** féliciter qn **II3B**, 4

grau gris/grise **I6B**, 8

eine **Grenze** une frontière **IV3A**, 1

groß grand/grande **I6DE** gros/grosse **III4A**, 4

großartig magnifique/magnifique **VM3DE**

eine (Körper-)**Größe** une taille **IVM2D**, 2

die **Großeltern** les grands-parents *(m.)* **I3A**, 9

eine **Großmutter** une grand-mère **I2A**, 3

ein **Großvater** un grand-père **I3A**, 9

grün vert/verte **I6A**, 4

ein **Grund** une raison **II7B**, 7
im Grunde genommen en fait **VM2S**, 1

ein **Grund** une cause **VM3V**, 1

etw. **gründen** fonder qc **III3DE** créer qc **IV3A**, 1

eine **Grundfläche** une superficie **VM4V**, 1

grundlegend fondamental/fondamentale/fondamentaux/fondamentales **VM1B**, 5

gründlich à fond **IVM1B**, 8

eine **Gruppe** un groupe **II2A**, 1

Grüß dich! Salut! *(fam.)* **I1A**, 1

Guignol (*Kasperpuppe aus Lyon*) le guignol
 VRev

gut bon/bonne **I6A**, 4
 weniger gut moins bien **III5B**, 1
 es ist gut, dass c'est bon que (*+ subj.*)
 IV3A, 5
 gute Laune haben être de bonne humeur
 III1DE
 gut sein in etw. être fort(e) en **III3B**, 8

gut drauf sein (*ugs.*) avoir la pêche (*fam.*)
 III1A, 1

gut (*Adv.*) bien adv. **I1B**, 1

ein **Gymnasiast**/eine **Gymnasiastin** un lycé-
 en/une lycéenne **IVM1A**, 1

ein **Gymnasium** un lycée **III3DE**
 das allgemeinbildende Gymnasium le lycée général **VM2B**, 1

die **Gymnastik** la gymnastique **I2B**, 7

H

ein **Haar**/**Haare** un cheveu/des cheveux
 II1B, 6

ein **Haarband** un bandeau **VM1V**, 1

haben avoir **I3B**, 1

haben Sie (*Imperativ von avoir*) ayez **IVM-
 2DE**, 1

halb acht sept heures et demie **I4A**, 1

eine **Hälfte** une moitié **III2C**, 2
 zur Hälfte à moitié **III2C**, 2

Hallo! Coucou! **I7A**, 4

Hallo!/Grüß dich! Salut! (*fam.*) **I1A**, 1

Hallo? (*am Telefon*) Allô? **I3A**, 3

der **Hals** le cou ⟨**VM1S**, 1⟩

halten tenir **IV2B**, 1
 sich bei der Hand halten se tenir par la
 main **IV3A**, 8
 Was hältst du davon? Qu'est-ce que tu en
 penses? **II2A**, 3

eine **Haltestelle** une station **I7B**, 1

eine **Haltung** une attitude **VM3B**, 2

ein **Hammer** un marteau **IVM2DE**, 7
 Das ist der Hammer! (*ugs.*) C'est le pied!
 (*fam.*) **VRev**

die **Hand** la main **I4A**, 3
 Hand anlegen mettre la main à la pâte
 IVM2A, 2
 sich bei der Hand halten se tenir par la
 main **IV3A**, 8

der **Handel** le commerce **III3B**, 4

handeln agir **IV1B**, 3 marchander **VM2B**, 2
 es handelt sich um jdn./etw. il s'agit de qn/
 qc **IV1B**, 3

die **Handhabung** le maniement **VM1B**, 1

eine **Handlung** une action **VM1A**, 4

ein **Handy** un portable **I5C**, 1

hängen an jdm./etw. être attaché/attachée à
 qn/qc **VM4DE**
 hängen bleiben accrocher **VM1A**, 2

hart dur/dure **III3A**, 2

hässlich moche/moche (*fam.*) **VRev**

Haupt- principal/principale (*adj.*) **IVM1A**, 1

eine **Hauptfigur**/**Hauptfiguren** un personnage principal/des personnages principaux
 IVM1A, 1

das **Hauptgericht** le plat principal **II4B**, 4

eine **Hauptstadt** une capitale **III2DE**

eine **Hauptstadt** *eines Departements oder
 einer Region* un chef-lieu **VM4V**, 1

ein **Haus** une maison **I2DE**
 nach Hause gehen rentrer **I4A**, 1
 zu Hause à la maison **I4A**, 1

die **(Haus)Aufgaben** les devoirs *m. pl.* **I4B**, 4

ein **Hausaufgabenheft** un cahier de textes
 II3DE

die **Haut** la peau **IVM2DE**, 9

etw. **heben** lever qc **III3A**, 1

ein **Heft** un cahier **I2A**, 1 un carnet **II3DE**

jdn. **heiraten** se marier avec qn **IVM1A**, 2

heiß chaud/chaude **I7A**, 1
 Es ist heiß. Il fait chaud. **I7A**, 1

er **heißt** il s'appelle **I3B**, 9
 ich heiße je m'appelle **I1A**, 1

ein **Heißluftballon** une montgolfière **VM4DE**

ein **Held**/eine **Heldin** un héros/une héroïne
 VM1A, 2

jdm. **helfen** aider qn **I6B**, 1

sich zu **helfen wissen** se débrouiller **III4A**, 4

hell clair/claire **III2B**, 1

ein **Hemd** une chemise **I6B**, 8

etw. **herausbringen** sortir qc **III5A**, 1

der **Herbst** l'automne (*m.*) **II5B**, 4

hereinkommen entrer **I2A**, 3

ein **Hering** (*ugs.*) (*Zeltpflock*) une sardine
 IVM2DE, 7

eine **Herkunft** une origine **IVM1DE**

ein **Herr** un monsieur **I1B**, 4

von etw. **herrühren** provenir de qc **VM3V**, 1

etw. **herstellen** fabriquer qc **III3DE** produire
 qc **VM3V**, 1

um jdn./etw. **herum** autour de qn/qc **III2C**, 2

etw. **herunterladen** télécharger qc **IVM2B**, 2

etw. **hervorheben** souligner qc **VM4S**, 1

das **Herz** le cœur **IVM1DE**

herzlich chaleureux/chaleureuse **VM1V**, 1
 VM4V, 1

heute aujourd'hui **I3A**, 3
 heute Abend ce soir **I5A**, 1

hier ici **I1B**, 1

hierher ici **I1B**, 1

eine **Hilfe** une aide **IVM2D**, 1

der **Himmel** le ciel **III4A**, 9

hinaufgehen monter **II2B**, 2

hinausgehen sortir **II6A**

jdn. daran **hindern**, etw. zu tun empêcher qn
 de faire qc **VM4B**, 2

hingegen par contre **IVM1B**, 7

sich **hinlegen** se coucher **IVM2DE**, 1

hinten in au fond de qc **III2A**, 5

hinter derrière **I4B**, 10

der **Hintergrund** (*Bild, Foto, Film*) l'arrière-
 plan (*m.*) **III5B**, 2

hinuntergehen descendre **II2B**, 2

jdn. auf etw. **hinweisen** signaler qc à qn
 IVM2D, 2

der **Hip-Hop** le hip-hop **III1DE**

10 Meter **hoch** sein être haut/haute de 10
 mètres **IV1B**, 1

eine **Hochhaussiedlung** une cité **VM1A**, 1

eine **Hochzeit** un mariage **IVM1A**, 1

ein **(Schul-)Hof** une cour **I4DE**

hoffen espérer **II4B**, 2

die **Hoffnung** l'espoir (*m.*) **IV1A**, 2

höflich poli/polie **III4A**, 4

die **Höhe** la hauteur **IV1B**, 3

etw. **holen** aller chercher qc **II4A**, 2

die **Hölle** l'enfer (*m.*) **III1A**, 1

das **Holz** le bois **IV1B**, 1

jdn./etw. **hören** entendre qn/qc **II2B**, 2

eine **Hose** un pantalon **I6A**, 4

die **Hosentasche** la poche **I6B**, 1

ein **Hotel** un hôtel **II5DE**

hübsch joli/jolie **I6A**, 4

humanitär humanitaire/humanitaire **III3B**, 1

der **Humor** l'humour (*m.*) **IV2B**, 1

ein **Hund** un chien **I1B**, 1

etwa **hundert** une centaine **IV1A**, 1

der **Hunger** la faim **I3B**, 1
 Hunger haben avoir faim **I3B**, 1

ein **Hut** un chapeau **I6A**, 4

I

ich selbst moi-même **VM4B**, 2

ich (*betont*) moi **I1A**, 1

eine **Idee** une idée **I3A**, 1

Ihr/Ihre votre/vos **I4B**, 4

immer toujours **I3A**, 3

ein **Impfstoff** un vaccin **III3DE**

in à (Paris) **I2DE** dans **I2A**, 3
 in Deutschland en Allemagne **I3A**, 3
 in der 6B en 6ᵉB **I4A**, 3

der **Indische Ozean** l'océan Indien (*m.*)
 VM4B, 1

die **Industrie** l'industrie (*f.*) **III3B**, 4

in **Eile** sein être pressé/pressée **VM1A**, 2

die **Informatik** l'informatique (*f.*) **IV2B**, 4

ein **Informatiker**/eine **Informatikerin** un informaticien/une informaticienne **VM1DE**

eine **Information** une information **II3B**, 1

jdn. über etw. **informieren** informer qn sur qc **III3A**, 2

sich informieren über etw. s'informer sur qc **III3A**, 2

infrage stellen remettre en question **VM3S**, 1

ein **Ingenieur**/eine **Ingenieurin** un ingénieur/une femme ingénieur **III3DE**

das **Inlinerfahren** le roller **I5DE**

eine **Insel** une île **III5DE**

eine **Inselgruppe** un archipel **VM4B**, 1

ein **Instrument** un instrument **II6B**

sich **integrieren** (in etw.) s'intégrer (dans qc) **VM1B**, 1

intelligent intelligent/intelligente **VM1V**, 1

interessant intéressant/intéressante **I6A**, 4

ein **Interessenschwerpunkt** un centre d'intérêt **IV2B**, 4

jdn. **interessieren** intéresser qn **II5A**, 1

sich für etw. interessieren s'intéresser à qc **III3B**, 1

international international/internationale/internationaux/internationales **IV1DE**

das **Internet** l'Internet m. **II1B**, 2

im Internet sur Internet **II1B**, 2

ein **Internetcafé** un cybercafé **IVM1B**, 8

ein **Interview** une interview **I5B**, 3

jdn. **interviewen** interviewer qn **VM2A**, 1

irgendetwas n'importe quoi **III1A**, 1

irgendwer n'importe qui **III1A**, 1

irgendwie n'importe comment **III1A**, 1

irgendwo n'importe où **III1A**, 1 quelque part **VM3B**, 2

ironisch ironique/ironique **IVM1A**, 10

irre (ugs.) dingue/dingue (fam.) **III4A**, 4

jdn. irre machen rendre qn dingue **III4A**, 4

ein **Irrtum** une erreur **II5A**, 4

eine **Isomatte** un tapis de sol **IVM2DE**, 7

da **ist** voilà **I1A**, 1

es **ist** il y a **I3A**, 1

J

ja oui **I1B**, 1

eine **Jacke** une veste **I6B**, 8

ein **Jahr** un an **I3B**, 1

im Jahr 2000 en deux mille **II1B**, 2

ein **Jahr** *im Verlauf* une année **I3B**, 7

eine **Jahreszeit** une saison **II5B**, 1

ein **Jahrhundert** un siècle **III5DE**, 3

Januar janvier (m.) **I3B**, 7

je nach jdm./etw selon qn/qc **IV3A**, 2

eine **Jeans** un jean **I6B**, 8

jedenfalls en tout cas **VRev**

jeder tout le monde **I5DE**

jeder Art toutes sortes de **III1DE**

jeder/**jede**/**jedes** chacun/chacune **IV3A**, 2

jeder/**jede**/**jedes** (+ *Nomen*) chaque **II3DE**

jedesmal wenn chaque fois que **III2C**, 2

jemand quelqu'un **II2B**, 2

jetzt maintenant **I3A**, 3

ein **Job** (ugs.) un boulot (fam.) **III3DE**

jobben bosser (fam.) **IVM1B**, 8

der **Joghurt** le yaourt **II4DE**

jonglieren jongler **I7A**, 1

ein **Journalist**/eine **Journalistin** un journaliste/une journaliste **IV1DE**

das **Judo** le judo **I2B**, 2

Judo machen, betreiben faire du judo **I5A**, 3

ein **Jugendlicher**/eine **Jugendliche** un jeune/une jeune **II6A** un adolescent/une adolescente (fam.) un/une ado **IV2A**, 3

Juli juillet (m.) **I3B**, 7

ein **Junge** un garçon **I1B**, 1

Juni juin (m.) **I3B**, 7

eine **Jury** un jury **IV1A**, 1

K

der **Kaffee** le café **II4B**, 6

ein **Kaiser**/eine Kaiserin un empereur/une impératrice **IVM2DE**

kalt froid/froide **I7A**, 2

Es ist kalt. Il fait froid. **I7A**, 2

eine **Kameraeinstellung** un plan **III5B**, 2

ein **Kampf** un combat **I5B**, 3

gegen etw. **kämpfen** lutter contre qc **IV3A**, 2

kämpfen se battre **IV3A**, 2

kanadisch canadien/canadienne **III5DE**, 3

ein **Kandidat** eine **Kandidatin** un candidat/une candidate **VM2A**, 2

eine **Kantine** une cantine **I4DE**

ein **Kanu** un canoë **III5A**, 1

ein **Kanzler**/eine **Kanzlerin** un chancelier/une chancelière **IV3A**, 1

eine **Kappe** une casquette **I6B**, 1

das **Karate** le karaté **III1DE**

der **Karneval** le carnaval **IV2A**, 3

eine **Karte** une carte **I7A**, 1

eine **Kartoffel** une pomme de terre **II4DE**

ein **Karton** un carton **I2A**, 3

der **Käse** le fromage **II4B**, 4

die **Katakomben** (unterirdische Begräbnisstätte) les catacombes (f.) **II2DE**

eine **Kategorie** une catégorie **IV3A**, 2

eine **Kathedrale** une cathédrale **I7DE**

eine **Katze** un chat **I1B**, 1

ein **Kauf** un achat **VRev**

etw. **kaufen** acheter qc **II4DE**

kaum à peine **VM1A**, 2

kein/**keine** ne … pas de **I7C**, 1

kein/keine mehr ne … plus de **I7C**, 1

kein Problem pas de problème **I7C**, 1

kein/**keine**/**keines** (Objekt) ne … aucun/ne … aucune **VM2A**, 1

kein/**keine** (Subjekt) aucun/aucune … ne **IVM1A**, 5

ein **Kellner**/eine **Kellnerin** un serveur/une serveuse **VRev**

jdn./etw. **kennen** connaître qn/qc **II1A**, 1

eine **Kenntnis** une connaissance **VM2S**, 1

eine **Kerze** une bougie **I3A**, 3

ein **Kilometer** un kilomètre **I7B**

ein **Kind** un enfant **I3A**, 9

die **Kindheit** l'enfance (f.) **IV3A**, 2

ein **Kino** un cinéma **II1B**, 2

eine **Kirche** une église **III4A**, 1

die **Klamotten** (ugs.) les fringues (f.) (pl.) (fam.) **III1DE**

der **Klang** le son **VM2DE**

klar clair/claire **III2B**, 1

Na klar! Bien sûr! **I3A**, 2

eine **Klasse** une classe **I4A**, 3

die sechste Klasse la sixième **II1DE**

die vierte Klasse la quatrième **II1DE**

in der fünften Klasse en cinquième **II1DE**

eine **Klassenarbeit** une interrogation **I4B**, 4

ein **Klassenraum** une salle de cours **I4A**, 3

ein **Kleid** une robe **I6A**, 4

sich **kleiden** s'habiller **III3A**, 1

ein **Kleidungsstück** un vêtement **I6B**, 8

klein petit/petite **I6A**, 4

klettern faire de l'escalade **I7A**, 1

klicken cliquer **I4B**, 4

ein **Klima** un climat **III5A**, 4

klimatisch climatique/climatique **VM3V**, 1

die **Klimaveränderung** le changement climatique **VM3V**, 1

klingeln sonner **II7A**, 1

ein **Klischee** un cliché **IV3B**, 1

klopfen frapper **III2B**, 5

ein **Klub** un club **II7A**, 1

ein **Knie**/**Knie** un genou/des genoux **IVM1DE**

kochen faire la cuisine **II4DE**

ein **Kode** un code **IVM1B**, 1

ein **Kodex** un code **IVM1B**, 1

ein **Koffer** une valise **II5A**, 2

Kohldampf haben (ugs.) avoir la dalle (fam.) **III4A**, 4

die **Kohle** le charbon ⟨**VM3V**, 1⟩

das **Kohlendioxid** le dioxyde de carbone **VM3V**, 1

kohlensäurehaltig gazeux/gazeuse **VRev**

ein **Kollege**/eine **Kollegin** un collègue/une collègue **II4A**, 1

eine **Kolonie** une colonie **III5DE,** 3
die **Kolonisation** la colonisation **VM4B,** 1
etw. **kombinieren** combiner qc **VM2A,** 1
komisch bizarre/bizarre **I1B,** 1 comique/co-
mique **VM2B,** 2
kommen arriver **I2DE** venir **II3B,** 1
von etw. **kommen** provenir de qc **VM3V,** 1
Komm! *(Aufforderung)* Viens! **I1A,** 1
ein **Kommentar** un commentaire **IVM2DE,** 9
etw. **kommentieren** commenter qc **VM3S,** 2
eine **Kommune** une commune **VM4A,** 2
die **Kommunikation** la communication
VM2A, 1
mit jdm. **kommunizieren** communiquer avec
qn **III3B,** 8
eine **Kompetenz** une compétence **VM2V,** 1
ein **Kompromiss** un compromis **IVM2A,** 2
die **Konditorei** la pâtisserie **VM2A,** 1
die **Konditoreiwaren** la pâtisserie **VM2A,** 1
ein **Konflikt** un conflit **IVM1A,** 1
ein **König** un roi **III4B,** 2
etw. tun **können** *(wissen, wie etw. geht)*
savoir faire qc **II1A,** 1
du kannst tu peux **II1A,** 8
man kann on peut **I7C,** 1
Könnten Sie … (bitte)? Pourriez-vous …?
IV1B, 3
man könnte on pourrait **III3A,** 2
können *(in der Lage sein)* pouvoir **II3A,** 1
jdn./etw. **konsultieren** consulter qn **VM1B,** 1
die **Konsumgesellschaft** la société de consommation **VM3V,** 1
etw. **konsumieren** consommer qc **VM3DE**
der **Kontakt** le contact **II6A**
die **Kontaktdaten** les coordonnées *(f.) (pl.)*
IVM2D, 2
ein **Kontinent** un continent **III5DE,** 1
sich auf etw. **konzentrieren** se concentrer sur
qc **III3A,** 2
konzentriert concentré/concentrée **II4B,** 2
eine **Konzeption** une conception **VM2A,** 1
ein **Konzert** un concert **III5A,** 1
der **Kopf** la tête **II1A,** 1
Kopf oder Zahl? Pile ou face? **II5A,** 7
eine **Kopie** une copie **I4B,** 4
ein **Korken** un bouchon **II5A,** 4
körperlich physique/physique **VM1S,** 1
ein **Korse**/eine Korsin un/une Corse **IVM2DE**
kosten coûter **I5C,** 1
Wie viel kostet das? Ça coûte combien?; Ça
fait combien? **I5C,** 1
kostenlos gratuit/gratuite **II4A,** 2
köstlich délicieux/délicieuse **III4A,** 4
die **Kraft** la force **IV3B,** 1
ein **Kraftstoff** un carburant **VM3B,** 1
das **Krafttraining** la musculation **VM1DE**

krank malade/malade **III2B,** 5
ein **Krankenhaus** un hôpital **III3A,** 2
ein **Krankenpfleger**/eine **Krankenpflegerin**
un infirmier/une infirmière **III3DE**
eine **Krankenstation** une infirmerie **I4DE**
eine **Krankenversicherungskarte** une carte
vitale **III3B,** 6
eine **Krankheit** une maladie **III2B,** 5
kraus frisé/frisée **VM1S,** 1
die **Kreation** la création **VM2A,** 1
kreativ créatif/créative **VM2A,** 1
Kreolisch le créole **III5DE**
eine **Kreuzung** un carrefour **I5B,** 1
ein **Krieg** une guerre **IV3DE**
jdm. den Krieg erklären déclarer la guerre
à qn **IV3A,** 1
jdn./etw. **kritisieren** critiquer qn/qc **VM3S,** 1
eine **Küche** une cuisine **I5A,** 3
ein **Kuchen/Kuchen** un gâteau/des gâteaux
I3A, 3
Kuckuck! Coucou! **I7A,** 4
ein **Kügelchen** une boulette **II1B,** 2
eine **Kuh** une vache **III4B,** 3
ein **Kühlschrank** un frigidaire; un frigo *(fam.)*
VM2A, 1
ein **Kuli** un stylo **I2A,** 1
eine **Kultur** une culture **III5A,** 4
das **Kulturerbe** le patrimoine **VM4DE**
ein **Kulturzentrum** un centre culturel **IV2DE**
der **Kummer** le chagrin **III1A,** 1
sich **kümmern** um jdn./etw. s'occuper de qn/
qc **III3A,** 1
ein **Kunde**/eine **Kundin** un client/une cliente
I5C, 5
die **Kunst** l'art *(m.)* **II7DE**
ein **Künstler**/eine **Künstlerin** un artiste/une
artiste **III5A,** 1
der **Kunststoff** le plastique **IVM2D,** 2
ein **Kurs** un stage **III1DE**
kurz court/courte **II6DE**
ein **Kuss** une bise *(fam.)* **I7A,** 4
ein **Küsschen** une bise *(fam.)* **I7A,** 4
sich **küssen** s'embrasser **IV3A,** 8
eine **Küste** une côte **IV3A,** 2

L

ein **Labor**(atorium) un laboratoire **VM2A,** 1
das **Lächeln** le sourire **III2A,** 5
lachen rigoler *(fam.)* **II4B,** 2 rire **III1A,** 1
ein **Laden** un magasin **I2DE**
ein **Ladengeschäft** une boutique **I7A,** 1
eine **Lage** un site **VM4V,** 1
in der Lage sein être en position de faire
qc **IVM1B,** 1
eine **Lampe** une lampe **IVM2DE,** 7

ein **Land** un pays **II3A,** 2
das **Land** la campagne **II7B,** 3
eine **Landschaft** un paysage **III3B,** 1
eine **Landstraße** une route **III2A,** 5
die **Landwirtschaft** l'agriculture *(f.)* **III3B,** 4
lang long/longue **I6A,** 4
lange *(Adv.)* longtemps **II3B,** 1
langsam lent/lente **VM4A,** 2
langweilig ennuyeux/ennuyeuse **III4B,** 3
ein **Laptop** un portable **II6A**
der **Lärm** le bruit **I5A,** 3
etw. **lassen** laisser qc **II5A,** 4
lästig gênant/gênante **III4A,** 7
im **Laufe** (einer Sache) au cours de **III5DE,** 3
laufen courir **III2B,** 5
eine **Laune** une humeur **III1DE**
gute Laune haben être de bonne humeur
III1DE
guter Laune sein être de bonne humeur
III1DE
das **Leben** la vie **II3DE**
leben vivre **III5B,** 1
ein **Lebenslauf** un CV (= un curriculum vitæ)
IV2B, 4
ein (kleines) **Lebensmittelgeschäft** une
épicerie **VRev**
der **Lebensmittelsektor** l'agroalimentaire
(m.) **VM2A,** 1
seinen **Lebensunterhalt** verdienen gagner sa
vie **III5B,** 1
ein **Lebewesen** un être vivant **VM3A,** 2
lebhaft dynamique/dynamique **III5A,** 1
das **Leder** le cuir **IVM2D,** 2
aus Leder en cuir **IVM2D,** 2
leer vide/vide **IVM2A,** 1
etw. **leeren** vider qc **III3A,** 5
etw. **legen** poser qc **I5B,** 3 mettre qc **I6B,** 1
eine **Lehre** un apprentissage ⟨**VM2B,** 1⟩
ein **Lehrer**/eine **Lehrerin** un professeur/une
professeure **I4A,** 3
ein **Lehrling** un apprenti/une apprentie
⟨**VM2B,** 1⟩
leicht facile/facile **II4A,** 2 léger/légère
VM3B, 2
die **Leichtathletik** l'athlétisme *(m.)* **I5A,** 3
das **Leid** la souffrance **VM1B,** 1
an etw. **leiden** souffrir de qc **VM1V,** 1
es tut mir **leid** (je suis) désolé/désolée **I7C,** 2
leidtun, dass être désolé(e) que *(+ subj.)*
IV3A, 5
jdm. etw. **leihen** prêter qc à qn **IVM1A,** 2
eine **Leine** une corde **II7A,** 1
eine **Leinwand** un écran **VM1B,** 1
leise bas/basse **IV3A,** 2
eine **Leistung** une prestation **IV1A,** 9
eine **Leitung** une ligne **VM2A,** 2

eine **Lektion** une leçon **II3DE**

ein **Lektor**/eine **Lektorin** un lecteur/une lectrice **IV2A**, 1

jdn. **lenken** guider qn **IVM2B**, 2

etw. **lesen** lire qc/qc à qn **I7A**, 3

ein **Leser**/eine **Leserin** un lecteur/une lectrice **IV2A**, 1

letzter/**letzte**/**letztes** dernier/dernière **I6A**, 4

ein **Leuchtturm** un phare **II5A**, 1

die **Leute** les gens *(m.) (pl.)* **I6DE**

  viele Leute beaucoup de monde **II7A**, 1

das **Licht** la lumière **IVM2DE**, 6

Lieber …/**Liebe …** *(Anrede)* Cher …/Chère … **I7A**, 4

die **Liebe** l'amour *(m.)* **II6B**

  Liebe auf den ersten Blick *(wörtl. „der Blitzschlag")* le coup de foudre **III4B**, 3

jdn./etw. **lieben** aimer qn/qc **I2B**, 2

die **Liebenswürdigkeit** la gentillesse **IVM2DE**, 6

ich würde **lieber** … j'aimerais mieux … **II3A**, 8

lieber möchten, dass préférer que *(+ subj.)* **IV3A**, 5

der **Liebeskummer** le chagrin d'amour **III1A**, 1

ein **Liebespaar** un couple **IVM2D**, 1

Lieblings- préféré/préférée **II6DE**

das **Lieblingsessen** le plat préféré **II4B**, 6

ein **Lied** une chanson **I2B**, 7

liegen être situé/située **IV2DE**

  zu etw. hin liegen donner sur qc **II5A**, 7

eine **Linie** une ligne **VM2A**, 2 **VM3B**, 2

(nach) **links** à gauche **I5B**, 1

eine **Liste** une liste **II1DE**

ein **Liter** un litre **II4A**, 2

literarisch littéraire/littéraire **VM1DE VM2B**, 1

lockig frisé/frisée **VM1S**, 1

ein **Löffel** une cuillère **II4B**, 1

ein **Lohn** un salaire **VM2S**, 2

Los! Vas-y! **II3B**, 1

  Los geht's! C'est parti! **III1A**, 1

etw. **löschen** supprimer qc **VM4A**, 2

eine **Lösung** une solution **II7A**, 1

die **Luft** l'air *(m.)* **II1A**, 1

  an die frische Luft gehen prendre l'air **III1B**, 1

lügen mentir **III2B**, 5

die **Lust** l'envie *(f.)* **I3B**, 1

  Darauf habe ich Lust! Ça me dit bien! **IVM2B**, 2

  Ich habe keine Lust darauf. Ça ne me dit rien! **II3A**, 2

  Lust dazu haben, dass avoir envie que *(+ subj.)* **IV3A**, 5

Lust haben, etwas zu tun avoir envie de faire qc **I3B**, 1

lustig drôle/drôle **II1A**, 1

sich über jdn./etw. **lustig** machen se moquer de qn/qc **VM1V**, 1

ein **Lycée** un lycée **III3DE**

M

etw. **machen** faire qc **I4B**, 4

  Mach dir nichts draus. Ne t'en fais pas. *(fam.)* **II7A**, 3

  Mach schon! Vas-y! **II3B**, 1

die **Macht** la puissance **IV3B**, 1 le pouvoir **VM4A**, 2

ein **Mädchen** une fille **I1B**, 1

eine **Mahlzeit** un repas **I5A**, 3

Mai mai *(m.)* **I3B**, 7

ein **Mal** une fois **II2DE**

etw. **malen** peindre qc ⟨VRev⟩

manchmal parfois **II6A**

ein **Manga** *(japanischer Comicstil)* un manga **II2A**, 1

ein **Mann** un monsieur **I1B**, 4 un homme **II1B**, 6

eine **Mannschaft** une équipe **II6DE**

eine **Marionette** une marionnette **IV1B**, 1

etw. **markieren** marquer qc **IV3DE**

markieren baliser **VM4S**, 1

ein **Markt** un marché **I7C**

marokkanisch marocain/marocaine **III5DE**, 4

März mars *(m.)* **I3B**, 7

eine **Maschine** une machine **IV1B**, 1

das **Material** le matériel **IVM2C**, 2

materiell matériel/matérielle **VM1S**, 1

matt mat/mate **VM1S**, 1

eine **Mauer** un mur **IV3B**, 1

  eine bemalte Mauer un mur peint **VRev**

der **Mauerfall** la chute du mur **IV3B**, 1

eine **Maus** une souris **II2A**, 1

ein **Mechaniker**/eine **Mechanikerin** un mécanicien/une mécanicienne **III3B**, 4

die **Medien** les médias *(m.) (pl.)* **II6DE**

Medien- médiatique/médiatique **IV1A**, 1

medienwirksam médiatique/médiatique **IV1A**, 1

ein **Medikament** un médicament **III2C**, 2

die **Medizin** la médecine **III5B**, 1

medizinisch médical/médicale **III3DE**

das **Meer** la mer **II5DE**

Meeresfrüchte des fruits de mer *(m.)* **VM4DE**

das **Mehl** la farine **II4DE**

mehr *(+ Nomen)* plus (de) **II7B**, 3

  immer mehr de plus en plus **VM3V**, 1

mehrere plusieurs *(inv.)* **II3B**, 1

eine **Meinung** un avis **II6A** une opinion **VM3S**, 2

  Ich bin deiner Meinung. Je suis de ton avis. **II7B**, 7

  meiner Meinung nach à mon avis **II7B**, 7

die **meisten** la plupart des **VM1B**, 5 **VM4V**, 1

ein **Meister**/eine **Meisterin** un champion/une championne **I5B**, 3

eine **Melodie** une mélodie **II6B** un air **III1B**, 1

eine **Menge** une quantité **VM3V**, 1

eine **Mensa** une cantine **I4DE**

Mensch un homme **VM3DE**

ein **Mensch** un humain **VM3A**, 2

menschenfreundlich humanitaire/humanitaire **III3B**, 1

menschlich humain/humaine **VM1V**, 2 **VM3A**, 2

eine **Mentalität** une mentalité **VM4DE**

ein **Menü** un menu **IVM2C**, 1

merkwürdig bizarre/bizarre **I1B**, 1 curieux/curieuse **II2B**, 1 étrange/étrange **III2B**, 1

  es ist merkwürdig, dass c'est curieux que *(+ subj.)* **IV3A**, 5

ein **Messer** un couteau **II4B**, 1

das **Metall** le métal **IV1B**, 1

ein **Meter** un mètre **III4B**, 3

eine **Metropole** une métropole **III5DE**

eine **Miesmuschel** une moule **II4A**, 1

etw. **mieten** louer qc **VRev**

die **Milch** le lait **II4DE**

mild doux/douce **VM3B**, 2

eine **Million** un million **I7B**

eine **Minderheit** une minorité **VM4B**, 2

minderjährig mineur/mineure **IVM1B**, 4

ein **Minderjähriger**/eine **Minderjährige** un mineur/une mineure **IVM1B**, 4

mindestens au moins **VM1B**, 5

ein **Mineralwasser** une eau minérale **I5C**, 1

eine **Minute** une minute **I4A**, 3

eine **Mischung** un mélange **IV1B**, 1

eine **Mission** une mission **VM2V**, 1

Mist! Zut! *(fam.)* **I2A**, 3

mit avec **I2DE**

ein **Mitbewohner**/eine **Mitbewohnerin** un colocataire/une colocataire; un coloc/une coloc *(fam.)* **IV2A**, 3

jdm. etw. **mitbringen** apporter qc à qn **II6C**

  etw. mitbringen *(von einem anderen Ort)* rapporter qc **III5A**, 1

jdn./etw. **mitbringen** amener qn/qc **IVM1B**, 1

etw. **miterleben** assister à qc **VM3B**, 2

etw. **mitnehmen** emporter qc **II5B**, 1

jdn./etw. **mitnehmen** emmener qn/qc **IVM1A**, 2

jdm. etw. **mitteilen** faire savoir qc à qn **IVM2C**, 2

eine **Mitteilung** un message **II3DE**

ein **Mittel** un moyen **IV2A**, 3

ein **Mittel** une ressource **VM4B**, 1

mittel moyen/moyenne **IVM2D**, 2

das **Mittelalter** le Moyen-Âge **III5B**, 1

ein **Mittelpunkt** un centre **IV2DE**

Mitternacht minuit *(m.)* **I5A**, 3

Mittwoch mercredi *(m.)* **I4B**, 1

  am Mittwoch mercredi *(m.)* **I4B**, 1

ein **Möbeltischler**/eine **Möbeltischlerin**

  un ébéniste/une ébéniste **VM1DE**

ein **Mobilheim** un mobile home **IVM2DE**

ein **Mobiltelefon** un portable **I5C**, 1

ich **möchte,** dass j'aimerais que *(+ subj.)*

  IV3A, 2

  ich möchte gerne … je voudrais … **I5A**, 3

die **Mode** la mode **II6C**

ein **Moderator**/eine **Moderatorin** un présen-

  tateur/une présentatrice **III3B**, 1

modern moderne **I7DE** à la mode **II6C**

ein **Modeschöpfer**/eine **Modeschöpferin** un

  grand couturier/une grande couturière

  IV1A, 2

modisch à la mode **II6C**

etw. lieber **mögen** préférer qc **II4B**, 2

  jdn./etw. mögen aimer qn/qc **I2B**, 2

  jdn./etw. sehr gern mögen adorer qn/qc

  I7C, 1

möglich possible/possible **II1A**, 7

  alle möglichen toutes sortes de **III1DE**

  es ist möglich, dass c'est possible que *(+*

  subj.) **IV3A**, 5

eine **Möglichkeit** une possibilité **IV2A**, 1

ein **Moment** un moment **II2A**, 1

  der beste Moment le meilleur moment

  III4B, 3

ein **Monat** un mois **I3B**, 7

der **Mond** la lune **II4A**, 1

Montag lundi *(m.)* **I4A**, 3

  am Montag lundi *(m.)* **I4A**, 3

eine **Montage** un montage **VM2A**, 1

ein **Monument** un monument **III4A**, 1

der **Morgen** le matin **I5A**, 3

morgen demain **I3A**, 3

eine **Motivation** une motivation **IV2A**, 8

jdn. **motivieren** motiver qn **III1DE**

motiviert sein (etw. zu tun) être motivé/mo-

  tivée (pour faire qc) **III1DE**

ein **Motor** un moteur **IV3B**, 1

ein **MP3-Player** un baladeur mp3 **II5A**, 4

müde fatigué/fatiguée **I7B**, 1

Mühe haben, etw. zu tun avoir du mal à faire

  qc **VM1B**, 1

der **Müll** les déchets (m., pl.) **IVM2DE**, 6

der **Mülleimer** la poubelle **II1B**, 2

der **Mund** la bouche ⟨**VM1S**, 1⟩

die **Mundharmonika** l'harmonica *(m.)* **II6B**

ein **Museum** un musée **I7DE**

die **Musik** la musique **I2B**, 2

ein **Musikalbum** un album **II6B**

ein **Musiker**/eine **Musikerin** un musicien/une

  musicienne **III3B**, 4

etw. tun **müssen** devoir faire qc **II6C** avoir be-

  soin de qc/de faire qc **IV1A**, 2 être obligé/

  obligée de faire qc **IVM1A**, 9

  man musste *(Imparfait von „il faut")* il

  fallait **III2B**, 1

  man muss il faut que *(+ subj.)* **IV3A**, 2

  man muss etw. tun il faut faire qc **II4A**, 2

der **Mut** le courage **II6DE**

mutig courageux/courageuse **II2DE**

eine **Mutter** une mère **I3A**, 9

Frankreich als **Mutterland** une métropole

  III5DE

mütterlich maternel/maternelle **III5DE**

mütterlicherseits maternel/maternelle

  III5DE

eine **Muttersprache** une langue maternelle

  III5DE

N

Na ja. *(ugs.)* Bof! *(fam.)* **I1B**, 7

Na klar! Bien sûr! **I3A**, 2

nach après **I4A**, 1

  nach Hause à la maison **I4A**, 1

nach (Paris) à (Paris) **I2DE**

ein **Nachbar**/eine **Nachbarin** un voisin/une

  voisine **II7B**, 3

nachdem man etw. getan hat après avoir fait

  qc **IV3B**, 1

nachdenken réfléchir **II7A**, 1

eine **Nachforschung** une recherche **III3DE**

nachhaltig durable/durable **VM3V**, 1

die **Nachhilfe** le soutien scolaire **IV2B**, 4

der **Nachmittag** l'après-midi *(m.) (f.)* **I5A**, 3

nachmittags l'après-midi *(m.) (f.)* **I5A**, 3

eine **Nachricht** un message **II3DE**

  Nachrichten austauschen communiquer

  avec qn **III3B**, 8

ein **Nachrichtensprecher**/eine **Nachrichten-**

  sprecherin un présentateur/une présenta-

  trice **III3B**, 1

nächster/**nächste**/**nächstes** prochain/pro-

  chaine **II3B**, 4

die **Nacht** la nuit **I5A**, 1

ein **Nachtisch** un dessert **II4A**, 1

12 Uhr **nachts** minuit *(m.)* **I5A**, 3

ein **Nachweis** une preuve **VDELF**

nackt nu/nue **IV1A**, 2

aus der **Nähe** de près **III2C**, 2

nahe bei jdm./etw. près de qn/qc **III4A**, 1

von **Nahem** de près **III2C**, 2

ein **Name** un nom **II1DE**

die **Nase** le nez ⟨**VM1S**, 1⟩

ein **Nationalfeiertag** une fête nationale **I6DE**

eine **Nationalität** une nationalité **IVM1A**, 1

die **Natur** la nature **III3B**, 8

neben *(Präp.)* à côté de **II1A**, 1

nebenan à côté **II1A**, 1

ein **Neffe** un neveu **IVM1A**, 1

negativ négatif/négative **IV3B**, 1

etw. **nehmen** prendre qc **I5C**, 1

  etw. wieder nehmen reprendre qc **III1A**, 1

jdn. **nerven** énerver qn **II1A**, 7

  Das nervt mich! Ça m'énerve! **II1A**, 7

nett sympa **I2B**, 2 gentil/gentille **III4A**, 4

ein **Netz** un réseau **IVM2A**, 2

neu nouveau/nouvel/nouvelle **I6DE**

ein **Neuer**/eine **Neue** un nouveau/une nou-

  velle **II1A**, 1

neugierig curieux/curieuse **II2B**, 1

nicht ne … pas **I4A**, 3

  auch nicht ne … pas non plus **III1B**, 1

  nicht mehr ne … plus **I7C**, 1

  noch nicht ne … pas encore **I4B**, 2

nicht bei der Sache sein être dans la lune

  (fam.) **II4A**, 1

eine **Nichte** une nièce **IVM1A**, 1

nichts ne … rien **II2B**, 2

nie ne … jamais **II4B**, 2

eine **Niederlassung** un établissement

  ⟨**VM1A**, 1⟩

niedlich mignon/mignonne **III4A**, 4

niedrig bas/basse **IV3A**, 2

niemals ne … jamais **II4B**, 2

niemand ne … personne **III1A**, 1

  niemand *(Subjekt)* personne ne … **VM2A**, 2

ein **Niveau** un niveau **III4A**, 7

noch encore **I3B**, 1

  noch nicht ne … pas encore **II4B**, 2

der **Norden** le nord **II5DE**

normal normal/normale **II5A**, 4

  es ist normal, dass il est normal que *(+*

  subj.) **IV3A**, 5

normalerweise d'habitude **III2A**, 5 normale-

  ment **III3B**, 6

eine **Note** une note **II3A**, 2

ein **Notfall** une urgence **VRev**

Notfalldienst les urgences (f., pl.) **VRev**

ein **Notizbuch** un carnet **II3DE**

notwendig nécessaire/nécessaire **IV3A**, 5

  es ist notwendig, dass il est nécessaire que

  (+ subj.) **IV3A**, 5 il faut que *(+ subj.)* **IV3A**, 2

die **Notwendigkeit** la nécessité **IV3A**, 5

November novembre *(m.)* **I3B**, 7

eine **Nummer** un numéro **I5B**, 3

nun ben *(fam.)* **II3A**, 2

nur ne … que **II3B**, 1 seulement **II7B**, 3 juste **III1B**, 1

etw. **nutzen** exploiter qn **VM3B**, 1 **VM4B**, 1

jdn./etw. **nützen** profiter de qn/qc **VM2B**, 2

zu etw. **nützen** servir à qc **III1B**, 1

nützlich utile/utile **VM1B**, 3

O

o.k. d'accord **I2B**, 2

ob si **II5A**, 7

oben en haut **IV1B**, 1

nach oben en haut **IV1B**, 1

oberer/obere/oberes (Adj.) supérieur/supérieure **VM4B**, 2

oberhalb von etw. au-dessus de qc **IVM1A**, 5

obwohl alors que **III5A**, 1 bien que (+ subj.) **VM3G**, 3

oder ou **I3A**, 1

offen ouvert/ouverte **I7C**, 1 franc/franche **IV2A**, 3

die **Öffentlichkeit** le public **IV1A**, 2

offiziell officiel/officielle **III5A**, 1

etw. **öffnen** ouvrir qc **II2B**, 2

oft souvent **II2A**, 1

ohne sans **II1A**, 1

ohne etw. zu tun sans faire qc **II2B**, 2

ohne dass sans que (+ subj.) **VM3G**, 3

ein **Ohr** une oreille **VM3B**, 2

die **Ökologie** l'écologie (f.) **VM3DE**

ökologisch écologique/écologique **I7B**, 2

Oktober octobre (m.) **I3B**, 7

das **Erdöl** le pétrole ⟨**VM3V**, 1⟩

das **Öl** l'huile (f.) **II4A**, 1

eine **Olive** une olive **II4A**, 1

Omi mamie (fam.) **I7A**, 4

ein **Onkel** un oncle **I3A**, 9

Opi papi/papy (fam.) **I7A**, 4

eine **Orange** une orange **I5C**, 1

eine **Orangenlimonade** un orangina **VRev**

eine **Orangina** un orangina **VRev**

etw. **ordnen** arranger qc **VM1B**, 1

ein **Ordner** un dossier ⟨**VM1A**, 1⟩

eine **Ordnung** un ordre **IV3B**, 1

etw. **organisieren** organiser qc **II3A**, 2

sich **orientieren** s'orienter **VM1A**, 1

die **Orientierung** l'orientation (f.) **III3A**, 2

originell original/originale/originaux/originales **III1DE**

ein **Ort** un endroit **I7DE**

an einem anderen Ort ailleurs **VM1A**, 2 **VM4DE**

ein **Ort/Orte** un lieu/des lieux **IV1DE**

der **Osten** l'est (m.) **II5DE**

P

ein **Paar** un couple **IVM2D**, 1

eine **Packung** un paquet **VRev**

ein **Paket** un paquet **VRev**

ein **Palast** un palais **IV1DE**

eine **Palme** un palmier **IV1A**, 2

Papa papa **I1A**, 1

das **Papier** le papier **II1B**, 2

eine **Parade** un défilé **IV1A**, 2

ein **Parcours** un parcours **II7A**, 1

nach **(Paris)** à (Paris) **I2DE**

Pariser (Adj.) parisien/parisienne **VM1A**, 1

ein **Park** un parc **I5DE**

ein **Partner/eine Partnerin** un partenaire/une partenaire **IV3B**, 1

eine **Party** une fête **I6DE**

etw. **passiert** jdm. qc arrive à qn **VM4B**, 2

ein **Passwort** un mot de passe **IVM2DE**, 1

eine **Pause** une pause **II5A**, 4

die **Pause** (in der Schule) la récréation **I4A**, 3

peinlich gênant/gênante **III4A**, 7

Peinlich! C'est la honte! (fam.) **III4A**, 7

pendeln faire la navette **VRev**

ein **Pendelzug** une navette **VRev**

perfekt parfait/parfaite **VM1B**, 1 **VRev**

eine **Periode** une période **IV3B**, 1

eine **Person** une personne **I6A**, 1

eine **Person** (Literatur, Film, Theater) un personnage **IVM2DE**, 9

das **Personal** le personnel **IV3A**, 1

ein **Personalausweis** une carte d'identité **IVM2D**, 2

eine **Persönlichkeit** une personnalité **IV1A**, 1

eine **Perspektive** un débouché **VM2V**, 1

ein **Pfad** une piste **II3B**, 1 un sentier **IVM2DE**, 3

ein **Pferd/Pferde** un cheval/des chevaux **II7B**, 3

ein **Pfirsich** une pêche **III1A**, 1

eine **Pflanze** une plante **III5B**, 1

die **Philosophie** la philosophie **III5B**, 1

Physik (als Schulfach) la physique (f.) **VM1DE**

physisch physique/physique **VM1S**, 1

ein **Pilot/eine Pilotin** un pilote/une pilote **III3B**, 1

eine **Piste** une piste **II3B**, 1

ein **Plakat** une affiche **I2DE**

ein **Plan** un plan **III5B**, 2

das **Plastik** le plastique **IVM2D**, 2

platt plat/plate **VRev**

ein **Platz** une place **I4A**, 3

platzen éclater **III2C**, 2

plötzlich tout à coup **II1B**, 2 soudain **III4B**, 3

poetisch poétique/poétique **VM1S**, 1 **VM3DE**

die **Politik** la politique **VM4A**, 2

ein **Politiker/eine Politikerin** un homme politique/une femme politique **VM4G**, 4

politisch politique/politique **VM4A**, 2

ein **Porträt** un portrait **VM1DE**

positiv positif/positive **IV3B**, 1

die **Post** la poste **I5B**, 2

ein **Poster** une affiche **I2DE**

eine **Postkarte** une carte postale **I7A**, 1

ein **Präfekt** Vertreter der Zentralregierung un préfet **VM4A**, 2

etw. **prägen** marquer qc **IV3DE**

geprägt von marqué/marquée par **IV3DE**

ein **Praktikant/eine Praktikantin** un/une stagiaire ⟨**VM2B**, 1⟩

ein **Praktikum** un stage **III1DE**

praktisch pratique/pratique **I7C**, 1

genauso praktisch wie aussi pratique que **III4B**, 1

praktischer als plus pratique que **III4B**, 1

weniger praktisch als moins pratique que **III4B**, 1

der **Präsident** le président de la République **IV3A**, 1

ein **Präsident/eine Präsidentin** un président/une présidente **IV3A**, 1

ein **Preis** un prix **II6C**

die **Presse** la presse **VM2A**, 1

ein **Privileg** un privilège **VM4A**, 2

eine **Probe** une épreuve **VDELF**

etw. **proben** répéter qc **III1A**, 1

etw. **probieren** goûter qc **II4B**, 2

ein **Problem** un problème **I6A**, 2

ein **Produkt** un produit **IV3A**, 2

eine **Produktion** une production **VM3V**, 1

ein **Profi** un professionnel/une professionnelle **IV1A**, 1

ein **Programm** un programme **III4A**, 4

ein **Projekt** un projet **II6C**

eine **Provinz** une province **III2DE**

ein **Prozent** un pour cent (inv.) **III3B**, 1

ein **Prozess** un procès **VM3B**, 2

eine **Prüfung** un examen **VDELF**

eine **Prüfung** une épreuve **VDELF**

Pst! Chut! **I2A**, 3

das **Publikum** le public **IV1A**, 2

ein **Pulli** un pull **I6B**, 8

Q

eine **Qualifikation** une qualification **VM2V**, 1

eine **Qualität** une qualité **IV2B**, 1

Quatsch (ugs.) n'importe quoi **III1A**, 1

ein **Quebecer/eine Quebecerin** un Québécois/une Québécoise **III5A**, 1

eine **Quiche** une quiche **II2A**, 1

R

ein **Radiergummi** une gomme **I2A**, 1
ein **Rahmen** un cadre **IVM1B**, 1
am **Rande** von etw. au bord de qc **II5DE**
rassistisch raciste/raciste **VM4B**, 2
ein **Rastplatz** *(an der französischen Auto-bahn)* une aire de repos **II5A**, 4
ein **Rat** un conseil **IV2A**, 3
  jdn./etw. zu Rate ziehen consulter qn **VM1B**, 1
ein **Rathaus** un Hôtel de Ville **III4A**, 1
ein **Ratschlag** un conseil **IV2A**, 3
ein **Rätsel** une devinette **II1B**, 6
ein **Raub** un vol **III2C**, 2
Raus mit euch! dehors **III2A**, 5
auf etw. **reagieren** réagir à qc **IVM1A**, 6
eine **Reaktion** une réaction **VM2B**, 2
real réel/réelle **IVM1A**, 5
realistisch réaliste/réaliste **VM2B**, 2
eine **Rechnung** (im Restaurant) une addition **VRev**
das **Recht** le droit **II6A**
  Recht haben avoir raison **I4B**, 4
  das Recht haben, etw. zu tun avoir le droit de faire qc **II6A**
(nach) **rechts** à droite **I5B**, 1
rechtzeitig à temps **III4B**, 3
ein **Redakteur**/eine **Redakteurin** un rédacteur/une rédactrice **II6DE**
ein **Referat** un exposé **II3A**, 2
eine **Reform** une réforme **VM4G**, 4
ein **Refrain** un refrain **III1A**, 1
eine **Regel** une règle **IVM2DE**, 3
etw. **regeln** régler qc **IV3A**, 2 arranger qc **VM1B**, 1
der **Regen** la pluie **III4A**, 4
ein **Regenschirm** un parapluie **VM4DE**
eine **Regierung** un gouvernement **VM4A**, 2
eine **Region** une région **II5B**, 1
regional régional/régionale/régionaux/régionales **VM4A**, 2
der **Regionalrat**/die **Regionalräte** *(die Parlamente der Regionen)* le conseil régional/les conseils régionaux **VM4A**, 2
ein **Regisseur**/eine **Regisseurin** un réalisateur/une réalisatrice **IV1A**, 1
regnen pleuvoir **I7A**, 2
  Es regnet. Il pleut. **I7A**, 2
das **Reich** l'empire *(m.)* **II2DE**
reich riche/riche **III5DE**, 3
jdm. etw. **reichen** passer qc à qn **II4B**, 6
der **Reichtum** la richesse **III5DE**, 3
eine **Reihenfolge** un ordre **IV3B**, 1
eine **Reise** un voyage **II2DE**
reisen voyager **III3B**, 8 se déplacer **VRev** **VM3B**, 2

eine **Religion** une religion **VM4B**, 1
rennen courir **III2B**, 5
eine **Reportage** un reportage **I7DE**
ein **Reporter**/eine **Reporterin** un reporter/une reporter **VM2A**, 1
etw. **reproduzieren** reproduire qc **VM3A**, 2
etw. **reservieren** réserver qc **IV1A**, 2
jdn./etw. **respektieren** respecter qn/qc **II2B**, 2
ein **Restaurant** un restaurant **I7A**, 1
das **Rettungswesen** le secourisme **VM2V**, 1
eine **Revision** une révision **VRev**
der **Rhythmus** le rythme **II6B**
sich an jdn. **richten** s'adresser à qn **IV1B**, 1
ein **Richter**/eine **Richterin** un juge/une juge **VM2V**, 4
richtig vrai/vraie **II1A**, 1 juste/juste **II5A**, 7 exact/exacte **IVM2DE**, 11
eine **Richtung** un sens **IVM1A**, 9
  in Richtung vers **III2C**, 2
etw. **riechen** sentir qc **III2A**, 5
Riesen- énorme **IV1B**, 1
riesengroß géant/géante **IV1B**, 1
riesig énorme **IV1B**, 1
ein **Rock** une jupe **I6B**, 8
die **Rockmusik** le rock **I2B**, 7
eine **Rolle** un rôle **III5DE**, 3
ein **Roman** un roman **IVM1DE**
romantisch romantique/romantique **III5A**, 1
rot rouge/rouge **I6B**, 6
rothaarig roux/rousse **II1B**, 6
eine **Rubrik** un coin **II6DE**
eine **Rubrik** *(ein Abschnitt)* une rubrique **IV2B**, 4
der **Rücken** le dos **II5B**, 1
eine **Rückerstattung** un remboursement **III3B**, 6
ein **Rucksack** un sac à dos **IVM2DE**, 7
sich **rückwärts** bewegen reculer **VM3B**, 2
eine **Rückzahlung** un remboursement **III3B**, 6
ein **Ruf** une réputation **VM4V**, 1
jdn. **rufen** appeler qn **II2B**, 2
die **Ruhe** le silence **II4B**, 2
ruhig tranquille/tranquille **VM4DE**
rund rond/ronde **IV3A**, 2
eine **Runde** un parcours **II7A**, 1
ein **Rundgang** un tour **I5A**, 3

S

eine **Sache** un truc *(fam.)* **I2A**, 1 une affaire **I3A**, 3 une chose **I7C**, 1
ein **Saft** un jus **I5C**, 1
(jdm.) etw. **sagen** dire qc (à qn) **II5A**, 7
  er sagt/sie sagt il dit/elle dit **I2A**, 3

  Das sagt mir nichts. Ça ne me dit rien! **II3A**, 2
  Das sagt mir nicht zu. Ça ne me dit rien! **II3A**, 2
eine **Salami** un saucisson **II4A**, 1
ein **Salat** une salade **II4DE**
Samstag samedi *(m.)* **I4B**, 1
  am Samstag samedi *(m.)* **I4B**, 1
samstags le samedi **I5A**, 3
der **Sand** le sable **II5B**, 1
ein **Sandwich** un sandwich **II5A**, 4
sanft doux/douce **VM3B**, 2
ein **Sänger**/eine **Sängerin** un chanteur/une chanteuse **I6A**, 4
die **Sanitäranlagen** les sanitaires *(m.) (pl.)* **IVM2DE**, 7
eine **Sardine** une sardine **IVM2DE**, 7
ein **Satz** une phrase **II7A**, 4
sauber propre/propre *(nach dem Nomen)* **IVM2DE**, 1
das **Sauerkraut** la choucroute **IV3B**, 1
der **Sauerstoff** l'oxygène *(m.)* **VM3A**, 2
ein **Säugling** un bébé **IV3A**, 2
ein **Saxophon** un saxophone **II6B**
eine **Schachtel** une boîte **IVM2B**, 2
es ist **schade**, dass c'est dommage que (+ subj.) **IV3A**, 5
  schade dommage **I3A**, 3
ein **Schädel** un crâne **II2A**, 1
jdm. **schaden** nuire à qn ⟨**VM3B**, 1⟩
etw. **schaffen** créer qc **IV3A**, 1
  etw. nicht schaffen rater qc *(fam.)* **III3A**, 1
etw. **schaffen** réussir à faire qc **II7A**, 1
sich **schämen**, dass avoir honte que (+ subj.) **IV3A**, 5
eine **Schande** une honte **III4A**, 7
ein **Schatten** une ombre **III4B**, 3
jdn./etw. **schätzen** apprécier qn/qc **VM4DE**
schätzen apprécier qn/qc **VM4DE**
Schau mal! Tiens! **I2A**, 3
ein **Schaufenster** une vitrine **VRev**
ein **Schauspieler**/eine **Schauspielerin** un acteur/une actrice **II1B**, 2
etw. zu tun **scheinen** sembler **IVM1DE**
scheinen briller **III4A**, 9 paraître **IVM1B**, 8
jdm. etw. **schenken** offrir qc à qn **III1A**, 1
ein **Scherz** une blague **II1A**, 1
schieben pousser **VM3A**, 1
ein **Schiff**/**Schiffe** un bateau/des bateaux **II5A**, 1
schildern évoquer qc **VM3S**, 1
ein **Schinken** un jambon **VRev**
eine **Schirmmütze** une casquette **I6B**, 1
eine **Schlacht** une bataille **IV3A**, 1
etw./jdn. **schlachten** abattre qc/qn **VM3A**, 2
ein **Schlachtfeld** un champ de bataille **IV3A**, 1

schlafen dormir **II6A**

    sich schlafen legen se coucher **IVM2DE,** 1

ein **Schlafsack** un sac de couchage **IVM2DE,** 7

ein **Schlag** un coup **IV3A,** 2

jdn. **schlagen** battre qn **IV3A,** 2

schlagen frapper **III2B,** 5

das **Schlagzeug** la batterie **II6B**

Schlange stehen faire la queue **III4B,** 3

schlecht mauvais/mauvaise **I6B,** 1

    es ist schlecht, dass c'est mauvais que (+ subj.) **IV3A,** 5

    Es ist schlechtes Wetter. Il fait mauvais. **I7A,** 2

etw. **schließen** fermer qc **II2A,** 1

etw. **schließlich** tun finir par faire qc **IVM1A,** 4

schließlich enfin **I6A,** 4 finalement **III3B,** 1

das **Schlimmste** le pire **VM2B,** 2

ein **Schloss** un château **III4A,** 1

schluchz snif **II7B,** 3

der **Schluss** la fin **I4B,** 5

    zum Schluss finalement **III3B,** 1 en conclusion (f.) **VM3S,** 2

ein **Schlüssel** une clé **I4A,** 3

eine **Schlussfolgerung** une conclusion **VM3S,** 2

der **Schmerz** la douleur **VM1B,** 1

    Schmerzen haben avoir mal **I5B,** 3

schmerzhaft douloureux/douloureuse **VM1B,** 1

schmollen bouder **III3A,** 2

ein **Schmuck** un bijou/des bijoux **IV1A,** 2

ein **Schmuckstück** un bijou/des bijoux **IV1A,** 2

jdn./etw. **schnappen** attraper qn/qc **VM1B,** 1

der **Schnee** la neige **III4A,** 9

etw. **schneiden** couper qc **III2DE**

schneien neiger **I7A,** 2

schnell (Adj.) rapide/rapide (adj.) **IV2A,** 3

schnell (Adv.) vite (adv.) **I1A,** 1

schnief snif **II7B,** 3

ein **Schnitt** (Film) un montage **VM2A,** 1

die **Schokolade** le chocolat **II4A,** 1

schön beau/bel/belle **II6B**

    Es ist schönes Wetter. Il fait beau. **I7A,** 1

schon déjà **I5A,** 3

die **Schönheit** la beauté **IVM2DE**

der **Schönheitssinn** l'esthétique (f.) **VM2A,** 1

die **Schöpfung** la création **VM2A,** 1

ein **Schrank** une armoire **III2C,** 2

jdm. etw. **schreiben** écrire qc à qn **I7A,** 1

ein **Schreibtisch** un bureau **I7A,** 1

schreien crier **II3B,** 1

ein **Schritt** un pas **III2C,** 2

schüchtern timide/timide **II1B,** 2

schuften (ugs.) bosser (fam.) **IVM1B,** 8

ein **Schuh** une chaussure **I6B,** 8

die **Schuhgröße** la pointure **VRev**

Schul- scolaire/scolaire **III4DE**

der **Schul(jahres)beginn** la rentrée **II1DE**

schuldig coupable/coupable **VM2B,** 2

eine **Schule** une école **I2A,** 3

ein **Schüler**/eine **Schülerin** un élève/une élève **I4DE**

ein **Schüleraustausch** un échange scolaire **III4DE**

außer**schulisch** extrascolaire/extrascolaire **VM2V,** 1

schulisch scolaire/scolaire **III4DE**

ein **Schulleiter**/eine **Schulleiterin** (im „Collège") un principal/une principale **III2A,** 5

eine **Schulter** une épaule **III2A,** 5

ein **Schulzeugnis** un bulletin scolaire **II3DE**

etw. **schützen** préserver qc **VM3V,** 1

    jdn./etw. schützen protéger qn/qc **IVM1B,** 4

ein **Schutzhelm** un casque **VRev**

ein **Schwager** un beau-frère **IVM1A,** 1

eine **Schwägerin** une belle-sœur **IVM1A,** 1

ein **Schwanz** une queue **III4B,** 3

schwarz noir/noire **I6B,** 8

eine **Schwelle** un seuil **VDELF**

schwer lourd/lourde **VM2B,** 2

    schwer (Sachen, Tiere) gros/grosse **III4A,** 4

eine **Schwester** une sœur **I2B,** 2

schwierig difficile/difficile **II4DE** dur/dure **III3A,** 2

eine **Schwierigkeit** une difficulté **VM1B,** 1

ein **Schwimmbad** une piscine **I5B,** 2

das **Schwimmen** la natation **I5A,** 5

schwimmen nager **II5B,** 1

die **sechste** Klasse la sixième **II1DE**

eine **Seele** une âme **VM2B,** 2

das **Segeln** la voile **VM1DE**

ein **Segel** la voile **VM1DE**

etw. **sehen** voir qc **II2A,** 1

    Sieh mal! Tiens! **I2A,** 3

sehr très **I6A,** 4

Seien Sie willkommen! Soyez les bienvenus! **IVM2DE,** 1

    seien Sie (Imperativ von être) soyez **IVM2DE,** 1

ein **Seil** une corde **II7A,** 1

sein être **I2B,** 2

    seid bitte so freundlich Imperativ von vouloir veuillez **IVM2DE,** 1

seit (Präp.) depuis **II2A,** 1

seit (Konj.) depuis que **III1A,** 1

eine **Seite** une page **II2B,** 2

ein **Sekretär**/eine **Sekretärin** un secrétaire/une secrétaire **IV2B,** 1

eine **Sekunde** une seconde **III2B,** 1

ich **selbst** moi-même **VM4B,** 2

selbstsicher sûr/sûre de soi **VM1V,** 1

Selbstverständlich! Bien sûr! **I3A,** 2

seltsam mystérieux/mystérieuse **II2DE** étrange/étrange **III2B,** 1

eine **Sendung** une émission **IV3A,** 1

ein **Senegalese**/eine **Senegalesin** un Sénégalais/une Sénégalaise **IVM1DE**

senegalesisch sénégalais/sénégalaise **IVM1DE**

September septembre (m.) **I3B,** 7

eine **Serie** une série **IV3DE**

seriös sérieux/sérieuse **II7A,** 3

eine **Serviette** une serviette **II4B,** 1

etw. **setzen** poser qc **I5B,** 3 mettre qc **I6B,** 1

    sich setzen s'asseoir **IV2B,** 1

seufzen soupirer **III3A,** 2

das **Showgeschäft** le spectacle **III3B,** 4

ein **Shuttle** une navette **VRev**

sich **vermehren** se reproduire **VM3A,** 2

sicher (Adj.) sûr/sûre **II4B,** 2

sicher (Adv.) sûrement **III4A,** 4

sicher (Adv.) certes **VM1B,** 1

die **Sicherheit** la sécurité **IVM2DE,** 6

sicherlich sûrement **III4A,** 4

Sicherlich! Bien sûr! **I3A,** 2

etw. **sichern** assurer qc **VM4B,** 1

da **sind** voilà **I1A,** 1

singen chanter **I3B,** 1

    etw. noch einmal singen rechanter qc **III1A,** 1

ein **Sinn** un sens **IVM1A,** 9

eine **Situation** une situation **IVM1B,** 1

sitzen bleiben redoubler ⟨**VM1A,** 1⟩

ein **Skandal** un scandale **IV1A,** 2

ein **Skimboard** (ähnelt einem kleinen Surfbrett) un skimboard **II5A,** 1

ein **Sklave**/eine Sklavin un esclave/une esclave **VM4B,** 1

die **Slackline** (gespanntes Band, auf dem man balanciert) la corde molle **II7A,** 1

ein **Smartphone** un smartphone **IVM2A,** 1

so comme ça **I4B,** 4

ein **Sofa** un canapé **II5A,** 7

sofort tout de suite **II5B,** 1

sogar même **I5B,** 3

ein **Sohn** un fils **I3A,** 9

die **Solarenergie** l'énergie solaire ⟨**VM3V,** 1⟩

ein **Soldat**/eine **Soldatin** un soldat/une soldate **IV3A,** 1

der **Sommer** l'été (m.) **II5B,** 4

Sonder- spécial/spéciale **II6DE**

ein **Sonderangebot** une offre promotionnelle **VRev**

    im Sonderangebot en promo (fam.) **VRev**

ein **Sonderrecht** un privilège **VM4A,** 2

die **Sonne** le soleil **II5A,** 4

ein **Sonnenbrand** un coup de soleil **III4B,** 3

Sonntag dimanche *(m.)* **I4B**, 1
  am Sonntag dimanche *(m.)* **I4B**, 1
sonst sinon **III2B**, 1
eine **Sorte** une sorte **III1DE**
ein **Souk** *(ein arabischer Markt)* un souk
  III5B, 1
so viel (wie) autant de (… que) **IV1A**, 2
  so viel tellement **III4B**, 3 tant de **VM2B**, 2
  Es ist **soweit**! Ça y est! **III1DE**
sozial social/sociale **IVM2A**, 2 sociable/soci-
  able **VM1V**, 1
Spaghetti des spaghettis *(m.) (pl.)* **I5A**, 3
spannend passionnant/passionnante **III3B**, 1
sparen économiser **VM1B**, 1
jdm. **Spaß** machen amuser qn **VM1B**, 1
später plus tard **II2B**, 8
  Wie spät ist es? Quelle heure est-il? **I4A**, 2
  zu spät kommen être en retard **I4DE**
spät tard **I5A**, 3
spazieren gehen se promener **IV1B**, 1
ein **Spaziergang** une promenade **III4A**, 1
eine **Speisekarte** un menu **IVM2C**, 1
Spezial- spécial/spéciale **II6DE**
eine **Spezialität** une spécialité **III4A**, 1
speziell spécial/spéciale **II6DE**
ein **Spiel**/**Spiele** un jeu/des jeux **I3B**, 1
etw. aufs **Spiel** setzen mettre en jeu qc
  IVM1B, 1
  etw. ins Spiel bringen mettre en jeu qc
  IVM1B, 1
etw. **spielen** *(ein Instrument)* jouer de qc **II6B**
etw. **spielen** *(ein Spiel)* jouer à qc **II5A**, 7
spielen jouer **I4DE**
der **Sport** le sport **I2B**, 2
ein **Sportler**/eine **Sportlerin** un sportif/une
  sportive **II3B**, 1
sportlich sportif/sportive **VM1S**, 1
eine **Sprache** une langue **III3B**, 8
sprechen parler **I2DE**
  mit jdm. sprechen parler à qn **I6B**, 1
etw. **spreizen** écarter qc **IVM1B**, 8
ein **Sprichwort** un proverbe **IVM1DE**
springen sauter **II7A**, 1
etw. **spüren** sentir qc **III2A**, 5
ein **Staat** un Etat **III5DE**, 1
eine **Staatsangehörigkeit** une nationalité
  IVM1A, 1
der **Staatschef**/die **Staatschefin** le/la chef de
  l'Etat **IV3A**, 8
der **Staatspräsident** le président de la République **IV3A**, 1
eine **Stadt** une ville **I7DE**
ein **Stamm** *(eines Baums)* un tronc **VM3A**, 1
von etw. **stammen** provenir de qc **VM3V**, 1
aus etw. **stammend** issu/issue de qc **VM4B**, 2
ein **Stand** un stand **I5DE**

ein **Standort** un site **VM4V**, 1
ein **Standpunkt** un point de vue **IVM2DE**, 11
ein **Star** une star **II1B**, 2
stark fort/forte **III3B**, 8
eine **Stärke** un point fort **VM2V**, 1
die **Stärke** la puissance **IV3B**, 1
eine **Station** une station **I7B**, 1
eine **Statistik** une statistique **IV2B**, 3
stattfinden avoir lieu **IV1A**, 1
eine **Statue** une statue **III4B**, 3
eine **Statuette** une statuette **III2A**, 5
ein **Steak** mit Pommes frites un steak-frites
  II4A, 1
eine **Steckdose** une prise de courant
  IVM2C, 2
im **Stehen** debout **II5B**, 1
Ich möchte wissen, wo ich **stehe.** J'aime bien
  savoir où j'en suis. **VDELF**
  Schlange stehen faire la queue **III4B**, 3
stehend debout **II5B**, 1
etw. **stehlen** voler qc **III2A**, 5
steif rigide/rigide **IV3B**, 1
ein **Stein** une pierre **II2DE**
etw. **stellen** poser qc **I5B**, 3 mettre qc **I6B**, 1
  sich einer Sache stellen faire face à qc
  VDELF
eine **Stellung** une position **IVM1B**, 1
sterben mourir **III5B**, 1
ein **Stil** un style **II6DE**
die **Stille** le silence **II4B**, 2
die **Stimme** la voix **II6B**
Stimmt's? C'est ça? **I3B**, 1
eine **Stimmung** une humeur **III1DE** une
  ambiance **III3B**, 1
ein **Stirnband** un bandeau **VM1V**, 1
stolz (auf jdn./etw.) fier/fière (de qn/qc)
  VM4DE
jdn. **stören** gêner qn **IV2B**, 1 déranger qn
  IVM2DE, 6
ein **Strand** une plage **II5DE**
eine **Straße** une rue **I2A**, 3 une route **III2A**, 5
  auf der Straße dans la rue **I2A**, 3
eine **Strecke** un trajet **VRev**
ein **Streich** une blague **II1A**, 1
jdn./etw. **streicheln** caresser qn/qc **II2B**, 1
ein **Streit** une dispute **II3B**, 1
sich mit jdm. **streiten** se disputer avec qn
  III3A, 2
streng strict/stricte **IV3B**, 1
streng rigide/rigide **IV3B**, 1
strikt strict/stricte **IV3B**, 1
ein **Strom** un fleuve **III4A**, 1
der **Strom** *(Elektrizität)* le courant **IVM2C**, 2
ein **Stück** un morceau/des morceaux
  VM3A, 2

ein (Theater-)**Stück** une pièce (de théâtre)
  IVM1A, 1
ein **Student**/eine **Studentin** un étudiant/une
  étudiante **IV2DE**
ein **Studiengang** une filière **VM2B**, 1
eine **Studienrichtung** une filière **VM2B**, 1
studieren faire ses études **III5B**, 1
das **Studium** les études *(f.) (pl.)* **III5B**, 1
eine **Stufe** un niveau **III4A**, 7 une marche
  IV1A, 1
ein **Stuhl** une chaise **II3DE**
eine **Stunde** une heure **I4A**, 1
der **Stundenplan** l'emploi *(m.)* du temps
  I4B, 1
ein **Sturz** une chute **IV3B**, 1
ein **Sturzhelm** un casque **VRev**
eine **Suche** une recherche **III3DE**
jemanden/etwas **suchen** chercher qn/qc
  I2DE
der **Süden** le sud **II5DE**
der **Südwesten** le sud-ouest **II5DE**
super super *(inv.)* **I1B**, 1 génial/géniale **I7A**, 4
  es ist super, dass c'est génial que (+ subj.)
  IV3A, 5
ein **Supermarkt** un supermarché **II4DE**
surfen surfer **II6A**
süß *(Aussehen)* mignon/mignonne **III4A**, 4
süß *(Geschmack)* sucré/sucrée **III4A**, 4
symbolisch symbolique/symbolique **IV3A**, 8
eine **Szene** une scène **IV1B**, 1
eine **Szenerie** un décor **IV1A**, 2

T

ein **Tablet-Computer** une tablette **IVM2B**, 2
das **Taboulé** *(Salat aus Weizengrieß und
  Gemüse)* le taboulé **VRev**
tadellos parfait/parfaite **VM1B**, 1 **VRev**
eine **Tafel** un tableau/des tableaux **II3DE**
am folgenden **Tag** le lendemain **III2B**, 1
  Einen schönen Tag! Bonne journée! **I5C**, 5
  Guten Tag! Bonjour! **I1DE**
  pro Tag par jour **I7B**, 1
ein **Tag** un jour **I5A**, 1
ein **Tag** *(im Verlauf)* une journée **I4A**, 1
ein **Tagebuch** un journal/des journaux **I6A**, 4
  un journal intime **VM1A**, 1
das **Tagesgeschehen** l'actualité *(f.)* **VM2A**, 1
täglich quotidien/quotidienne **VRev**
täglich par jour **I7B**, 1
eine **Tante** une tante **I3A**, 9
der **Tanz** la danse **I5A**, 5
das **Tanzen** la danse **I5A**, 5
tanzen danser **I6DE**
eine **Tasche** un sac **I4B**, 4
die **Tasche** la poche **I6B**, 1

ein **Taschendieb** un pickpocket **III2B,** 5

das **Taschengeld** l'argent (m.) de poche
II7B, 3

eine **Taschenlampe** une (lampe) torche
IVM2DE, 7

eine **Tasse** une tasse **II4B,** 6

eine **Tat** une action **VM1A,** 4

eine **Tatsache** un fait **III2B,** 6

das **Tauchen** la plongée **IVM2DE,** 3

ein **Tausch** un échange **III4DE**

sich **täuschen** se tromper **IV2B,** 1

tausend mille **II1B,** 2

Tausende des milliers m. **II2A,** 1

ein **Team** une équipe **II6DE**

die **Technik** la technique **III3B,** 8

technisch technologique/technologique
VM1A, 1

Techno (Musikstil) la techno **I2B,** 7

der **Teig** la pâte **IVM2A,** 2

ein **Teil** une partie **I4B,** 5

ein Teil sein von faire partie de qc **III5DE**

etw. mit jdm. **teilen** partager qc avec qn
IVM1A, 1

an etw. **teilnehmen** participer à qc **II3A,** 2
assister à qc **VM3B,** 2

der **Teint** le teint **VM1S,** 1

ein **Telefon** un téléphone **II2B,** 8

ein **Telefonanruf** un coup de téléphone
II2B, 8

mit jdm. **telefonieren** téléphoner à qn **I6A,** 2

ein **Teller** une assiette **II4B,** 1

die **Temperatur** la température ⟨**VM3B,** 1⟩

ein **Teppich** un tapis **IVM2DE,** 7

ein **Termin** un rendez-vous **IV1DE**

ein **Territorium** un territoire **III5DE,** 3

etw. **testen** tester qc **VM2A,** 1

teuer cher/chère **I7C,** 1

das **Theater** le théâtre **I5A,** 5

ein (Theater-)Stück une pièce (de théâtre)
IVM1A, 1

Was für ein Theater! Quel cinéma! **IV1A,** 2

eine **Theatertruppe** une troupe (de théâtre)
IV1DE

ein **Thema** un sujet **II6DE**

eine **Themenparty** une soirée à thème
IVM2C, 1

ein **Thunfisch** un thon **VRev**

ein **Tier** une bête **IV1B,** 1

ein **Tier**/**Tiere** un animal/des animaux **II5A,** 4

ein **Tisch** une table **I5A,** 3

bei Tisch à table **I5A,** 3

den Tisch decken mettre la table **II4B,** 1

ein **Titel** un titre **I4B,** 5

eine **Tochter** une fille **I1B,** 1

der **Tod** la mort **II2DE**

die **Toilette** les toilettes (f.) (pl.) **I4A,** 1

toll fantastique/fantastique; super (inv.)
I1B, 1

der **Ton** le son **VM2DE**

eine **Tonne** une tonne **IV1B,** 1

etw./jdn. **töten** abattre qc/qn **VM3A,** 2

jdn. **töten** tuer qn **VM1B,** 6 **VM3A,** 2

ein **Totenkopf** un crâne **II2A,** 1

ein **Toter**/eine **Tote** un mort/une morte
IV3A, 2

eine **Tour** un tour **I5A,** 3

ein **Tourist**/eine **Touristin** un touriste/une
touriste **I7DE**

touristisch touristique/touristique **IVM2DE,** 1

eine **Tournee** une tournée **III5A,** 1

eine **Tradition** une tradition **IVM1DE**

traditionell traditionnel/traditionnelle
IVM1A, 4

etw. **tragen** porter qc **I2A,** 2

trainieren s'entraîner **VDELF**

ein **Trampolin** un trampoline **II7A,** 1

eine **Träne** une larme **III2A,** 5

sich **trauen** etw. zu tun oser faire qc **III4A,** 4

ein **Traum** un rêve **I4B,** 4

(von etw.) **träumen** rêver (de qc) **II7DE**

traurig triste/triste **I6A,** 4

traurig sein, dass être triste que (+ subj.)
IV3A, 5

jdn. **treffen** retrouver qn/qc **I4A,** 3 rencontrer
qn **I6B,** 1

sich treffen se retrouver **II3A,** 2

eine **Treppe** un escalier **II2DE**

ein **Treuebruch** une trahison **VM2B,** 2

etw. **trinken** boire qc **II4A,** 2

etwas trinken boire un coup (fam.) **VRev**

ein **Trinkgeld** un pourboire **VRev**

trocken sec/sèche **VM2B,** 2

trotz etw. malgré qc **VM3B,** 2

trotzdem pourtant **III3A,** 2 quand même
III4B, 3

eine **Truppe** une troupe (de théâtre) **IV1DE**

ein **T-Shirt** un t-shirt **I2B,** 2

etwas **tun** faire qc **I4B,** 4

gerade etw. getan haben venir de faire qc
III3A, 2

gerade etw. tun être en train de faire qc
III3A, 2

ein **Tunnel** un tunnel **III5A,** 1

eine **Tür** une porte **II2B,** 2

ein **Turm** une tour **I6DE**

das **Turnen** la gymnastique **I2B,** 7

eine **Turnhalle** un gymnase **I4B,** 3

ein **Turnschuh** une basket **I6B,** 8

typisch typique/typique **IV3B,** 1 particulier/
particulière **IVM1B,** 1

U

üben s'entraîner **VDELF**

über sur **I3B,** 1

über etw. au-dessus de qc **IVM1A,** 5

überall partout **III2A,** 5

eine **Übereinkunft** un accord **IVM1B,** 7

eine **Überfahrt** une traversée **IVM3B,** 2

überhaupt nicht ne … pas du tout **III1A,** 1

überlegen réfléchir **II7A,** 1

überlegen (Adj.) supérieur/supérieure
VM4B, 2

jdm. etw. **übermitteln** transmettre qc à qn
VM2A, 1 **VM4DE**

etw. **überqueren** traverser qc **I5B,** 1

eine **Überquerung** une traversée **IVM3B,** 2

überrascht sein, dass être surpris/surprise
que (+ subj.) **IV3A,** 5

eine **Überraschung** une surprise **I3B,** 1

eine **Übersetzung** une traduction **III5B,** 1

etw. auf jdn. **übertragen** transférer qc à qn
VM4A, 2

jdn./etw. **überwachen** surveiller qn/qc **IV3A,** 2

jdn. von etw. **überzeugen** convaincre qn de
qc **IV3A,** 2

übrigens à propos **II7A,** 1 d'ailleurs **VM4B,** 2

eine **Übung** un exercice **I4B,** 4

am **Ufer** von etw. au bord de qc **II5DE**

sieben **Uhr** sept heures **I4A,** 1

zwölf Uhr (mittags) midi **I4A,** 1

Uhrzeit: halb acht Uhr sept heures et
demie **I4A,** 1

um wie viel Uhr? à quelle heure? **I4A,** 2

Viertel nach sieben Uhr sept heures et
quart **I4A,** 1

Viertel vor sieben Uhr sept heures moins le
quart **I4A,** 1

Wie viel Uhr ist es? Quelle heure est-il?
I4A, 2

sich **umarmen** s'embrasser **IV3A,** 8

jdn. **umbringen** tuer qn **VM1B,** 6

umfangreich lourd/lourde **VM2B,** 2

etw. **umfassen** regrouper qc **VM4A,** 2

eine **Umfrage** un sondage **IV3B,** 1

umgänglich sociable/sociable **VM1V,** 1

umgangssprachlich familier/familière **III4A,** 7

die **Umgebung** l'environnement (m.) **VM2A,** 1
VM3V, 1

das **Umgekehrte** l'inverse (m.) **III2B,** 1

jdn./etw. **umklammern** serrer qn/qc **IVM1A,** 5

ein **Umschlag** une couverture **III2DE**

die **Umwelt** l'environnement (m.) **VM2A,** 1
VM3V, 1

umweltfreundlich écologique/écologique
I7B, 2

die **Umweltverschmutzung** la pollution
VM3V, 1

umziehen déménager **III2DE**

ein **Umzug** un défilé **IV1A**, 2

unabhängig indépendant/indépendante **III5DE**, 3

unbedingt (Adv.) absolument (adv.) **IV2A**, 3

unbekannt inconnu/inconnue **IV1A**, 2

ein **Unbekannter**/eine **Unbekannte** un inconnu/une inconnue **IV1A**, 2

unberührt sauvage/sauvage **VM4DE**

und et **I1A**, 1

unerschöpflich inépuisable/inépuisable **VM3B**, 1

unerträglich insupportable/insupportable **VM1B**, 1

ein **Unfall** un accident **IV1A**, 2

eine **Unfallstation** les urgences (f., pl.) **VRev**

unflexibel rigide/rigide **IV3B**, 1

die **Ungeduld** l'impatience (f.) **IV3A**, 2

ungeduldig impatient/impatiente **IVM2DE**, 1

ungefähr (Adv.) environ **III4A**, 1

unglaublich incroyable/incroyable **III3B**, 1

ein **Unglück** un malheur **VM2B**, 2

unglücklich malheureux/malheureuse **II2B**, 1

unglücklich sein, dass être malheureux/malheureuse que (+ subj.) **IV3A**, 5

eine **Universität** une université **IV2A**, 1

die **Unordnung** le désordre **IVM2A**, 1

unruhig inquiet/inquiète **III3B**, 1

unserer/**unsere**/**unseres** le nôtre/la nôtre/les nôtres/les nôtres **VM4DE**

Unsinn n'importe quoi **III1A**, 1

unten en bas de **IV1A**, 1

unten in au fond de qc **III2A**, 5

unter sous **I4A**, 3 parmi **III2A**, 5

jdn./etw. **unterbrechen** interrompre qn/qc **VM1A**, 2

unterhalb (von etw.) en dessous (de qc) **VM3B**, 2

unterhalb von en bas de **IV1A**, 1

sich (über etw.) **unterhalten** discuter (de qc) **I4A**, 3

eine **Unterhaltung** une discussion **II2A**, 1

ein **unterirdischer** Gang/Raum un souterrain **II2DE**

ein **Unternehmen** une entreprise **III3DE**

im **Unterricht** en cours **II1A**, 1

Unterricht haben avoir cours **II1B**, 2

eine **Unterrichtsstunde** un cours **I4DE**

ein **Unterschied** une différence **III2DE**

unterschiedlich divers/diverse **VM1S**, 1 varié/variée **VM4DE**

etw. **unterschreiben** signer qc **IV2B**, 1

eine **Unterschrift** une signature **IV2B**, 1

jdn./etw. **unterstehen** dépendre de qc **VM4A**, 2

etw. **unterstreichen** souligner qc **VM4S**, 1

jdn. **unterstützen** soutenir qn **VM2B**, 2

eine **Unterstützung** une aide **IVM2D**, 1

die **Unterstützung** le soutien **IV2B**, 4

etw. **untersuchen** analyser qc **VM2A**, 1

eine **Untersuchung** un examen **VDELF**

eine genaue Untersuchung une analyse **III3DE**

unterteilt sein in … être divisé(e/s) en … **VM4A**, 2

das **Unverständnis** l'incompréhension (f.) **VM2B**, 2

die **Unzufriedenheit** le mécontentement **IVM2A**, 2

der **Urlaub** les vacances (f.) (pl.) **I6A**, 4

eine **Ursache** une cause **VM3V**, 1

Keine Ursache. De rien. **II7A**, 1

der **Ursprung** une origine **IVM1DE**

ein **Urteil** un jugement **IV3A**, 5

ein **USB**-Stick une clé USB **I4A**, 3

V

ein **Vampir** un vampire **II2A**, 1

ein **Vater** un père **I3A**, 9

sich mit jdm. **verabreden** donner rendez-vous à qn **IV1DE**

eine **Verabredung** un rendez-vous **IV1DE**

jdn./etw. **verabscheuen** détester qn/qc **I2B**, 2

verabscheuen, dass détester que (+ subj.) **IV3A**, 5

verabschieden (ein Gesetz) voter (pour/contre qn/qc) **VM1B**, 5

eine **Veränderung** un changement **VM3V**, 1

jdn. **veranlassen**, etw. zu tun amener qn à faire qc **IVM1B**, 1

verantwortlich responsable/responsable **IVM2A**, 2

die **Verantwortung** la responsabilité **IV2B**, 1

etw. **verbessern** améliorer qc **VM2A**, 1

jdm. **verbieten**, etw. zu tun interdire à qn de faire qc **IV3A**, 2

verbieten, dass interdire que (+ subj.) **IV3A**, 5

etw. mit etw. **verbinden** allier qc à qc **VM2A**, 1

der **Verbrauch** la consommation **VM3V**, 1

etw. **verbrauchen** consommer qc **VM3DE**

etw. **verbreiten** propager qc **VM4B**, 1

etw. **verbringen** passer qc **I5A**, 1

seine Zeit damit verbringen, etw. zu tun passer son temps à faire qc **II6A**

mit etw. **verbunden** sein être lié à qc **VM3B**, 1

verbunden sein mit jdm./etw. être attaché/attachée à qn/qc **VM4DE**

ein **Verbündeter**/eine **Verbündete** un allié/une alliée **VM3A**, 2

ein **Verdacht** un soupçon **III2DE**

jdn. einer Sache **verdächtigen** soupçonner qn de qc **III2C**, 2

Verdammt! Zut! (fam.) **I2A**, 3

Geld **verdienen** gagner de l'argent **II6B**

seinen Lebensunterhalt verdienen gagner sa vie **III5B**, 1

ein **Verein** un club **II7A**, 1

vereinbaren, etw. zu tun convenir de faire qc **IVM1A**, 2

etw. **vereinen** regrouper qc **VM4A**, 2

eine **Vereinigung** une union **IVM1B**, 1

eine **Verfassung** une constitution **VM1B**, 5

etw. (weiter)**verfolgen** poursuivre qc **IVM1B**, 1

verfolgt persécuté/persécutée **VM1B**, 5

verfügbar disponible/disponible **IVM2DE**, 1

jdm. zur **Verfügung** stehen être à la disposition de qn **IVM2DE**, 6

verführerisch tentant/tentante **IVM1A**, 9

die **Vergangenheit** le passé **VM1B**, 1

etw. **vergessen** oublier qc **I6A**, 4

ein **Vergleich** une comparaison **VM3S**, 2

mit etw. **vergleichen** comparer avec qc **III4B**, 1

ein **Vergnügen** un plaisir **IV2DE**

das **Verhalten** le comportement **VM1S**, 1

sich **verhalten** se comporter **VM2S**, 1

ein **Verhältnis** un rapport **VM2DE VM3S**, 2

im Verhältnis zu … par rapport à … **VM3S**, 2

jdn. **verheiraten** marier qn **IVM1A**, 2

ein **Verkäufer**/eine **Verkäuferin** un vendeur/une vendeuse **I5C**, 1

die öffentlichen **Verkehrsmittel** les transports (m.) en commun **VM1A**, 2

ein **Verkehrsmittel** un moyen de transport **I7B**, 1

ein **Verkehrsstau** un bouchon **II5A**, 4

etw. auf jdn. **verlagern** transférer qc à qn **VM4A**, 2

das **Verlangen** l'envie (f.) **I3B**, 1

verlangen, dass demander que (+ subj.) **IV3A**, 2

eine **Verlängerung** une rallonge **IVM2C**, 2

ein **Verlängerungskabel** une rallonge **IVM2C**, 2

etw. **verlassen** quitter qc **I5A**, 3

verlegen gêné/gênée **III4A**, 4

jdn. **verletzen** blesser qn **IV3A**, 1

ein **Verletzter**/eine **Verletzte** un blessé/une blessée **IV3A**, 1

sich in jdn. **verlieben** tomber amoureux/amoureuse de qn **IVM1A**, 9

verliebt amoureux/amoureuse **III4A**, 4

etw. **verlieren** perdre qc **II2B**, 2

verlockend tentant/tentante **IVM1A**, 9

die **Verlosung** le tirage au sort **II7B**, 3

sich **vermehren** se reproduire **VM3A**, 2

etw. **vermeiden** éviter qc **III4A**, 4

etw. **vermieten** louer qc **VRev**

jdn./etw. **vermissen** regretter qn/qc **VM1V**, 1

vermutlich sans doute **VM2B**, 2

eine **Vermutung** une hypothèse **VM1A**, 1

eine **Veröffentlichung** une édition **II6DE**

etw. **verpassen** rater qc (fam.) **III3A**, 1

jdn. **verpflichten** (etw. zu tun) engager qn (à faire qc) **IVM1A**, 2

jdn. **verpflichten**, etw. zu tun obliger qn à faire qc **IVM1A**, 9

verpflichtet sein, etw. zu tun être obligé/obligée de faire qc **IVM1A**, 9

eine **Verpflichtung** une obligation **IVM1A**, 9

etw. **verpfuschen** rater qc (fam.) **III3A**, 1

ein **Verrat** une trahison **VM2B**, 2

jdn. **verraten** dénoncer qn **III2C**, 2

etw. **verringern** réduire qc **VM3V**, 1

verrückt fou/fol/folle **II4DE**

hier: ein **Versager** (ugs.) une quiche **II2A**, 1

verschieden divers/diverse **VM1S**, 1

verschlossen fermé/fermée **II2A**, 1

verschlossen (Charakter, Verhalten) renfermé/renfermée **VM4V**, 1

etw. **verschmutzen** polluer qc **VM3V**, 1

verschwinden disparaître **III2A**, 5

etw. **versichern** assurer qc **VM4B**, 1

eine **Versöhnung** une réconciliation **IV3A**, 1

eine **Verspätung** un retard **I4DE**

jdm. etw. **versprechen** promettre qc à qn **IVM1DE**

etw. (für jdn.) **verspüren** éprouver qc (pour qn) **IVM1A**, 9

der **Verstand** l'esprit (m.) **IV3B**, 1

das **Verständnis** la compréhension **VDELF**

die **Verständnislosigkeit** l'incompréhension (f.) **VM2B**, 2

etw. **verstärken** renforcer qc **VM4A**, 2

etw. **verstecken** cacher qc **III2C**, 2

etw. **verstehen** comprendre qc **II1A**, 1

sich verstehen s'entendre **III4A**, 4

Ich habe nicht verstanden. Je n'ai pas compris. **II1A**, 8

etw. **versuchen** essayer qc **II5B**, 1

jdn./etw. **verteidigen** défendre qn/qc **IVM1B**, 7

die **Verteilung** la distribution **IV2B**, 4

etw. **vertiefen** approfondir qc **IVM1B**, 8

ein **Vertrag** un traité **IV3A**, 1

das **Vertrauen** la confiance **VM2B**, 2

jdm. **vertrauen** faire confiance à qn **VM1V**, 1 **VM2B**, 2

vertraulich confidentiel/confidentielle **VM1B**, 1

verträumt rêveur/rêveuse **VM1S**, 1

vertraut familier/familière **III4A**, 7

was die **Verwaltung** betrifft administrativement **III5DE**, 3

Verwaltungs- administratif/administrative **III5DE**, 3

eine **Verwaltungseinheit** une entité administrative **VM4V**, 1

verwaltungsmäßig administrativement **III5DE**, 3

etw. **verwenden** employer qc **VM4B**, 1

etw. verwenden utiliser qc **II6A**

jdn. **verwunden** blesser qn **IV3A**, 1

jdm. etw. **verzeihen** pardonner qc à qn **III2C**, 2

Entschuldigung. Pardon. **I1A**, 1

so **viel** tellement **III4B**, 3

viel beaucoup **I5B**, 2

so viel (wie) autant de (… que) **IV1A**, 2

zu viel trop **I5B**, 3

viel(e) beaucoup de **I7A**, 1

die **Vielfalt** la diversité **VM4DE**

vielleicht peut-être **I6A**, 4

vielmehr plutôt **II3A**, 2

die **Vierte** la quatrième **II1DE**

die **vierte** Klasse la quatrième **II1DE**

ein (Stadt-)**Viertel** un quartier **I5DE**

Viertel nach sieben sept heures et quart **I4A**, 1

Viertel vor sieben Uhr sept heures moins le quart **I4A**, 1

ein **Viertel** un quart **I4A**, 1

die **Violine** le violon **II6B**

ein **Vogel**/**Vögel** un oiseau/des oiseaux **VM4DE**

voll (mit etw.) plein/pleine (de qc) **II7B**, 3

voll und ganz (ugs.) à fond **IVM1B**, 8

ein **Vollidiot**/eine **Vollidiotin** (ugs.) un con/une conne **VM4G**, 4

von de/d' **I1B**, 1 par **IV1A**, 2

von dort en (Adverbialpronomen) **III5A**, 1

von Anfang an dès le début **IV2A**, 3

von … bis de … à **I4A**, 2

(jetzt) **vor** zwei Wochen il y a deux semaines **III2B**, 6

vor allem surtout **I6B**, 6

vor (örtlich) devant **I2B**, 2

vor (zeitlich) avant **I6B**, 1

vorankommen avancer **II3B**, 1

vorbeigehen passer **III1A**, 1

etw. **vorbereiten** préparer qc **I3A**, 3

eine **Vorbereitungsklasse** (für die Zulassung an einer „Grande école") une classe préparatoire **VM1DE**

der **Vordergrund** (Bild, Foto, Film) le premier plan **III5B**, 2

ein **Vorfahr**/eine Vorfahrin un ancêtre/une ancêtre **VM1B**, 5

eine **Vorführung** (eines Films) un visionnage **VM1A**, 1

vorgesehen prévu/prévue **IVM1B**, 1

es ist **vorgesehen**, dass il est prévu que + subj. **IVM1B**, 1

vorhanden présent/présente **III5DE**, 1

das **Vorhandensein** la présence **VM4B**, 1

jdm. etw. **vorlesen** lire qc/qc à qn **I7A**, 3

ein **Vorname** un prénom **II6B**

ein **Vorort** une banlieue **VM1A**, 1

ein **Vorschlag** une proposition **IVM2DE**, 11

vorschlagen etw. zu tun proposer de faire qc **II3A**, 2

vorschlagen, dass proposer que (+ subj.) **IV3A**, 5

Vorsicht! Attention! **I1A**, 1

vorsichtig vigilant/vigilante **IVM2DE**, 6

eine **Vorspeise** une entrée **II4A**, 1

ein **Vorstadtbereich** une banlieue **VM1A**, 1

jdn. **vorstellen** présenter qn **II1B**, 6

sich etw. vorstellen imaginer qc **II6B**

eine **Vorstellung** un spectacle **III3B**, 4

eine Vorstellung von etw. geben évoquer qc **VM3S**, 1

ein **Vorstellungsgespräch** un entretien d'embauche **IV2B**, 1

am **Vortag**/tags zuvor la veille **IVM2DE**, 1

ein **Vorteil** un avantage **IV2A**, 3

vorübergehen passer **III1A**, 1

ein **Vorwand** un prétexte **IVM1A**, 9

ein **Vorwurf** un reproche **VM1G**, 3

etw. **vorziehen** préférer qc **II4B**, 2

W

wachsam vigilant/vigilante **IVM2DE**, 6

wachsen grandir **IVM1A**, 1

wachsen (Pflanze) pousser **VM3A**, 1

eine **Waffe** une arme **VM3B**, 2

eine **Waffel** une gaufre **I5C**, 1

wagen, etw. zu tun oser faire qc **III4A**, 4

eine **Wahl** un choix **IVM1A**, 2

etw. **wählen** choisir qc **II7A**, 1

jdn./etw. **wählen** voter (pour/contre qn/qc) **VM1B**, 5 **VM4B**, 1

wahr vrai/vraie **II1A**, 1

während (Präp.) pendant **II3B**, 1

während pendant que **III2A**, 9 alors que **III5A**, 1

die **Wahrheit** la vérité **III2B**, 1

wahrscheinlich probable/probable **IVM1B**, 1

eine **Waise** un orphelin/une orpheline **IVM1A**, 5

ein **Wal** une baleine **III5A**, 1

ein **Wald** une forêt **III5A**, 1

eine **Wand** un mur **IV3B**, 1

eine **Wanderung** une randonnée **III5A**, 1

wann quand **I3B**, 7

warm chaud/chaude **I7A**, 1
Es ist warm. Il fait chaud. **I7A**, 1

auf jdn. **warten** attendre qn **II2B**, 2

warten patienter **VM2A**, 2

eine **Warteschlange** une queue **III4B**, 3

warum? pourquoi? **I5B**, 3

Was? (Fragepronomen) Quoi? **I6B**, 1
Was gibt es? Qu'est-ce qu'il y a? **I3A**, 2
Was ist das? Qu'est-ce que c'est? **I2DE**
Was ist los? Qu'est-ce qui se passe? **II7A**, 1
Was macht Léo? Que fait Léo? **I2DE**

Was …? Qu'est-ce que …? **I2B**, 2

ein **Waschbecken** un lavabo **IVM2DE**, 1

jdn./etw. **waschen** laver qn/qc **III3A**, 1
sich waschen se laver **III3A**, 1

das **Wasser** l'eau (f.) **I5C**, 1

die **Wasserenergie** l'énergie hydraulique (f.)
⟨**VM3V**, 1⟩

eine **Wasserschale** (zum Reinigen der Finger beim Essen) un rince-doigts **II4A**, 2

eine **Website** un site **II6A**

wechseln changer **II3DE**
den Raum wechseln changer de salle **II3DE**

ein **Wecker** un réveil **III3A**, 1

weder … noch ne … ni …, ni **VM2A**, 1

ein **Weg** un chemin **III2B**, 1 un moyen **IV2A**, 3

einer Person/einer Sache **wegen** à cause de qn/qc **III2A**, 5

weggehen partir **II6A**

etw. **weglassen** supprimer qc **VM4A**, 2

etw. **wegtragen** emporter qc **II5B**, 1

weh tun faire mal **I5B**, 3

weich mou/mol/molle **II7A**, 1 doux/douce **VM3B**, 2

sich **weigern** etw. zu tun refuser de faire qc **IV3A**, 2

Weihnachten Noël (m.) **IV2A**, 1

weil parce que **I5B**, 3 comme **VM4DE**

eine **Weise** une manière **VM4B**, 2
auf diese Weise comme ça **I4B**, 4

weiß blanc/blanche **I6B**, 6

weit (Adv.) loin **I5A**, 1

jdm. etw. **weitergeben** passer qc à qn **II4B**, 6
transmettre qc à qn **VM2A**, 1 **VM4DE**

mit etw. **weitermachen** continuer à faire qc **II1B**, 2

welcher/**welche**/**welches** (Fragebegleiter) quel/quelle/quels/quelles **II1A**, 1

welcher/welche/welches (Relativpronomen) lequel/laquelle/lesquels/lesquelles **VM2DE**

welcher/welche/welches (Fragepronomen) lequel/laquelle/lesquels/lesquelles **VM2DE**

eine **Welle** une vague **II5B**, 1

die **Welt** le monde **II7A**, 1

Welt- mondial/mondiale/mondiaux/mondiales **IV3A**, 1

sich an jdn. **wenden** s'adresser à qn **IV1B**, 1

immer **weniger** de moins en moins **VM3V**, 1
ein wenig un peu **I7B**, 1

weniger moins **III4B**, 1
weniger gut moins bien **III5B**, 1
weniger praktisch als moins pratique que **III4B**, 1

weniger (+ Nomen) moins (de) **IVM2DE**, 1

wenigstens au moins **VM1B**, 5

wenn quand **II1B**, 2

wenn (zeitlich) lorsque **III2A**, 5

wenn si **II3A**, 8
auch wenn même si **VM4B**, 2

wer qui (Fragepronomen) **I1A**, 1
Wer ist das? Qui est-ce? **I1A**, 1

ein **Werbespot** une publicité (fam.) une pub **IV1A**, 2

eine **Werbung** une publicité (fam.) une pub **IV1A**, 2

jd./etw. **werden** devenir qc **III2B**, 1
Das wird schon wieder. Ça va s'arranger. **III2B**, 5

etw. **werfen** lancer qc **II5B**, 1
etw. (weg)werfen jeter qc **IVM2DE**, 6

eine **Werft** un chantier naval **IV1B**, 1

eine **Werkstatt** un atelier **II6C**

der **Wert** la valeur **VM1B**, 5

wesentlich fondamental/fondamentale/fondamentaux/fondamentales **VM1B**, 5

der **Westen** l'ouest m. **II5DE**

westlich occidental/occidentale **IV2DE**

ein **Wettbewerb** un concours **III1DE**

das **Wetter** le temps **I7A**, 2
Es ist schlechtes Wetter. Il fait mauvais. **I7A**, 2
Es ist schönes Wetter. Il fait beau. **I7A**, 1
Wie ist das Wetter? Quel temps fait-il? **I7A**, 2

die **Wettervorhersage** la météo **III4A**, 9

ein **Wettkampf** une compétition **IV1A**, 1

eine **WG** (ugs.) une colocation **IV2A**, 3

wichtig important/importante **II6A**
es ist wichtig, dass il est important que (+ subj.) **I3A**, 5

eine **Widerstandsbewegung** un mouvement de résistance **IV3A**, 2

jdm./etw. Widerstand leisten résister à qn/qc **IV3A**, 2

ein **Widerstand** une résistance **IV3A**, 2

wie comme **I4B**, 4

Wie? (Fragewort) Comment? **I1A**, 1
Wie alt bist du? Tu as quel âge? **I3B**, 9
Wie geht es euch/Ihnen? Comment allez-vous? **I7A**, 4
Wie geht's? Ça va? **I0**, 2
wie viel combien (de) **I5C**, 1
Wie viele brauchen wir davon? Combien est-ce qu'il en faut? **II4A**, 4
Wie viel kostet das? Ça fait combien? **I5C**, 1

wieder encore **I3B**, 1

etw. **wiedererkennen** reconnaître qc **IVM1B**, 4

etw. **wiederfinden** retrouver qn/qc **I4A**, 3

etw. **wiederholen** répéter qc **III1A**, 1

wiederholen (eine Schulklasse) redoubler ⟨**VM1A**, 1⟩

eine **Wiederholung** une révision **VRev**

Auf **Wiedersehen**! Au revoir! **I1B**, 7

die **Wiedervereinigung** la réunification **IV3B**, 1

wild sauvage/sauvage **VM4DE**

der **Wille** la volonté **IV3A**, 5

Seien Sie **willkommen!** Soyez les bienvenus! **IVM2DE**, 1

der **Wind** le vent **I7A**, 1

die **Windenergie** l'énergie éolienne (f.) ⟨**VM3V**, 1⟩

Es ist **windig**. Il y a du vent. **I7A**, 1

der **Winter** l'hiver (m.) **I5B**, 4

ein **Wipfel** une cime **VM3A**, 1

wirklich (Adj.) réel/réelle **IVM1A**, 5

wirklich (Adv.) vraiment **I5B**, 3

die **Wirklichkeit** la réalité **II6A**

eine **Wirkung** un effet **VM3V**, 1

die **Wirtschaft** l'économie (f.) **IV2A**, 3

wirtschaftlich économique/économique **VM2B**, 1

wissen savoir **II1A**, 1
Ich weiß nicht. Je ne sais pas. **I4A**, 3

eine **Wissenschaft** une science **III5B**, 1

ein **Wissenschaftler**/eine **Wissenschaftlerin** un scientifique/une scientifique **III3DE**

natur**wissenschaftlich** scientifique/scientifique **VM2B**, 1

das **WLAN** le wifi **IVM2DE**, 1

wo où **I2B**, 2

woanders ailleurs **VM1A**, 2 **VM2B**, 2 **VM4DE**

eine **Woche** une semaine **I7DE**

ein **Wochenende** un week-end **III3B**, 1

wohin où **I2B**, 2

wohingegen alors que **III5A**, 1

sich **wohlfühlen** être à l'aise **VDELF**

wohnen habiter **I2B**, 2 résider **IVM1B**, 1

eine **Wohngemeinschaft** une colocation **IV2A**, 3

ein **Wohnmobil** un camping-car **IVM2DE**

eine **Wohnung** un appartement **I5A**, 3

ein **Wohnzimmer** un salon **I5A**, 3

eine **Wolke** un nuage **III4A**, 9

wollen vouloir **II3A**, 1

Wenn du willst. Si tu veux. **II3A**, 8

wollen, dass vouloir que (+ subj.) **IV3A**, 5

ein **Workshop** un atelier **II6C**

ein **Wort** un mot **I4B**, 3 une parole **IVM1A**, 2

ein **Wörterbuch** un dictionnaire **III4A**, 4

wunderschön magnifique/magnifique **VM3DE**

etw. **wünschen** désirer qc **I7C**, 2

ich wünsche mir, dass j'aimerais que (+ subj.) **IV3A**, 2

wünschen, dass désirer que (+ subj.); souhaiter que (+ subj.) **IV3A**, 5

wünschen, etw. zu tun souhaiter faire qc **IV2A**, 8

die **Wurst**(waren) la charcuterie **VRev**

das **Wurstwarengeschäft** la charcuterie **VRev**

eine **Wurzel** une racine **VM3A**, 1

eine **Wüste** un désert **III5B**, 2

die **Wut** la colère **II1A**, 1

Z

eine **Zahl** un nombre **III5DE**

etw. **zählen** compter qc **III5A**, 1

ein **Zahn** une dent **IVM1B**, 8

ein **Zebra** un zèbre **VM4DE**

etwa **zehn** une dizaine **IV1A**, 2

die **zehnte Klasse** (die erste Klasse auf dem Lycée) la seconde ⟨**VM1A**, 1⟩

ein **Zeichentrickfilm** un dessin animé **IV1DE**

etw. **zeichnen** dessiner qc **III2A**, 5

ein **Zeichner**/eine **Zeichnerin** un dessinateur/une dessinatrice **II2B**, 2

eine **Zeichnung** un dessin **II2B**, 2

jdm. etw. **zeigen** montrer qc à qn **I6B**, 1

die **Zeit** le temps **I4B**, 1

es ist Zeit, dass il est temps que (+ subj.) **IV3A**, 5

seine Zeit damit verbringen, etw. zu tun passer son temps à faire qc **II6A**

Zeit haben, etw. zu tun avoir le temps de faire qc **II4B**, 2

ein **Zeitalter** une époque **III5B**, 1

das **Zeitgeschehen** l'actualité (f.) **VM2A**, 1

ein **Zeitplan** un horaire **IV2B**, 1

ein **Zeitschriften-** und Schreibwarengeschäft une maison de la presse **I2DE**

eine **Zeitspanne** une période **IV3B**, 1

eine **Zeitung** un journal/des journaux **I2DE**

ein **Zelt** une tente **IVM2DE**

im Zelt sous la tente **IVM2DE**, 1

ein **Zeltpflock** (ugs.) une sardine **IVM2DE**, 7

zentralisiert centralisé/centralisée **VM4A**, 2

zentralistisch centralisé/centralisée **VM4A**, 2

zentralstaatlich centralisé/centralisée **VM4A**, 2

ein **Zentrum** un centre **IV2DE**

etw. **zerstören** détruire qc **VM3A**, 2

eine **Zerstörung** une destruction **VM3DE**

zerstreut sein être dans la lune (fam.) **II4A**, 1

eine **Ziege** une chèvre ⟨**VRev**⟩

ein **Ziel** un objectif **VM1DE VM2DE VRev VM3DE VM4DE**

ziemlich plutôt **II3A**, 2

ein (Schlaf-)**Zimmer** une chambre **I3A**, 3

ein **Zimmer** une pièce **I5A**, 3

der **Zirkus** le cirque **II7DE**

die **Zirkuskünste** les arts du cirque (m.) **II7DE**

ein **Zitat** une citation **IVM1A**, 6

eine **Zitrone** un citron **II4DE**

zögern etw. zu tun hésiter à faire qc **III2B**, 5

der **Zorn** la colère **II1A**, 1

zu sehr trop **I5B**, 3

zu viel trop **I5B**, 3

zu Hause à la maison **I4A**, 1

Essen **zubereiten** faire la cuisine **II4DE**

der **Zucker** le sucre **II4DE**

das **Zuckerrohr** la canne à sucre **VM4B**, 1

zuerst d'abord **I3A**, 2

der **Zufall** le hasard **IV1A**, 2

durch Zufall par hasard **IV1A**, 2

zufällig par hasard **IV1A**, 2

zufrieden content/contente **I6A**, 4

ein **Zug** un train **I3A**, 3

mit dem Zug en train **I7B**, 2

etw. **zugeben** avouer qc **VM4B**, 2

jemandem **zuhören** écouter qn/qc **I2A**, 2

die **Zukunft** l'avenir (m.) **VM2DE**

eine **Zunahme** une augmentation ⟨**VM3B**, 1⟩

zurechtkommen se débrouiller **III4A**, 4

etw. **zurückbringen** rapporter qc **III5A**, 1

jdm. etw. **zurückgeben** rendre qc à qn **III2A**, 5

auf etw. **zurückgehen** remonter à qc **VM1B**, 5 **VM4A**, 2

zurückkehren retourner **II3B**, 1

zurückkommen rentrer **I4A**, 1 revenir **II3B**, 4

etw. **zurücklassen** laisser qc **II5A**, 4

etw. **zurücknehmen** reprendre qc **III1A**, 1

(jdn.) **zurückrufen** rappeler (qn) **II2B**, 8

zurückweichen reculer **VM3B**, 2

zurzeit en ce moment **IV2A**, 1

zusammen ensemble **I3A**, 1

eine **Zusammenarbeit** une coopération **IV3DE**

mit jdm. **zusammenarbeiten** coopérer avec qn **IV3A**, 1

einen **zusammenfassenden** Überblick über etw. geben faire le point sur qc **III5A**, 4

etw. **zusammenfassen** résumer qc **II6C**

etw. **zusammenlegen** plier qc **IVM1DE**

sich aus etw. **zusammensetzen** se composer de qc **VM1V**, 1

ein **Zuschauer**/eine **Zuschauerin** un spectateur/une spectatrice **IV1DE**

zuständig responsable/responsable **IVM2A**, 2

die **Zuständigkeit** la responsabilité **IV2B**, 1

eine **Zutat** un ingrédient **VM2A**, 1

zwar certes **VM1B**, 1

ein **Zweig** une branche **VM2V**, 1 **VM3A**, 1

jdn. **zwingen**, etw. zu tun obliger qn à faire qc **IVM1A**, 9

zwischen entre **I6B**, 1

Consignes – Arbeitsanweisungen und Operatoren[1]

Ajoutez …	Fügen Sie … hinzu.
Analysez …	Untersuchen Sie …
Associez …	Ordnen Sie … zu. / Verknüpfen Sie …
Caractérisez …	Charakterisieren Sie …
Choisissez …	Wählen Sie …
Citez …	Zitieren Sie …
Commentez …	Nehmen Sie Stellung zu …
Comparez …	Vergleichen Sie …
Complétez …	Ergänzen Sie / Vervollständigen Sie …
Consultez un dictionnaire.	Schlagen Sie in einem Wörterbuch nach.
Continuez.	Machen Sie weiter.
Corrigez …	Korrigieren Sie …
Décrivez …	Beschreiben Sie …
Dégagez …	Arbeiten Sie … heraus.
Dégagez le thème soulevé par le document.	Arbeiten Sie das Problem heraus, das das Dokument aufwirft.
Désignez un animateur.	Ernennen Sie einen Spielleiter.
Discutez …	Erörtern Sie …
Donnez votre avis sur …	Äußern Sie Ihre Meinung zu …
Echangez …	Tauschen Sie … aus.
Ecoutez …	Hören Sie …
Ecrivez …	Schreiben Sie …
Etudiez …	Untersuchen Sie …
Evaluez …	Beurteilen Sie … / Bewerten Sie …
Examinez de plus près …	Untersuchen Sie … genauer.
Expliquez …	Erklären Sie …
Exposez brièvement …	Stellen Sie … knapp dar.
Faites le point sur …	Geben Sie einen Überblick über …
Faites le portrait de …	Porträtieren Sie …
Faites un filet à mots.	Erstellen Sie ein Wortnetz.
Faites un sondage.	Machen Sie eine Umfrage.
Imaginez …	Denken Sie sich … aus.
Indiquez …	Nennen Sie …
Inventez …	Erfinden Sie …
Jugez …	Beurteilen Sie …
Justifiez …	Begründen Sie …
les mots clés	die Schlüsselwörter
les mots en gras	die fett gedruckten Wörter
les mots en italique	die kursiv / schräg gedruckten Wörter
les mots qui correspondent à …	die Wörter, die … entsprechen
Mettez les verbes aux temps qui conviennent.	Setzen Sie die Verben in die richtige Zeitform.
Mettez-vous à la place de …	Versetzen Sie sich in (die Lage von) …
Mettez-vous d'accord.	Einigen Sie sich.
Mettez … en rapport / en relation avec …	Setzen Sie … in Beziehung zu … (Arbeiten Sie Zusammenhänge heraus.)

[1] Operatoren sind Arbeitsanweisungen, die in Prüfungsaufgaben vorkommen können.
Operatoren sind in dieser Liste **fettgedruckt**.

→

Nommez …	Nennen Sie …
Notez des mots-clés.	Notieren Sie Stichworte.
Pesez le pour et le contre.	Wägen Sie das Für und Wider ab.
Posez des questions à tour de rôle.	Stellen Sie abwechselnd Fragen.
Prenez des notes.	Machen Sie Notizen.
Prenez position.	Nehmen Sie Stellung.
Précisez …	Erläutern Sie …
Présentez …	Stellen Sie … vor.
Présentez votre point de vue.	Stellen Sie Ihren Standpunkt vor.
Racontez …	Erzählen Sie …
Rappelez-vous …	Erinnern Sie sich an …
Recopiez le tableau dans votre cahier.	Übertragen Sie die Tabelle in Ihr Heft.
Rédigez …	Schreiben Sie …
Regardez …	Sehen Sie … an. / Betrachten Sie …
Relevez …	Sammeln Sie …
Reliez …	Verbinden Sie …
Relisez le texte.	Lesen Sie den Text noch einmal.
Remettez les phrases dans l'ordre.	Bringen Sie die Sätze in die richtige Reihenfolge.
Remplacez … par …	Ersetzen Sie … durch …
Répondez à tour de rôle.	Antworten Sie abwechselnd.
Résumez …	Fassen Sie … zusammen.
Terminez les phrases.	Beenden Sie die Sätze.
Traduisez …	Übersetzen Sie …
Transformez …	Formen Sie … um.
Transposez …	Formen Sie … um.
Utilisez …	Verwenden Sie …
Vrai ou faux?	Richtig oder falsch?

Des phrases utiles	Nützliche Sätze
C'est à qui, maintenant?	Wer ist jetzt dran?
C'est à vous, maintenant.	Sie sind jetzt dran.
Comment est-ce qu'on dit en français …?	Wie sagt man auf Französisch …?
Comment est-ce qu'on écrit ce mot?	Wie schreibt man dieses Wort?
Comment est-ce qu'on prononce ce mot?	Wie spricht man dieses Wort aus?
Pourriez-vous épeler, s'il vous plaît?	Können Sie bitte buchstabieren?
Nous en sommes à quel paragraphe?	In welchem Abschnitt sind wir?
Nous en sommes à quelle ligne?	In welcher Zeile sind wir?
Nous en sommes à quelle page?	Auf welcher Seite sind wir?
Nous en sommes à quelle phrase?	Bei welchem Satz sind wir?
Pourriez-vous expliquer …, s'il vous plaît?	Könnten Sie bitte … erklären?
Que veut dire le mot / l'expression …?	Was bedeutet das Wort / der Ausdruck …?
Pourriez-vous parler plus fort, s'il vous plaît?	Könnten Sie bitte lauter sprechen?

Les lettres de l'alphabet

A [a]	**D** [de]	**G** [ʒe]	**J** [ʒɪ]	**M** [ɛm]	**P** [pe]	**S** [ɛs]	**V** [ve]	**Y** [igrɛk]
B [be]	**E** [ə]	**H** [aʃ]	**K** [ka]	**N** [ɛn]	**Q** [ky]	**T** [te]	**W** [dubləve]	**Z** [zɛd]
C [se]	**F** [ɛf]	**I** [i]	**L** [ɛl]	**O** [o]	**R** [ɛʀ]	**U** [y]	**X** [iks]	

Les signes orthographiques / Die orthografischen Zeichen

Les signes orthographiques	Die orthografischen Zeichen
l'accent aigu *(m.)*	C'est g**é**nial!
l'accent grave *(m.)*	le coll**è**ge
l'accent circonflexe *(m.)*	Tu as quel **â**ge?
le tréma	A**ï**e! Mon pied!
le «c»-cédille	un gar**ç**on
l'apostrophe *(f.)*	d**'**accord
OE entrelacés/OE collés	Voilà ma s**œ**ur.
la majuscule	**I**l s'appelle **L**éo.
la minuscule	Il a 12 **a**ns.

Les signes de la phrase / Die Satzzeichen

Les signes de la phrase	Die Satzzeichen
le point	On va au collège**.**
les deux points	Le collège est grand**:** il a deux mille élèves.
le point d'exclamation	Attention**!**
le point d'interrogation	Qui est-ce**?**
les points de suspension	Mais **…** C'est Léo!
la virgule	Dans le gymnase**,** on fait du sport.
les guillemets *(m.)*	Qui est **«**Scoubidou**»**?
les parenthèses	**(**C'est une devinette**)**.
le tiret	**–** Tu t'appelles comment? **–** Je m'appelle Marie.
le trait d'union	Grand**-**mère est à la maison?

Solutions: Lösungen und Lösungsvorschläge

Mit dem Lösungsteil können Sie sich selbst kontrollieren. Damit Sie eigene Fehler erkennen, müssen Sie sehr genau hinsehen und Ihre Lösungen sorgfältig mit den hier abgedruckten vergleichen. Tragen Sie Ihre Fehler in Ihr „Fehlerprotokoll" ein. Wie Sie damit arbeiten können, steht auf Seite 122–123.

Module 1, Bilan S. 22–23

1 Parler

1. Il s'agit d'un extrait du roman «Une arme dans la tête» de Claire Mazard. **2.** Le texte parle d'un jeune homme qui fait une formation. **3.** Le personnage principal parle de sa situation en classe. **4.** Il a du mal à se concentrer. **5.** Marieme fait confiance à sa sœur. **6.** Elle ne se plaint pas. **7.** A ta place, je dirais non. **8.** J'aurais pu gagner. **9.** En France, la plupart des immigrés viennent d'Afrique.

2 Lire

1. ⟶ a (lignes 3–4) **2.** ⟶ c (lignes 9–12) **3.** ⟶ c (lignes 17–25) **4.** ⟶ b (lignes 26–27) **5.** ⟶ b (ligne 33, ligne 36) **6.** ⟶ c (lignes 37–38, lignes 41–42)

3 Ecouter et regarder/Ecrire

1. Faux. On voit des cartes géographiques. **2.** Vrai. **3.** Faux. Sa mère a des origines indiennes. **4.** Faux. Son père a des origines africaines. **5.** Faux. On voit trois bijoux différents. **6.** Vrai. **7.** Vrai.

Module 2, Bilan S. 38–39

1 Parler

1. Est-ce que je pourrais parler à madame/monsieur X, s'il vous plaît? **2.** C'est au sujet d'un stage. **3.** Pourriez-vous transmettre un message à madame/monsieur X? **4.** Veuillez patienter un instant/un moment, s'il vous plaît. **5.** La ligne est occupée. **6.** Qu'est-ce que c'est, en fait, le/ce travail dont vous m'avez parlé? **7.** Je sais travailler de mes mains. **8.** Je m'intéresse aux métiers qui me permettent d'être créatif/créative. **9.** Je vous remercie beaucoup pour cet entretien.

2 Lire

A Résumé numéro 2.
B **1.** La «génération Z» a grandi avec Internet et les réseaux sociaux. **2.** Ce sont des jeunes qui ne veulent pas vivre sans les nouvelles technologies. **3.** Pourtant, ils ont une vie réelle. **4.** Ils vont changer les règles du monde du travail. **5.** Au travail, ils cherchent du sens et du plaisir. **6.** Est-ce qu'ils vont trouver l'emploi qu'ils souhaitent/Est-ce qu'ils vont réussir? Ce n'est pas sûr.

3 Ecouter

A **1.** Faux. Elle est forte en biologie et en chimie. **2.** Vrai. **3.** Vrai. **4.** Faux. Elle sait qu'elle doit faire des progrès en maths et en informatique si elle veut travailler dans le domaine de la médecine.
B Le métier de **technicienne d'analyses biomédicales** correspondrait le mieux à cette jeune femme car elle aimerait faire un métier en rapport avec la biologie et la chimie et travailler dans un laboratoire. Ça lui plairait de faire des analyses médicales et d'être utile aux autres. Par contre, elle n'est pas forte en informatique.

4 Parler

Lösungsbeispiel:

Je suis élève au lycée Kepler. Je m'intéresse aux sciences naturelles et aussi à la technique, surtout aux voitures. Pendant mon temps libre, je fais du VTT et j'aime bien travailler de mes mains. Avec un ami, nous réparons nos vélos, nous essayons de trouver les meilleures solutions pour les adapter à nos parcours. J'ai déjà fait un stage de deux semaines dans un atelier de carrosserie. Je voudrais faire des études de technique automobile et être ingénieur. Je m'intéresse surtout au service recherche et développement, mais aussi à tous les autres services. Un stage dans votre entreprise me permettrait d'avoir une expérience dans le domaine de la production.

Plateau Révisions

Révisions Atelier 1 S. 42–43

1 Je n'y suis jamais allé(e).

A Oh oui, je n'y suis jamais allée. ⟶ «Y» remplace «à Lyon». Il y a la Fête des lumières. ⟶ «Y» remplace «à Lyon». Mon père m'en a parlé, … ⟶ «En» remplace «de la Fête des lumières». On y va le 5 décembre. ⟶ «Y» remplace «à Lyon». On a encore le temps d'y réfléchir … ⟶ «Y» remplace «à aller à Lyon».
B on ira ⟶ aller, on trouvera ⟶ trouver

2 On y va?

A *Lösungsbeispiel:* **1. – 2.** → exemple **3.** Qui s'occupe des billets? – Je m'en occupe demain./Je vais m'en occuper demain./Je m'en occuperai demain. **4.** On restera combien de jours à Lyon? – On pourrait y rester cinq jours. **5.** On peut louer des vélos? – Oui, on peut en louer partout. **6.** Tu t'intéresses à l'histoire? – Euh, mon père s'y intéresse beaucoup. **7.** Il a déjà été à Lyon? – Oui, il y a habité. **8.** Il a des livres sur la ville? – Oui, il en a plusieurs. **9.** Tu penseras à emmener ton portable? – Mais oui, je vais y penser !/j'y penserai!

B **1.** J'y réfléchis. **2.** Nous en parlerons demain./Nous allons en parler demain. **3.** Il faut y aller. **4.** J'en ai besoin. **5.** J'y pense souvent.

3 Le programme de visite

Lösungsbeispiel:

Chère Lucie,

Lyon nous attend, je suis impatiente de partir! Je réserverai à l'auberge de jeunesse comme on a convenu (j'espère qu'on aura une chambre à deux!). Samedi, je te montrerai le quartier de la Croix-Rousse. Tu verras un des murs peints de la ville et tu pourras prendre des photos. Puis on ira au centre-ville et on se promènera sur les quais de la Saône. Si on a faim, on mangera du saucisson brioché. Tu découvriras aussi la brioche pralinée, c'est une spécialité sucrée de Lyon. Ensuite, nous ferons les magasins du centre-ville. Dimanche, nous visiterons le musée des Confluences, c'est nouveau et c'est moderne. Les visites te plairont, j'en suis sûre! Si tu as d'autres propositions, n'hésite pas à les envoyer.

A très bientôt!

Flora

Révisions Atelier 2 S. 44 – 45

1 Où est le magasin?

Le magasin se trouve place des Cordeliers, à côté de l'église Saint-Bonaventure. Il est entre l'église et le pont Lafayette/tout près du pont Lafayette.

2 Excusez-moi, . . .

Lösungsbeispiel:

– Excusez-moi, monsieur/madame. Nous cherchons le magasin Boulanger, place des Cordeliers. Pourriez-vous m'expliquer comment y aller?/Est-ce que vous savez comment y aller?/Est-ce que vous connaissez le chemin pour y aller?
– Oui, (avec plaisir). Vous voulez y aller à pied ou en métro?

– Euh… c'est à combien de kilomètres d'ici?
– Ce n'est pas loin, ça fait environ 1 km.
– Ah, d'accord. On va y aller à pied.
– Alors, vous prenez la première à gauche, c'est le quai Romain Rolland, puis vous traversez la Saône par la passerelle du Palais de Justice. Ensuite, vous allez tout droit, rue de l'Ancienne Préfecture, et vous arrivez à la place des Jacobins. Vous continuez tout droit rue de Tournes et à la place de la République, vous tournez à gauche dans la rue de la République. La place des Cordeliers est à 200 mètres.
– D'accord. On met combien de temps pour y aller?
– Vous y êtes en un quart d'heure. C'est tout près.
– Merci beaucoup, monsieur/madame. Au revoir!
– Au revoir et bonne journée!

3 Comment est-ce qu'on y va?

Lösungsbeispiel:

A Il faut d'abord marcher environ 5 minutes pour aller à la station Vieux Lyon. De la rue de la Bombarde, on prend à droite le quai Romain Rolland, puis à gauche l'avenue Adolphe Max. La station est de l'autre côté de l'avenue. Il faut prendre la ligne D direction gare de Vénissieux jusqu'à Bellecour, puis la ligne A direction Vaulx-en-Velin La Soie et descendre à la station Cordeliers.

B Pour aller à la prochaine station Vélo'v, il faut prendre la première à gauche. La station se trouve sur le quai Romain Rolland, après la passerelle du Palais de Justice.

C – Allô?
– Bonjour, c'est moi.
– Bonjour, ça va? Tu es où?
– Je suis encore à Lille. J'arriverai à Lyon à 11h30. Vous venez me chercher à l'aéroport?
– Ben, écoute, c'est un peu cher d'y aller à deux. On pourrait se retrouver au centre-ville, qu'est-ce que tu en penses?
– O.k., je comprends. Comment je fais alors pour aller au centre-ville?
– Tu peux prendre la navette Rhône-Express à l'aéroport. Elle va jusqu'à la gare de Lyon-Part-Dieu.
– D'accord. On met combien de temps?
– Une demi-heure environ.
– Et ça coûte combien?
– Je ne sais pas. Mais un trajet d'une demi-heure coûtera sûrement 10 euros ou même plus.
– Bon, et on se retrouve où?
– A la gare de Lyon-Part-Dieu. Tu me rappelles quand tu es dans la navette, d'accord?
– D'accord.

– On t'attendra! Bon voyage!
– Merci, salut!

4 A la gare de la Part-Dieu

Lösungsbeispiel:

La personne qui attend le train pour Lille: Mon train part à la voie G. Il faut que j'y aille. Allez, au revoir, à très bientôt.

La personne qui attend le train pour Paris: Mon train part de la voie E, mais il a du retard. Allez, je t'accompagne à ton train, j'ai le temps!

Révisions Atelier 3 S. 46 – 47

1 Des chaussures qui vont avec tout

Propositions relatives: qui vont avec tout; que je peux porter tous les jours.
Comparatif de l'adjectif: plus chères que les autres.
Superlatif de l'adjectif: les plus cool.

2 Des chaussures de sport

Lösungsbeispiel:

– Bonjour, je peux vous aider?
– Je voudrais essayer les chaussures qui sont dans la vitrine.
– Quelle est votre pointure?
– 42.
– Voilà, essayez-les. Alors, comment (est-ce que) vous les trouvez?
– Elles sont trop colorées.
– Attendez, je vous apporte des chaussures moins colorées.
– Ah non, elles ne me plaisent pas/elles sont moches. Elles sont moins originales que les autres. Vous les avez aussi en bleu?
– Je vais regarder … Tenez. Est-ce que ça va?
– Non, elles ne sont pas aussi confortables que les premières.
– Essayez les chaussures blanches alors. Elles sont très confortables. Ce sera peut-être la meilleure solution. Voilà.
– Ah oui. C'est parfait! Et elles sont beaucoup plus sympas que les bleues. Ce sont les plus cool!

3 Des souvenirs de Lyon

Lösungsbeispiel:

A La Croix-Rousse est un quartier qui se trouve au centre-ville et où on peut faire les magasins. C'est le quartier que les gens préfèrent pour se promener.
Le saucisson lyonnais est un produit qui vient de la région et qu'on peut acheter partout à Lyon. Il faut le goûter!

A Lyon, il y a des marionnettes qui sont typiques de la ville, par exemple le Guignol, qu'on trouve seulement à Lyon.
L'Epicerie Pop, c'est un salon de thé où on peut acheter des spécialités et où on peut aussi manger. Il a une jolie terrasse.

B 1. Ce qui me plairait à Lyon, ce sont les magasins et les cafés. 2. Ce que je voudrais voir, c'est le musée des Confluences. 3. Ce qui m'intéresse beaucoup, ce sont les murs peints. 4. Je sais déjà ce que je pourrais offrir à ma mère. Une marionnette. 5. Je crois qu'à la Croix-Rousse/ qu'au quartier de la Croix-Rousse, je trouverai tout ce que je veux. 6. Ce qui doit être super bon, ce sont les brioches.

Révisions Atelier 4 S. 48 – 49

1 Si on allait boire un coup?

Raconter au passé: t'a plu (Passé composé), a parlé (Passé composé), n'a pas remarqué (Passé composé), personne ne comprenait (Imparfait), tu as tout compris (Passé composé)
Faire des propositions: (si) on allait (Imparfait)

2 Faire la connaissance de quelqu'un

Lösungsbeispiele:

A Films: Ça me rappelle un film avec Kad Merad. Il s'appelle *Bienvenue chez les Ch'tis*. Tu le connais? Livres: Je viens de lire un livre sur le rugby. Musique: Tu as déjà écouté le nouvel album de Louane? Jeux: Je suis fan du jeu «L'œil noir». Tu connais ce jeu de rôle? Visites: Tu es déjà allé(e) à Bordeaux?

B – Alors Matteo, tu viens d'où, en Italie?
– De la région de Parme. Tu connais?
– Non, je connais seulement le jambon de Parme! J'ai déjà passé des vacances en Italie, mais sur la côte, près de Rimini.
– Oui, beaucoup d'Allemands aiment passer leurs vacances en Italie. Et toi, tu viens d'où?
– J'habite près de Cologne.
– Tu fais des études?
– Je suis encore au lycée. Et toi?
– Je viens de passer mon bac et j'ai décidé de voyager et travailler pendant un an.
– Ah, super! Moi, je voulais faire des progrès en français. Alors j'ai eu l'idée de prendre des cours en France pendant les vacances.
– Tu es content d'être à Montpellier?
– Oui, je trouve la ville super. Et on peut faire beaucoup d'activités dans la région, c'est cool! Et toi, c'est aussi la première fois que tu viens ici?

– Oui, mais je suis là depuis trois mois. Je travaille dans un café près d'ici et j'ai décidé de venir à l'école de langues pour mieux parler français.

– Tu as voyagé où, déjà?

– J'ai commencé par la France. Après le cours, je vais passer quelques mois en Angleterre … Bon, il faut que j'aille travailler. On se revoit demain?

– Oui, à demain. Bon après-midi!

3 Donner rendez-vous à qn

Lösungsbeispiele:

– Salut Matteo! Ça te dit de faire de l'escalade mercredi après-midi? Il y a un parc pas loin d'ici. Ça a l'air super!

– Mercredi, je ne peux pas. Et tu sais, moi, je ne fais jamais d'escalade … Mais dimanche, je suis libre. Si on allait se promener à la réserve africaine de Sigean, plutôt?

– Qu'est-ce que c'est, exactement ?

– Un parc zoologique. On peut faire un safari comme en Afrique et voir des animaux.

– Oui, je veux bien, ça a l'air sympa. On se retrouverait à quelle heure?

– Si on se donnait rendez-vous chez moi à onze heures?

– D'accord. Je viendrai chez toi.

– Si tu aimes aller en discothèque, on pourrait aussi aller un soir à l'Antirouille.

– Je n'aime pas trop danser. Mais il y a aussi des concerts à l'Antirouille, je préfèrerais. Bon, le cours commence, on en reparlera plus tard!

4 Raconte!

A 1. Il a dit qu'il venait de Colombie. **2.** Il a dit que sa famille était allée vivre en Espagne. **3.** Il a dit qu'il faisait des études de médecine à Tolède. **4.** Il a dit qu'en août, il irait à Paris avec un copain. **5.** Il a dit qu'ils y retrouveraient un ami de Bogota. **6.** Il a demandé si j'étais déjà allée à Paris.

Lösungsbeispiel:

B *Liva dit:* **1.** Je viens du Danemark. **2.** J'ai commencé mes études d'économie à Copenhague. **3.** Ma famille va venir me voir. **4.** Nous irons aussi à Paris. **5.** Je suis très contente de t'avoir rencontré. **6.** J'ai beaucoup aimé la sortie à la réserve africaine.

Fernando raconte: **1.** Elle a dit qu'elle venait du Danemark. **2.** Elle a dit qu'elle avait commencé ses études d'économie à Copenhague. **3.** Elle a dit que sa famille allait venir la voir. **4.** Elle a dit qu'ils iraient aussi à Paris. **5.** Elle a dit qu'elle était très contente de m'avoir rencontré. **6.** Elle a dit qu'elle avait beaucoup aimé la sortie à la réserve africaine.

Révisions Atelier 5 S. 50 – 51

1 Une rencontre

A Situation ou personne: j'étais (Imparfait), avait l'air (Imparfait), je n'étais pas du tout (Imparfait), je voulais (Imparfait). Action: je me suis perdu (Passé composé), j'avais pris (Plus-que-parfait), j'ai vu (Passé composé), elle m'a montré (Passé composé), elle m'a accompagné (Passé composé), je l'ai rencontrée (Passé composé)

B En me promenant dans la ville, je me suis perdu. $\longrightarrow$ Pendant que je me promenais dans la ville, je me suis perdu./Quand je me suis promené dans la ville, je me suis perdu.

En regardant mon plan, elle m'a montré que je n'étais pas du tout dans le bon quartier! $\longrightarrow$ Quand elle a regardé mon plan, elle m'a montré que je n'étais pas du tout dans le bon quartier!/Elle m'a montré que je n'étais pas du tout dans le bon quartier de la façon suivante: elle a regardé mon plan.

2 Apprendre en parlant?

Lösungsbeispiel:

– Comment est-ce que je peux faire pour comprendre les textes audio? – En les écoutant plusieurs fois. Et toi, comment est-ce que tu fais pour apprendre du vocabulaire? – En notant des expressions et en les prononçant.

– Comment est-ce que je peux faire pour suivre mon interlocuteur? – En lui demandant de répéter quand tu n'as pas compris. Et toi, comment est-ce que tu fais pour comprendre des textes écrits? – En utilisant un dictionnaire.

– Comment est-ce que je peux faire pour apprendre à parler librement? – En osant parler! Et toi, comment est-ce que tu fais pour bien écrire? – En lisant des textes et en réutilisant des expressions.

– Comment est-ce que je peux faire pour éviter des fautes à l'écrit? – En relisant et en contrôlant ton texte. *(D'autres questions et d'autres réponses:)* Et toi, comment est-ce que tu fais pour bien prononcer? – En écoutant des CD et en répétant des phrases.

– Comment est-ce que je peux faire pour comprendre des films? – En regardant souvent des DVD. Et toi, comment est-ce que tu fais pour préparer une présentation? – En suivant les stratégies de mon livre.

– Comment est-ce que tu contrôles tes solutions? – En les comparant avec les solutions dans mon livre …

3 Qu'est-ce que tu as fait hier?

Lösungsbeispiel:

Hier, je suis allé(e) boire un verre avec les jeunes du cours de langue. Max avait proposé d'aller au café. Il y avait une bonne ambiance, on a beaucoup rigolé. C'était super sympa. Carla n'est pas venue. Elle était fatiguée parce qu'elle avait trop peu dormi. Quand je suis parti(e), Carla m'a appelé(e). Elle était de mauvaise humeur. Elle m'a parlé des problèmes qu'elle a/qu'elle avait avec Max. Ils s'étaient disputés parce que Carla était jalouse de Svetlana. Je suis allé(e) la voir et nous avons discuté jusqu'à minuit …

Möglichkeit für weitere Notizen u-. Sätze: ne pas vouloir la laisser seule ⟶ Je ne voulais pas la laisser seule. important de l'écouter ⟶ C'était important de l'écouter.

4 Mon séjour à Montpellier

Lösungsbeispiel:

Je suis arrivée à Montpellier samedi. En descendant du train, j'ai rencontré deux filles sympas (qui étaient montées dans le train à Lyon). En parlant avec elles, j'ai compris qu'elles allaient à la même auberge que moi. Nous avons passé la soirée ensemble en discutant et en jouant aux cartes.

Hier, j'ai fait un tour en vélo avec deux Italiens que j'avais rencontrés à l'auberge. Ils s'appelaient Matteo et Chiara. Il y avait du soleil et il faisait chaud, c'était sympa.

Tout à coup, en tournant, Matteo est tombé. Heureusement, nous avions tous mis un casque. Matteo avait mal à la jambe et voulait appeler les urgences car Chiara était très inquiète. Malheureusement, il n'y avait pas de réseau!

Finalement, ce n'était pas grave. Nous sommes retournés à l'auberge. Matteo n'avait plus mal. Chiara et lui ont tout de suite préparé un programme d'activités pour la semaine en surfant sur Internet.

A Montpellier, on ne s'ennuie pas!

Révisions Atelier 6 S. 52 – 53

1 Une pause dans le parc

A On pourrait acheter des fruits, du fromage, de la limonade. Wir könnten Früchte, Käse und Limonade kaufen. Im Deutschen gibt es keinen Artikel bei unbestimmten Mengen, im Französischen braucht man den Teilungsartikel.

Lösungsbeispiele:

B Il nous faut encore (p.ex.) du pain, du beurre, des olives, des tomates, des yaourts, du saucisson, des œufs.

C – On achète de la salade de thon?
– D'accord. Combien?
– Deux boîtes.
– D'accord, 2 boîtes de salade de thon, ça suffira.
– On achète aussi du jambon?
– Je ne mange pas de viande.
– Si on achetait des olives?
– Oh, oui, je veux bien. Combien?
– 100 grammes.
…

3 L'addition, s'il vous plaît.

A Non, il y a une erreur: c'est une crêpe noix de coco sans crème de citron.
B Oui, c'est ça.
C 27, 50 euros

Module 3, Bilan S. 68 – 69

1 Parler

1. Ce texte traite/parle de la biodiversité. **2.** Dans ce texte, il est question de l'empreinte écologique des humains. **3.** De mon point de vue, … **4.** L'auteur donne son point de vue. **5.** L'auteur affirme qu'il faut préserver l'environnement bien que ce soit difficile. **6.** L'auteur remet en question la société de consommation. **7.** L'auteur fait appel aux émotions. **8.** En ce qui concerne ce point de vue, je suis convaincu(e) que l'auteur a raison. **9.** Par rapport aux années passées/Si on compare aux années passées, beaucoup de choses ont changé. **10.** Par conséquent, il faut préférer une agriculture durable.

2 Ecouter et regarder

1. ⟶ a **2.** ⟶ b **3.** ⟶ a + c **4.** ⟶ b + c **5.** ⟶ c **6.** ⟶ b + c **7.** ⟶ b + c **8.** ⟶ b + c

3 Lire et écrire

A Il s'agit d'un commentaire. Les expressions qui m'ont permis de définir le genre de texte sont par exemple: «L'argument principal de ce film est …» (l. 2), «En ce qui me concerne, …» (l. 4), «je ne suis pas d'accord avec …» (l. 4 – 5), «Il est vrai qu'on …» (l. 5), «Pour vous donner un exemple …» (l. 7), «De mon point de vue, …» (l. 9), «De plus, …» (l. 11), «En conclusion, …» (l. 13)

Lösungsbeispiele:

B L'auteur trouve que l'idée de Corentin est belle, mais il n'est pas d'accord avec lui. Il trouve que c'est une expérience intéressante mais ne pense pas que cette façon de vivre soit possible pour tout le monde.

C *Argument de l'auteur:* Ce serait dommage de refuser tout le confort de la vie moderne.
Argument contraire: On n'a pas besoin de toutes les choses qu'on peut acheter chez nous.
Argument de l'auteur: On peut acheter des bons légumes, donc ce n'est pas utile de faire le travail des agriculteurs. *Argument contraire:* C'est utile de faire le travail des agriculteurs pour réaliser d'où vient ce qu'on mange. *Argument de l'auteur:* On ne peut pas travailler et en même temps fabriquer des objets.
Argument contraire: Si on passe moins de temps à faire des activités inutiles, on a assez de temps pour fabriquer des objets utiles.
Argument de l'auteur: L'expérience de Corentin peut marcher pour une personne mais pas pour toute une ville. *Argument contraire:* Ce n'est pas sûr, il faudrait faire l'expérience.

D Dans son film «Nomade des mers», Corentin raconte son expérience. L'argument principal de ce film est que l'être humain est capable de vivre avec très peu de choses et surtout avec peu de technologie moderne. En ce qui me concerne, je trouve que c'est une bonne idée parce qu'on n'a pas besoin de toutes les choses qu'on peut acheter chez nous. Si on passe moins de temps à faire des activités inutiles, on a assez de temps pour fabriquer des objets utiles, pour s'occuper d'un jardin ou d'animaux. De mon point de vue, l'idée de Corentin est intéressante parce qu'elle nous montre qu'on peut vivre sans consommer des choses inutiles. J'aimerais, moi aussi, faire cette expérience, mais pas pendant plusieurs mois. Ce serait une bonne idée pour les vacances.

Module 4, Bilan S. 84–85

1 Parler

1. Selon la statistique, il y a une très grande différence dans/entre les réponses. **2.** Les habitants sont très accueillants. **3.** Les habitants sont très attachés à leur région. **4.** Les paysages sont variés. **5.** La Lorraine se trouve dans le nord-est de la France. **6.** J'aimerais aller en Auvergne et dans le Languedoc. **7.** Là-bas, on parle / On y parle français et basque.

2 Lire et écrire

les côtes **les** plus longues (l. 2); la plus grand**e** de ces îles (l. 4); De nombreuses légendes ont été transmis**es** (l. 8); ce sont les Celtes qui l'ont cré**ée** (l. 11); **particu-lièrement** dans la musique (l. 12); **comme** le montrent les nombreux festivals (l. 13); on peut voir beaucoup **de** menhirs et **de** dolmens (l. 16); les Bretons sont très attaché**s** à leur région (l. 21); on dit souvent **qu'**ils sont froids et que le climat est mauvais **en** Bretagne (l. 21–23); une langue qu'on a redécouvert**e** dans les années 60 (l. 25–26); **Comme** les Bretons sont très fiers de leur langue (l. 27–28); la région, dont le chef-lieu est Rennes, est divisé**e** en quatre départements (l. 32)

3 Médiation

Lösungsbeispiel:
Cher Julien,
Voilà les clichés que j'ai trouvés sur les Allemands du Nord: on dit qu'ils vont à la mer même quand il fait mauvais ou froid et qu'ils aiment le vent. Ils parlent très vite. Comme ça, les Allemands du Sud ne les comprennent pas. Ils ne parlent pas ou peu aux gens qu'ils ne connaissent pas et ne sont pas très conviviaux. D'habitude, ils ne disent pas bonjour. Quand ils sont de bonne humeur, ils disent „Moin". Par contre, ils sont très chaleureux et aiment faire la fête avec les gens de leur famille, même quand ils ne les connaissent pas beaucoup. Tu comprends bien que tout cela, ce sont des clichés et qu'on raconte ces choses pour rigoler. Il ne faut donc pas tout croire.
Bon courage pour ton exposé!
Oliver

Stratégies S. 109–124

Ecouter

1 L'association d'Arnault

Avant l'écoute:

Le texte pourrait parler d'une personne qui a créé une association/qui s'engage dans une association. / Le texte pourrait parler des activités et projets d'une association.

Pendant l'écoute:

A Il s'agit d'un reportage (à la radio).
B Qui? Arnault (et un ami)
Où? à Paris (et près de Paris), par exemple dans des écoles

L

Quoi? Créer une association qui permet à des enfants de prendre des cours/de participer à des ateliers de musique

Après l'écoute:

1b, 2c, 3a, 4b, 5c, 6b, 7c, 8a

2 La météo

Cet après-midi, il fera beau et chaud.

Lire

Wörter erschließen
… mit Hilfe von Wortfamilien
éducation (Erziehung) ⟶ éduquer (erziehen)
… mit Hilfe des Kontextes
Où est-ce qu'on range les couteaux, les fourchettes, les cuillères? Dans un tiroir
Ein Wörterbuch benutzen
Einsprachiges Wörterbuch
Bedeutung von *croiser* hier: begegnen/treffen
Zweisprachiges Wörterbuch
1. faire horreur à
2. frémir d'horreur, remplir d'horreur, avoir horreur (de), prendre qn en horreur
3. A Elle déteste se lever tôt.
3. B Il a peur de l'eau.
Sinnabschnitte erkennen
La situation de Hugo en classe
Ergebnisse festhalten
Ergänzung der Tabelle:
Zeile 3, les parents/quand: quand les enfants apprennent à faire du vélo
Zeile 3, les parents/pourquoi: pour les protéger
Zeile 4, les parents/pourquoi: pour éviter les situations dangereuses
Zeile 4, les parents/comment: les sécurités empêchent d'ouvrir les tiroirs où il y a des couteaux
Zeile 5, les enfants/quoi: coupent les feuilles de bananier
Zeile 5, les enfants/pourquoi: pour le toit de la case familiale
Zeile 5, les enfants/comment: avec des machettes plus grandes qu'eux

Ecrire

Vom Lesen zum Schreiben
1. Berufe: S. 26-27
2. Kommentar: S. 67, S. 69
3. Region: S. 84 (texte à corriger)

Médiation

Was ist wichtig für den anderen?
l'histoire: Wiedervereinigung, DDR, Geistesleben, Napoleon, Preußen, Dom
la nature: Thüringer Wald, Waldgebirge
bien manger: Klöße, Rostbratwurst

Grammaire Module 1 S. 125–126

G1 Das Conditionnel passé

1. Tu aurais dû m'appeler. **2.** Ils auraient entendu un bruit bizarre. **3.** Elle serait sortie tous les soirs. **4.** Vous auriez pu y penser avant. **5.** Nous, les garçons, nous serions allés en ville. **6.** J'aurais voulu être un artiste.

G2 Das Conditionnel passé und der Bedingungssatz

1. Si Karim avait dormi, il aurait été en forme. **2.** Si Chloé et Julie étaient restées à la fête, elles seraient rentrées trop tard. **3.** Si on avait appris la langue, on aurait parlé allemand avec eux.

G3 Die Verben auf *-indre*

1. Quand tu es malade, tu te plains toujours. **2.** Il craint la colère de son père. **3.** Elle s'est plainte de son frère. **4.** Craignez-vous/Est-ce que vous craignez une maladie grave? **5.** Les habitants se plaignent du mauvais temps. **6.** Nous craignons une catastrophe.

Grammaire Module 2 S. 126–129

G4 Das Fragepronomen *lequel*

1. Laquelle? **2.** Lesquelles? **3.** Lesquels? **4.** Duquel? **5.** A laquelle? **6.** Auxquels?

G5 Das Relativpronomen *lequel*

1. auxquels **2.** sur lesquelles **3.** avec lesquels **4.** à laquelle **5.** dans lequel

G6 Das Relativpronomen *dont*

1. Ce n'est pas la date dont nous avions convenu. **2.** Le journaliste a donné des informations dont il est sûr. **3.** Je vous présente madame Sako dont le bureau est au fond du couloir. **4.** L'équipe dont nous avons besoin est déjà prête. **5.** Cette entreprise a un succès fou dont beaucoup sont jaloux.

G7 Die Demonstrativpronomen

1. Celui-ci? **2.** Non, je prends celui de mon copain. **3.** Celle qui vient d'entrer? **4.** Tu sais, ceux que j'achetés à Paris. **5.** Oui, j'adore celles qui sont en français.

G8 Die Stellung der Pronomen im Satz

1. Je le lui ai dit. **2.** Je m'y intéresse. **3.** Tu m'en donnes? **4.** Tu as les photos? Tu nous les montres? **5.** Il te donne son vélo? – Oui, il me le donne.

G9 *personne ne ...* und *rien ne ... / aucun(e) ne ...* und *ne ... aucun(e) ni ... ni ... ne ...* und *ne ... ni ... ni*

1. Personne n'a appelé. **2.** Il n'invite personne. **3.** Il ne veut ni manger ni boire. **4.** Ni Mehdi ni Julie ne sont chez lui. **5.** Aucun jeu ne l'intéresse. **6.** Personne ne sait ce qu'il a.

Grammaire Module 3 S. 129 – 130

G10 Der Subjonctif nach Verben und Ausdrücken des Denkens und Meinens

1. Je trouve qu'on doit arrêter la pollution. **2.** Je ne crois pas que ce soit possible. **3.** Tu ne penses pas que les gens puissent changer leurs habitudes? **4.** Je ne trouve pas que vous ayez raison. **5.** Je pense que c'est différent. **6.** Je crois que vous vous trompez.

G11 Der Subjonctif nach Konjunktionen

1. La situation est préoccupante parce que nous n'arrêtons pas de polluer l'environnement. **2.** Il faut informer les gens pour que tout le monde comprenne ce qui se passe. **3.** Nous agissons sans réfléchir alors que chaque geste est important. **4.** Par exemple, on jette des objets bien qu'on puisse encore les utiliser. **5.** Un rêve n'est qu'un rêve, jusqu'à ce qu'il devienne réalité.

G12 Das Verb *détruire* (zerstören)

1. Humains, ne détruisons/détruisez pas ce que la nature a construit! **2.** Il faut que tu réduises ta consommation d'énergie. **3.** On construit des voitures qui produisent du dioxyde de carbone. **4.** Nous produisons trop de déchets. **5.** Je traduis en allemand ce que tu as dit.

Grammaire Module 4 S. 131 – 132

G13 Das Participe présent

1. Comme elle souhaite vendre ses produits à l'étranger, la société Legrand s'adresse à une agence de publicité. **2.** Legrand veut sortir une publicité qui s'adresse aux clients étrangers.

G14 Passivsatz im Deutschen, Aktivsatz im Französischen

1. Cela se prononce comment?/Comment est-ce que cela se prononce? **2.** Cela ne se dit pas./On ne dit pas ça. **3.** L'article n'a pas été publié. **4.** Alors on danse. / Maintenant, on danse.

G15 Die Angleichung des *Participe passé* in Verbindung mit *avoir*

1. Voici la robe que j'ai choisie. **2.** Elle est bonne, cette quiche? – Oui, je l'ai goûtée. Elle est délicieuse. **3.** Je cherche le livre que Lou m'a prêté. **4.** Tu as vu les cadeaux qu'on lui a offerts? **5.** Tu as noté l'adresse de Théo? – Oui, mais je l'ai perdue.

G16 Die Possessivpronomen

1. Regarde cette veste, c'est la tienne ou la mienne? **2.** Est-ce que ce sont les jeux de tes sœurs? – Oui ce sont les leurs. **3.** Ces cartes-là sont les tiennes. **4.** Ce porte-monnaie est le sien. **5.** Ce carton, c'est le nôtre ou le vôtre? **6.** C'est le chien de Lucie? – Oui, c'est le sien.

Zu Module 1A: Guillaume Apollinaire

Guillaume Apollinaire

Né en 1880 d'une mère polonaise et d'un père qui ne l'a pas reconnu, Guillaume Apollinaire passe son enfance dans le sud de la France, puis s'installe à Paris où il fait la connaissance du peintre Pablo Picasso et d'autres artistes. En 1914, il participe à la Grande Guerre en s'engageant volontairement dans les troupes françaises. Il est naturalisé français en 1916 et est blessé à la tête la même année. Mort en 1918 de la grippe espagnole, il est un symbole de la poésie moderne. Ses deux recueils les plus célèbres sont *Alcools* (1913) et *Calligrammes* (1918).

Un poème d'Apollinaire

Engagé comme soldat pendant la Première Guerre mondiale, Guillaume Apollinaire écrit tous les jours à son amie Lou. Au dos de ses lettres, on trouve des poèmes, comme ce calligramme réalisé en 1915.

Reconnais-toi

Cette adorable personne c'est toi

Sous le grand chapeau canotier

Œil

Nez

Ta bouche

Voici l'ovale de ta figure

Ton cou exquis

Voici enfin l'imparfaite image de ton buste adoré

Vu comme à travers un nuage

Un peu plus bas c'est ton coeur qui bat

Guillaume Apollinaire, *Poèmes à Lou*, extrait du poème du 9 février 1915

Zu Module 1B, Chanson*: Où aller?

 CD 1, 4

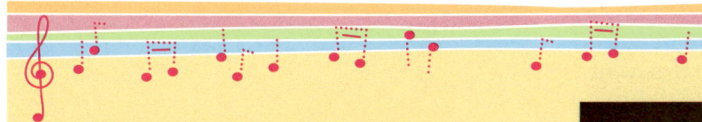

Tiken Jah Fakoly: Où aller?

Où aller où? Où aller?
Où aller où?
Je ne sais pas où aller

J'ai vendu mon bateau
Ici il n'y a plus de poisson
Et j'ai vendu mon âme
Il n'y avait plus d'espoir
J'ai vendu ma femme
Mon amour, mes enfants
Pour ne pas mourir à mon tour

Où aller où? Où aller?
Où aller où?
Je ne sais pas où aller

J'ai dormi sans étoile
Ici le ciel est noir
Et j'ai volé du pain
La terre était trop sèche
C'est du sang qu'elle boit
Et nos bras qu'elle mange
C'est la faute à qui si je suis hors-la-loi

Où aller où? Où aller?
Où aller où?
Je ne sais pas où aller

Et puis je suis parti
Sans guide sans boussole
Et les cris de ma mère
Par-dessus mon épaule
J'ai pris mon élan
Une fois, dix fois
Sauté par-dessus les grilles comme papa

Où aller où? Où aller?
Où aller où?
Je ne sais pas où aller

Prends garde disent-ils
La mer est une tombe
Elle ne te donnera pas son bras
Si tu tombes
J'ai pris les vagues
Au milieu de la mer qui brille
Mais elles ont fait tomber toute ma famille

Où aller où? Où aller?
Où aller où?
Je ne sais pas où aller

Où aller où? Où aller?
Où aller où?
Je ne sais pas où aller

Puis je ne me souviens plus
J'ai été réveillé
Par une voix sèche
Qui ma dit «tes papiers»
Et puis je me souviens
Que dans cet ouragan
On m'a tendu la main
Mais elle portait des gants

Où aller où? Où aller?
Où aller où?
Je ne sais pas où aller

Où aller où? Où aller?
Où aller où?
Je ne sais pas où aller

Album: *L'africain* (2007), © Sony Atv Music Publishing – Lale Et Kino Production

* Das Chanson befindet sich auf der Audio-CD (622171).
Aus rechtlichen Gründen ist das Chanson auf der dem *Cahier d'activités* beiliegenden MP3-CD nicht enthalten.

Zu Module 1B: Liberté, égalité, fraternité

Les valeurs de la République française, la liberté, l'égalité et la fraternité, tout comme le droit d'asile, se retrouvent dans différents textes au cours de l'Histoire. En voici des extraits.

1789 Déclaration des Droits de l'Homme et du Citoyen

Article premier

Les hommes naissent et demeurent libres et égaux en droits.

Article 4

La liberté consiste à pouvoir faire tout ce qui ne nuit pas à autrui.

Article 11

La libre communication des pensées et des opinions est un des droits les plus précieux de l'Homme.

1948 Déclaration universelle des Droits de l'Homme

La Déclaration universelle des Droits de l'Homme a été adoptée par l'Assemblée générale des Nations Unies le 10 décembre 1948 à Paris.

Article premier

Tous les êtres humains naissent libres et égaux en dignité et en droits. Ils sont doués de raison et de conscience et doivent agir les uns envers les autres dans un esprit de fraternité.

Article 3

Tout individu a droit à la vie, à la liberté et à la sûreté de sa personne.

Article 14

Devant la persécution, toute personne a le droit de chercher asile et de bénéficier de l'asile en d'autres pays.

1958 **Constitution de la Vᵉ République française**

*Cette Constitution adoptée le 4 octobre 1958 est la Constitution
actuelle de la France.*

Préambule
Le peuple français proclame solennellement son attachement aux
Droits de l'Homme et aux principes de la souveraineté nationale tels
qu'ils ont été définis par la Déclaration de 1789.

Article premier
La France est une République indivisible, laïque, démocratique et sociale.
Elle assure l'égalité devant la loi de tous les citoyens sans distinction d'origine,
de race ou de religion. Elle respecte toutes les croyances.

Article 2
La langue de la République est le français.
L'emblème national est le drapeau tricolore, bleu, blanc, rouge.
L'hymne national est «La Marseillaise».
La devise de la République est «Liberté, Égalité, Fraternité».
Son principe est: gouvernement du peuple, par le peuple et pour le peuple.

Article 53-1
Les autorités de la République ont toujours le droit de donner asile à tout
étranger persécuté en raison de son action en faveur de la liberté ou qui
sollicite la protection de la France pour un autre motif.

Zu Module 4

Michel Vovelle: La Révolution française

– La Révolution française est-elle une révolte d'esclaves comme
celle de Spartacus?
– Non, la Révolution française de 1789 prend place dans tout un
ensemble de révolutions, à Genève, en Belgique, aux Pays-Bas …
la plus importante étant la révolution américaine, c'est à dire le
soulèvement des treize colonies anglaises contre leur métropole,
entre 1779 et 1783. Elle a donné naissance aux Etats-Unis qui sont
devenus la démocratie que l'on connaît. Une révolution, à la différence d'une révolte, change l'histoire d'un pays.
– Mais alors, la Révolution française n'est qu'une révolution comme
les autres?
– C'est une révolution parmi d'autres, mais elle a une importance
particulière. Je m'explique: les hommes de la Révolution, dès
l'origine, ont appelé «Ancien Régime» le monde qu'ils avaient
détruit, comme s'ils voulaient tourner la page en entrant dans une
nouvelle aventure.

Spartacus *esclave romain
(† 71 avant J.C.)*

un soulèvement ein Aufstand

l'Ancien Régime *die absolutis-
tische Monarchie bis zur frz.
Revolution*

→

Cet Ancien Régime était celui du royaume de France, une monarchie sur laquelle régnaient Louis XVI et sa femme Marie-Antoinette. Louis XVI n'était pas un mauvais homme, il avait de bonnes intentions, mais pas de grandes qualités. Il n'a pas su ni garder ses bons ministres comme Turgot ou Necker, ni défendre leurs réformes. La résistance des privilégiés et la crise étaient trop fortes.

le royaume das Königreich

– Et c'étaient qui exactement, ces privilégiés?

– Dans la France de l'Ancien Régime, tous n'étaient pas égaux; la société était divisée en ordres, qui avaient plus ou moins de privilèges et de pouvoir. En premier, le clergé, l'église catholique, qui était très riche en terres et en argent. Puis, plus riches encore, les aristocrates qui formaient l'ordre de la noblesse, qui possédaient au moins un quart des terres en s'ennuyant dans leurs châteaux ou à la cour du roi.

un ordre (hier:) ein Stand
le clergé der Klerus

la noblesse der Adel

– Et les paysans, comment est-ce qu'ils vivaient?

– A la fin du XVIIIe siècle, en France, les paysans étaient souvent propriétaires de leurs biens. Ceux-ci représentaient au total près de la moitié du sol français. Mais les paysans devaient payer au seigneur des redevances qui étaient parfois très lourdes. J'ajoute qu'en 1788 et 1789 les récoltes ont été très mauvaises et que les pauvres ne pouvaient plus s'acheter de pain, tant il était cher. Alors, les gens se sont révoltés … Ils ont pris la Bastille le 14 juillet 1789.

un paysan ein Bauer

les biens die Güter

une redevance eine Gebühr / eine Steuer
une récolte eine Ernte

La Révolution française expliquée à ma petite-fille de Michel Vovelle © Editions Seuil, 2006, p. 10 – 15

PRISE DE LA BASTILLE, le 14 Juillet 1789.
Par les Citoyens et les Ci-devant Gardes Françaises.

La conjugaison des verbes

Les verbes réguliers

1. Les verbes en -er

	cherch**er**		
Présent	je cherch**e**	nous	cherch**ons**
	tu cherch**es**	vous	cherch**ez**
	il cherch**e**	ils	cherch**ent**

Impératif	Cherche. Cherchons. Cherchez.
Passé composé	j'ai cherch**é**
Imparfait	je cherch**ais**
Futur simple*	je cherch**erai**
Subjonctif prés.	que je cherch**e**
Passé simple	il chercha / ils cherchèrent

Attention aux verbes suivants!

acheter: j'ach**è**te, nous ach**e**tons
*Ebenso: se lever**, se promener***

répéter: je rép**è**te, nous rép**é**tons
Ebenso: compléter, espérer, préférer

appeler: j'appe**ll**e, nous appe**l**ons
*Ebenso: s'appeler**, se rappeler***

payer: je pa**i**e, nous pa**y**ons
Ebenso: employer, essayer

commencer: je commence, nous commen**ç**ons
Ebenso: avancer, dénoncer, lancer, prononcer, remplacer, renforcer

manger: je mange, nous man**ge**ons
Ebenso: arranger, bouger, changer, déménager, déranger, encourager, engager, juger, nager, neiger, obliger, partager, propager, protéger, ranger, recharger, voyager

2. Les verbes en -ir

	dorm**ir**				chois**ir**		
Présent	je dor**s**	nous	dor**mons**		je choisi**s**	nous	choisi**ssons**
	tu dor**s**	vous	dor**mez**		tu choisi**s**	vous	choisi**ssez**
	il dor**t**	ils	dor**ment**		il choisi**t**	ils	choisi**ssent**

Impératif	Dors. Dormons. Dormez.		Choisis. Choisissons. Choisissez.
Passé composé	j'ai dorm**i**		j'ai choisi
Imparfait	je dorm**ais**		je choisi**ssais**
Futur simple	je dorm**irai**		je choisi**rai**
Subjonctif prés.	que je dorm**e**		que je choisi**sse**
Passé simple	il dormit / ils dormirent		il choisit / ils choisirent

Ebenso.	mentir, partir**, sentir, servir, sortir**	agir, approfondir, bâtir, finir, grandir, nourrir, remplir, réagir, réfléchir, réussir

3. Les verbes en *-dre* et en *-indre*

	répon**dre**				éte**indre**		
Présent	je	répond**s**	nous	répond**ons**	j'	étein**s**	nous	étei**gnons**
	tu	répond**s**	vous	répond**ez**	tu	étein**s**	vous	étei**gnez**
	il	répond	ils	répond**ent**	il	étein**t**	ils	étei**gnent**

Impératif	Réponds. Répondons. Répondez.	Eteins. Eteignons. Eteignez.
Passé composé	j'ai répond**u**	j'ai étein**t**
Imparfait	je répond**ais**	j'étei**gnais**
Futur simple	je répond**rai**	j'étein**drai**
Subjonctif prés.	que je répond**e**	que j'étei**gne**
Passé simple	il répond**it** / ils répond**irent**	il étei**gnit** / ils étei**gnirent**

Ebenso:	attendre, correspondre, défendre, dépendre, descendre**, entendre, interrompre (Ausnahme: il interromp**t**), perdre, rendre, vendre	atteindre, craindre, joindre, peindre, se plaindre**

*Das **Conditionnel présent** hat denselben Verbstamm wie das **Futur simple**. Das gilt für alle Verben ohne Ausnahme.

** Diese Verben bilden das **Passé composé** mit **être**.

Les verbes irréguliers

	aller				s'asseoir		
Présent	je	vais	nous	allons	je	m'assois	nous	nous asseyons
	tu	vas	vous	allez	tu	t'assois	vous	vous asseyez
	il	va	ils	vont	il	s'assoit	ils	s'assoient

Impératif	Va. Allons. Allez.	Assieds-toi. Asseyons-nous. Asseyez-vous.
Passé composé	je suis allé(e)	je me suis **assis(e)**
Imparfait	j'allais	je m'asseyais
Futur simple	j'**irai**	je m'**assiérai**
Subjonctif prés.	que j'**aille**, que nous allions	que je m'asseye
Passé simple	il alla / ils allèrent	il s'assit / ils s'assirent

avoir

Présent	j'	ai	nous	avons
	tu	as	vous	avez
	il	a	ils	**ont**

Impératif	**Aie** … **Ayons** … **Ayez** …
Passé composé	j'ai **eu**
Imparfait	j'avais
Futur simple	j'**aurai**
Subjonctif prés.	que j'aie, que nous ayons
Passé simple	il eut / ils eurent

battre

Présent	je	bats	nous	battons
	tu	bats	vous	battez
	il	bat	ils	battent

	Bats. Battons. Battez.
	j'ai battu
	je battais
	je battrai
	que je batte
	il battit / ils battirent

Ebenso: abattre

boire

Présent	je	bois	nous	buvons
	tu	bois	vous	buvez
	il	boit	ils	boivent

Impératif	Bois. Buvons. Buvez.
Passé composé	j'ai **bu**
Imparfait	je buvais
Futur simple	je boirai
Subjonctif prés.	que je boive, que nous buvions
Passé simple	il but / ils burent

connaître

Présent	je	connais	nous	connaissons
	tu	connais	vous	connaissez
	il	connaît	ils	connaissent

	j'ai **connu**
	je connaissais
	je connaîtrai
	que je connaisse
	il connut / ils connurent

Ebenso: paraître, disparaître

construire

Présent	je	construis	nous	construisons
	tu	construis	vous	construisez
	il	construit	ils	construisent

Impératif	Construis. Construisons. Construisez.
Passé composé	j'ai construit
Imparfait	je construisais
Futur simple	je construirai
Subjonctif prés.	que je construise
Passé simple	il construisit / ils construisirent

Ebenso:	conduire, détruire, nuire, produire, réduire, traduire

courir

Présent	je	cours	nous	courons
	tu	cours	vous	courez
	il	court	ils	courent

	Cours. Courons. Courez.
	j'**ai** couru
	je courais
	je cou**rr**ai
	que je coure
	il courut / ils coururent

croire

Présent				
	je	crois	nous	croyons
	tu	crois	vous	croyez
	il	croit	ils	croient

Impératif	Crois … Croyons … Croyez
Passé composé	j'ai **cru**
Imparfait	je croyais
Futur simple	je croirai
Subjonctif prés.	que je croie, que nous croyions
Passé simple	il crut / ils crurent

devoir

Présent				
	je	dois	nous	devons
	tu	dois	vous	devez
	il	doit	ils	doivent

	j'ai **dû**
	je devais
	je devrai
	que je doive, que nous devions
	il dut / ils durent

dire

Présent				
	je	dis	nous	disons
	tu	dis	vous	**dites**
	il	dit	ils	disent

Impératif	Dis. Disons. Dites.
Passé composé	j'ai dit
Imparfait	je disais
Futur simple	je dirai
Subjonctif prés.	que je dise
Passé simple	il dit / ils dirent

écrire

Présent				
	j'	écris	nous	écrivons
	tu	écris	vous	écrivez
	il	écrit	ils	écrivent

	Ecris. Ecrivons. Ecrivez.
	j'ai écrit
	j'écrivais
	j'écrirai
	que j'écrive
	il écrivit / ils écrivirent

Ebenso: décrire

envoyer

Présent				
	j'	envoie	nous	envoyons
	tu	envoies	vous	envoyez
	il	envoie	ils	envoient

Impératif	Envoie … Envoyons … Envoyez
Passé composé	j'ai envoyé
Imparfait	j'envoyais
Futur simple	j'enve**rr**ai
Subjonctif prés.	que j'envoie, que nous envoyions
Passé simple	il envoya / ils envoyèrent

être

Présent				
	je	suis	nous	**sommes**
	tu	es	vous	**êtes**
	il	est	ils	**sont**

	Sois … **Soyons** … **Soyez**
	j'ai **été**
	j'étais
	je **serai**
	que je **sois**, que nous **soyons**
	il fut / ils furent

faire

Présent	je	fais	nous	faisons
	tu	fais	vous	**faites**
	il	fait	ils	**font**

Impératif	Fais … Faisons … Faites …
Passé composé	j'ai fait
Imparfait	je faisais
Futur simple	je **ferai**
Subjonctif prés.	que je **fasse**
Passé simple	il fit / ils firent

lire

Présent	je	lis	nous	lisons
	tu	lis	vous	lisez
	il	lit	ils	lisent

Impératif	Lis. Lisons. Lisez.
Passé composé	j'ai **lu**
Imparfait	je lisais
Futur simple	je lirai
Subjonctif prés.	que je lise
Passé simple	il lut / ils lurent

mettre

Présent	je	mets	nous	mettons
	tu	mets	vous	mettez
	il	met	ils	mettent

Impératif	Mets … Mettons … Mettez …
Passé composé	j'ai **mis**
Imparfait	je mettais
Futur simple	je mettrai
Subjonctif prés.	que je mette
Passé simple	il mit / ils mirent

Ebenso:	permettre, promettre, transmettre

mourir

Présent	je	meurs	nous	mourons
	tu	meurs	vous	mourez
	il	meurt	ils	meurent

Impératif	Meurs. Mourons. Mourez.
Passé composé	je suis **mort(e)**
Imparfait	je mourais
Futur simple	je mou**rr**ai
Subjonctif prés.	que je meure, que nous mourions
Passé simple	il mourut / ils moururent

ouvrir

Présent	j'	ouvre	nous	ouvrons
	tu	ouvres	vous	ouvrez
	il	ouvre	ils	ouvrent

Impératif	Ouvre. Ouvrons. Ouvrez.
Passé composé	j'ai **ouvert**
Imparfait	j'ouvrais
Futur simple	j'ouvrirai
Subjonctif prés.	que j'ouvre
Passé simple	il ouvrit / ils ouvrirent

Ebenso:	découvrir, offrir, souffrir

plaire

Présent	je	plais	nous	plaisons
	tu	plais	vous	plaisez
	il	plaît	ils	plaisent

Impératif	Plais … Plaisons … Plaisez …
Passé composé	j'ai **plu**
Imparfait	je plaisais
Futur simple	je plairai
Subjonctif prés.	que je plaise
Passé simple	il plut / ils plurent

pouvoir

Présent	je	peux	nous	pouvons
	tu	peux	vous	pouvez
	il	peut	ils	peuvent

Impératif	
Passé composé	j'ai **pu**
Imparfait	je pouvais
Futur simple	je pou**rr**ai
Subjonctif prés.	que je **puisse**
Passé simple	il put / ils purent

prendre

Présent	je	prends	nous	prenons
	tu	prends	vous	prenez
	il	prend	ils	**prennent**

Impératif	Prends. Prenons. Prenez.
Passé composé	j'ai **pris**
Imparfait	je prenais
Futur simple	je **prendrai**
Subjonctif prés.	que je prenne, que nous prenions
Passé simple	il prit / ils prirent

Ebenso: apprendre, comprendre, reprendre

recevoir

Présent	je	reçois	nous	recevons
	tu	reçois	vous	recevez
	il	reçoit	ils	reçoivent

Impératif	Reçois … Recevons … Recevez …
Passé composé	j'ai **reçu**
Imparfait	je recevais
Futur simple	je recevrai
Subjonctif prés.	que je reçoive, que nous recevions
Passé simple	il reçut / ils reçurent

rire

Présent	je	ris	nous	rions
	tu	ris	vous	riez
	il	rit	ils	rient

Impératif	Ris. Rions. Riez.
Passé composé	j'ai ri
Imparfait	je riais, nous r**ii**ons
Futur simple	je rirai
Subjonctif prés.	que je rie, que nous r**ii**ons
Passé simple	il rit / ils rirent

Ebenso: sourire

savoir

Présent	je	sais	nous	savons
	tu	sais	vous	savez
	il	sait	ils	savent

Impératif	**Sache** … Sachons … Sachez …
Passé composé	j'ai **su**
Imparfait	je savais
Futur simple	je **saurai**
Subjonctif prés.	que je **sache**
Passé simple	il sut / ils surent

suffire

Présent	je	suffis	nous	suffisons
	tu	suffis	vous	suffisez
	il	suffit	ils	suffisent

Passé composé	j'ai suffi
Imparfait	je suffisais
Futur simple	je suffirai
Subjonctif prés.	que je suffise
Passé simple	il suffit / ils suffirent

suivre

Présent				
	je	suis	nous	suivons
	tu	suis	vous	suivez
	il	suit	ils	suivent

Impératif	Suis Suivons Suivez
Passé composé	j'ai suivi
Imparfait	je suivais
Futur simple	je suivrai
Subjonctif prés.	que je suive
Passé simple	il suivit / ils suivirent

vaincre

Présent				
	je	vaincs	nous	vainquons
	tu	vaincs	vous	vainquez
	il	vainc	ils	vainquent

	Vaincs … Vainquons … Vainquez …
	j'ai vaincu
	je vainquais
	je vaincrai
	que je vainque
	il vainquit / ils vainquirent

Ebenso: convaincre

venir

Présent				
	je	viens	nous	venons
	tu	viens	vous	venez
	il	vient	ils	**viennent**

Impératif	Viens. Venons. Venez.
Passé composé	je suis **venu(e)**
Imparfait	je venais
Futur simple	je **viendrai**
Subjonctif prés.	que je vienne, que nous venions
Passé simple	il vint / ils vinrent

Ebenso: devenir*, revenir* (*mit **être** im pc), tenir

vivre

Présent				
	je	vis	nous	vivons
	tu	vis	vous	vivez
	il	vit	ils	vivent

	Vis … Vivons … Vivez …
	j'ai **vécu**
	je vivais
	je vivrai
	que je vive
	il vécut / ils vécurent

voir

Présent				
	je	vois	nous	voyons
	tu	vois	vous	voyez
	il	voit	ils	voient

Impératif	Vois … Voyons … Voyez …
Passé composé	j'ai **vu**
Imparfait	je voyais
Futur simple	je **verrai**
Subjonctif prés.	que je voie, que nous voyions
Passé simple	il vit / ils virent

Ebenso: revoir

vouloir

Présent				
	je	veux	nous	voulons
	tu	veux	vous	voulez
	il	veut	ils	veulent

	Veuille Veuillez …
	j'ai voulu
	je voulais
	je **voudrai**
	que je **veuille**, que nous voulions
	il voulut / ils voulurent

Beachten Sie die unpersönlichen Verben *falloir*, *pleuvoir* und *valoir*:
il faut, il a fallu, il fallait, il faudra, qu'il faille, il fallut
il pleut, il a plu, il pleuvait, il pleuvra, qu'il pleuve, il plut
il vaut, il a valu, il valait, il vaudra, qu'il vaille, il valut

Bildquellennachweis

123rf (Daniel Ernst), **24.2;** (goodluz), Nidderau, **25.3;** Actes Sud Junior, Paris, **36.1, 102.1;** Action Press GmbH, **10.1, 96.1;** (Collection Christophel), Hamburg, **54.1, 103.1;** Agence durable, Rennes, **90.1;** Alamy Images (Beyond Fotomedia GmbH), **29.1;** (Fanatic Studio), Abingdon, Oxon, **64.1;** Avenue Images GmbH (Banana Stock), **126.1;** (image 100), **127.1;** (Imgram Publishing), Hamburg, **86.1;** Barthe, Hugues, **91.1, 92.1;** Bataille, Marion, Paris, **65.1, 105.1;** iStockphoto/Brasil2 (Regenwald), iStockphoto/barisonal (Einkaufswagen), **54.2;** Corbis, **9.2, 15.3;** (adoc-photos), **228.1;** (Ian Lishman/Juice Images), **21.2;** (Jacques M. Chenet), **27.1;** (Jean-Pierre Lescourret), **47.2;** (Jetta Productions/Blend Images), **15.5;** (Lionel Urman/Splash News), **229.1;** (Monkey Business Images), **18.1;** (Richard Klune), **70.9;** (Sonja Pacho), Berlin, **8.1, 15.2;** ddp images GmbH (abaca press), Hamburg, **129.1;** Dembski, Patrick, **41.4;** (Patrick Dembski), Stuttgart, **52.1;** Dictionnaires Le Robert, Paris cedex 13, **114.1;** dreamstime.com (Elzloy Elvira Kolomiytseva), Brentwood, TN, **81.2;** Dynamo+, Paris, **70.2;** Édition Robert Laffont, Paris Cedex 13, **91.2;** eloa prod, Paris, **82.1, 114.2;** f1 online digitale Bildagentur, Frankfurt, **81.1;** face to face (CapFSD), Hamburg, **57.1;** Claire Mazard, Une arme dans la tête © 2014, Paris Cedex 13, **11.1, 18, 20.1, 22.1, 96.2;** FOCUS, **77.4;** (alfredo bini/cosmos), Hamburg, **65.2;** Fotolia.com (Africa Studio), **67.6;** (alain wacquier), **19.1;** (alternative photo), **47.4;** (Arnaud TAFILET), **70.14;** (AustralianDream), **71.1;** (Beth Van Trees), **53.1;** (bluesky6867), **U1.1;** (Brad Pict), **70.6;** (chrisberic), **70.10, 70.15;** (Christian Schwier), **118.1;** (dmitrimaruta), **47.1;** (DURIS Guillaume), **70.11;** (Durluby), **70.12;** (frizio), **73.1;** (graphlight), **21.1;** (helenedevun), **43.5;** (hjschneider), **70.13;** (HLPhoto), **52.9;** (Jonathan Stutz), **49.4;** (Lucky Dragon), **24.1;** (McCarony), **137.1, 137.2;** (Mellow10), **77.3;** (Nadalina), **156.1;** (nmann77), **67.1;** (Onidji), **63.2;** (PHB.cz), **77.6;** (Philippe Devanne), **77.5;** (PhotoSG), **67.3;** (ramonzarat), **53.2;** (savoieleysse), **80.1, 84.52;** (Sergiy Serdyuk), **67.8;** (shootingankauf), **94.1;** (Smileus), **67.2;** (SOLLUB), **47.3;** (tomispin), **95.3;** (ViewApart), **40.2;** (vpardi), **67.9;** (weseetheworld), **U4;** (yz365vux236), New York, **70.8;** gemeinfrei, **228.2;** Getty Images (AFP), **88.1;** (hemis. fr), **81.3;** (Taxi/Jo McRyan), München, **9.1, 15.4;** Glow Images GmbH (TipsRM), München, **49.2;** Hannoteaux, Edouard (Edouard Hannoteaux), **41.1, 41.2, 46.1, 48.1, 49.5, 49.6, 51.2, 51.3, 51.4, 51.5;** Iconovox (Lasserpe), Paris, **35.1;** Imago, Berlin, **56.1;** Isabelle Gatzler – Phénomène Graphique, Poligné, **38.1;** iStockphoto (barisonal), **54.6;** (Brasil2), **54.5;** (Devy Masselink), **70.5;** (hroe), **67.5;** (Kali Nine LLC), **125.2;** (Leonardo Patrizi), **24.4;** (mediaphotos), **119.1;** (mtcurado), **89.1;** (nickfree), **130.1;** (ParkerDeen), **25.2;** (PeopleImages), **128.1;** (shaunl), **130.2;** (svanhorn), **95.4;** (Wavebreakmedia), **26.2;** (Xavier Arnau), Calgary, Alberta, **25.4;** JM UCCIANI Dessinateur, graphiste, illustrateur, Plan d'Orgon, **31.1, 100.1;** „Nathanaëlle", Film von Joey Arand, entstanden im Rahmen eines Workshops von Pascale Obolo an der ESA Réunion und dem Contre-Histoire-Projekt an der Kunsthochschule Kassel, Kassel, **23.1;** Jukurpa, Paris, **68.1, 69.1, 69.2;** Klett-Archiv (Prisca Martaguet), **122.1;** (Stefan Zörlein), **117.1;** (Thomas Weccard), Stuttgart, **32.1;** L'Epicerie Pop, Lyon, **47.5;** laif (JARRY/TRIPELON/GAMMA-RAPHO), **43.2;** (JARRY-TRIPELON/GAMMA-RAPHO), **43.6;** (Michael Amme), Köln, **71.3;** Latitude Cartagène, Lyon, **44.2;** Le Gallodrome, **78.1;** Lingua-Video.com Medien GmbH (Masterkitchen), Bonn, **82.2;** Logo, Stuttgart, **54.2, 54.3, 54.4;** Mauritius Images (imageBROKER/Jose Antonio Moreno castellano), Mittenwald, **71.4;** MEV Verlag GmbH, Augsburg, **52.7;** MJC Laënnec-Mermoz Salle Genton, Lyon, **43.4;** EmpireState Building, shutterstock. com, **Einzelbild;** OC' Aventures, St. Jean de Cuculles (Hérault), **49.3;** PARIS MUSEES, Paris, **90.3;** Pas-de-Calais Tourisme, Wimille, **70.3, 70.4;** Photo Sociale (Bernard Rondeau), **34.1;** Picture-Alliance (EPA/CHRISTOPHE KARABA), **77.7;** (PHOTOPQR/ L'ALSACE/THIERRY GACHON/SIERENTZ/LE 29/10/14), Frankfurt, **71.2;** Région Alsace, Strasbourg, **70.1;** Réserve Africaine de Sigean, Sigean, **49.1;** shutterstock.com (Alexander Raths), **24.3;** (BestPhotoStudio), **63.1, 104.1;** (Denis Kuvaev), **51.1;** (Eddy Galeotti), **42.2;** (Ekkamai Chaikanta), **52.2;** (Gael_F), **43.3;** (Helder Almeida), **132;** (HUANG Zheng), **108.1;** (John Gomez), **85.2;** (kozirsky), **26.1;** (Martin Plsek), **125.1;** (Syda Productions), **U1.2;** (Viktor1), **52.3;** (Yuriy Rudyy), New York, NY, **41.2, 41.3, 50.1;** Singer, Andy, St. Paul, MN, **64.2;** Slowcontrol, Paris, **95.2;** Société Protectrice des Animaux, Paris Cedex 17, **90.4;** The Ministry for the Environment New Zealand, Wellington, **60.1;** Thinkstock, **8.2, 15.1;** (AmmentorpDK), **40.1, 42.1;** (andreusK), **55.1;** (BananaStock), **95.5;** (Bercutt), **77.1;** (Brand X Pictures), **70.16;** (clement lelievre), **111.1;** (cornecoba), **67.7;** (deeepblue), **98.1;** (FikMik), **52.5;** (Francesco Ridolfi), **116.1;** (Hemera), **87.1;** (http://upload.wikimedia. org/wikipedia/commons/4/4e/Prise_de_la_Bastille.jpg), **232.1;** (iStockphoto), **25.5, 56.2, 87.2;** (Jasmina Putnik), **35.2;** (Jupiterimages), **86.2;** (manu10319), **85.1;** (Meinzahn), **75.1;** (Michel MORY), **70.7;** (Mike Watson Images), **24.5;** (Monkey Business Images), **52.8;** (Nicole S. Young), **129.2;** (Purestock), **131.1;** (saintho), **84.1;** (SnowWhiteimages), **25.1;** (Stockbyte), **39.1;** (studioportosabbia), **52.4;** (valveat), **67.4;** (vertmedia), **52.6;** (Wavebreak Media), München, **28.1;** Twelve Monkeys Company, Paris, **95.1;** Ullstein Bild GmbH (IBERFOTO), Berlin, **230.1;** Union REMPART, Paris, **90.2;** VISUM Foto GmbH (Mark Henley/Panos Pictures), Hannover, **89.3;** Zörlein, Stefan, Stuttgart, **77.2**

Hier stehen die **Texte der Hörverstehensübungen** des Schülerbuchs. Hörtexte und Lieder, die bereits in den Modulen oder in den *Textes supplémentaires* abgedruckt sind, erscheinen hier nicht erneut. Die Skripte dieser Hörtexte liegen auch in elektronischer Form vor (Klett-Nr. 622054 Lehrerbuch, beiliegende CD-ROM). Die **Transskripte der Filmsequenzen** sind in der DVD **Ça tourne** zu Band 4 + 5 enthalten (Klett-Nr. 622102).

Module 1

CD 1, 3   3 ☞ **Mali – Bretagne**   S. 21, Ex. 6

Journaliste: Aujourd'hui, dans «Ligne de vie», notre reporter Thomas Grassin nous fait partager sa rencontre avec un jeune immigré africain. Découvrons avec lui le parcours de Bourama …

T. Grassin: Bourama Sinakoyo a 17 ans et est originaire de Bamako, au Mali. Malgré son jeune âge, il a déjà vécu l'enfer. Il a quitté son pays à l'âge de 15 ans, après la mort de son père qui a été tué par des islamistes. Comme les islamistes ont menacé de tuer tous les jeunes, la mère de Bourama a utilisé tout l'argent qu'elle avait mis de côté et vendu sa maison pour protéger son fils et payer un passeur qui a accompagné le jeune homme jusqu'en Turquie.

Bourama: Pour aller de Turquie en Grèce, j'ai pris un petit bateau où il y avait de la place pour 10 personnes. Mais nous étions 18. Et j'ai dû payer un nouveau passeur, ça m'a coûté 400 euros. Après, je n'avais plus du tout d'argent. Je suis resté un long moment à Athènes avec d'autres immigrés sans papiers. Nous ne sortions que la nuit car nous craignions d'être expulsés. Nous mangions dans les poubelles et nous nous habillions avec des vêtements que les gens jetaient.

T. Grassin: Ensuite, Bourama a traversé la Macédoine, la Serbie, la Hongrie, puis l'Allemagne et enfin la France via un autre passeur.

Bourama: Pendant le voyage, nous ne mangions pas. Nous étions cachés dans des voitures ou nous marchions sans manger, ni boire ou nous laver. Puis je suis arrivé à la gare de Saint-Michel-sur-Orge, à 25 km de Paris. J'avais peur, froid et faim. Au bout de quelques jours, j'ai rencontré des joueurs de football. Je faisais beaucoup de foot à Bamako et je savais très bien jouer.

T. Grassin: Bourama a suivi les footballeurs et a pu habiter quelque temps chez leur entraîneur, qui a été très touché par son histoire et a ensuite contacté une association. Cette association, située en Bretagne, s'occupe des immigrés mineurs qui arrivent seuls en France. Elle leur permet de trouver un appartement et un travail.

Bourama: Grâce à l'association, je suis arrivé en Bretagne. C'était l'inconnu, mais je me sentais plus en sécurité avec les gens de l'association.

T. Grassin: Bourama a choisi d'aller à Concarneau, où il avait trouvé un stage à la boulangerie Valy. Il veut devenir boulanger, comme Rémy Valy, que j'ai aussi rencontré.

R. Valy: Une personne de l'association m'a demandé un beau jour si je pouvais prendre un jeune Malien comme stagiaire. J'étais un peu surpris au début, mais après avoir entendu son histoire, j'ai accepté. Bourama a commencé son stage le lendemain matin et depuis, il est toujours là. Il travaille très bien, il faut qu'il reste chez nous!

T. Grassin: Rémy Valy n'est pas le seul à souhaiter que Bourama puisse rester à Concarneau. Tant qu'il était mineur, le jeune homme ne pouvait pas être renvoyé dans son pays d'origine. Mais Bourama va avoir 18 ans en février et le département peut décider de l'expulser. Pourtant, Bourama s'est bien intégré: il prépare un C.A.P de boulanger et joue à l'USC, l'équipe de football de la ville, où on est aussi très content de lui. Les habitants de Concarneau ont rassemblé 400 signatures pour témoigner de leur soutien à Bourama.

Bourama: Aujourd'hui, je n'espère qu'une chose: fêter mes 18 ans à Concarneau.

Module 2

CD 1, 10 9 ☞ **Un coup de téléphone** S. 28, Ex. 2

Femme: Le palais du chocolat, bonjour.

Manuel Lanier: Bonjour madame. Manuel Lanier. Est-ce que je pourrais parler à monsieur Renard, s'il vous plaît? C'est au sujet de ma candidature pour un stage.

Femme: Un petit instant, s'il vous plaît, ne quittez pas. Je vais voir s'il est disponible.

Femme: Ah, je suis désolée, personne ne répond. Je vous passe son assistant, monsieur Grivel.

M. Grivel: Sébastien Grivel, bonjour.

Manuel Lanier: Bonjour monsieur. Je voudrais savoir si vous avez bien reçu ma candidature pour le stage dans votre service marketing car je n'ai pas eu de réponse.

M. Grivel: Je vais vérifier. Rappelez-moi votre nom, s'il vous plaît.

Manuel Lanier: Lanier, L-A-N-I-E-R, Manuel.

M. Grivel: Vous aviez répondu à notre annonce ou bien c'était une candidature spontanée?

Manuel Lanier: J'ai répondu à votre annonce. J'ai envoyé ma candidature par e-mail le 8 février.

M. Grivel: Ah, oui, nous l'avons bien reçue. Et vous tombez bien car nous aimerions vous rencontrer. Monsieur Renard voulait vous contacter dans la semaine. Dites-moi, est-ce que vous êtes disponible dans quinze jours?

Manuel Lanier: La semaine du 17 mars? Oui, je peux venir le mercredi après-midi. Ou après mes cours. Le mardi, je termine à 16 heures.

M. Grivel: Mardi, ce ne sera pas possible. Mais monsieur Renard peut vous recevoir mercredi 19 à 14 heures. Est-ce que ça vous conviendrait?

Manuel Lanier: Oui, c'est parfait.

M. Grivel: Très bien. Je transmets à monsieur Renard. A bientôt!

Manuel Lanier: Merci. Au revoir monsieur.

CD 1, 11 10 ☞ **Un entretien de stage**
S. 30, Ex. 2c (Alternative)

L'employeur: Bonjour, asseyez-vous je vous en prie. Vous voulez boire quelque chose, un café, un thé, un verre d'eau?

L'élève: …

L'employeur: On va continuer à parler français, comme ça, je connaîtrai votre niveau de langue. Alors, j'ai lu votre lettre de candidature avec beaucoup d'intérêt. Une petite question d'abord: où avez-vous trouvé notre annonce?

L'élève: …

L'employeur: Ah, d'accord. Alors pourriez-vous vous présenter rapidement, s'il vous plaît?

L'élève: …

L'employeur: Très bien. J'aimerais savoir pourquoi ce travail vous intéresse particulièrement.

L'élève: …

L'employeur: Bien, bien. Quelles sont vos expériences dans le domaine rédactionnel?

L'élève: …

L'employeur: Parlez-moi un peu de vous. Qu'est-ce que vous aimez faire, quand vous ne travaillez pas? Quels sont vos hobbys, qu'est-ce qui vous intéresse, en général?

L'élève: …

L'employeur: Moi aussi, j'aime ça. On en reparlera sûrement. Bon, alors pour ce qui est des horaires de travail, nous sommes assez flexibles. Il faudrait que vous travailliez 8 heures en moyenne par semaine. Quels horaires vous conviendraient?

L'élève: …

L'employeur: Il y a bien sûr encore un point très important dont il faut parler: votre salaire. Pour ce travail, nous vous proposons 250 € par mois. Si ça ne va pas, dites-le-moi. On verra ce qu'on peut faire. Mais pour l'instant, je veux vous présenter Agathe et Malik qui vont vous montrer de quel travail il s'agit. Si vous ne comprenez pas quelque chose, dites-le-leur tout de suite, vous verrez, ils ne sont pas aussi méchants qu'ils en ont l'air! ((rire)) Allez, venez!

L'élève: …

CD 1, 13　12 ☞ **Bilan, Ecouter**　S. 39, Ex. 3

Jeune femme: Je m'intéresse aux sciences naturelles et à la médecine. Je suis forte en biologie et en chimie et j'aimerais bien faire un travail en rapport avec ces matières. Je m'imagine bien travailler dans un laboratoire. C'est pourquoi, en ce moment, je me renseigne sur les métiers médicaux et surtout sur les métiers de la recherche médicale. Ce que j'ai vu et lu sur le site de l'ONISEP m'a paru super intéressant. Elaborer et surveiller des analyses et des tests médicaux, travailler en équipe, être utile aux autres, ça me plairait. Les évolutions technologiques me fascinent mais, à vrai dire, la physique et l'informatique ne comptent pas parmi mes points forts. Alors, si je veux vraiment travailler dans ce domaine, il faudra que je fasse des progrès en maths, physique et informatique.

Plateau Révisions

CD 1, 17　16 ☞ **Où est le magasin?**　S. 44, Ex. 1

Un monsieur d'un certain âge: Un magasin d'électronique? Ben, attendez, laissez-moi réfléchir, … il y avait Planète Saturne, place des Cordeliers … ça fait un petit moment que je n'y suis pas allé … Il me semble qu'ils ont changé de nom, peut-être qu'ils n'y sont même plus … mais vous pouvez toujours essayer. Place des Cordeliers, vous savez où c'est, hein? Le magasin est juste à côté de l'église Saint-Bonaventure. Entre l'église et le pont Lafayette. Vous voulez que je vous explique? Alors écoutez. il faut traverser la Saône, vous pouvez prendre la passerelle du Palais de Justice …

CD 1, 18　17 ☞ **A la gare de Part-Dieu**　S. 45, Ex. 4

Voix d'une femme: Mesdames, messieurs, le TGV 5065 en provenance de Marseille et à destination de Lille Europe, départ prévu à 8 heures 30, arrivera voie G. Ce train comporte une voiture bar et des aménagements pour les personnes handicapées.

Voix d'une femme: Votre attention, s'il vous plaît. Le TGV 6610 à destination de Paris, départ initialement prévu à 9 heures 04, partira avec un retard d'environ 10 minutes. Il partira de la voie E. Ce retard est dû à des difficultés de gestion du trafic. Nous vous prions de nous excuser pour ce désagrément.

CD 1, 23　22 ☞ **L'addition s'il vous plaît**　S. 53, Ex. 3

Dialogue 1

Serveur: Vous prendrez autre chose?
Un jeune homme: Non, merci. L'addition s'il vous plaît.
Serveur: Voilà. Ça a été?
Un jeune homme: Très bien. C'est très sympa ici.
Serveur: Merci. Vous payez par carte? Je vais chercher l'appareil …
　Alors, une crêpe chocolat glace vanille, une crêpe caramel et une crêpe noix de coco crème de citron … C'est bien ça, pour les crêpes?

CD 1, 24　23 ☞ **L'addition s'il vous plaît,**　S. 53, Ex. 3

Dialogue 2

Serveur: Oh, excusez-moi, je me suis trompé. C'était donc une crêpe noix de coco sans crème de citron. Et pour les boissons, c'était un coca, un jus d'orange et un diabolo menthe. C'est bien ça?
…
Serveur: Alors ça fait vingt-sept euros cinquante, s'il vous plaît.
Un jeune homme: Voilà.
Serveur: Merci … Et voilà pour vous. Bonne journée!
Un jeune homme: Merci. Au revoir!

Module 4

CD 2, 11 36 ☞ **Une initiative régionale**   S. 73, Ex. 3

Journaliste 1: Bonjour et bienvenue dans notre émission «A l'écoute de nos régions». Aujourd'hui, nous retrouvons des lycéens de la région Languedoc-Roussillon. Le conseil régional a décidé d'offrir un ordinateur portable à tous les élèves des classes de seconde et à la rentrée, chaque élève a reçu son PC. Une initiative pour améliorer l'égalité des chances. Nous sommes allés interviewer quelques lycéens du Gard. Voici leurs réactions.

Journaliste 2: Bonjour Camille. Est-ce que tu as bien reçu ton ordinateur portable à la rentrée?

Camille: Oui, c'est super. Merci au conseil général!

Journaliste 2: Tu es donc contente de cette initiative?

Camille: Bien sûr. Sans cette initiative, je n'aurais jamais pu avoir d'ordinateur! Mes parents n'ont pas les moyens de m'en payer un. Maintenant, je peux travailler comme les autres et surtout, quand et où je veux. Je ne dois plus rester au lycée ou aller le week-end à la bibliothèque pour pouvoir utiliser un ordinateur, je peux travailler à l'ordi chez moi ou emmener mon ordi là où j'ai envie.

Journaliste 1: Et ils sont nombreux dans le même cas. Pour bon nombre de familles, l'achat d'un ordinateur représente un coût non négligeable. Et parfois, cet achat est tout simplement impossible. Mais la décision du conseil régional ne fait pas que des heureux …

Journaliste 2: Maxime, explique-moi comment tu utilises ton nouvel ordinateur.

Maxime: Ben, en fait, moi, j'avais pas besoin d'ordinateur parce que j'en avais déjà un.

Journaliste 2: Ah, alors tu l'as rendu?

Maxime: Euh … On a tous reçu un ordinateur sans qu'on nous demande notre avis. Moi, je l'ai vendu. Vous comprenez, j'ai besoin d'argent. Alors un ordi tout neuf …

Journaliste 1: Quand ils ont lu dans la presse les résultats de l'initiative, beaucoup de gens se sont posé des questions. Car l'action de la région a coûté au total presque 50 millions d'euros. Mais les jeunes qui vendent leur ordinateur, eux, ne voient pas où est le problème.

Journaliste 2: Dis-moi, Nawel, tu ne trouves pas que ça pose un problème de vendre un ordinateur que la région t'a offert?

Nawel: Ecoutez, on nous a distribué l'ordi sans explication, comme on nous sert des frites à la cantine. À aucun moment un prof nous a demandé de l'utiliser. Je ne vois pas pourquoi je ne le vendrais pas, maintenant qu'il est à moi!

Plateau DELF

CD 2, 14 39 ☞ **Il faut préserver les océans!**   S. 88, Ex. 1

Maud Fontenoy: On se rend compte qu'il y a de la pollution partout. Moi, j'ai croisé un frigo au large de l'Antarctique et dernièrement, j'étais au pôle Sud, il y avait des sacs plastique un peu au milieu des manchots, euh, et des orques. Aujourd'hui, il est vraiment fondamental de rappeler que les océans, c'est pas seulement l'endroit où on va passer ses vacances. C'est l'énergie, euh, pour demain, euh, les médicaments, plus de la moitié de l'oxygène que l'on respire. Quand on dégrade de façon chimique les océans, c'est les poissons qui sont ensuite, euh, pleins de toxines et que l'on mange. On peut aussi, quand on est sur le littoral français, utiliser de la crème solaire et non pas de l'huile solaire. L'huile solaire, elle crée une pellicule en surface de l'eau et elle est très nocive pour les océans. Et puis, évidemment, tout ce qui concerne les déchets, hein. 80 % de la pollution marine vient de la terre. Ce sont nos déchets, qui sont ensuite mangés par différentes espèces, euh, qui meurent de cette pollution.

CD 2, 15 40 ☞ **Le saka de Dominique**   S. 89, Ex. 2

La journaliste: Justement, quand on vit en France, comment se procurer tous les produits nécessaires pour faire la cuisine africaine?… Les Africains de France connaissent la réponse: il faut aller dans le quartier Château-Rouge de Paris, où Sarah Tisser a rencontré Dominique, originaire de Brazzaville.

Dominique: C'est de la nostalgie, en fait hein. C'est une façon de, d'avoir un peu de là-bas … près d'ici quoi,

voilà. Le saka, par exemple, ça me rappelle les, les …
le dimanche, quoi. Parce qu'en général, ma mère le
faisait, et puis il y avait des cousins, des cousines, qui
venaient là. On mangeait … C'est … tous ces petits
moments-là, tous ces, tous ces rires et tout ça quoi,
voilà. Et puis, euh …

Sarah Tisser: Vous le faites-vous même?

Dominique: Oui, je le fais moi-même, hein. Un peu
comme ma mère le faisait. Je la voyais faire *(sourire)*,
donc euh, moi aussi j'ai, j'ai appris à faire. Euh …

Sarah Tisser: Qu'est-ce qu'il faut dedans?

Dominique: Euh, qu'est-ce qu'il faut dedans ? Ben, le
saka, c'est, c'est des feuilles de manioc, comme on
dit que c'est le saka, il faut de l'huile de palme …
du poisson … des épices, euh, de la ciboulette, des
oignons, de l'ail et puis euh, voilà, c'est à peu près
tout. Euh non, j'allais oublier quelque chose de très
important: la pâte d'arachide aussi, la Dakatine
*[marque de pâte d'arachide très populaire en Afrique
francophone]*, voilà.

Il faut, il faut mélanger tout ça, c'est un peu lent,
mais c'est très, très bon. C'est, c'est un plat très con-
vivial, quoi. Comme la plupart des plats africains! Et
c'est vrai que j'ai à peu près tout ce que je veux pour
faire ce plat-là par exemple et c'est, c'est … c'est
très commode, ouais.

Sarah Tisser: Tous les produits que vous auriez pu trouver à Brazzaville, vous les trouvez ici ou pas?

Dominique: Presque. Quasiment! J'étais surprise parce
que je ne pensais pas que je trouverais autant de
produits africains ici, en France en plein Paris, quoi!
Bon, je me disais bon, c'est vrai que j'avais entendu
parler de Château-Rouge. Je me disais, bon, forcé-
ment, je vais trouver quelques produits africains,
mais je pensais pas que je trouverais autant de
produits africains …

Stratégies

CD 2, 19   44   **L'association d'Arnault**   S. 111, Ex. 1

Journaliste: Pendant les vacances scolaires, comme de
nombreux étudiants, Arnault Martin revient chez ses
parents à Issy-les-Moulineaux, aux portes de la capitale. Pour ce jeune musicien en prépa économique à
Paris, le retour au bercail est l'occasion de retrouver
ses instruments et de travailler sur tout autre chose
que les maths et l'histoire, son association. A 19 ans,
Arnault est le président de «Musique pour tous», une
organisation qu'il a créée en classe de seconde, avec
un ami guitariste, Quentin de Jerphanion. Rares sont
les ados qui se lancent dans de tels projets à 16 ans.
Pour Arnault, tout est parti d'un constat.

Arnault: On fait de la musique, on a un groupe de rock,
on s'épanouit énormément pour cette passion, pour
la musique. Mais il existe je crois d'autres enfants
qui n'ont pas accès à la musique et c'est vraiment
dommage pour eux. Donc moi et Quentin, on a tous
pensé à l'idée de «Musique pour tous», c'est-à-dire
favoriser l'intégration sociale, et justement, par la
musique.

Journaliste: Depuis, une vingtaine de personnes ont
adhéré à son projet. Des guitaristes animent bénévo-
lement des ateliers de musique gratuits destinés aux
enfants, quand des jeunes professionnels ou étudiants l'aident dans la gestion et la communication.
Les animateurs grattent les cordes de leur guitare
avec des enfants en décrochage scolaire, atteints
de graves maladies ou avec des enfants d'immigrés.
L'idée: utiliser les vertus socialisantes de la musique
pour permettre à des enfants qui se sentent parfois
exclus de reprendre confiance en eux et de mieux
s'intégrer. Pour mener à bien sa mission, l'adolescent
mise sur le collectif. Les cours ludiques et sans sol-
fège se déroulent en groupe et entre amis. Arnault
Martin explique ce choix.

Arnault: La vraie mission de la musique, c'est de partager. C'est aussi ça qu'on veut dans «Musique pour
tous», c'est … progresser ensemble, mais toujours à
ciel ouvert. C'est … On progresse avec des ateliers
de huit personnes, deux animateurs pour six enfants,
et on montre en permanence ce qu'on sait faire, ce

qu'on a appris, ce qu'on a en tête … et on développe ensemble sa créativité.

Journaliste: Dans le dixième arrondissement de Paris, Célia, dix ans, en difficulté scolaire, suit des cours adaptés et en petits groupes à l'école Emmanuel Stanislas. Tous les mardis, elle et ses camarades retrouvent Christophe Musset, animateur chez «Musique pour tous». La fillette raconte ce que la musique a changé dans sa vie.

Célia: J'ai une activité à faire. Comme ça, au moins, je peux rester calme. Je ne suis pas obligée de jouer à des jeux que je fais tout le temps, en récréation … Ben, on peut inventer tout ce qu'on veut, on est libre. Au moins, il n'y a personne qui va nous juger.

CD 2, 20 45 ☞ **La météo**   S. 111, Ex. 2

Et voici la météo de ce mercredi 8 avril. Il fait mauvais dans toute la moitié nord de la France ce matin. Gros nuages à Paris avec une température de 7 degrés, de la pluie en Bretagne avec 6 degrés à Brest. Mais surtout, un temps très froid et quelques flocons de neige à Strasbourg, où le thermomètre indique 1 degré! Dans la moitié sud, on a plus de chance: nuages ce matin à Bordeaux, mais du soleil dans l'après-midi, avec une température qui va monter jusqu'à 19 degrés. Beau temps aussi dans le quart sud-est, où il fait assez chaud pour la saison: on annonce 20 degrés à Lyon cet après-midi et 22 degrés à Marseille. Mais il y a déjà du vent à Marseille et on prévoit des orages à Lyon en fin de journée.

Online-Codes in Découvertes, Série jaune Passerelle Band 5

Die Online-Codes auf einigen Seiten des Buchs führen zu weiteren Informationen und Materialien im Internet. Geben Sie den jeweiligen Code einfach in das Suchfeld auf **www.klett.de** ein.
Zum Zeitpunkt der Drucklegung sind folgende Inhalte in Vorbereitung:

Modul	Online-Code	Inhalt	Seite
M1	em36mv	Informationen zu Schule und Ausbildung	8
	33w27v	Informationen zur Einwanderung	21
	493rw9	Förderübungen zu Bilan	22
M2	6c24bb	Informationen zu Wirtschaft und Arbeit	24
	zh7e9a	Grammatik-Vertiefung: Die absolute Fragestellung	33
	4wg39g	Förderübungen zu Bilan	38
Révisions	a5q85z	Grammatik-Vertiefung: Das Gérondif	50
M3	z6z8b9	Informationen zum Film „Il était une forêt"	54
	2q88fx	Förderübungen zu Bilan	68
M4	qy7u9p	Informationen zu französischen Regionen und zur Regionalreform 2016[1]	70
	n6as7a	Informationen zum politischen System Frankreichs	72
	26xs9f	Förderübungen zu Bilan	84
En plus	x4mz2e	Lösungen zu den En-plus-Übungen	96
Vokabular	32p5yu	Vertonte Lernwörter im Format MP3	134
Karte	g434g5	Aktualisierte Karte der Regionen[1]	Vorsatz

1 Die Entscheidung über die Benennung der neuen regionalen Verwaltungseinheiten wird im Laufe des Jahres 2016 fallen. Informationen zu den neuen Namen folgen unter dem angegebenen Online-Code nach dem offiziellen Beschluss.

Redemittel und Wortfeldübersichten in Découvertes, Série jaune Passerelle Band 5

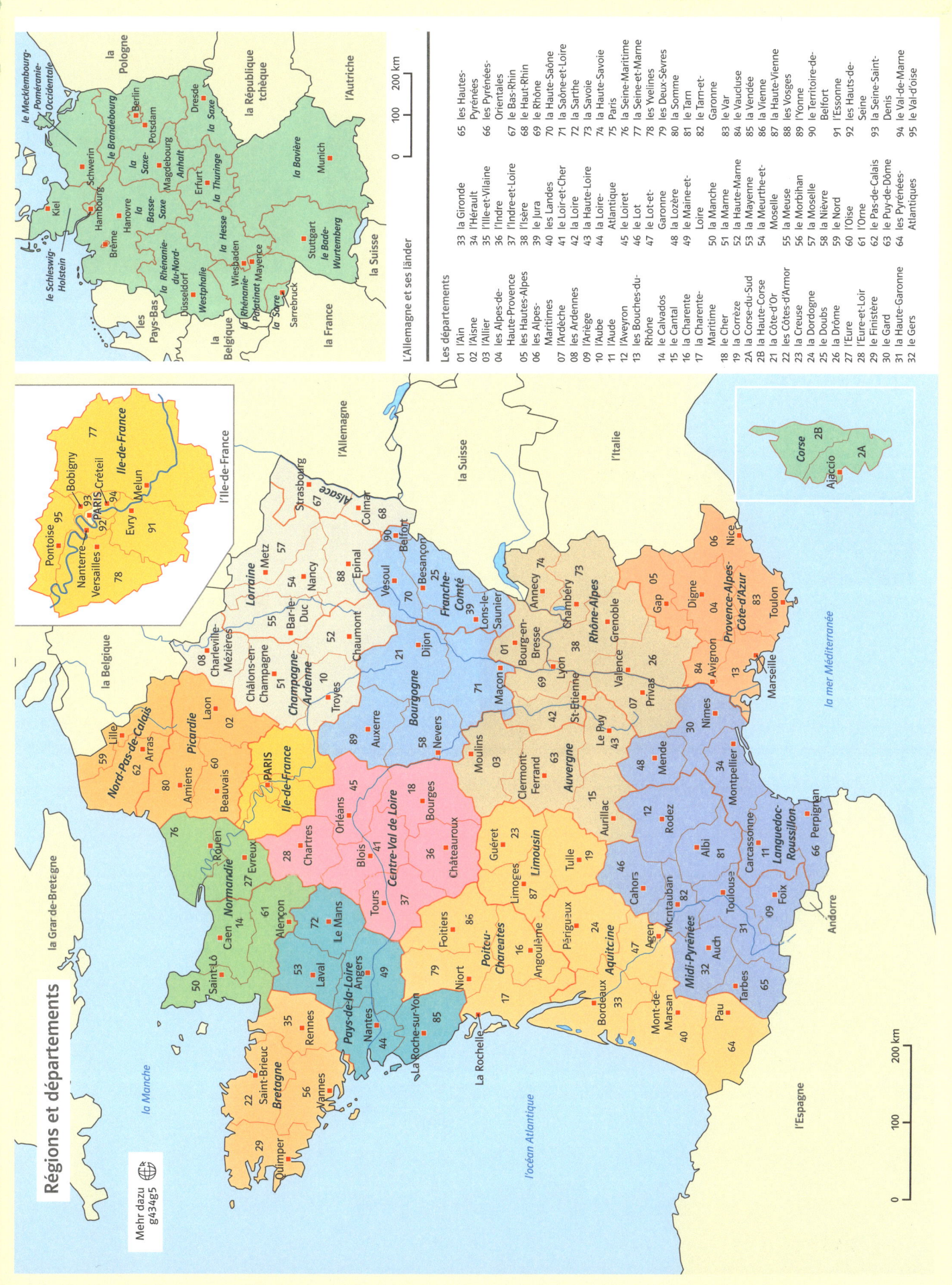

Régions et départements

Mehr dazu
g434g5

L'Allemagne et ses länder

la Pologne
le Mecklembourg-Poméranie-Occidentale
la République tchèque
l'Autriche
Berlin
Potsdam
le Brandebourg
Dresde
la Saxe
Schwerin
Kiel
le Schleswig-Holstein
Hambourg
Brême
Hanovre
la Basse-Saxe
Magdebourg
Anhalt
Erfurt
la Thuringe
la Saxe-
la Bavière
Munich
la Hesse
Wiesbaden
Mayence
Stuttgart
le Bade-Wurtemberg
la Rhénanie-
du-Nord-
Westphalie
Düsseldorf
la Rhénanie-
Palatinat
la Sarre
Sarrebruck
les
Pays-Bas
la Belgique
la France
la Suisse

200 km

Les départements

01 l'Ain	33 la Gironde
02 l'Aisne	34 l'Hérault
03 l'Allier	35 l'Ille-et-Vilaine
04 les Alpes-de-Haute-Provence	36 l'Indre
05 les Hautes-Alpes	37 l'Indre-et-Loire
06 les Alpes-Maritimes	38 l'Isère
07 l'Ardèche	39 le Jura
08 les Ardennes	40 les Landes
09 l'Ariège	41 le Loir-et-Cher
10 l'Aube	42 la Loire
11 l'Aude	43 la Haute-Loire
12 l'Aveyron	44 la Loire-Atlantique
13 les Bouches-du-Rhône	45 le Loiret
14 le Calvados	46 le Lot
15 le Cantal	47 le Lot-et-Garonne
16 la Charente	48 la Lozère
17 la Charente-Maritime	49 le Maine-et-Loire
18 le Cher	50 la Manche
19 la Corrèze	51 la Marne
2A la Corse-du-Sud	52 la Haute-Marne
2B la Haute-Corse	53 la Mayenne
21 la Côte-d'Or	54 la Meurthe-et-Moselle
22 les Côtes-d'Armor	55 la Meuse
23 la Creuse	56 le Morbihan
24 la Dordogne	57 la Moselle
25 le Doubs	58 la Nièvre
26 la Drôme	59 le Nord
27 l'Eure	60 l'Oise
28 l'Eure-et-Loir	61 l'Orne
29 le Finistère	62 le Pas-de-Calais
30 le Gard	63 le Puy-de-Dôme
31 la Haute-Garonne	64 les Pyrénées-Atlantiques
32 le Gers	

65 les Hautes-Pyrénées	81 le Tarn
66 les Pyrénées-Orientales	82 le Tarn-et-Garonne
67 le Bas-Rhin	83 le Var
68 le Haut-Rhin	84 le Vaucluse
69 le Rhône	85 la Vendée
70 la Haute-Saône	86 la Vienne
71 la Saône-et-Loire	87 la Haute-Vienne
72 la Sarthe	88 les Vosges
73 la Savoie	89 l'Yonne
74 la Haute-Savoie	90 le Territoire-de-Belfort
75 Paris	91 l'Essonne
76 la Seine-Maritime	92 les Hauts-de-Seine
77 la Seine-et-Marne	93 la Seine-Saint-Denis
78 les Yvelines	94 le Val-de-Marne
79 les Deux-Sèvres	95 le Val-d'Oise
80 la Somme	

La francophonie

Le Québec

Le Maroc

Le Canada

Le Québec

L'OCÉAN
PACIFIQUE

L'AMÉRIQUE
DU NORD

St-Pierre-et-Miquelon
Chef-lieu: Saint-Pierre

La France

Le Maroc

L'Algér

Le Michigan

Le Vermont

Le Maine

Les États-Unis

La Louisiane

L'OCÉAN

La Mauritanie

Le Mali

La Guadeloupe et La Martinique

Le Sénégal

Haïti

les Antilles
françaises

La Guinée

La Côte d'Ivoire

La Guadeloupe   Chef-lieu: Basse-Terre
La Martinique   Chef-lieu: Fort-de-France

L'île Clipperton

La Guyane
française

Le Burkina-Faso

Le Togo

Le Bénin

La Guinée équatoriale

Le Cameroun

Le Gabon

Le Cong

La Guyane française

Chef-lieu: Cayenne

L'AMÉRIQUE
DU SUD

ATLANTIQUE

La Polynésie française
Chef-lieu: Papeete

Le Sénégal